RH POSITIVO

NOVO MUNDO DO TRABALHO

ORGANIZADORES
ANA OLÍMPIA C. GURGEL
ENILDO DE OLIVEIRA

RH POSITIVO

NOVO MUNDO DO TRABALHO

ABRH-PE
Associação Brasileira de Recursos Humanos
SISTEMA NACIONAL ABRH

QUALITYMARK

Copyright© 2004 by Ana Olímpia C. Gurgel e Enildo de Oliveira

Todos os direitos desta edição reservados à Qualitymark Editora Ltda.
É proibida a duplicação ou reprodução deste volume, ou parte do mesmo,
sob qualquer meio, sem autorização expressa da Editora.

Direção Editorial
SAIDUL RAHMAN MAHOMED
editor@qualitymark.com.br

Produção Editorial
EQUIPE QUALITYMARK

Capa
WILSON COTRIM

Editoração Eletrônica
UNIONTASK

CIP-Brasil. Catalogação-na-fonte
Sindicato Nacional dos Editores de Livros, RJ

O4860r

Gurgel, Ana Olímpia C.

RH positivo – novo mundo do trabalho / Ana Olímpia C. Gurgel e . – Rio de Janeiro: Qualitymark Ed., 2001.

Inclui bibliografia
ISBN 85-7303-500-5

1. Administração do futuro. 2. Recursos Humanos. 3. Tecnologia e produtividade.
I. Oliveira, Enildo de . II. Título.

01-0799

CDD 361.7659
CDU 364.0540

2004
IMPRESSO NO BRASIL

Qualitymark Editora Ltda.
Rua Teixeira Júnior, 441
São Cristóvão
20921-400 – Rio de Janeiro – RJ
Tel.: (0XX21) 3860-8422

Fax: (0XX21) 3860-8424
www.qualitymark.com.br
E-Mail: quality@qualitymark.com.br
QualityPhone: 0800-263311

Agradecimentos

Há um conhecimento que é mais compreensível, mais humano e belo. O deste livro, porque está fundado na empatia e sinergia dos autores que nos doaram seus saberes e suas experiências através das informações aqui contidas.

A realização deste livro só foi possível graças à prática de um princípio valorizado nas organizações e na sociedade: o compartilhamento, a capacidade empática e a doação. Nossos autores demonstraram a verdadeira função dos trabalhadores do conhecimento: repartir o "saber". Dividir a informação, multiplicá-la, emprestando seus talentos através da edição deste livro.

Um gesto altruístico? Sim. Mas, antes de tudo, um esforço de amor como cidadãos e como seres humanos que se incorporam na responsabilidade social dos homens do conhecimento.

O Sistema Nacional ABRH, através da Seccional Pernambuco, agradece pelo gesto sábio de cada um dos autores responsáveis pela existência deste livro. Só nos resta agradecer e parabenizar, aprendendo com a experiência e o privilégio de tê-los conosco.

Neste livro imprimiram seus marcos. Plantaram a semente, através de ensaios, reflexões e exemplos. Indicaram um caminho. Caberá a nós, leitores, homens do conhecimento, profissionais de Recursos Humanos, fazer germinar as informações aqui plantadas.

A cada um de vocês, escritores, especialistas, educadores, consultores, pesquisadores, nossa sincera gratidão e reconhecimento.

Ana Olímpia Canto Gurgel e Enildo de Oliveira
Organizadores

Apresentação

Constitui, sem dúvida, motivo de muita satisfação apresentar ao grande público, através desta coletânea, reflexões de autores diversos sobre RH POSITIVO – O NOVO MUNDO DO TRABALHO.

O que em princípio parecia uma tarefa difícil e cansativa representou para a equipe de seleção de textos uma leitura, surpreendentemente, agradável. Todos os textos estão em níveis excelentes de qualidade.

Aqui, o leitor vai encontrar idéias, pensamentos, práticas e indicação de ações, na ótica de cinqënta talentosos autores, versando sobre:

- Construção de comunidades de Recursos Humanos.
- Pessoas.
- Conhecimento.
- Tecnologia.
- Gestão.
- Produtividade.

A publicação deste livro viabilizou-se graças ao esforço e à tenacidade da atual Diretoria da ABRH-PE, que, numa iniciativa arrojada, lançou o desafio e teve em resposta este bem estruturado trabalho, que certamente será de grande valia para a comunidade de Recursos Humanos e para todos aqueles que se interessam pela gestão com pessoas.

Severino Ferreira
Presidente do Conselho Deliberativo – ABRH-PE

Prefácio

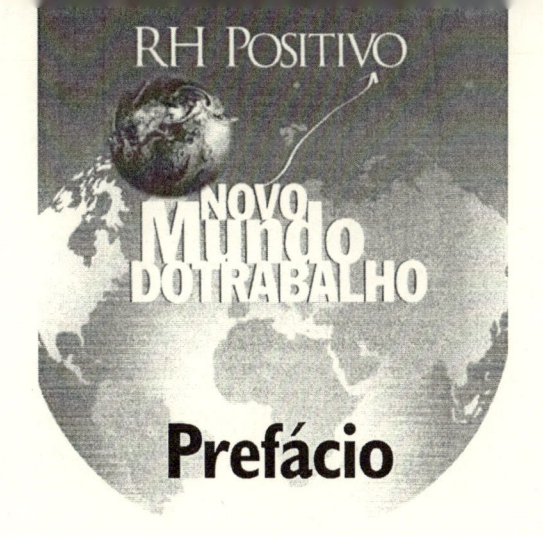

O mundo do trabalho ao qual assistimos hoje iniciou nas duas últimas décadas do século passado um processo de transformação em latitude e longitude, talvez sem precedentes.

Trouxe no seu bojo a necessidade de ampliar as conexões, cuja aplicação no ambiente organizacional vem desafiando de forma cada vez mais ativa as próprias empresas e os demais atores que gravitam em torno do ambiente corporativo.

Empregados, fornecedores, consultores, acionistas, prestadores de serviço e outros são instigados, continuamente, a pensar em novas soluções para enfrentar velhos problemas e a buscar soluções criativas para os novos. Os esforços e os investimentos de toda ordem têm um endereço certo e prioritário: Resultados.

Mas de que tipo de resultado estamos falando?

Certamente que não é mais o resultado que destaca o lucro, de forma isolada e conquistado a qualquer preço, como único e principal recurso.

O novo mundo do trabalho recoloca em evidência a importância do conhecimento e, por conseguinte, das pessoas, para o atingimento e manutenção do sucesso das organizações no mundo contemporâneo. Até aí nenhuma novidade.

A novidade está no fato de que o recurso financeiro começa a ceder, lentamente, para o conhecimento o lugar que sempre ocupou como principal recurso estratégico das organizações. Isso sem perder a sua importância no contexto.

Prefácio

Pressionadas por um conjunto de exigências impostas pela globalização, pela competição, pelos avanços tecnológicos e acelerados pela velocidade exponencial da informação e da mudança, as organizações começam a perceber, ainda timidamente, que é o talento de *Pessoas com Conhecimento* o recurso que de fato garantirá o crescimento e o desenvolvimento sustentado.

As alterações que essa mudança de paradigma provocará, e os esforços de reorientação que exigirá, são grandes e complexas. Por isso mesmo apaixonantes.

As empresas com mentalidade evoluída e dispostas a promover a mudança do seu modelo mental usufruirão da condição de pioneiras, para ocupar os lugares mais destacados nas suas áreas e segmentos de atuação.

Mais um desafio para os profissionais de Recursos Humanos e para os gestores de pessoas de qualquer área.

A leitura desta obra possibilita enxergar a questão de diferentes angulações e sem dúvida é no mínimo um estímulo à reflexão.

O novo mundo do trabalho terá na conectividade o seu maior suporte para a construção das estratégias e dos resultados corporativos. E no centro dessas conexões estão as pessoas como o principal eixo de aglutinação e consolidação do sucesso.

Negar isso pode significar perder o bonde da modernidade e expor a organização aos ataques impiedosos da concorrência.

Por isso é que maior do que a certeza é a minha convicção de que as empresas vencedoras do terceiro milênio serão aquelas que construírem suas estratégias privilegiando o seu principal recurso: gente talentosa.

O mundo do trabalho já mostra os seus novos contornos. É uma experiência nunca antes vivenciada. Embutidas nas novas exigências e demandas mercadológicas têm que estar as ações orientadas para a justiça social. Minimizar as desigualdades e ampliar as oportunidades são tarefas que demandarão muito esforço. Os resultados só compensarão se os benefícios puderem ser compartilhados.

Somos ao mesmo tempo os arquitetos, os gestores e os pedreiros dessa construção e essa responsabilidade é indelegável.

Luiz Carlos Correia Campos
Presidente da ABRH Nacional

Sumário

Introdução 1

Capítulo 1
Construindo Comunidades de Recursos Humanos 7

*Este capítulo evidencia um processo inovador para planejar
e desenvolver comunidades de Recursos Humanos.*

Capítulo 2
Pessoas 65

*Artigos que evidenciam conceitos, estratégias e fundamentos
sobre a arte de desenvolvimento pessoal e profissional.*

Capítulo 3
Conhecimento 145

*Abordagens sobre o gerenciamento do conhecimento
como um processo que amplifica o conhecimento
criado pelas pessoas nas organizações.*

Capítulo 4
Tecnologia 207

*Apresenta alternativas tecnológicas aplicadas
no desenvolvimento humano e gestão de RH.*

Capítulo 5
Gestão 313

> *Abordagens, estratégias e tecnologias
> sobre liderança e gestão*

Capítulo 6
Produtividade 469

> *Este capítulo enfoca a questão produtividade com um
> enfoque nas pessoas e o seu poder de fazer acontecer.*

Capítulo 7
**Estratégias de Recursos Humanos de Grandes Empresas
Exitosas no Brasil** 493

> *Características, influências do ambiente empresarial e da
> origem do capital acionário controlador na década de 90.*

RH Positivo

Novo Mundo do Trabalho

Introdução

Os líderes do passado levantaram muros. Agora precisam destruí-los substituindo-os por pontes pavimentando a estrada do futuro, diz Rosabeth Kanter. Será que estamos destruindo os paredões visíveis e invisíveis das nossas organizações? Será que estamos nos tornando cosmopolitas operando sem fronteiras, elaborando visões, motivando, formando redes que se estendem para além das empresas? Quando reflito sobre "RH Positivo e o novo mundo do trabalho", sonho com um modelo baseado em princípios, paixão, conhecimento, produtividade, respeito às pessoas e compartilhamento. Características universais do RH. RH positivo:

- voltado para o "como ser". Voltar-se para o como ser significa estar consciente de que pessoas são os componentes mais importantes das organizações. Optar pela qualidade, caráter, interdependência, ética e princípios. E demonstrar estes pressupostos através de palavras, condutas e relações;

- que privilegia o aprendizado, qualidade e produtividade. Compreender que a longevidade de uma organização depende do seu maior ou menor grau de aprendizagem e mudança;

- que valoriza o compromisso com o todo e com as partes; uma visão sistêmica será a marca mais profunda do RH do futuro. E também com o ambiente interno e externo. Com os processos e resultados e qualidade de vida;

O RH positivo, no presente e no futuro, será mais que estratégico. Será capaz de desenvolver a capacidade de visão, enxergar além das fronteiras.

- será mais democrático, promoverá a co-responsabilidade, o compartilhamento e trabalho prazeroso, com a consciência da importância em trabalhar as áreas intangíveis: como criatividade, desejo, proatividade, empatia, sinergia;

- incentivará o desenvolvimento de carreira e o autodesenvolvimento. Trabalhará o significado da carreira como estratégia maior para a excelência dos colaboradores e da organização. Estimulará o pertencimento;

- e, antes de tudo, despertará a capacidade de sonhar e visualizar, atributos responsáveis pelo atingimento dos objetivos organizacionais e pessoais.

O RH positivo, do futuro e de hoje, será conhecido menos pelas suas crenças e mais pelas suas realizações. Menos pelo o que controla, mais pelo o que molda e engaja num processo de co-responsabilidade. Menos pelas metas que define e mais pela credibilidade pessoal e excelência gerencial nas suas realizações. Entre estas habilidades estão a empatia, capacidade de prever, persuadir, liderar pelo exemplo. Não esquecendo a velha amizade.

Como diz Judith Bardwick, "as condições de tempo de paz acabaram. Nesta época de globalização o perigo da zona de conforto foi substituído pela necessidade de encontrar conforto no interminável perigo", enfocando as incertezas e mudanças como velhas parceiras. O "foco do cliente" conduzirá ao foco nos resultados. Em vez de proteger seus funcionários, o RH deve proporcionar a oportunidade de progredirem, de serem bem-sucedidos, crescerem em suas carreiras, e quando saírem da empresa estarem mais bem preparados do que quando ali chegaram.

Felicidade! Ah, a busca da felicidade será o elemento mais desafiador dos RH do futuro. Ser feliz para ser melhor e mais produtivo será a grande meta. Isto porque os colaboradores do futuro permanecerão comprometidos quando:

- forem reconhecidos pela contribuição e grandeza de seus papéis;

- seu trabalho continuar desafiante e interessante e se sentirem mais felizes;

- as empresas continuarem investindo no seu desenvolvimento.

Os RH positivos de hoje que desejarem entrar no futuro deverão estar atentos para a nova organização que se caracteriza pela autonomia, pelo risco e pelas incertezas. Menos pela rigidez e disciplina. Mais pelo desafio e comprometimento mútuo. Devem estar conscientes de que a competência organizacional não será baseada nos princípios passados de propriedade, estabilidade e controle, mas, ao contrário, nos princípios emergentes de interdependência, flexibilidade, parceria e conectividade. A missão é envolver e inspirar as pessoas, evoluir as equipe e alianças, adquirir e empregar o conhecimento (tácito e explícito), promovendo a formação de redes de aprendizagem como o ativo mais estratégico. Adotar a mudança, instituindo no gerente a figura de agente de educação.

RH positivo estratégico não se faz com o desejo, com a leitura de um livro sobre RH. Mas poderá fazer-se com a reinvenção do gerente de RH. Um novo líder interdependente, interativo, autogestor, visionário, capaz de produzir sinergia e resultados. Gestor do conhecimento, compartilhante do saber. Far-se-á através da liderança compartilhada, sonhos coletivos e uma visão/missão orientando o caminho. RH estratégico só acontece nas empresas vivas; organizações que aprendem. Empresas felizes.

Afinal, o que é ser um RH positivo? O primeiro passo é abdicar do apego às funções burocráticas, da reatividade perpétua, da microvisão de chefe de pessoal. Começar a gerir o seu próprio talento investindo seu tempo como parceiro estratégico do negócio. "É ter alguém que saiba influenciar não somente quando a empresa fala de recrutamento, mas quando o assunto é inovação ou ganhos de mercado, especialista em 'gestão com pessoas'. Ser estratégico é participar da solução de problemas com fornecedores, concorrentes, corte de custos, decisões sobre a localização da fábrica, política de investimentos", diz David Ulrich. Ser estratégico é ser proativo. É elaborar uma visão e missão compartilhada capazes de antecipar e construir o futuro.

Introdução

Cativar corações e mentes exigirá compromisso ainda maior com os propósitos de formar parcerias duradouras, outro desafio. Para isso é preciso abraçar o novo papel de executivo e também de RH: ser capitalista do conhecimento. Promotor da educação continuada. Disseminador de paixões. Sonho, aspirações, visão, motivação, relações e aprendizagem serão os intangíveis que farão parte do negócio da organização.

Gerenciar RH num mundo turbulento e em constantes mudanças constituirá a nova habilidade da parceria "empresa – RH positivo". Porém, é preciso ver a organização através de metáforas positivas: uma empresa viva com capacidade de adaptação, caráter e identidade e suas relações com pessoas e instituições. Comunidades autoperpetuadoras. As metáforas ajudam a repensar as organizações. Como disse Einstein, "metáfora é a teoria pela qual observamos uma situação que decide o que vamos notar". Drucker fala que planejar o futuro é diferente de buscar o futuro que já aconteceu. Para buscar a excelência do RH "é preciso impor ao futuro que ainda não nasceu uma nova idéia que tenda a dar uma direção e um formato ao que está por vir. Isto poderia ser chamado de fazer o futuro acontecer". E só poderá concretizar-se quando o RH conceber os colaboradores como parceiros do futuro, não esquecendo que "a administração trata de seres humanos. Sua tarefa básica é capacitar as pessoas a funcionar em conjunto, efetivar suas forças e tornar irrelevantes suas fraquezas".

Mas, antes, enxergar mais profundo: ver as pessoas com os olhos da mente, do coração e especialmente os olhos da alma, porque, como expressa Deepack Chopra, "a alma é o observador que cada um de nós tem dentro de si". É ela que interpreta e faz escolhas.

Este é o propósito deste livro. Uma reflexão sobre o RH do futuro. Quando penso em RH, vejo uma comunidade de prática de profissionais, educadores, consultores, especialistas, pessoas humanas, que doando seus saberes agregaram valor a este livro.

Enildo de Oliveira
Presidente da ABRH-PE

Autores

1. Alberto Cherpak
2. Alfredo Sobral
3. Ana Regina
4. Ana Olímpia Canto Gurgel
5. Ângela Leal
6. Antonio Carlos Valença
7. Artur Reis
8. Áurea Castilho
9. Bruno Ribeiro de Paiva
10. Carmem Cardoso
11. Clarice Florêncio
12. Cristina Carvalho
13. Edílson Ronaldo Guimarães
14. Edna Paiva
15. Eduardo Omaki
16. Enildo de Oliveira
17. Fernando Barbosa Azevedo
18. Fernando Gonçalves
19. Fernando Trigueiro
20. Francisco da Cunha
21. Glauber Cabral Vasconcelos Júnior
22. Gloria Maria Perez
23. Grace Wanderley
24. Hermes Dorta
25. Henilda Suely Silveira
26. Iracilda Portella
27. Ivanildo Sampaio
28. Jayme Panerai
29. João Fernando de Melo
30. José Airton Monteiro
31. Larissa Araújo
32. Lena Santos
33. Lilia Barbosa Cozer
34. Luiza de Marillac
35. Magali Marino
36. Marcos Aurélio S. Meira
37. Margarida Furtado
38. Manoel Balbino
39. Paulo Erlich
40. Paulo Gomes
41. Roberval Andrade
42. Roberto Arrais
43. Romeu Huczok
44. Rute Bacelar
45. Sérgio Alves
46. Tânia Ogasawara
47. Tereza Nunes
48. Vera Lúcia da Conceição Neto
49. Walter Morais
50. Wellington Maciel

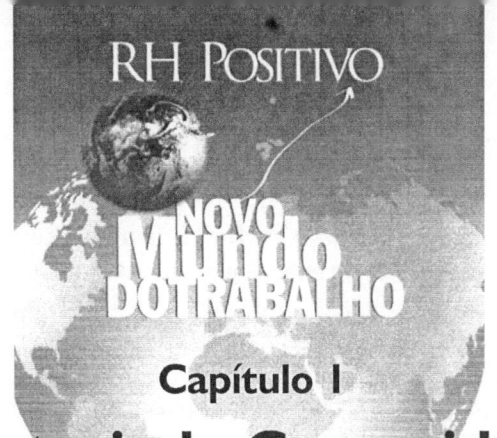

Capítulo I
Construindo Comunidades de Recursos Humanos:
Uma abordagem

Investigação Apreciativa da Ação em Ação

Primeira Parte:
Três Autorias Competentes

Deliberação

A intenção explícita com este texto é apresentar, resumidamente, os fundamentos teóricos e os repertórios metodológicos e processuais da Ciência da Ação e da Aprendizagem Organizacional, proeminentes ao lado das mesmas dimensões, complementares, da Investigação Apreciativa. Nossa prática sistemática com estas três abordagens por quase vinte anos permitiu a arquitetura de uma combinação metodológica, reflexiva, dialética e sistêmica. Este texto dá início a uma série de publicações com as quais cogitamos comunicar, apreciar e agradecer as três fontes teóricas e operativas que deram origem a este desenho artístico alternativo. Vamos iniciar com os postulados e as recomendações da abordagem complementar, a Investigação Apreciativa, revelando nosso grau de concordância, para depois fazer uma síntese das abordagens principais: a Ciência da Ação e a Aprendizagem Organizacional.

Esta nova proposta se fundamenta na perspectiva de compreensão dos fenômenos organizacionais sob a ótica da Ciência da Ação e da Aprendizagem Organizacional, como orientada por Chris Argyris e Donald Schön (Argyris e Schön, 1978, 1996; Argyris, 1992) em forma de uma intervenção deliberada para a criação de um ambiente no qual as pessoas possam aprender juntas através da: a) reflexão da ação em ação, que gera uma b) comunidade de prática reflexiva, sempre com uma c) atitude apreciativa para com todas as dimensões da vida humana e social, inclusive tendo por fonte essencial da aprendizagem tanto a repetição bem-sucedida dos acertos, quanto o erro, o sofrimento, as dores e as múltiplas e complexas barreiras subjetivas provenientes de nossos limites de raciocínio, das formas de processar a informação, dos limites do conhecimento explícito e da baixa propensão à ação solidária.

Acreditamos que a atitude reflexiva, apreciativa, corajosa, autônoma, íntegra e sistêmica diante do mistério da vida faz a diferença entre pessoas e sociedades mais saudáveis e menos saudáveis, mais e menos justas. Erro e acerto são matérias-primas intercambiáveis para o aprendizado humano e social.

Os praticantes do Método IA (Appreciative Inquiry) consideram-no, em essência, portador de "um certo sabor de aventura", que está baseado numa atitude de apreciação e acolhimento pelo que há de melhor na experiência. Trata-se de uma auspiciosa forma de investigação social com poesia, construtivismo, inclinação heliotrópica e detendo um caráter antecipatório de esperança a serviço das pessoas, equipes e organizações.

Os autores da Ciência da Ação consideram-na uma ciência com características descritivas, heurísticas e normativas, cuja finalidade é ajudar as pessoas a refletirem sobre o mundo comportamental que influenciaram e contribuíram efetivamente para criá-lo com seus comportamentos e, a como poder transformá-lo em um ambiente cada vez mais aberto para a eficácia, a aprendizagem abrangente e a justiça social, com outros comportamentos mais competentes.

Nossa prática de intervenção combina estas três abordagens para a finalidade central de nossos serviços profissionais: criar ambientes voltados para a Aprendizagem Organizacional, que se dá pelo processo de Investigação Organizacional Reflexiva, ou seja, a investigação que se torna organizacional quando são atendidos três requisitos:

1. ela é assumida por indivíduos que funcionam como agentes da organização, de acordo com os seus papéis e de acordo com as normas vigentes na organização e na sociedade;

2. os indivíduos investigam segundo modalidades que permanecem vinculadas à organização a que eles pertencem, e não desvinculadas do fluxo de atividade propriamente organizacional;

3. o que se aprende na organização é registrado em mapas públicos, portanto se torna disponível para todos os indivíduos da organização, dependendo de seu grau de competência e responsabilidade pela informação (Argyris e Schön, 1978, 1996).

Procuramos alcançar os elementos e os resultados da proposta da Aprendizagem Organizacional, acionando os instrumentos e as recomendações operativas apropriadas (Argyris e Schön, 1978, 1996; e Argyris, 1992 e Peter Senge, 1992), mas procurando manter sempre a atitude básica de apreciação proposta pelo Método IA.

Propomos duas adaptações na nomenclatura dos 4 D da faseologia do Método IA, sob a alegação de manter os 4 D para continuar com o efeito didático e mnemônico em português e para alcançar uma melhora conceitual na quarta fase, substituindo Destiny (Destino) por Diligência. Muda-se o caráter fatídico da palavra Destino para o atributo da maestria da prática contida na palavra Diligência, voltada para a autonomia, a disciplina e o comprometimento ético da ação eficaz. Neste ponto, acolhemos a Ciência da Ação como leitura teórica prioritária e procedimento metodológico central e proeminente para lidar com a prática humana e social de caráter reflexivo.

As quatro fases originais do Método IA são:

1. Descoberta (Discovery);

2. Desejo (Dream);

3. Desenho (Design) e

4. Diligência (Destiny).

Para seus fundadores, o Método IA funciona melhor em duas condições:

1) ambientes igualitários, inclusivos, comprometidos e co-evolutivos; e

2) ambientes com pessoas mais congruentes em discurso e ação (*Appreciative Inquiry: Toward a methodology for understanding and enhancing organizational innovation*, Cooperrider, 1986).

Estes dois conjuntos de características são típicos de um ambiente raro que pratica bem a boa dialética organizacional, (Argyris e Schön, 1978). Criar um ambiente destes é o propósito da Aprendizagem Organizacional de ciclo duplo, ou seja, um ambiente que propicia a mudança de valores e sua capacidade reflexiva além das estratégias de ação (Argyris e Schön, 1974, 1978, 1996; Argyris, 1992).

Propomos o uso combinado da Ciência da Ação e do Método IA como mais adequado para o alcance genuíno de um ambiente de Aprendizagem Organizacional.

Breve Histórico

Contemporâneo e auxiliar de ensino na cadeira de Dinâmica de Grupo dos fundadores do Método IA, Suresh Srivastva e David Cooperrider nos anos de 1986 a 1989, no Mestrado de Administração da CWRU – Case Western Reserve University, em Cleveland, acompanhamos esta abordagem nestes 18 anos, desde que o Método IA foi defendido formalmente na tese de doutorado de David Cooperrider, em 1985, sob a orientação de Suresh Srivastva. Estes dois autores escreveriam juntos, em 1987, o artigo inaugural de apresentação e reconhecimento acadêmico do novo Método. IA (Appreciative Inquiry in Organizational Life, 1987), e, desde então, o Método IA vem sendo aplicado e testado em todo o mundo com uma expansão e aderência incomuns (Whitney, D. e Cooperrider, D., 1998), considerado como a "terceira onda do Desenvolvimento Organizacional" (Curran, M., 1991).

Como se espera ou se poderia inferir, seus autores admitem que o método nasceu de um amplo conjunto de esforços e experimentos de centenas de pessoas, inclusive de outras áreas de conhecimento e de prática, mas sua apresentação, acolhida e validação no ambiente acadêmico ocorreram desta maneira. Os dois fundadores, ainda hoje, admitem com humildade que o Método IA está em sua infância teórica e de validação experimental. Os teóricos da ação dizem o mesmo desde 1970 (Argyris, 1970).

Consideramos que a verdadeira inspiração da Ciência da Ação e do Método IA está nas tradições espirituais, basicamente no Budismo, que desenvolve diversas práticas multimilenares de geração e estabilização de imagens com base na causalidade pessoal da ação do sujeito e das conseqüências das suas ações. Confessamos que nunca usamos o Método IA de modo ortodoxo ou incondicional, de acordo com os preceitos e procedimentos normativos ditados por seus dois fundadores, nem mesmo durante nossa convivência pessoal e profissional com eles na CWRU, ainda na década de 80, porque já tínhamos na ocasião dez anos de prática profissional com inspiração na Teoria de Ação (Argyris e Schön, 1974).

Trabalhamos também com outros professores e colegas da CWRU, seguindo passos negociados antecipadamente. No entanto, aderimos inteira e totalmente ao Método IA nos dois Ds ou duas fases iniciais do processo, Descoberta e Desejo (Dream – literalmente Sonho), as quais estão voltadas para a questão do tratamento da influência da imagem no humor dos participantes e na atmosfera do ambiente, sob a perspectiva diagnóstica e prospectiva. Consideramos que os fundamentos e os procedimentos propostos por Chris Argyris e Donald Schön desde 1978 sejam essenciais para o tratamento das duas últimas fases, voltadas para a ação prática: Desenho (Design – literalmente Projeto) e Diligência (Destiny – literalmente Destino).

Recebemos certificação internacional no Método IA e mantemos uma relação de discussão produtiva com os fundadores originais e com outros colegas atuais praticantes do Método IA, reconhecendo neles todos os méritos do grande sucesso do método, assim como reconhecemos e apreciamos os méritos dos criadores da Ciência da Ação e Aprendizagem Organizacional.

Não reivindicamos qualquer mérito de criação própria de um novo método, inteiramente inovador para a prática de pesquisa ou consultoria, pois simplesmente fazemos uso artístico combinado das três fontes, superpondo fundamentos, meios e procedimentos que julgamos mais adequados para situações de prática profissional.

Temos usado freqüentemente as três abordagens em trabalhos estratégicos junto a empresas nacionais e multinacionais, em projetos de ONGs de atuação em todo o planeta, em diálogo inter-religioso envolvendo participantes de mais de 40 países e mais de 30 tradições espirituais diferentes, em estratégias para governos públicos municipais e estaduais, em campanhas de comunicação, em programas de desenvolvimento de competências, em pesquisas qualitativas e temáticas, em programas de formação de colegas consultores, e em intervenções pontuais e operativas, de curta duração, em equipes e organizações. O cerne da nossa experiência é ajudar os clientes na criação de ambientes de Aprendizagem Organizacional e na constituição de comunidades de aprendizagem, ajudando-os a conceberem projetos e a implementá-los, acompanhando-os e ajudando-os em suas reflexões da-sobre-e-em-ação, almejando a eficácia, a aprendizagem abrangente e paradigmática e a justiça nas relações.

Os projetos demoram em média de 18 a 40 meses, sempre com base na educação reflexiva, centrada no autodomínio e na reestruturação e estabilização dinâmica de novos valores de prática. (Dispomos de registros detalhados de cada projeto.) Este texto vem brevemente ilustrado com extratos do caso prático de um diagnóstico sistêmico e um planejamento integrado do SERTA – Serviço de Tecnologia Alternativa para os anos de 2003 a 2005.

Segunda Parte:
As Leituras do Método IA

As Organizações como Entidades Vivas

Os fundadores do Método IA, na década de 80 e ainda hoje, continuam a se perguntar: "O que aconteceria à nossa prática de mudanças se começássemos todo o nosso trabalho com o pressuposto positivo de que as organizações são um centro de relacionamentos humanos, que elas estão 'vivas' e que detêm uma capacidade infinita? Caso afirmativo, o que saberíamos? O que pretendemos dizer por capacidade infinita? O que nos aconteceria, digamos, como líderes ou catalisadores de mudança, se abordássemos a questão da mudança somente depois de nos ligar às pessoas e às organizações através de um estudo sistemático de sua 'forma perfeita'? Como falaríamos da constatação do ideal-no-real?" (Cooperrider, D. e Whitney, D., 2000).

Eles alegam, com firme presunção na capacidade inovadora, que o Método IA busca um esforço co-evolutivo para investigar e descobrir, genuinamente, o que há de melhor nas pessoas, nas equipes, nas organizações, nos vários ambientes sociais. O foco, o interesse básico, o cerne da investigação se dá em torno dos elementos que "dão vida" àquele ambiente, procurando identificar a dinâmica dos elementos que inspiram, que energizam, que alegram, que recompensam, que enaltecem e fortalecem o sucesso, a eficácia e as virtudes sociais mais importantes.

Seus autores alegam que o Método IA deve envolver um amplo leque de buscas de modo a identificar tudo no sistema que seja "eficaz", "vivo", "produtivo" e "construtivo" em termos econômicos, ecológicos, culturais, estéticos, dentre outros eixos. Concordamos inteiramente com tais pressupostos e procuramos ajudar nossos clientes, seja na vida pessoal ou social, a assumirem esta atitude apreciativa, de modo a procurarem manter a celebração dos acertos, mas também manter sempre o acolhimento e a resiliência para a superação dos fenômenos complexos, contraditórios ou dolorosos da vida.

Um Questionamento Incondicionalmente Positivo

Para os autores do Método IA, sua prática envolve uma arte de "fazer perguntas de forma incondicionalmente positiva", com tal maestria que este processo fortaleça a capacidade do sistema para apreender, antecipar e relevar todo o seu potencial energético positivo. Este questionamento deve envolver, tanto quanto possível, todos os membros do sistema, voltando-se sempre para identificar os aspectos desejantes da inovação e da mudança idealizada, evitando-se o pensamento crítico-negativo.

Seu pressuposto básico é que existe algo diferenciado, potencialmente muito bom, que faz os sistemas funcionarem bem. Alegam que as organizações têm um **cerne positivo** e que descobrir este **cerne positivo** é o alvo de qualquer intervenção com o Método IA. Discordamos parcialmente desta afirmativa, com o pressuposto de que a aderência a um questionamento incondicionalmente positivo pode se transformar num protocolo ideológico e não científico, muito embora apreciativo.

A questão não está em perguntar de modo incondicionalmente positivo, mas em fazê-lo "com maestria", a partir de uma atitude positiva diante de qualquer tema para investigação. Além do mais, há outros fatores relevantes ou sobredeterminantes na autenticidade e qualidade de uma investigação:

a) a congruência da prática apreciativa;

b) a intenção das partes;

c) o acordo intersubjetivo para a investigação;

d) a experiência de quem facilita o processo, e

e) a metodologia usada.

Dominar a arte da pergunta apreciativa é para os autores do Método IA um compromisso de crer na existência deste "cerne positivo" nas organizações, de identificá-lo, de relevá-lo e de expandi-lo em suas mais genuínas potencialidades. Assim, o Método IA se estabelece tanto como (1) uma "busca por conhecimento" quanto (2) uma "teoria da ação" coletiva projetada para desenvolver a visão e a determinação de um grupo, de uma organização ou de uma sociedade como "um todo".

Deste modo, os autores do Método IA alegam quatro características básicas nesta teoria:

a) a "arte da descoberta e expansão das possibilidades" nas organizações deve começar com apreciação;

b) ela deve gerar uma informação que seja aplicável;

c) ela deve ser estimuladora, provocadora da ação positiva; e

d) deve engendrar esforços coletivos para a ação positiva.

Concordamos com três das quatro proposições, mas distinguimos a informação aplicável da informação acionável, como diz a Ciência da Ação (Argyris, 1982, 1985, 1992). O ser humano é quase sempre capaz de produzir bem aquilo que aciona em sua memória de competências vividas, experimentadas, bem-sucedidas, mas nem sempre produz bem aquilo que não experimentou, mas que tenta aplicar a partir de uma teoria.

Problema × Oportunidade

Colocado contra a longa tradição dos "métodos de resolução de problemas" que dominaram o cenário das intervenções em organizações e na sociedade no século XX, cuja essência é compreender a realidade a partir da "situação do problema", identificando as suas causas e as causas das causas para propor planos de ação solucionadores e de recuperação da eficácia, o Método IA se coloca diametralmente contra esta atitude, assumindo a postura de incondicionalidade voltada para descobrir o que há de positivo no sistema, assumindo que há dimensões experimentadas e outras ainda não exploradas que podem potencializar o desempenho positivo do sistema. Seus autores ilustram: digamos que uma intervenção esteja voltada para tratar da questão do "baixo envolvimento ou comprometimento das pessoas" e em vez de se identificar a realidade como um problema, suas causas e causas das causas, deve-se voltar para descobrir os momentos mais altos e afirmativos de evidências do envolvimento e do comprometimento, focando nas ocasiões, nas forças e nos recursos que engendraram sua ocorrência, por mais episódicas que tenham sido tais evidências. E, daí, partir para imaginar estes momentos expandidos no futuro, estruturando ações, meios e recursos para sua implementação.

Concordamos inteiramente e julgamos o Método IA simplesmente incomparável em méritos e atributos para conseguir estes resultados. O Método IA ajuda as pessoas no seu bom humor, alegria e criatividade, e, com isto, ajuda a criar uma atmosfera de receptividade, de inspiração, de elevação, de poesia e de promulgação nas intervenções que as tornam mais leves, produtivas, abertas à discussão hábil e ao esforço colaborativo. Tratar as situações a partir das imagens mais positivas faz uma diferença básica na emoção das pessoas e na atmosfera do ambiente.

Imagem Positiva e Ação Eficaz

Os autores do Método IA repetem os fundadores da Ciência da Ação e da Aprendizagem Organizacional (Argyris e Schön, 1978, 1996; Argyris, 1992) e outras fontes anteriores que percebem e concebem as organizações como artefatos cognitivos, ou seja, elas são produtos da mente humana, não são produtos inteiramente concretos, separados dos criadores, ou, pior, não são criações aleatórias ou misteriosas da natureza.

Concordamos integralmente e alertamos sobre a pesquisa e o uso original deste conceito pelos fundadores da Teoria da Ação (Argyris e Schön, 1974) e da Aprendizagem Organizacional (Argyris e Schön, 1978, 1996 e Argyris, 1992) e da Ciência da Ação (Argyris e outros, 1985). Em síntese aqueles textos originais alegam que a construção social da realidade da organização se dá pela superposição de imagens particulares em forma de rede interdependente.

Os fundadores do Método IA alegam que as pesquisas sociocognitivas e socioculturais convergem para o entendimento da força da construção humana para todas as realidades sociais, inclusive com a característica básica de a realidade social ser vista como uma cadeia de soluções abertas, dinâmicas e sujeitas às interpretações criativas permanentes. O entendimento do presente, tanto quanto a criação de um futuro desejado, torna a realidade de hoje e a realidade do porvir algo permeável, emergente, aberto e dinâmico, especialmente sob o ponto de vista dos acordos intersubjetivos para a criação de sentidos. Assim, a realidade humana e social é freqüentemente recriada a partir dos valores, crenças, imagens, planos, intenções, roteiros de ação e movimentos heurísticos das pessoas, teses com as quais concordamos inteiramente.

A base do Método IA repousa na noção do caráter heliotrópico da vida organizacional, já que ela exibe um caráter típico de relativo automatismo para tentar criar, disseminar e implementar a realidade de acordo com as imagens positivas e antecipatórias do futuro. Ou seja, esteja a imagem na mente de um líder carismático ou disseminada na interpretação heurística de uma comunidade, o futuro de uma organização é sempre a busca de criar, estruturar e implementar aquelas imagens positivas do futuro. E, com esta tese, os autores do Método IA nos fazem perguntas práticas de muita procedência:

1. As organizações têm sido regidas por projeções positivas?
2. Qual a relação entre imagem positiva e ação eficaz?

Estas perguntas também são alvo do interesse e da pesquisa dos praticantes da Teoria e Ciência da Ação e da Aprendizagem Organizacional há 30 anos.

Para os fundadores do Método IA há três conclusões seminais:

1. as organizações são produtos da mente afirmativa, não da mente negativa, crítica. Elas pedem uma base positiva e não crítica, já que têm continuidade enquanto organizações quando são mantidas as imagens construtivas e não destrutivas;

2. quando as organizações estão envolvidas com dificuldades crônicas, elas precisam ser liberadas, e não engessadas, fixadas; elas precisam mais de reafirmação positiva, em vez de solução recorrente de problemas; e, finalmente,

3. a vocação dos executivos em essência, nesta era de pós-burocracia, é nutrir o solo apreciativo, no qual surjam e floresçam imagens coletivas, dinâmicas, criativas, solidárias e eficazes.

Concordamos inteiramente com estes propósitos, mas devemos lembrar que no mundo real as imagens que dão continuidade prática e identidade à ONU não são as mesmas da Máfia, nem as imagens das produtoras de Hollywood, nem as do Pentágono, nem as de um mosteiro franciscano ou de um bordel. Em todos estes lugares podem ser feitas perguntas incondicionalmente positivas sobre os "melhores momentos". A questão é investigar "quais", "como" e "por que" tais imagens existem e como elas dão continuidade e, sobretudo, a quais finalidades elas servem.

Evidências Científicas Favoráveis da Imagem Positiva

Os autores do Método IA ilustram seis conjuntos modernos de pesquisa sobre os efeitos favoráveis da imagem positiva:

1. **Efeito Placebo** – tido como uma resposta favorável na saúde do doente a partir de uma imagem positiva sua, projetada sobre um remédio fictício.

2. **Efeito Pigmalião** – refere-se a um fenômeno cujos casos clássicos são de professores que projetam mais ou menos competência numa turma de alunos e eles passam a se comportar com mais ou menos competência, de acordo com estas projeções e profecias auto-realizantes.

3. **Afeto Positivo e a Prestimosidade Aprendida** – em essência a pesquisa afirma que a imagem positiva gera emoções positivas e estas tendem a criar impulsos para ações positivas.

4. **Imagem Positiva e Força Cultural** – estudos de antropologia, história e sociologia convergem para o fenômeno de que as imagens coletivas sobre um povo, cultura ou nação influenciam decisivamente no seu futuro ou porque nenhum império se implanta e se destrói sem imagens correlatas de sua ascensão ou declínio.

5. **Diálogo Interior** – os autores citam a pesquisa de Robert Schwartz como um longo estudo sobre os sistemas de conteúdo, função e estrutura do diálogo interno; noutras palavras, o que, para que e como se estrutura a conversa do sujeito consigo mesmo.

6. **Evolução Consciente das Imagens Positivas** – caso proceda o princípio heliotrópico de que as organizações evoluem na direção das imagens positivas, pode-se então afirmar que a competência afirmativa pode ser aprendida, desenvolvida e refinada pela experiência prática, pelo treinamento formal e pela disciplina.

Consideramos que os quatro primeiros argumentos ou ilustrações de efeitos das imagens positivas são perfunctórios, embora procedentes, para justificar o Método IA, pois podem ser usados como argumentos auxiliares para justificar muitas outras teorias. Os dois argumentos finais, no entanto, vão receber uma concordância condicional, dependendo da maneira como se recomenda normativamente o exercício para o diálogo interior e o alargamento da consciência da evolução das imagens positivas: se há ou se não há uma atitude de apreciação com respeito "também" à consciência reflexiva e crítica, nas duas situações. Perceba-se, a partir deste ponto, que perguntar de modo incondicionalmente positivo pode se tornar: (1) uma atitude incondicionalmente apreciativa (genuína) ou (2) uma atitude incondicionalmente dependente. A questão não será mais de identificar se a pergunta é feita como mais "incondicionalmente positiva", e, sim, se ela passa a ser a identificação de uma obediência a um protocolo ou um exercício de "atitude incondicionalmente positiva", inclusive e sobretudo, para tudo o quanto se deva perguntar, o que exigira um exercício de atitude incondicional de "consciência reflexiva". Ou seja, em vez de se acreditar na força da pergunta "incondicionalmente positiva", passa-se a acreditar na apreciação do sujeito como um ser capaz de suportar a investigação de qualquer fenômeno sempre com uma atitude apreciativa, a qual estará baseada no pressuposto de que as pessoas são fortes para refletir, aprender e mudar e não que as pessoas devem receber "perguntas incondicionalmente positivas" para se proteger, e então aprender e mudar com mais conforto e segurança (especialmente para suas defesas e medos). Isto pode se transformar numa teoria de ação protecionista, sutil ou grosseira. Trataremos desta questão adiante.

A Base do Construtivismo Social

Os autores do Método IA afirmam que o conhecimento e os saberes são socialmente construídos, que a aprendizagem é social, que ela se dá no campo social. Entendem por construtivismo social (talvez construcionismo social fosse um bom anglicismo) o fenômeno pelo qual os sistemas sociais determinam sua própria realidade. Alegam que há uma enorme superposição entre os princípios do Construtivismo Social e do Método IA, dentre eles:

1. a ordem social é produto de amplo acordo coletivo;

2. a conduta social está aberta à infinita variedade;

3. toda ação social está aberta a múltiplas interpretações;

4. narrativas e teorias tendem a condicionar o que é "verdadeiro";

5. as pessoas estão livres para buscar transformações na conduta convencional, mudando os padrões narrativos;

6. a teoria social pode ser vista como uma narrativa sofisticada, que dispõe de gramática própria;

7. todas as propostas teóricas são normativas e têm enorme poder de influenciar a ordem social;

8. o diálogo é o mais poderoso veículo de mudança da ordem social;

9. a teoria é uma construção narrativa, e o diálogo, livre das distorções, é fundamental para determinar a "natureza das coisas", como vista pelo Construtivismo Social.

Concordamos inteiramente com todos estes nove princípios. Afirmamos que estão todos, indistintamente, presentes na literatura da Teoria da Ação, da Aprendizagem Organizacional e da Ciência da Ação. O Método IA exorta a função e o uso do diálogo através da pergunta positiva, sem oferecer outros procedimentos normativos adequados para lidar com as limitações humanas de raciocínio, de jogos na comunicação, de dissimulações e de interações competitivas. A Ciência da Ação trata de identificar, classificar e recomendar procedimentos normativos para criar um diálogo mais livre destas limitações ou distorções.

O diálogo para a Ciência da Ação é um evento raro, paradigmático, e não se consegue exclusivamente com o protocolo de perguntas positivas incondicionais. Este procedimento incondicional não garante a reciprocidade, a transparência das intenções, o acordo intersubjetivo e o comprometimento investigativo que são imprescindíveis no fenômeno do diálogo. Trataremos disto adiante.

Base do Diálogo

Quando os autores do Método IA propõem uma intervenção normativa para a construção do diálogo, eles propõem uma certa descrição das categorias do discurso que poderiam ser classificadas em discurso positivo e discurso negativo, pela construção do seguinte quadro:

DISCURSO POSITIVO	DISCURSO NEGATIVO
Valorização positiva: menção de qualquer coisa positiva valorizada no presente ou no passado.	**Desvalorização:** menção de qualquer coisa de valor negativo: apatia, fatalismo, desgosto, etc.
Esperança: menções de otimismo com o futuro.	**Pessimismo:** menção de dúvida, preocupação, suspeita e descrença com o futuro.
Competência: qualquer menção à capacidade, competência, atributos ou qualidades positivas do outro.	**Incompetência:** qualquer menção à incapacidade, incompetência, desqualificação do outro, ou desmotivação.
Abertura, receptividade, aprendizado: menção de receptividade em si ou no outro acompanhada de reconhecimento do resultado da aprendizagem.	**Fechamento:** expressão de raiva, insatisfação, tristeza, irritação, defensividade sem qualquer antídoto ou vontade de superação.

Inclusão e cooperação: menção a esforços de relacionamento positivo acompanhada de resultado efetivo.

Curiosidade, surpresa e excitação: expressão destes fenômenos que revelem grau de interesse e proximidade com temas, eventos ou pessoas.

Facilitação da ação em direção a um resultado positivo: facilidade de ação para um resultado positivo ou para uma relação de causa e efeito positiva.

Reenquadramento positivo: menção de qualquer emoção, mas sempre acompanhada de expectativa de resultado positivo; reafirmação de uma realidade negativa em termos positivos.

Visualização de estado ideal: qualquer expressão de futuro que seja utópica, ideal ou desejável.

Afastamento: menção de evitação, desprezo ou distanciamento físico ou psicológico do outro.

Desinteresse, desagrado: expressão de desinteresse, desagrado, falta de recompensa com tempo ou esforços perdidos.

Controle dos outros: esforços ou ações voltadas para dirigir ou controlar os outros, ou que causem a sensação de dominação nos outros.

Reenquadramento negativo: menção de causação com efeitos negativos; mudança do humor de positivo para negativo; foco em obstáculos e barreiras.

Predição de futuro negativo: predição, visualização ou expectativa negativa para o futuro imaginado.

Cooperrider, D.; Whitney, D. e Stravos, J. em *Appreciative Inquiry Handbook*, afirmam que a "responsabilidade de um moderador do Método IA, seja um consultor, gerente ou líder de uma equipe, é facilitar o discurso positivo e minimizar o discurso negativo para promover a mudança social construtiva".

Concordamos com a classificação dos discursos e com os benefícios do discurso positivo, mas discordamos da exortação de "facilitar o discurso positivo" como modelo mais adequado de intervenção de aprendizagem, e recomendamos enfaticamente o diálogo reflexivo. Na verdade, não basta uma longa e detalhada descrição das categorias do discurso positivo e do discurso negativo, classificação com a qual todos, indistintamente, devem ou se inclinam a concordar. A questão básica passa por pelo menos cinco eixos principais:

1. não há evidência do discurso positivo na cultura moderna nem da consciência dos seus benefícios;

2. o organismo humano não está predisposto ou treinado para executar o discurso positivo incondicional;

3. nossa educação e socialização não foram dirigidas para valorizar o discurso positivo;

4. a genuína e livre aprendizagem, inclusive a genuína aprendizagem da autonomia, não se dá pela obediência à exortação, por maiores que sejam os benefícios do discurso positivo, e

5. exortação e obediência podem ser um modelo propício para inserção da ideologia, do protecionismo ou do cinismo. Voltaremos a esta questão adiante.

Novidade, Continuidade e Transição

Os mesmos três autores de *Appreciative Inquiry Handbook* afirmam que o que dá vida às organizações saudáveis são os fatores (internamente apreciados) que promovem a continuidade, a novidade e a transição através do diálogo. Do ponto de vista da continuidade, a pesquisa deve identificar:

1. o que as organizações fazem de melhor;

2. que recursos asseguram o suporte básico para as atividades essenciais; e

3. quais são as orientações que mantêm os aspectos mais valorizados da cultura. Concordamos inteiramente com esta proposição, lembrando que a teoria da Aprendizagem Organizacional, ao vislumbrar as organizações como uma teoria de ação (Argyris e Schön, 1978, 1996), alegou que a identidade de uma organização é estabelecida pelos valores-em-uso de sua prática, que lhe dão continuidade.

Do ponto de vista da novidade, os três autores recomendam o foco nas seguintes considerações:

1. processos intencionais para se aprender com a experiência coletiva;

2. práticas que busquem ativamente por novas idéias dentro ou fora da organização; e

3. investimentos no crescimento e no desenvolvimento das pessoas como um estímulo para uma nova e paradigmática maneira de pensar.

Concordamos com estas propostas alegando que todas estão conceitualmente de acordo com as mesmas fontes da Teoria da Ação (Argyris e Schön, 1974), da Aprendizagem Organizacional (Argyris e Schön, 1978, 1996) e da Ciência da Ação (Argyris, 1982, 1985 e 1992); e alegamos, ademais, que a mudança na maneira de pensar de forma paradigmática é tratada nestas outras fontes como uma mudança de Teoria de Ação de Modelo I (de controle unilateral) para o Modelo II (de controle bilateral), fontes de pesquisas e práticas que explicitam os mecanismos e os processos experimentais adequados para esta mudança, com base na prática reflexiva. Trataremos deste tema adiante.

Do ponto de vista da transição, eles indicam quatro focos principais que devem ser pesquisados e incentivados:

1. a visão comum pela qual as prioridades são estabelecidas;
2. o estabelecimento de mecanismos de medição ou avaliação e também de feedback útil com respeito a fatores críticos de sucesso;
3. o apoio para experimentação real e plena de escolha; e
4. as estratégias de envolvimento para a promoção de roteiros comuns.

Alegamos que todos estes quatro focos são comuns à literatura da Teoria da Ação (Argyris e Schön, 1974), à Aprendizagem Organizacional (Argyris e Schön, 1978, 1996; Argyris, 1992) e à Ciência da Ação (Argyris, 1992; Argyris e outros, 1985), inclusive com protocolos claros de intervenção, todos baseados em prática reflexiva e não somente descritiva de uma possível obediência a uma linguagem, ou discurso positivo, ou qualquer outro programa ou teoria normativa.

O Cerne Positivo

Ainda em referência a *Appreciative Inquiry Handbook*, seus autores alegam que o Cerne Positivo das organizações é "um dos maiores recursos para a mudança, embora ainda não reconhecido pelo campo da administração hoje" (...) "e que todo o processo da Investigação Apreciativa se dá pela construção consciente sobre as forças da organização que formam seu Cerne Positivo" (...) "O Cerne Positivo é o coração do processo da Investigação Apreciativa" (...) "Ele é diferente, no entanto central às quatro fases do processo" (...) "é o princípio e o fim da investigação". Na fase de Descoberta (Discovery), investiga-se o Cerne Positivo; na fase do Desejo (Dream) se estabelece uma clara visão deste Cerne Positivo projetado no futuro; na fase do Desenho (Design) faz-se a arquitetura desde organização projetada e na fase de Diligência (Destiny) implementa-se este Cerne Positivo magnificado. Concordamos inteiramente com estas proposições, considerados os comentários sobre as fases de Desenho e Diligência.

Os três autores citam ainda várias fontes de identificação e expressão deste Cerne Positivo como: as melhores práticas de negócio, competências essenciais e distintivas, pensamentos ou virtudes elevadas, conhecimentos de prática, ativos financeiros, inovações, resultados e realizações da gestão, sabedoria organizacional, emoções positivas, macrotendências positivas, forças do produto, recursos relacionais, capital social, oportunidades estratégicas, ativos técnicos, valores, crenças, visões de possibilidades, tradições vitais, forças dos parceiros, capacidades internacionais, dentre outras.

O Tópico Afirmativo

Desde os primórdios do Método IA, seus fundadores afirmam que o primeiro passo numa intervenção com este método é a escolha de um tópico afirmativo, que é uma declaração curta, em forma de escolha de um foco para a investigação. Eles alegam que "a escolha de um tópico dá início a um processo construtivo de descoberta e de narrativa da história que dá vida à organização". Representa aquilo que as pessoas querem descobrir e aprender mais sobre o fenômeno. Eles afirmam que a semente da mudança está lançada tão logo seja posta a primeira pergunta.

Eles dizem que duas macroperguntas podem servir de base para que todas as organizações estabeleçam adaptações e criem seus tópicos afirmativos, a partir de uma personalização derivada. As duas perguntas básicas são:

1. Que fatores dão vida a esta organização quando ela se mostra (ou se mostrou) mais viva, mais bem-sucedida e eficaz? – Eles dizem que esta pergunta-base busca descobrir o que as organizações fizeram de bom no passado, e ainda continuam fazendo no presente; e

2. Que possibilidades, expressas ou implícitas, provêem oportunidades para formas mais vitais, bem-sucedidas e eficazes (com visões e valores congruentes) para a organização? Esta última pergunta-base, eles alegam, leva os participantes a pensarem um sonho (desejo) e a desenhar (projetar) um futuro melhor.

Terceira Parte:
As Leituras da Ciência da Ação

Três Décadas de Teoria de Ação

Em que pese haver uma literatura inicial dos sociólogos sobre a ação humana na década de 50 com Robert Merton, deve-se considerar sua estruturação somente na década de 70 com a obra seminal de Chris Argyris e Donald Schön *Theory in Practice*, 1974. Nela os autores sistematizariam alguns princípios que justificariam a criação posterior de uma Ciência da Ação (Argyris, C.; Putnam, R. e Smith, D., *Action Science*, 1985) e que tem sido até hoje a base conceitual e o fundamento da leitura científica da ação humana capaz de criar e manter um ambiente mais ou menos propício à Aprendizagem Organizacional (Argyris, C. e Schön, D., 1978, 1996). A proximidade desta leitura cognitiva da ação humana e do processo de aprendizagem tem muitos pontos em comum ou de superposição com o Método IA, mas há diferenças cruciais no que diz respeito às recomendações normativas quanto à ação.

O centro da atenção de Chris Argyris e Donald Schön é a dinâmica da mente humana e sua crença na capacidade do sujeito de aprender a refletir melhor e de refletir para aprender. Diferentemente, David Cooperrider, Suresh Srivastva e seus colegas de pesquisa acreditam na capacidade de transformação das pessoas e dos ambientes a partir da inclusão incondicional da linguagem positiva e apreciativa. A questão que se coloca é: como aprender genuína e verdadeiramente esta linguagem, a ponto de ela se tornar tácita e espontânea, estruturada e dinamicamente estável, além de verdadeira e bem-intencionada, a ponto de se tornar uma prática com maestria?

Em 1992, Chris Argyris e Donald Schön, num prefácio da 10ª edição de *Theory in Practice*, fizeram um pequeno balanço de sua teoria. Eles alegaram na ocasião que:

1. propuseram uma teoria não apenas descritiva da ação eficaz, mas normativa, criadora da ação eficaz;

2. criaram uma teoria que fosse capaz de liberar alternativas para o *status quo*;

3. conceberam um modelo de intervenção que criasse o evento raro da aprendizagem de ciclo duplo – alterar os valores e não apenas as estratégias.

Na sua avaliação, o cerne da teoria estava na aprendizagem, e eles se envolveram na clara definição de termos operativos, normativos e processuais, capazes de descrever os produtos e os processos da aprendizagem em ação.

Para eles, há dois resultados no fenômeno da aprendizagem:

1. criação de um encontro feliz entre intenção e resultados, na forma como o aprendiz nunca teria conhecido anteriormente e;

2. detecção e correção de eventuais desencontros entre intenção e resultados.

Da mesma maneira como os autores do Método IA, Chris Argyris e Donald Schön se basearam na dimensão reflexiva e investigativa do pensamento de Kurt Lewin. Os dois autores da Teoria da Ação focaram seu esforço normativo nas maneiras de como proceder à geração da informação válida, da escolha livre e informada e no comprometimento interno, condições imprescindíveis para a ação eficaz. Seu foco básico está na existência de testes públicos de validação da informação, usando, essencial e congruentemente, as contribuições de dois filósofos e educadores reflexivos: John Dewey e Jurgen Habermas.

A reflexão para superar a dúvida, as condições ideais do discurso e o teorema da incompletude humana na comunicação e na investigação são teses e contribuições que revelam pressupostos e postulados normativos inovadores na ciência, considerados cruciais, e que distinguem o posicionamento diferenciado quanto à ação entre Teoria da Ação e o Método IA, embora complementares na nossa opinião.

Teorias de Ação como Padrões de Interação

Chris Argyris e Donald Schön alegaram que padrões da ação interpessoal seriam manifestações da teoria de ação, normalmente tácitas, que as pessoas adquirem com o hábito, com a socialização e com os princípios implícitos dos modelos de educação. Distinguiram as Teorias Proclamadas – aquelas exortadas, professadas, prometidas – das Teorias-em-uso, aquelas inferidas ou observadas da prática efetiva. Enfatizaram a natureza recíproca das ações interpessoais, nas quais os valores implícitos, tácitos, embutidos na prática efetiva são criados, promulgados culturalmente, tanto pelo protagonista da ação como por aqueles que são afetados pelo comportamento do agente. Criaram e reforçaram a grande importância estrutural dos mundos comportamentais, ou seja, dos artefatos sociais criados pelas ações e redes de ações e de significados de todos os agentes.

No entanto, muitas leituras imprescindíveis desta obra ainda perduram sem um correto entendimento até hoje da maioria de seus críticos, inclusive os autores do Método IA, que aparentam desconhecer a produção moderna destes autores. Eles são sempre citados na sua juventude acadêmica como aderentes aos "métodos de resolução de problemas". Muitos outros teóricos e praticantes do Método IA desconhecem em si mesmos o princípio de que o agente/sujeito não têm consciência do hiato ou do grau verdadeiro do hiato entre sua Teoria Proclamada e a Teoria-em-uso, cuja tese central é que a maioria das relações ou dos padrões interativos é regulada por valores tácitos de controle unilateral, autoproteção e competitividade, enquanto os agentes professam, proclamam, exortam e tentam transmitir valores expressos de igualdade, liberdade e democracia. Ora, esta leitura é absolutamente imprescindível quando diante de um modelo de intervenção que deseja fazer proposta normativa para as relações, as comunicações e os processos de produção através de uma "aderência incondicional à linguagem positiva". Então se pergunta: "perguntas incondicionalmente positivas" com que teoria de ação, com que intenção, com quais benefícios para quem pergunta?

Teoria da Ação é Algo que se Aprende e se Ensina

Chris Argyris e Donald Schön alegam que as pessoas podem aprender desde que:

1. a investigação seja genuína, honesta, clara, descritiva e útil;

2. as pessoas estejam dispostas a ouvir, refletir e dialogar sobre os retornos desta investigação;

3. as pessoas admitam o desencontro entre intenção e resultados, como fruto da incompletude de sua teoria de ação;

4. as pessoas, uma vez tenham ouvido este retorno construtivo, fiquem comprometidas e ligadas nas formas de aprender, lançando-se à experimentação de novos padrões comportamentais;

5. o ambiente ofereça condições de investigação aberta e pública com conforto, baixo grau de ameaça e algum grau de desafio, e, finalmente,

6. as pessoas aprendam como gerar o evento raro da aprendizagem de ciclo duplo (mudanças de valores além das estratégias de ação).

Ou seja, uma combinação feliz de aprendizes motivados, ambiente propício, linguagem genuína, investigação pública e aberta, método apropriado e facilitação competente da experimentação para poder haver "a boa dialética" (Argyris e Schön, 1978) da aprendizagem. Tudo isto se resume em atitudes e cuidados apreciativos para investigar.

Os dois autores dizem que a arte deste aprendizado nem está na obediência incondicional do aprendiz e muito menos na repetição rotineira, mas na arte ou no artesanato de conceber, construir, experimentar e compartilhar experiências com novas Teorias-em-uso. Estes testes públicos são essenciais para distinguir a verdadeira mudança da impostura. É impressionante como há proclamações firmes de certezas de teorias de transformações organizacionais, mas vazias de métodos e de meios para a efetiva mudança e a reestruturação da teoria de ação. Não é muito útil pedir ao outro que mude, quando não se pode ajudar o outro com métodos, técnicas e meios eficazes para mudar. Reprimendas ou exortações morais sobre virtudes e competências ou então treinamento sem reflexão sobre o processo da mudança não bastam. E, por último, métodos, técnicas e meios aleatórios ou insuficientes também não ajudam. Na verdade, este último paradoxo é igual ao dilema da Teoria Proclamada × Teoria-em-uso.

Prática Reflexiva, Dilemas e Limitações

Uma das questões mais fascinantes da Teoria da Ação é o tratamento dos vários dilemas que as pessoas podem estar vivendo. Inconsistência interna, quando o próprio discurso se nega ou a arquitetura lógica da teoria está autocontraditória.

Ou incompatibilidade quando parte da teoria fica sem conexão ou superposição com outra parte. E, finalmente, incongruência quando o que se diz não bate com o que se faz. Ora, tudo isto representa um conjunto de dilemas na ampla categoria da eficácia. Qualquer dilema é um dilema de eficácia. E, quase todo dilema de eficácia representa algum tipo de dilema de valor. Todos podem ser lidos desta maneira. E o dilema passa a ser o objeto da investigação e a fonte da aprendizagem. Tudo que se apresenta como dilema precisa ser superado. E a superação é a aprendizagem. E o acolhimento humilde desta realidade dinâmica e inerente ao ser humano, no cotidiano de suas contradições em ação, é a melhor apreciação para se aprender bem.

Na linha da pesquisa experimental, a questão da aprendizagem de duplo ciclo se torna imperativa e ao mesmo tempo paradoxalmente difícil quando os agentes estão envolvidos em situações de embaraço e de ameaça. Os processos defensivos criam laços duplos de ação, nos quais de qualquer maneira que o agente aja, ele tende a ser percebido como alguém que falhou. Aqui, volta a questão da imposição ideológica, que bem pode ser identificada, quando uma intervenção chamada de apreciativa for de fato impositiva a pessoas e ambientes ameaçados, do tipo: "aqui, neste lugar, todos são incondicionalmente apreciativos! Não se pode usar uma linguagem negativa".

O argumento básico de Donald Schön é que o conhecimento da prática (profissional em especial) é um conhecimento tácito em ação e o que se precisa é desenvolver a habilidade do profissional de refletir em ação, sobretudo nas situações de surpresa, ameaça e desconhecimento de experiência similar. Ele diz que a essência desta educação é tornar explícito aquilo que já sabemos, ou seja, capturar de forma explícita, descritiva e demonstrável os *insights*, os valores e as estratégias de ação que os profissionais competentes trazem para as situações. Enfim, o argumento central é que os profissionais têm suas teorias de ação de prática profissional e com elas tentam estabelecer relações eficazes com seus clientes e colaboradores. Refletir sobre estas teorias-em-uso e superar as deficiências cognitivas e emocionais são duas tarefas complexas, exigentes, mas fundamentais para o bom êxito nos resultados da aprendizagem.

E aqui surge um aspecto de grande importância para a Teoria da Ação e a Ciência da Ação: seus fundadores admitem que as questões de apreciação estética, de humor, de ironia, de amor sexual e de espiritualidade estão fora da garantia de uma plena investigação, em torno de um modelo paritário de reflexão da teoria de ação dos protagonistas até mesmo acionando-se o Modelo II, considerado o mais competente dos modelos. Ou seja, a questão da investigação reflexiva se dá em contextos que admitem a investigação reflexiva rigorosa, incondicional, mas certos temas podem ultrapassar os limites desta investigação. A humildade expressa destes dois autores sobre os limites da investigação desautoriza o uso do método da investigação reflexiva sobre questões misteriosas ou invadidas de crenças emocionais profundas, que, nas palavras deles, "normalmente subvertem a investigação". Aqui, separam-se os espaços da ciência, da ideologia e da poética. Se os autores se colocam com tal humildade diante da mais competente investigação reflexiva, como poderíamos admitir que a "pergunta incondicionalmente positiva" supere os limites e defesas do sujeito?

Utilidade da Investigação Reflexiva

Entretanto, Chris Argyris e Donald Schön estão convencidos de que a investigação reflexiva sobre a teoria de ação de pessoas, equipes, grupos e organizações é de inegável importância para temas cruciais como a construção da verdade interpretativa, a autonomia, a cooperação humana e a construção de uma sociedade democrática. Eles listam, expressamente, como foco ou resultado desejado deste processo a boa investigação de questões como: a autonomia (liberdade de escolha das partes), a veracidade e a validação das teses (processo heurístico ou empírico de testar hipóteses), o comprometimento (o grau de aderência às decisões para serem efetivamente implementadas), comunicação genuína (grau de abertura ou fechamento na conversa entre as pessoas), confiança (grau de disponibilidade para acreditar e concordar com as sugestões de ação ou opiniões dos outros), cooperação (base da ação coletiva consciente) e eficácia a longo prazo (razões da eficácia crescente nas ações).

Ora, estes temas parecem ser um dos mais notáveis repertórios das preocupações atuais dos executivos, que aspiram dispor de métodos, técnicas e meios de superá-las bem, e constantemente, nos ambientes organizacionais.

No entanto, os dois autores alegam a enorme utilidade social do método da investigação reflexiva proposto nas suas obras (e temos atestado a validade deste método há mais de 20 anos), quando asseguram que sempre se mantiveram comprometidos com a geração de processos normativos capazes de ajudar a construir os melhores valores da vida social, com a finalidade de:

a) testar e validar publicamente as atribuições (diminuindo as "verdades intestáveis", as fofocas e os disse-me-disse);

b) aumentar o grau de discussão e teste das hipóteses e teses sobre a vida social (ampliando o horizonte, o fundo e a verticalidade das informações);

c) criar as condições da autonomia e da escolha livre e informada no curso das ações humanas (favorecendo os processos livres de escolha social);

d) gerar esforço deliberado para criar as condições verdadeiras de cooperação (em vez da destruição a longo prazo pela competitividade);

e) estabelecer as bases para o diálogo (em vez da discussão improdutiva e dos debates fechados nas opiniões), e, finalmente,

f) ajudar a criar ambientes de aprendizagem e de prática democrática (exercício efetivo do desejo latente de todo ser humano de ser respeitado como igual).

Deve-se refletir profundamente nestas propostas, fundadas no reconhecimento humilde nos limites do método reflexivo, porque a criação da utopia, tão próxima das igrejas, das seitas, dos partidos políticos e dos grupos ideológicos, pode muito bem se beneficiar das técnicas do Método IA, usadas como um desvio ou engano de sua prática original, simplesmente pelo fato de submeter as pessoas a "perguntas incondicionalmente positivas", mas certamente também submetidas a valores da cultura e dos ambientes nos quais os "problemas" se tornam "indiscutíveis". Isto não se daria, na nossa opinião, nos limites da investigação reflexiva. Sobretudo quando as situações envolverem medo, ansiedade, manipulação, embaraço ou mera ambigüidade, o melhor quase sempre é a ampla liberdade investigativa, que deve ser feita, no entanto, com rigor, prudência, competência e cuidado, ou seja, sem desvios, mas com a mais absoluta atitude de firmeza, candura e apreciação pelo momento, pela estrutura emocional e pela prontidão de escuta e mudança do aprendiz.

Pressupostos da Ciência da Ação e dos Modelos da Teoria-em-Uso

Há um decálogo axiomático da Ciência da Ação sobre os seres humanos que:

1. concebem, intencionam e criam significados com suas ações, para as quais estabelecem expectativas de resultados;

2. criam significados, fazendo sentido para si mesmos, para os outros e para o ambiente;

3. monitoram os resultados de suas ações, a eficácia de suas ações e a eficácia dos significados criados no ambiente;

4. concebem e são responsáveis por suas ações;

5. agem, de modo paradoxal, em obediência a "regras" (tácitas) que não conseguem exprimir;

6. concebem ações através de mapas cognitivos tácitos;

7. fazem cotejo entre valores e variáveis governantes da prática, elevando ora o valor de algumas variáveis, ora diminuindo o de outras;

8. inserem suas ações num mundo comportamental (ou cultura), que alcança um grau de autonomia e de identidade independente dos seres humanos;

9. criam ações que vão criar e orientar os padrões (e a estrutura) das ações do mundo comportamental;

10. usam as condições estruturais como uma plataforma de repetição de eficácia ou de ineficácia das suas ações.

As quatro variáveis governantes do Modelo I são:

1. alcançar os propósitos da maneira como o agente define;

2. ganhar e não perder;

3. suprimir os sentimentos negativos; e

4. enfatizar a racionalidade. As estratégias comportamentais primárias do Modelo I são: controlar unilateralmente o ambiente relevante e as tarefas, proteger-se e proteger os outros unilateralmente. Assim, a estratégia comportamental dominante é o controle unilateral sobre os outros.

As variáveis governantes do Oposto ao Modelo I são:

1. participação de todos na definição dos propósitos;

2. todos ganham, ninguém perde;

3. expressão sem censura dos sentimentos; e

4. supressão dos aspectos cognitivos e intelectivos da ação.

As estratégias comportamentais associadas incluem a ênfase na investigação e a minimização do controle unilateral.

O Oposto ao Modelo I é mais comum como uma teoria proclamada do que como uma teoria-em-uso. Normalmente os elementos do Oposto ao Modelo I estão embutidos numa teoria-em-uso subjacente do Modelo I, na qual a proteção unilateral de si mesmo e dos outros é proeminente, e a competitividade e o controle unilateral estão presentes, mas camuflados com lisonjas, simpatias falsas, seduções e engodos.

As variáveis governantes do Modelo II incluem:

1. geração da informação válida e útil;

2. escolha livre e informada; e

3. comprometimento interno.

As estratégias comportamentais do Modelo II exigem a partilha da informação com aqueles que têm a competência e que vão participar da concepção e da implementação da ação. Mais do que a advocacia unilateral (Modelo I) ou a investigação que anula a visão própria do agente (Oposto ao Modelo I), no Modelo II o agente combina advocacia e investigação.

Quarta Parte:
O Foco da Aprendizagem Organizacional

Pressupostos Sobre os Tipos de Aprendizagem

Na perspectiva da Aprendizagem Organizacional (Argyris e Schön, 1978, 1996; Argyris, 1992) há aprendizagem e eficácia quando ocorre um encontro entre a intenção e os resultados; quando a Teoria-em-uso do agente é confirmada, e o agente alcança um determinado grau de realização. Um erro é considerado como um desencontro (entre intenção e resultados) ou pode ser considerado uma contraprodutividade da ação do agente. A reação humana imediata a um erro é a busca de uma outra estratégia de ação. Neste sentido, ocorrerá uma "aprendizagem de ciclo único" todas as vezes que o agente procurar uma outra estratégia de ação para atender aos mesmos valores ou variáveis governantes e uma "aprendizagem de ciclo duplo" todas as vezes que o agente procurar uma outra estratégia de ação, agora oriunda da mudança dos valores (das variáveis governantes). Há alguns sinais da necessidade de "aprendizagem de ciclo duplo" nas seguintes situações:

1. o agente e outros podem se sentir embaraçados ou ameaçados;
2. há nítidos sintomas de indiscutibilidade de certos temas;
3. em situações de encobrimento da indiscutibilidade;
4. em situações crônicas nas quais as situações não encontram soluções inteiramente eficazes;
5. em situações nas quais há erros persistentes e crônicos ou em escala.

Em 1978 Chris Argyris e Donald Schön desenvolveram um modelo chamado de Sistema de Aprendizagem Limitada, chamado O-I. "O modelo afirma que quando as pessoas, programadas com a Teoria-em-uso do Modelo I, lidam com questões difíceis e ameaçadoras, elas criam laços inibidores primários. Isto é, criam condições de indiscutibilidade, profecias auto-realizantes, processos auto-oclusivos e erros em escala e permanecem inconscientes de sua responsabilidade na criação dessas condições. Os laços inibidores primários levam aos laços inibidores secundários, tais como: dinâmica de grupo perde-e-ganha, conformidade, polarização entre grupos e jogos organizados de engodo. Estes laços inibidores secundários reforçam os laços inibidores primários, e, juntos, eles levam as pessoas a não terem esperanças na aprendizagem de ciclo duplo nas organizações".

Sob tais condições, as organizações podem corrigir os erros que não ameacem as normas subjacentes, assim como podem procurar corrigir erros que não possam ser camuflados. Mas, tornam-se incapazes de corrigir os erros quando isto exigir o questionamento e a mudança das normas subjacentes. Isto também se desdobra em redes elaboradas de camuflagem, tanto quanto a camuflagem da camuflagem, e se engajam de volta em atividades de reserva, protetoras, do tipo de construção de arquivos especiais "para aqueles casos em que o chefe cobrar". Tudo isto cria vínculos duplos para as pessoas que estão comprometidas. Por um lado, elas vêem os erros e as atividades improdutivas que, como membros responsáveis pela organização, se sentem na obrigação de corrigir, mas, por outro lado, levantar estas questões ameaçadoras pode ser percebido como alguém desleal e uma ameaça para a organização.

O modelo O-II descreve o mundo comportamental criado pelas pessoas que estão interagindo sob a influência da teoria-em-uso do Modelo II. Quando as pessoas da organização lidam com questões difíceis e ameaçadoras usando a Investigação Organizacional, elas estão engajadas numa reflexão de Modelo II, mais do que criando laços inibidores primários.

As questões que eram previamente indiscutíveis são trazidas à discussão, seus pressupostos são testados e corrigidos e os processos auto-oclusivos são interrompidos. Podem ocorrer ambas: a aprendizagem de ciclo único e a aprendizagem de ciclo duplo. Diminuem as dinâmicas disfuncionais nos grupos e entre os grupos e há menos camuflagem e jogos de engodos.

O Mundo Comportamental e as Virtudes Sociais

Entendemos por mundo comportamental os padrões mais ou menos estáveis de interação social e por virtudes sociais as práticas coletivas inspiradas pelos valores mais estimados ou idealizados na sociedade. As Teorias-em-uso são as fontes de ambas. Há uma consequência benéfica ao se usar a teoria-em-uso do Modelo II na criação de mundos comportamentais O-II: os significados das virtudes sociais ensinadas muito cedo na vida são alterados de formas importantes. As virtudes sociais correntes são consistentes com os Modelos I e O-I e, quando aplicadas corretamente, podem fazer com que as pessoas se sintam boas e incluídas, mas também podem exacerbar as condições de erro e reduzir a probabilidade de se produzir a boa dialética organizacional e a investigação organizacional produtiva. Os autores ilustram sua posição, contrastando os significados de algumas virtudes, de acordo com o Modelo I e o Modelo II. Vejamos um exemplo de duas virtudes e como elas são diferentes numa e noutra Teoria-em-uso (Argyris, 1992).

RESPEITO AO OUTRO (MODELO I E OPOSTO AO I)
Ceda, proteja, mostre respeito às outras pessoas e não entre nunca em confronto com seus raciocínios, emoções ou ações.

FORÇA
Defenda a sua posição com o objetivo de vencer. Mantenha suas próprias posições diante dos argumentos dos outros. Sentir-se vulnerável é sinal de fraqueza.

RESPEITO AO OUTRO (MODELO II)
Considere que as outras pessoas têm uma grande capacidade de auto-reflexão e de auto-exame, sem acreditar que elas perdem sua eficiência e seu senso de responsabilidade individual.

FORÇA
Defenda as suas posições, e combine isso com questionamento, teste e auto-reflexão. Colocar as próprias teses para desconfirmação é sinal de força e não de fraqueza.

Quinta Parte:
Nossas Considerações Práticas e Normativas

Apreciar é Praticar a Virtude Superior da Gratidão

Consideramos que a palavra que melhor capta e encapsula a prática apreciativa é "gratidão". Ela é uma virtude que está presente em todas as tradições espirituais para traduzir uma das mais encantadas e inspiradas qualidades sociais: o dom ou a graça de o sujeito estar feliz, e, estando feliz, poder exprimir esta felicidade ou alegria desinteressada de outros motivos em forma de agradecimento à vida. Talvez somente o ser humano saiba e possa agradecer, e saiba retribuir com acolhimento, com apreciação e com deferência toda graça, toda surpresa, todo mistério, todo encantamento, toda complexidade, toda variedade, toda beleza e toda inspiração que nos dá a vida – especialmente a vida humana, cheia de pura e completa gratuidade! – que está revelada na forma de um universo que se apresenta matizado e múltiplo, que nos inclui e nos cerca, que se apresenta como um fluxo criativo e de crescente expansão, evolutivo nas consciências, com formas infinitas, complementares e cooperativas de existências, seja na abundância das espécies ou no privilégio daquelas que se tornaram mais complexas e mais operantes nesta realidade. A apreciação é uma atitude maior, não é apenas uma configuração lisonjeira da linguagem ou um condicionamento da maneira como perguntamos sobre nossas dúvidas ou hesitações aos outros.

Apreciar é acolher o universo com abertura, realismo e com coragem. Logo, apreciar é acolher a vida sem desculpas, sem desvios e transferências de responsabilidades; é ver com toda precisão possível a realidade tal como ela é: ora cruel ora benigna, ora triste ora feliz, ora prazerosa ora dolorosa, ora compassiva ora odienta, ora produtiva ora preguiçosa, ora convergente ora divergente; enfim, apreciar a vida é não se dobrar ou se deprimir diante das dificuldades e barreiras inerentes, incontroláveis e misteriosas. Para apreciar deve-se ter a mente a mais lúcida possível para compreender a vida sem ilusões e sem falsas esperanças, sem temores infundados e sem otimismo cor-de-rosa. A lucidez é a irmã gêmea da apreciação com a qual se deve entender a condição humana como inerentemente limitada, imperfeita, sujeita a erros e problemas, dificuldades e barreiras para a realização dos seus sonhos. Mas a diferença é ver e acolher a vida também com o seu lado cruel, doloroso ou improdutivo, e, no entanto, assumir uma atitude apreciativa, com coragem e otimismo, para construí-la a partir de uma atitude disciplinada de integridade, liberdade, cooperação e justiça, a partir da consciência reflexiva das suas contradições. Apreciar integralmente a vida é assumir sempre uma atitude lúcida, corajosa, otimista, produtiva, paciente e solidária. E investigar com apreciação não se trata de colorir a vida de róseo ou obliterar parte da realidade, mas, antes, trata-se de investigar reflexivamente tudo o que existe, no pressuposto de que o ser humano é capaz de mudar porque ele pode pensar, sentir e agir de modo diferente, desde que haja pessoas motivadas, e ambientes, métodos, processos e técnicas que favoreçam os acordos bilaterais para a investigação reflexiva.

Meditar é um Exercício Multimilenar de Genuíno Diálogo Interior

O exercício da meditação é freqüente nos nossos serviços para os clientes. São muitos os entendimentos do termo meditação. Quando se diz popularmente que alguém está meditando, diz-se que está cogitando, conjecturando, talvez pensando mais criticamente nas várias alternativas de um tema antes de se tomar uma decisão, numa atitude típica de um raciocínio divergente. Todas as tradições espirituais, pelo contrário, têm no termo "meditação" um entendimento contrário a este, de um raciocínio convergente: concentrar a mente em apenas um tema, ou, mais radicalmente, até esvaziar a mente de qualquer raciocínio. As várias tradições espirituais são responsáveis por práticas multimilenares, detalhadas, validadas e experimentadas por centenas de milhares de praticantes, no sentido de extrair da mente esta atitude de divagação.

Na maioria destas práticas, a técnica da observação da respiração é um meio muito útil de treino para uma das formas de meditar, específica da observação criteriosa do processo de inspirar e expirar, ou, então, como técnica de introdução a outras formas de meditar mais sofisticadas, que vão incluir a observação dos processos e da dinâmica mental, dos estados emocionais, dos processos volitivos e, posteriormente, das ações das pessoas. Estas técnicas podem envolver estímulos internos ou externos para a prática da meditação, usando os sentidos e a inteligência específica de cada sentido humano.

A maioria das tradições espirituais coloca a meditação submetida à moralidade ou ética, ou seja, meditar é um estado que se alcança à medida que a pessoa avança no seu aperfeiçoamento e crescimento espiritual de respeito à vida. Inclusive, admitir a importância da meditação já seria uma manifestação de humildade e de serenidade, virtudes que predispõem à prática meditativa. Medita-se para se alcançar uma integração do sujeito consigo mesmo, com todo o seu entorno e com os temas que a mente humana não consegue alcançar cognitivamente. Para todas as tradições, busca-se um repouso profundo como plataforma de outras finalidades. A pessoa deve imobilizar o corpo, relaxar a respiração, manter-se ereta e observar os fenômenos da mente, suas emoções e pensamentos ou temas recorrentes. Algumas tradições pedem apenas a observação da respiração, repetindo-se mentalmente as palavras "inspirando" e "expirando", de acordo com o movimento do ar nos pulmões. A tradição cristã faz uso de um mantra temático (Maranata), que é repetido a cada intervalo de 30 segundos, de modo que a mente do meditante não vague. Outras tradições fazem uso de som e temas, e outras usam um som ininteligível. Algumas tradições usam imagens. Há meditações para práticas silenciosas: andar, trabalhar, alimentar-se, cuidar da higiene, observar fenômenos, praticar fotografia, dançar, praticar artes, etc. Outras tradições treinam os praticantes para o esvaziamento total da mente.

A meditação é um genuíno diálogo interior (sem elaborações secundárias e sem mentiras) e de muita utilidade nas nossas intervenções. Uma segunda tese, que será tratada oportunamente noutro texto, é que conversar e dialogar pode se transformar num auspicioso exercício meditativo. Ou seja, de acordo com a Ciência da Ação, a mente humana pode ser reflexiva sobre a ação, durante o transcurso da mesma. Uma mente que fala, que se vê falando, que compreende a estrutura e a dinâmica do que está falando, que reflete sobre o que está falando, que é capaz de recuperar e acionar outros repertórios de ação e modificar para melhor o curso do que está fazendo. Mais: que pode fazer o mesmo para com os processos de outras mentes que estão interagindo, no diálogo reflexivo, inclusive ajudando os outros enquanto está sendo ajudada neste processo.

Pode-se dizer que há três tipos de meditação:

a) repousante, que não seria bem meditação, mas relaxamento;

b) de concentração; e

c) analítica.

A meditação acompanhada de estímulos musicais ou verbais ou facilitação externa deve ser antes considerada como relaxamento do que meditação, embora haja um caráter mínimo de concentração nestas práticas. A meditação com caráter de concentração vai desde a percepção da respiração e dos processos mentais e emocionais, sem envolvimento judicioso ou sem acompanhamento de raciocínio diante dos fenômenos, até a fixação de imagens e emoções ou então o completo esvaziamento ou falta de percepção dos fenômenos da mente, ou seja, longos intervalos sem ocorrência de qualquer fenômeno na mente. Finalmente, a meditação analítica pode estar voltada para a mente exercitar a fixação de imagens e estados emocionais, e sua expansão acompanhada de reflexão e repouso. Usamos os três tipos de exercícios de meditação, dependendo da situação.

Visualizar é Poética e Agir é Pragmática

Repetimos (Chris Argyris, 1982, 1992) que as pessoas têm um tipo de raciocínio para planejar e outro para agir. Planejar é poética, uma atividade equivalente a conjecturar, imaginar, criar, abstrair, descompromissada da prática efetiva. Quantos planejamentos não se implementam nem funcionam bem, independente de sua consistência? E agir é uma atividade pragmática, que acontece em frações de segundo, de modo automático, irrefletido. São repertórios aprendidos tacitamente, em forma de competências automáticas, adquiridas pelas repetição da prática e pelas virtudes intrínsecas da socialização. Visualizar é poética, carregada de estados emocionais provocados, um tanto artificiais; agir é pragmática, também carregada de estados emocionais próprios, mas quase sempre sem controle, portanto, muito pouco artificiais. As fases de Descoberta e Desejo são muito beneficiadas com a meditação e a visualização. As fases de Desenho e Diligência não são ajudadas apenas com a visualização, mas com a consciência crítica da visualização. Aí, entram as contribuições inegáveis da Ciência da Ação: desacelerar os processos mentais para agir com mais conseqüência.

Desacelerar a Mente e a Ação

As pessoas não têm consciência completa nem têm competências adequadas para compreender e modificar suas reações espontâneas e suas teorias-em-uso estruturadas. As pessoas nem desconfiam de suas teorias-em-uso e professam ações que nunca conseguem praticar. As pessoas nem sempre acessam e analisam seus processos de raciocínio. A Ciência da Ação propõe métodos, técnicas e meios para as pessoas poderem:

1. desacelerar o processo mental e a própria ação enquanto a ação ocorre;
2. tornar-se mais atentas à estrutura do raciocínio e das teorias-em-uso;
3. criar ambientes de investigação;
4. evitar ficar presas em defesas e discussões improdutivas;
5. experimentar e testar novas teorias-em-uso;
6. medir as novas conseqüências de novas teorias-em-uso.

Este é o desafio de todas as equipes, grupos ou organizações que desejam praticar o Método IA: como conseguir uma nova teoria-em-uso compatível com a implantação do futuro desejado? Usamos de várias técnicas da Ciência da Ação para ajudar neste processo.

Usar Processos Sistêmicos de Análise

Recorremos à ajuda dos softwares Simmodel (para análises de ciclos e arquétipos sistêmicos), Correlato (para pesquisas de processos cognitivos dos modelos mentais e de consistência do raciocínio nas pesquisas temáticas) e Dialogal (para identificar a natureza das interações, a estrutura da linguagem, a proximidade ou afastamento do diálogo) com o intuito de oferecer bases científicas sistêmicas para as análises de cada situação, seja ela diagnóstica, prospectiva ou normativa. Estes instrumentos ajudam a oferecer:

1. criatividade, precisão e produtividade na geração das informações válidas e úteis;
2. autonomia dos participantes nas escolhas livres de alternativas;
3. igualdade, apropriação e democracia nos processos decisórios que promovem mais comprometimento com as ações escolhidas.

Mapear a Teoria de Ação e o Sistema de Aprendizagem Organizacional

A implementação do futuro desejado, que os autores do Método IA chamam de Destino e que prefiro denominar Diligência, estará submetida à análise sistemática das condições ambientais mais ou menos favoráveis dos processos de aprendizagem em grupo, à medida que se mapeia a teoria-em-uso dos participantes delineando uma estrutura básica. Coloca-se tal mapa em questionamento, investigando sua continuidade ou modificação, e a partir da escolha do cliente começa-se a fazer a manutenção das sessões, sempre alinhadas com o mapa da teoria-de-ação, avançando nos processos de Aprendizagem Organizacional, se modelo O-I ou O-II, através das técnicas de dialética da investigação organizacional (Argyris e Schön, 1978, 1996 e Argyris, 1992).

Manter as Quatro Fases Interligadas

O processo desenvolvido no método proposto neste texto envolve a recorrência habitual e intermitente, periódica e sistemática dos 4 D, em uma programação regular. Descoberta, Desejo, Desenho e Diligência se repetem em micro e macro-intervenções, de modo dialético e sistêmico. Cada vez que os participantes se encontram, tenta-se estruturar a intervenção de modo que todas estas fases sejam revisitadas.

Usar Técnicas Mais Desafiadoras para Análise da Teoria de Ação e do Sistema de Aprendizagem

De acordo com os postulados da Ciência da Ação, todas as técnicas acionadas nesta experiência com o SERTA estão orientadas para promover a aprendizagem, a justiça e a competência no sistema, integrando em suas atividades pensamento, emoções e ação, teoria e prática. As principais técnicas utilizadas são:

- **Exposições Teóricas** – Transmissão de conteúdos de Teoria de Ação, Liderança, Competências e Aprendizagem Organizacional, através da apresentação de slides em datashow.

- **Demonstrações Comportamentais de Terceiros** – Exercício de observação e identificação da teoria de ação de personagens de filmes comerciais, visando o aperfeiçoamento da capacidade de observação dos participantes, preparando-os para o exercício consciente da abertura e da experimentação de novos comportamentos.

- **Exercício de Diálogo e Discussão** – Ferramenta de análise do raciocínio através da qual os participantes exercitam a tomada de consciência do seu próprio modo de raciocinar (reflexão), os modos de tornar os seus pensamentos e raciocínios mais transparentes para os outros (argumentação) e de analisar o pensamento e o raciocínio dos outros (investigação).

- **Modelagem Sistêmica de Estudos de Caso** – Instrumento que propicia o ensinamento de habilidades de resolução de problemas, através do estabelecimento de conexões de causalidade entre eventos, ajudando a descobrir as variáveis que têm o maior potencial de provocar mudanças no conjunto do sistema.

- **Simuladores Gerenciais** – Reprodução das situações do mundo real, ajudando os participantes a perceber melhor as interligações sistêmicas dos vários subsistemas da infra-estrutura e ajudando a organização a se entender enquanto organização.

- **Dramatização** – Simulação de papéis sociais em ambiente de baixa ameaça, através de um roteiro de ação dramatizada, permitindo uma eficaz transferência de aprendizagem, pela própria verossimilhança das situações representadas com o dia-a-dia dos participantes.

Sexta Parte:
Caso SERTA

Cliente: SERTA – Serviço de Tecnologia Alternativa

O SERTA – Serviço de Tecnologia Alternativa foi fundado no dia 3 de agosto de 1989. A Agricultura Familiar sofria um grande impacto da globalização e parecia não ter alternativa. Um grupo de jovens técnicos e agricultores, formados pelo CECAPAS – Centro de Capacitação e Acompanhamento aos Projetos Alternativos da Seca, resolve organizar-se em associação, com o objetivo de criar modelos sustentáveis de pequenas propriedades rurais. De um trabalho inicial de capacitação técnica, o SERTA vem acumulando práticas, vivências e produção teórica sobre Políticas Públicas para a Sustentabilidade do Desenvolvimento. Toda essa trajetória está acessível na Internet através do site www.serta.org.br contendo documentos, textos, monografias, relatórios, material didático, fichas pedagógicas.

Histórico

Durante a realização do II Encontro Latino-Americano dos Centros de Ecotecnologias para o Desenvolvimento Sustentável foi anunciada a contratação de uma intervenção no SERTA – Serviço de Tecnologia Alternativa, cuja atividade original foi a realização de um diagnóstico e de planejamento participativos, combinando as metodologias da Investigação Apreciativa, da Dinâmica de Sistemas e a Ciência da Ação, com o intuito de se aperfeiçoar o Sistema de Aprendizagem Organizacional. O primeiro encontro teve início às 18 horas da quarta-feira 11 de junho e se estendeu até as 14 horas do sábado 14 de junho de 2003, havendo atividades das 5h30min às 21h30min. No dia 6 de junho houve um encontro preliminar dos facilitadores e dos dirigentes do SERTA, para discussão e confirmação da agenda de atividades. Os trabalhos foram facilitados por Antônio Carlos Valença (coordenador), João Gratuliano Glasner de Lima e Ana Clara Vinhas.

Eixos Teóricos-Metodológicos

Havia uma tarefa explícita, de combinação de quatro eixos, metodológicos integrados, com uma agenda de atividades com aproximadamente 11 horas por dia. Um primeiro eixo dizia respeito a exercícios de autodomínio, especialmente técnicas de relaxamento e meditação. Um segundo eixo estaria relacionado à confecção coletiva de um amplo diagnóstico sistêmico, envolvendo uma leitura dinâmica e dialética da relação da equipe e da realidade da organização, associado a uma projeção de uma situação idealizada para o ano de 2005, com a definição das barreiras a serem superadas, e, finalmente, uma confecção participativa de um conjunto de orientações estratégicas para o SERTA, com base na leitura diagnóstica de seu mundo comportamental.

Um terceiro eixo, e eixo inovador, era exercitar pequenas microclínicas de teoria de ação, à medida que o grupo estivesse em plenária, de modo a favorecer a reflexão de cada membro sobre sua causalidade pessoal, ou, então, para o grupo entender um pouco o padrão de mundo comportamental que eles criavam juntos para a relação interpessoal, para a sua produtividade como equipe, para o mundo comportamental e para o sistema. Todos estes passos e processos deveriam ser desenvolvidos a partir de outro eixo, relacionado ao método ou processo da Investigação Apreciativa (*Appreciative Inquiry*), obedecendo às fases de:

1. Descoberta (*Discovery*);

2. Desejo (*Dream*);

3. Desenho/Projeto (Design); e

4. Destino (*Destiny*), fase final que preferimos chamar de Diligência.

No encontro, seriam feitas exposições teóricas relativas:

1. ao Método IA;

2. ao desafio de descobrir metáforas apreciativas e imagens em substituição às metáforas de resoluções recorrentes de problemas;

3. à metodologia de Diagnóstico Sistêmico; e

4. às bases teóricas e normativas da Ciência da Ação e da Aprendizagem Organizacional.

Atividades Realizadas

1ª Fase: Descoberta (Discovery)

Na noite do primeiro dia, 11 de junho de 2003, depois de receber a agenda e de discutir minimamente suas expectativas, os participantes fizeram uma refeição e voltaram para a plenária. Houve, de início, uma apresentação formal dos participantes e facilitadores, para em seguida serem apresentadas as expectativas de cada um (benefícios esperados e justificativas, usando o software Correlato). Tão logo os participantes fizeram uma rápida meditação temática, as atividades tiveram continuidade com uma ampla discussão destas expectativas. Os facilitadores acionaram três técnicas de diálogo e de discussão estruturada. Às 22h foi recomendado silêncio absoluto aos participantes, até o reencontro no segundo dia de trabalho.

No segundo dia de atividades, 12 de junho de 2003, os participantes receberam às 5h30min as instruções básicas das técnicas de meditação (observação de respiração, meditação temática e imagística), seguida de caminhada ecológica e do café da manhã. Às 8h, os trabalhos foram iniciados com considerações teóricas e metodológicas do coordenador sobre as condições de erro nas relações e nos ambientes organizacionais, que podem obstruir o Sistema de Aprendizagem. A missão desta intervenção era refletir sobre a competência, a aprendizagem e a justiça das relações.

A introdução foi concluída com o comentário do coordenador de que este encontro deveria dar início a um modelo reflexivo sobre a possibilidade de se trabalhar a lucidez em várias perspectivas e dimensões, muito além dos limites da racionalidade técnica das organizações. Em seguida, foi feito um convite para que o grupo se responsabilizasse em conjunto pela agenda, uma vez que as atividades estavam sendo iniciadas com pequeno atraso, desde o dia anterior.

Convidados a ficar em silêncio por 15 minutos, os participantes foram estimulados ao primeiro passo formal da Meditação de modo a: *"lembrar dois momentos em que cada um se sentiu melhor consigo mesmo – como grande profissional, como membro de equipe, lembrar daquilo que fez de melhor, ou seja, seus momentos pessoais mais elevados no SERTA"*. Antes do início do silêncio, todos foram convidados a refletir sobre estes momentos, a partir da seguinte metáfora afirmativa: *"Se eu pudesse, a minha vida profissional seria sempre a extensão daqueles momentos excepcionais"*.

Dispostos em trios ou duplas, os participantes deveriam se entrevistar apreciativamente, especialmente com aquelas pessoas com as quais eles tinham pouco contato. Foram oferecidas todas as recomendações técnicas de como conduzir uma entrevista apreciativa. Cada participante foi entrevistado por 20 (vinte) minutos por seu(s) par(es).

Após a apresentação de cada participante, com a narrativa de sua história de maior impacto, todos falaram de suas percepções desta experiência inaugural. Foram apresentados e discutidos os temas, sentimentos e expectativas mais comuns de cada subgrupo.

As histórias comuns foram agrupadas pelos co-facilitadores por dimensões temáticas, conforme detalhamento abaixo, de imediato acolhidas e validadas publicamente:

Histórias Individuais Semelhantes

Abertura para aprender (disponibilidade de aprender), **Aprender fazendo** (aprender fazendo, praticando, sendo responsabilizado), **Aprendizagem igualitária** (formando/formador), **Autoconfiança** (a crença no que se faz), **Avaliação de eficácia** (o processo avaliativo das ações e dos sujeitos responsáveis), **Capacidade de servir** (acreditar na missão; entender que somos úteis num mundo excludente, realização no outro e sentimento de utilidade), **Construção pessoal** (contribuir para a construção da história), **Emoção** (emoção forte), **Empoderamento** (delegar e respeitar o poder de todos), **Enfrentamento de desafios** (o desafio presente nas experiências, ser desafiado), **Envolvimento** (envolvimento), **Paixão pelo que faz** (paixão pelo que faz), **Participação** (a participação das pessoas no processo), **Realização** (satisfação por ter feito a ação, realizar tudo com consciência, alegria por perceber que a semente germinou, o desejo de fazer melhor, busca da competência, a emoção no fazer – "não fazer por fazer" –, satisfação nos resultados para a pessoa e para o grupo, auto-realização, certeza do caminho), **Relacionamento** (relação humana), **Satisfação** (satisfação e bem-estar), **Sinergia** (sinergia), **Trabalho em equipe** (capacidade de trabalhar em equipe), **Transformação** (certeza da transformação pessoal e mudança de atitude/valores).

Após a realização da plenária de devolução das histórias individuais e da validação de sua classificação, foi feito um novo exercício meditativo e de visualização temática desta vez com o grupo voltado para uma reflexão sobre os momentos altos da equipe e as emoções despertadas pela imagem visualizada. Novamente em silêncio, mantendo-se em estado meditativo, cada participante refletiu sobre os momentos altos de sua equipe, a partir da seguinte pergunta: *"Quais os momentos mais significativos de sua vida profissional, na sua equipe de trabalho no cotidiano do SERTA, que foram para você os mais inspiradores, mais realizadores, mais felizes, mais íntegros, mais elevados, mais competentes. Momentos estes que você se lembraria como os mais significativos de sua vida em trabalho de equipe no SERTA, momentos que você gostaria de ver repetidos ao longo de toda a sua vida profissional, momentos que tenham sido o melhor retrato de sua equipe no SERTA?"*

Cada participante ficou em silêncio por vinte minutos respondendo internamente esta questão. Cada pessoa foi estimulada, depois da meditação, ainda em silêncio, a registrar e descrever o fato como um relato jornalístico, de maneira que qualquer pessoa, minimamente letrada, ao ler, entendesse o que havia acontecido. Feito o registro, escrito por cada um, o grupo reuniu-se de acordo com as células originais para compartilhamento das histórias e seleção dos elementos da ação.

Depois, foi designado um tempo de 30 minutos para a realização de cada uma das entrevistas apreciativas. A partir deste momento, os participantes foram solicitados a se manter concentrados na história pessoal de seu entrevistado, mantendo também, sempre, uma atitude apreciativa na entrevista, e nas suas respostas e no relacionamento.

Depois da discussão em subgrupos, houve uma plenária para depositação pública das histórias. No relato, as pessoas colocaram a emoção, a alegria e o sentimento de auto-estima e gratificação em relembrar os fatos. Foram instruídas a localizar, em forma de estrutura comunicativa, os verbos no infinito mais seus complementos para identificação dos comportamentos ou padrões comportamentais mais eficazes da equipe. Eis os resultados comuns dos relatos:

Histórias Coletivas – Síntese dos Comportamentos mais Freqüentes

- **Grupo 1 (AFO)** (elaborar, preparar, debater assuntos com encaminhamentos; reunir-se sistematicamente com agricultores, técnicos, jovens, simpatizantes com a finalidade de planejamento; responsabilizar-se pelas atividades planejadas; avaliar-se permanentemente para uma melhor prática);

- **Grupo 2 (DC/ADL)** (alterar a realidade dos municípios para melhor; planejar e executar de forma coletiva; fazer valer os princípios do

Serta/Aliança; visitar a mata (cerimônia de iniciação); fazer crescer a bioética da solidariedade);

- **Grupo 3 (ER)** (dividir e compartilhar tarefas, reunir a equipe para planejamento e encaminhamentos, cumprir horários e organizar e produzir materiais);
- **Grupo 4 (OD/EP)** (ter iniciativa para produção de material didático, exercitar a transparência, favorecer a integração do grupo, elaborar planejamento);
- **Grupo 5 (MOB)** (marchar com os jovens, acompanhar os jovens, apoiar ações dos grupos, transmitir alegria, envolver pessoas, valorizar o conhecimento das pessoas, inspirar inovações, ir ao encontro dos outros, fazer acontecer, começar ação pela pesquisa, saudar as pessoas).

2ª Fase: Desejo (Dream)

Na tarde do segundo dia, 12 de junho de 2003, houve uma apresentação teórica sobre *"O desafio dos grupos eficazes para descobrir e vivenciar metáforas e imagens geradoras de ação, em substituição às metáforas de resoluções recorrentes de problemas"*. Logo depois, os participantes foram convidados a participar de uma sessão de relaxamento, seguida de uma sessão de meditação temática, na qual foram estimulados a imaginar ou visualizar que: "teriam dormido por aproximadamente dois anos, e também a imaginar que tinham acordado no dia 22 de dezembro de 2005. Deveriam pensar ou imaginar um dia regular de trabalho na sua equipe no SERTA, não um dia imaginado para planejamento ou celebração. Mas, sim, um dia corriqueiro, cotidiano, simples, comum, destes que quase passam despercebidos em nossa vida, em meio a uma semana qualquer do ano, mas contextualizado no final do período imaginado, ou seja, dezembro de 2005".

Feita esta projeção/visualização, cada um saiu em silêncio para escrever esta história, com o verbo no tempo presente. Após escreverem sua história individual, deveriam nos mesmos grupos escrever uma história sintética para cada grupo. Quando os grupos já tinham escrito sua história, o coordenador solicitou que cada grupo preparasse uma apresentação da sua história que seria expressa de forma artística (poesia, teatro, mímica, coral, jogral etc.) para revelar aos demais esta situação imaginada. Cada grupo escolheu uma forma diferente de expressão, através de: apresentação de rimas, cartazes, dramatização de reunião em um bar, num final de tarde, jogral, um ritual doutrinário etc. As apresentações foram gravadas em vídeo, as quais se constituem de um misto de brincadeira e seriedade, de espontaneidade, criatividade e muita revelação. Mas houve, indubitavelmente, graça e muito bom humor nas apresentações lúdicas. As histórias descreveram as situações idealizadas, e, depois de lidas, lançaram o grupo num estado de euforia e de comprometimento com o ideal desejado.

Situações Desejadas para Dezembro/2005 (Relatos na Íntegra)

Relato 1: *No dia 22 de dezembro de 2005, ao acordarmos fomos para o Campo da Sementeira e qual não foi a nossa surpresa ao ver as UPPO's no seu estágio clímax, permacultural com agricultura de floresta, com árvores frondosas e muita produção indo para o refeitório. O número de funcionários não era tão grande como antes, pois as ações aconteciam mais fora do que no Campo da Sementeira. Todos os projetos estavam se institucionalizando, por exemplo a AFO se transformou na Cooperativa Eco-orgânica, funcionando a todo vapor, com muita produção chegando em caminhões lotados. As propriedades implantando o sistema permacultural e outras no entorno do CS. A UBA estava uma beleza, recepcionando e beneficiando toneladas de produtos, com uma equipe de jovens treinados, com câmara fria, equipamentos de última geração. O setor de Clientes e Marketing funcionava em Recife, tendo a central de contatos e o entreposto operando de forma integrada. Chamou atenção o fato de Filipe Antônio ser o presidente da Eco-orgânica e estudando Marketing numa faculdade em Recife. Havia muita sintonia e sincronia dos três setores da Cooperativa, reinava um ambiente de alegria e contentamento. O caixa da Cooperativa apresentava sobras para bancar seu próprio crescimento. Na microrregião quando tivemos notícias da última eleição soubemos que alguns vereadores eram jovens ADL's e Gilmar começava a se destacar na Câmara de Vereadores de Lagoa de Itaenga. A arte e a cultura na região eram uma referência nacional formando artistas sensíveis ao DLIS. Todas as escolas dos quatro municípios estavam aplicando a PEADS e havia um festival de gráficos e pesquisas em tudo que era escola da microrregião. Havia um movimento contínuo de visitantes interessados no Centro de Formação para o Desenvolvimento e muitos jovens estavam sendo convidados para capacitar outros jovens de outras regiões. A microrregião estava dando exemplo de urbanização para todo o Brasil, com muitas oportunidades de emprego e renda.*

Relato 2 – (Poesia Matuta): *No dia 22 de dezembro de 2005, segunda-feira/Acordamos e fomos ao Campo da Sementeira/Ao entrar nas UPPO's qual não foi nossa surpresa/Em ver o estágio que conseguiram transformar aquela natureza.*

O que antes estava em formação/Cresceu e agora tem uma grande produção/O que estava em princípio, hoje está em clímax de floresta/E em toda região não se vê produção igual a esta.

Com muita fruteira, hortas e criatório/Era muita produção indo tudo pro refeitório/Jovens produtores hoje só falam permacultura/E todos aderiram a esta sábia cultura e como resposta/A natureza responde com fartura.

Onde eram 96/Hoje não passam de 36/E todos disciplinados com muita altivez

Bezerro virou boi, girino virou sapo/ADL virou adulto e o futuro está no ato.

Este espaço hoje é mais pedagógico do que antes, na nossa vez/Jovens são educadores responsáveis pela formação da geração da vez/Os antigos projetos agora são instituições atuantes /A AFO virou Eco-orgânica com muitos cooperantes.

Cenoura, batata e chuchu a UBA funciona a pleno vapor/Diversificação é o que não falta com muita agregação de valor/Carregado de produtos caminhão chega e sai/Atendendo todos os pedidos com jovens comendo de tudo que entra e sai./A modernidade é vista a olho nu/ Câmara fria, esteira rolante, caminhão e trator/Beneficiando alface e chuchu/A UBA é modelo para todo gestor.

De Wanderson a Walter, de Vanessa a Jaciane/Com Filipe encabeçando com os demais/A Eco-orgânica vai desembocando num desenvolvimento/Que não acaba mais/Com sintonia e sincronia a Cooperativa é viável/Parece uma sinfonia crescendo sustentável/O caixa tem sobras, trabalho para quem quiser/Jovens com responsabilidades prontos para o que der e vier.

Hoje o movimento é ativo, a institucionalidade está presente/Jovens de todo tipo provocando mudanças permanentes/Indagamos pela eleição e a surpresa foi real/Jovens ADL's eleitos assumindo a gestão municipal/Qual não foi a surpresa tivemos ao ver Gilmar/estudando sociologia e atuando na bacia do Goitá/A arte e a cultura na microrregião/

É referência nacional na divulgação do DLIS/Promovendo de teatro a artesanato/Deixando todo mundo feliz/Na educação só se via a PEADS /De menino a professor só se fala em novidades/Pesquisando a realidade e conhecendo as comunidades/Só depende de nós tornar o sonho realidade/Com muita imaginação e confiança na mocidade.

Relato 3: *SERTA, casa cheia.* Ao chegarmos no SERTA, às 7h30min, vimos realizados os sonhos dos autores envolvidos na missão da organização. A princípio nos deparamos com filhos de agricultores envolvidos na ação agrícola e pedagógica no campo. Vimos também os produtos dos agricultores abastecendo as escolas, dando uma melhor qualidade à alimentação de nossas crianças e adolescentes, oportunizando a regionalização da merenda, viabilizando o desenvolvimento da microrregião. Em outro local, agricultores e ADL's estavam monitorando oficinas como multiplicadores a outras famílias que nos visitavam naquele dia, provocando a construção de novos saberes sobre a agricultura e suas interfaces. Simultaneamente no auditório, professores e ADAC's formados discutem a proposta de arte-educação elaborada na conferência microrregional, junto aos secretários de educação e professores das redes municipal e estadual.

Um grupo de ADL's no projeto Direito e Cidadania fazendo parte de Conselhos de Direito, Tutelar, de Desenvolvimento, da Alimentação e Escolar, fazendo valer o verdadeiro exercício da cidadania.

O Centro de Formação sendo considerado "Centro de Referência Nacional para o Desenvolvimento Sustentável" com os PEADS sendo a linha norteadora em todos os segmentos; pessoas mobilizadas e acreditando que é possível desenvolver-se a partir de sua realidade; seus espaços estruturais estarão organizados através de lojas onde agricultores, artistas e artesãos expõem e comercializam seus produtos, gerando renda e assim a sua sustentabilidade. Os coordenadores, professores e educadores, ADL's e ADAC's espalhados no país e pelo mundo continuando a missão de defender e reaplicar a metodologia PEADS. Encerrando nosso dia, chegamos ao palhoção e encontramos o EP consolidando as ações desenvolvidas nos projetos, socializando os projetos construídos nas conferências microrregionais juntos aos gestores, secretários, presidentes de associações, líderes sindicais, professores e vereadores, reafirmando o compromisso de continuidade das ações.

Durante este evento estará sendo lançado o produto da sistematização da experiência da formação dos ADL's e das escolas rurais dos municípios de Pombos, Orobó e Vicência, momento esse de fortalecimento da autonomia das escolas, viabilizando uma nova forma de gestão e a construção coletiva do projeto político-pedagógico para uma escola cidadã.

Enfim, nossos sonhos se realizaram, nossos desejos tornaram-se políticas públicas. Consideramos que o EP foi o condutor para a consolidação desse processo. Que sucesso! Provamos que somos eficientes e eficazes.

Relato 4: *Vimos a sustentabilidade do SERTA, as equipes vendendo serviços diversos para várias cidades e Estados. Em várias salas funcionavam capacitações diferentes. No refeitório, educadores da Bahia e do Ceará, com vários livros e materiais do SERTA, esperavam Ilsa para retomarem a sistematização da difusão da PEADS. Vimos música e obras de arte por todos os cantos. Os conselhos de desenvolvimento e de direito estavam reunidos com gestores e Moura. Jovens participavam ativamente nesta reunião, propondo e avaliando a gestão municipal. Havia cartazes divulgando a eleição de jovens, inclusive alguns dos nossos jovens educadores, para os Conselhos Tutelares e para vereadores do município. A biblioteca fervilhava de crianças do PETI de Glória de Goitá, pegando livros de poesia. Dayse, toda contente, aguardava bibliotecárias municipais para avaliar o ano de trabalho conjunto.*

Ceiça estava com os coordenadores do PETI, fazendo o acompanhamento dos casos de violação dos direitos. O currículo estava integrado, integrando ADLs e ADACs com escolas da microrregião, expressando um novo padrão de formação profissional básica. No pavilhão, cerca de 300 agricultores, a maioria jovem, discutem os resultados das 20 feiras orgânicas e como repartir os lucros da eco-orgânica. A agrofloresta estava linda e muitas árvores nativas foram plantadas. Uma caminhonete com 11 jovens está saindo para um mutirão de agricultura orgânica, a serviço/pedido do Centro das Mulheres de Apoti, que se tornou centro de referência e sustentabilidade. Germano e Gilmar – 40 jovens – não estão presentes porque estão fazendo o curso superior com o apoio do Centro de Formação. Mas uma nova equipe de jovens educadores está em ação e corre para nos saudar.

Relato 5: Ao chegar em dezembro de 2005, no CS, topamos com várias crianças trabalhando nas hortas com muito gosto pela terra, e vimos adolescentes com produtores de todas as idades, organizando visitas para as propriedades.

Na biblioteca e sala ao lado, equipes de jovens fazendo pesquisa e leituras complementares à escola. Na sala de vídeo, havia uma turma assistindo a vídeos produzidos pelos adolescentes no Centro de Documentação e Tecnologia.

O grupo de jovens participantes do projeto de apoio aos estudos técnicos e universitários, dando o primeiro balanço anual dos resultados, discutindo a participação e o empenho deles nas Conferências Municipais. No espaço cultural estava havendo um grande encontro do Promata, alugando o espaço com a participação dos ADL e ADAC.

Chico, ao entrar na sala do Projeto, topou com Paulo que o convidou para mostrar o relatório completo dos cursos dados pelo FAT e Adriana apresentou a documentação toda correta para sua assinatura e ele mostrava-se entusiasmado por sua ausência ter sido tão eficaz e eficiente. Dois adolescentes nos convidaram para ver o que tinha sido feito fora. Logo perto da curva do Sítio Palmeira tinha uma grande placa indicando Eco-orgânica, Unidade de Beneficiamento de Alimentos – UBA.

Mais adiante topamos com um prédio novo, com jovens todos fardados preparando um caminhão-baú que estava saindo para fazer entregas. Ao entrar, percebemos uma grande higiene e limpeza no trato dos produtos, uma câmara fria, lavagem automática dos produtos, embalagens a vácuo. Acima, um escritório com mapas e planilhas da produção comercializada. De lá para Pombos, nos surpreendemos com um centro esportivo e os dois jovens falaram que já existia também em Glória, Feira Nova e Lagoa de Itaenga. Muitos jovens circulavam e jogavam nesse Centro. Subindo uma ladeira, nos defrontamos com o Centro de Referência da Criança e do Adolescente.

Lá estava havendo uma reunião do prefeito eleito, sob a coordenação do jovem ADL recentemente eleito para vereador. Retornando a Glória pelo caminho de Apoti, observamos muita produção orgânica nas propriedades e muitas casas ampliando moradia e construindo cisternas de placas, com o recurso do Promata. No distrito, o Grupo de Mulheres de Glória liderava uma grande feira de troca. Em Glória, a agenda cultural estava *em pleno desenvolvimento com a participação de artesãos e artistas locais, o mesmo acontecendo noutros municípios. À noite, grupo de jovens dava os últimos retoques na publicação do livro com os resultados da Conferência Municipal, em preparação da Conferência Regional.*

Relato 6: *No dia 22 de dezembro de 2004 ao chegar no SERTA encontramos o Centro de Desenvolvimento em pleno funcionamento com vendas de serviços e tecnologias. Os ADLs sendo educadores e reeditores da proposta, envolvidos com outros jovens e novas entidades. A produção orgânica sendo escoada para seus consumidores, com carros apropriados.*

O caminhão da cultura resgatando, valorizando e levando novos conhecimentos para dentro e fora da microrregião. Toda formação dentro da concepção de ADL, todo aluno das escolas rurais sendo trabalhada a proposta da PEADS. Todo aluno rural ou urbano teria dentro do seu calendário curricular a metodologia do SERTA, ou seja, seria Agente de Desenvolvimento Local, além da produção orgânica junto com a sua família, escola seria o interventor das práticas sociais na sua comunidade, que todas as experiências se tornem leis, políticas públicas.

Dentro dessa sistemática de trabalho, tudo estando integrado, o jovem era formado nas escolas dentro da proposta, tornando-se produtor orgânico, intervindo na arte e educação, o envolvimento da família, novos instituidores acreditando na proposta, buscando nossos serviços dentro e fora do Brasil, fortalecendo a economia, a sociedade e a cultura da microrregião, respectivamente a sustentabilidade do SERTA.

3ª Fase: Desenho (Design)

O 3º dia, 13 de junho de 2003, foi dedicado à 3ª fase de Desenho/Estrutura, na qual os participantes, através da metodologia de Dinâmica de Sistemas, foram ajudados a efetuar levantamento dos pontos fortes e fracos, priorizar as variáveis de acordo com a combinação de três fatores estratégicos (interdependência e economia, controle gerencial e impacto na imagem pública), para, posteriormente, construir em conjunto a matriz de inter-relacionalidade causal, para, finalmente, extrair o arquétipo sistêmico que explicaria a dinâmica da realidade daquele mundo comportamental (subcultura organizacional). Foi usado o software Simmodel.

Variáveis Favoráveis

1. Desenvolvimento da PEADS;
2. Reconhecimento público (SERTA, metodologia, trabalhos, etc.);
3. Estrutura física;
4. Crença interna na missão;
5. Quantidade de jovens dando exemplo de/no trabalho;
6. Parceiros engajados e comprometidos;
7. Capacidade de engajar atores sociais;
8. Formação dos jovens;
9. Mídia aberta às temáticas do SERTA;
10. Garra da equipe;
11. Mercado para venda de serviços;
12. Diversificação de atividades sistêmicas;
13. Consonância com políticas públicas federais;
14. Equipe com visão interdimensional;
15. Adequação da proposta metodológica para ação;
16. Motivação para mudança da realidade;
17. Domínio teórico e prático;
18. Implementação da cadeia produtiva orgânica; e
19. Criatividade da equipe

Variáveis Desfavoráveis

1. (Baixa) Visibilidade dos projetos do SERTA na mídia;
2. (Baixo) Nível de absorção da PEADS pela equipe e educandos;
3. (Pouca) Abrangência de resultados da atuação do SERTA;
4. (Pouca) Competência de marketing;
5. (Baixa) Capacidade de captação de recursos;

6. (Baixo) Envolvimento dos parceiros públicos;

7. (Difícil) Relacionamento com a APRIORI (auditoria);

8. (Inexistência de) Interlocutor Político;

9. Resistência ao paradigma político (democrático);

10. Cultura do paternalismo/clientelismo;

11. Resistência à cultura orgânica;

12. Desarticulação entre os CR's;

13. (Poucas) Experiências de práticas participativas;

14. Fragilidade política das instituições da sociedade;

15. (Baixo) Envolvimento dos jovens na cadeia produtiva;

16. Insegurança (riscos) empresarial;

17. Incoerência da vivência pessoal (princípios × prática);

18. Descontinuidade de uso de instrumentos de registro e controle;

19. (Falta) Desenvolvimento do currículo (para os jovens);

20. (Falta) Acompanhamento dos negócios (egressos);

21. (Falta) Investimento na formação sistemática de educadores.

No final do 3º dia de atividades, 13 de junho de 2003, os participantes fizeram a escolha das 20 variáveis priorizadas e o preenchimento da matriz de inter-relação causal, base para a confecção de dois mapas:

1. o de sobredeterminação das variáveis estratégicas; e

2. o arquétipo-chave do diagnóstico

Para o preenchimento do primeiro mapa, os participantes estabeleceram as relações causais entre as variáveis, comparando-as duas a duas. Na confecção do arquétipo, houve um tempo de processamento através do software Simmodel, seguido da elaboração coletiva, em plenária, do arquétipo. A matriz de sobredeterminação e inter-relação causal e o arquétipo sistêmico estão descritos a seguir. Houve uma ampla discussão de cada um destes instrumentos para sua validação pública por unanimidade, depois de pequenos ajustes, em plenária.

CAPÍTULO I – CONSTRUINDO COMUNIDADES DE RECURSOS HUMANOS: UMA ABORDAGEM

Diagrama de Sobredeterminância de Causalidade

Sobredeterminantes	Segunda Ordem	Terceira Ordem
03 - Competência da equipe (garra, domínio e criatividade) 08 - Capacidade de engajar atores sociais 04 - Desenvolvimento da PEADS 17 - Adequação da proposta metodológica para ação 11 - Nível de absorção da PEADS pela equipe e educandos 13 - Envolvimento dos parceiros públicos 02 - Parceiros engajados e comprometidos	18 - Envolvimento dos jovens na cadeia produtiva 16 - Investimento na formação sistemática de educadores 20 - Segurança Empresarial (riscos) 12 - Competência de Marketing 09 - Reconhecimento público (SERTA, metodologia, trabalhos, etc.) 06 - Motivação para mudança da realidade 19 - Resistência a cultura orgânica	07 - Abrangência de resultados da atuação do SERTA 14 - Articulação entre os CR's 10 - Diversificação de atividades sistêmicas 15 - Acompanhamento dos negócios (egressos) 01 - Capacidade de capacitação de recursos 05 - Mercado para venda de serviços
Variáveis Sobredeterminantes	Variáveis de Causação Média	Variáveis-efeito

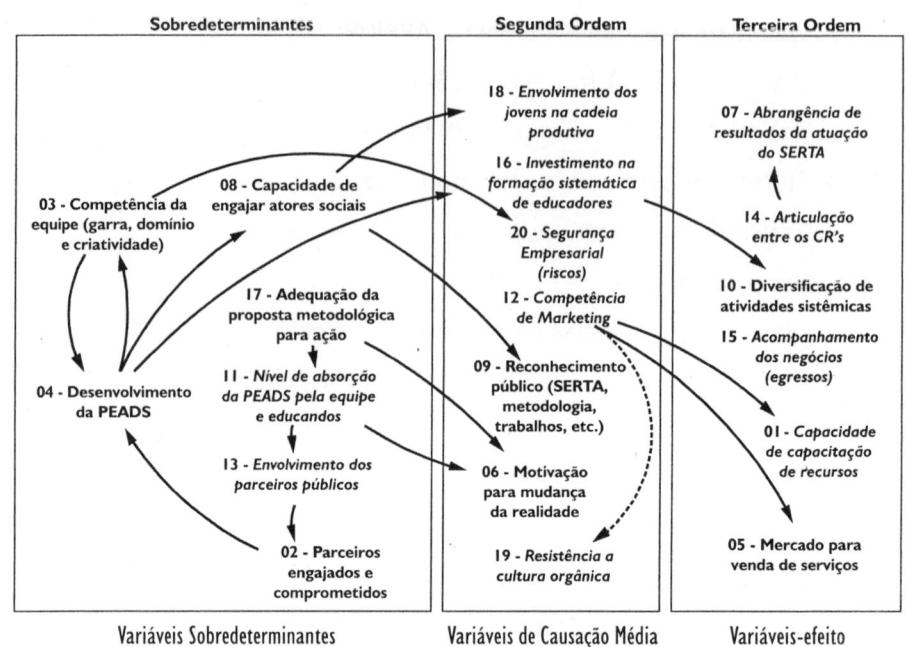

Diagrama de Causalidade Sistêmica

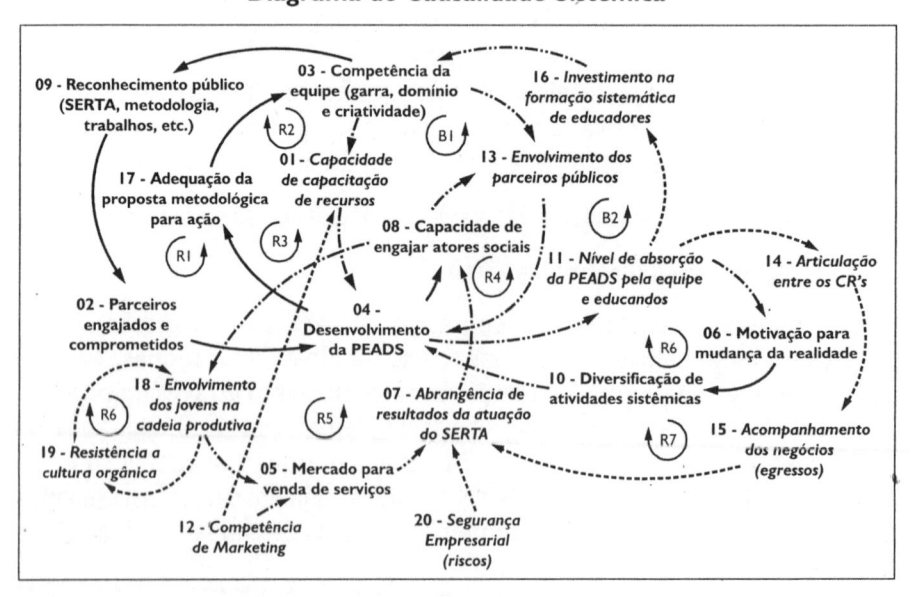

09 - Reconhecimento público (SERTA, metodologia, trabalhos, etc.)
03 - Competência da equipe (garra, domínio e criatividade)
16 - Investimento na formação sistemática de educadores
17 - Adequação da proposta metodológica para ação
01 - Capacidade de capacitação de recursos
13 - Envolvimento dos parceiros públicos
08 - Capacidade de engajar atores sociais
02 - Parceiros engajados e comprometidos
04 - Desenvolvimento da PEADS
11 - Nível de absorção da PEADS pela equipe e educandos
14 - Articulação entre os CR's
06 - Motivação para mudança da realidade
18 - Envolvimento dos jovens na cadeia produtiva
07 - Abrangência de resultados da atuação do SERTA
10 - Diversificação de atividades sistêmicas
15 - Acompanhamento dos negócios (egressos)
19 - Resistência a cultura orgânica
05 - Mercado para venda de serviços
12 - Competência de Marketing
20 - Segurança Empresarial (riscos)

Nomenclatura

Setas sem letra: influência na mesma direção (se negativa a variável então negativa a influenciada; se positiva, positiva); setas com letra o: reversão da direção da influência (se negativa a variável então positiva a influência; se positiva, negativa); variáveis normais, consideradas positivas pelos participantes e variáveis em grifo, consideradas falhas ou insuficientes pelos participantes.

As variáveis 2, 3, 4, 8, 9 e 17 formam o ciclo virtuoso básico do SERTA. Este ciclo seria extremamente favorecido se as variáveis 1 e 13 fossem recuperadas ou melhoradas no seu desempenho/influência atual.

Vários ciclos diminuem a influência do ciclo virtuoso, composto pelas: (a) variáveis 11 e 16, (b) variáveis 11, 14, 15 e 07, (c) as variáveis 18, 12, 20 e 7. Cada um destes ciclos de balanceamento precisa ser trabalhado ou superado para reorientar sua influência sistêmica.

Na manhã do 4º dia, as atividades técnicas, depois da meditação e da caminhada ecológica, começaram com os comentários do coordenador sobre vários princípios operativos da teoria e metodologia acionadas naquele encontro. Houve uma reflexão sobre as vantagens e limitações da Ciência da Ação havendo pois a necessidade das leituras da Investigação Apreciativa para a criação de um Sistema de Aprendizagem Organizacional. Finalmente, foram rememorados todos os passos, diante destes princípios, experimentados pelos participantes e as suas finalidades do ponto de vista de um diagnóstico sistêmico voltado para a ação eficaz, para a criação de um ambiente de aprendizagem e de justiça nas relações.

Em seguida, foi comentada a forma de continuidade do trabalho, através de uma série de seminários de Ciência da Ação e de Dinâmica de Sistemas inspirados na Educação Reflexiva, com encontros mensais de 16 horas. O facilitador expôs como poderia ser tal programa, usando trechos de três livros (*"Theory in Practice"* de Chris Argyris e Donald Schön, 1974, *"Eficácia Profissional"* – Antonio Carlos Valença, 1995 e *"Mediação"* – Antonio Carlos Valença) para o estudo dos fundamentos teóricos, uso de filmes comerciais para demonstração da teoria, observação filmada de comportamentos dos participantes, clínicas coletivas sobre o desempenho gerencial e de competências da equipe, clínicas individuais de teoria de ação e sessões estruturadas de discussão produtiva e de diálogo. Em todos os encontros seriam praticadas a meditação e microclínicas de reflexão da ação-em-ação.

4ª Fase: Destino (*Destiny*) - Diligência

Contratados os serviços de facilitação de 12 (doze) seminários o grupo se reuniu 30 dias depois para a primeira sessão da fase de Diligência. Os participantes reuniram-se em subgrupos com o objetivo de estabelecer as orientações estratégicas, com base nos mapas sistêmicos. Foram orientados para se concentrar em ações estratégicas mais significativas e se perguntar: No mês de maio, completados os 12 (doze) seminários, as partes estão discutindo:

a) eventual fonte de financiamento para continuidade do programa; e

b) foco e públicos interessados na eventual continuidade.

"o que fazer para ampliar os circuitos dinâmicos virtuosos e inibir os circuitos dinâmicos viciosos?" diante do contexto sistêmico apresentado no arquétipo.

Desde então, 22 principais líderes do SERTA se reuniram a cada 30 dias para trabalhos de imersão de aproximadamente 20 horas, havendo a cada seis meses um encontro de três dias. No mês em que se escrevia este artigo, o grupo estava se preparando para a segunda sessão semestral, coincidindo com a avaliação e a celebração de um ano do programa.

Em cada encontro mensal de 16 horas os participantes executam, seqüencialmente, as seguintes atividades: (1) relaxamento, (2) três horas de investigação apreciativa, (3) duas rodadas de 2 horas de discussão produtiva ou diálogo, com gravação de vídeo, seguida de pesquisa temática, (4) uma clínica individual de liderança, (5) uma sessão de cinema (filme comercial) sob protocolo de teoria da ação, (6) sessões de meditação, (7) caminhada ecológica, (8) exposição teórica e rebatimento no filme comercial, (9) clínica coletiva de desempenho, (10) avaliação do processo. Sempre que possível os participantes são lembrados dos padrões de comportamentos e do sistema de aprendizagem. Nos encontros semestrais são analisados, em acréscimo, textos e exercícios de autodomínio.

Depoimento do Presidente do SERTA - Abdalaziz Moura

"Esta experiência de Educação Reflexiva sob a coordenação de Antônio Carlos Valença nos ajudou nos aspectos profissional e pessoal, preservando a harmonia e melhorando o desempenho da equipe. A disciplina dos encontros mensais nos ajudou a manter um clima de organização

e de convivência na importância da parceria em nosso ambiente de trabalho e fora dele. As pesquisas apreciativas nos ajudaram a entender que somos seres com opiniões diferentes, às vezes adversas, que precisamos entender e respeitar a opinião de outras pessoas, principalmente no ambiente de trabalho. Cada ser tem suas competências singulares. Os filmes transmitidos durante nossos encontros nos ajudaram a compreender a complexidade da teoria e a colocar em prática tudo o que aprendemos. As clínicas individuais e coletivas que praticamos neste trabalho ajudaram em nossa reflexão de como estamos praticando o nosso cotidiano, sobretudo acolhendo o erro e buscando superá-lo.

Os Protocolos de diálogo estruturado nos ajudaram muito em nossas reuniões, aperfeiçoamos a nossa escuta e fala.

Quanto às meditações, elas ajudaram a nossa equipe no equilíbrio emocional, na reflexão de problemas e em suas resoluções seguras.

Por fim, a visão sistêmica ajudou a equipe do SERTA a ver o conjunto dos fatores da sua realidade sem que as pessoas fujam ou queiram escondê-la:"

Glória do Goitá, 2 de maio de 2004.

Abdalaziz de Moura Xavier de Moraes *(Presidente)*

Antonio Carlos Valença – Doutor em Comportamento Organizacional pela Case Western Reserve University. Foi auxiliar de ensino de David Cooperrider e Suresh Srivastva que sistematizaram o método da Investigação Apreciativa. Tem especializações pela Universidade de Harvard. Consultor há 30 anos, especializado em Ciência da Ação e Aprendizagem Organizacional. Serviu a mais de 50 tipos de negócios, no setor público e privado, no Brasil, México e Estados Unidos. Pratica meditação, fonte da autodisciplina para a atitude apreciativa e para a educação reflexiva da ação (cva@valencaeassociados.com.br).

Referências Bibliográficas

ARGYRIS, C. *Reasoning, Learning and Action: Individual and Organizational*. San Francisco: Jossey-Bass, 1982.

_____. *Knowledge for Action: A Guide to Overcoming Barriers to Organizational Change*. San Francisco: Jossey-Bass, 1993.

_____. *Action Science: Concepts, Methods and Skills for Research and Intervention*. San Francisco: Jossey-Bass, 1985.

_____. *Strategy, Change and Defensive Routines*. Boston: Ballinger, 1985.

_____. *Strategy Implementation: An Experience in Learning*. Periodicals Division, American Management Association, U.S.A., 1989.

_____. *The Dilemma of Implementing Controls: The Case of Managerial Accounting*. Accounting, Organizations and Society, pp. 503-511, 1990.

_____. *Inappropriate Defenses Against the Monitoring of Organization Development Practice*. Journal of Applied Behavioral Science, pp. 299-312, 1990.

_____. *Teaching Smart People How to Learn*. Harvard Business Review, pp. 99-109, 1991.

_____. *Enfrentando as Defesas Empresariais*. Rio de Janeiro, RJ: Editora Campus, 1992.

_____. *Education for Leading-Learning*. Organizational Dynamics, pp. 5-17, 1993.

_____. *On Organizational Learning*. Cambridge, MA: Blackwell Publishers, 1993.

ARGYRIS, C., PUTNAM, R., SMITH, D. M. *Action Science*. San Francisco: Jossey-Bass, 1985.

ARGYRIS, C., SCHÖN, D. *Theory in Practice: Increasing Professional Effectiveness*. San Francisco: Jossey-Bass, 1974.

_____. *Organizational Learning II: Theory, Method and Practice.* Reading-MA: Addison-Wesley, 1996.

BALES, R.F. *Interaction Process Analysis.* Cambridge, Mass., Addison-Wesley, 1950.

COOPERRIDER, David L. *Appreciative Inquiry – Toward a Methodology for Understanding and Enhancing Organizational Innovation*, Doctoral Dissertation, CWRU, 1985.

_____. *Appreciative Inquiry and Organizational Transformation*, Quorum Books, 2002.

COOPERRIDER, David L., SRIVASTVA, S. *Appreciative Inquiry and Organizational Life* – Research in organization change and Development, volume 1, pp. 129-169. JAI Press.

COOPERRIDER, David L., DUTTON, Jane. *Organizational Dimensions of Global Change*, Sage Publications, 1999.

COOPERRIDER, David L., SORENSEN, Peter F., Jr., WHITNEY, Diana, YAEGER, Therese F. *Appreciative Inquiry – Rethinking Human Organization Toward a Positive Theory of Change.* Stipes Publishing, Illinois, 2000.

COOPERRIDER, David L., WHITNEY, Diana, SRAVOS, I. *Appreciative Inquiry – Handbook*, 2003/2004.

CURRAN, M. *Appreciative Inquiry. A Third Wave Approach to OD.* Vision Action, dezembro, 11-14.

HABERMAS, J. *Theory and Practice.* Beacon Press, Boston, 1973.

_____. *Theory of Communicative Action.* Beacon Press, Boston, 1981.

LEWIN, K. *Resolving Social Conflicts.* New York, Harper, 1948.

_____. Formalization and progress in psychology. *In Field Theory in Social Science: Selected Theoretical Papers.* New York, Harper, pp. 346, 1951.

_____. *Studies in Group Decision*, in Cartwright, D., Zander, A. *Group dynamics, research and theory*, Evanston, Row-Peterson, pp. 287-304, 1953.

POPPER, K. *Conjectures and Refutations*. New York: Harper & Row, 1968.

SCHÖN, Donald A. *The Reflective Practitioner*. New York: Basic Books, 1983.

_____. *Educando o Profissional Reflexivo*. Artmed Editora, 2000.

VALENÇA, Antonio Carlos. *Eficácia Profissional*. Qualitymark Editora. Rio de Janeiro, RJ: 1997.

VALENÇA & ASSOCIADOS. *Consultores em Ação – Uma Pesquisa sobre Aprendizagem Organizacional*. Edições Bagaço, 1995, (esgotado).

_____. *Uma Experiência em Aprendizagem Organizacional – 10 anos de Comunidade de Prática*. Edições Bagaço, 1999 (esgotado).

_____. *Utilização de Consultoria na Região Metropolitana do Recife – Uma Pesquisa Orgânica e Qualitativa*. Edições Bagaço, 1999 (esgotado).

_____. *Pensamento Sistêmico – 25 Aplicações Práticas*. Edições Bagaço, 1999 (esgotado).

_____. *Brubaker – Um Caso em Teoria de Ação*. Edições Bagaço, 1999 (esgotado).

Capítulo 2
Pessoas

John Powel, S. J.

"As pessoas são dádivas de Deus",
Já vêm embrulhadas, algumas lindamente.
E outras de modo menos atraente.
Algumas foram danificadas no correio.
Outras chegam por "entrega especial"
Algumas estão desamarradas,
Outras hermeticamente fechadas.

Mas o invólucro não é dádiva.
E essa é uma importante descoberta.
É tão fácil cometer um erro a este respeito.
Julgar o conteúdo pela aparência.

Às vezes a dádiva é aberta com facilidade.
Às vezes é preciso ajuda de outro.
Talvez porque tenha medo.
Talvez já tenham sido magoados antes
E não queiram ser magoados de novo.
Pode ser que já tenham sido abertos
E depois jogados fora.
Pode ser que agora se sintam mais como
"coisas" do que "pessoas humanas".

Sou uma pessoa: como todas as outras,
Também sou uma dádiva.

Deus encheu-me de uma bondade que é só minha.
E contudo, às vezes, tenho medo de olhar
Dentro do meu invólucro.
Talvez eu tenha medo de me desapontar...
Talvez eu não confie no meu próprio conteúdo.
Ou pode ser que eu nunca tenha realmente
Aceitado a dádiva que sou.

Todo encontro é partilha de pessoas
É uma troca de dádivas.
Minha dádiva sou eu; a sua é você.
Somos dádivas um para o outro.

"Ao lhe fazer o dom de mim
Estou me dando a você.
Talvez a única verdadeira.
Acolha-a com mãos de ternura."

Este capítulo é composto pelos seguintes temas:

- Projeto vida nova. O começo da pós-aposentadoria
  Ângela Leal

- Marketing pessoal – Enfocando o "eu" produto
  Artur Reis

- É tempo de girassóis: "Nem melhor, nem pior, apenas diferente"
  Áurea Castilho

- Por trás da seleção de pessoal
  Fernando Azevedo

- Sucesso sem perder a lucidez
  Grace Wanderley

- Terra Brasilis
  José Airton Monteiro

- Mal-dito tempo
  Magali Marino

- Inteligência espiritual e o ambiente corporativo
  Manoel Balbino

- O protagonista nas organizações – Desenvolva a sua criatividade
  Roberval Andrade

- Auto-estima: Como fator de sucesso, qualidade e realização
  Tereza Nunes

Projeto Vida Nova
O começo da pós-aposentadoria

"O limite do homem é o limite dos seus sonhos."
John F. Kennedy

Apresentação

A idéia inicial de elaborar este projeto surgiu de observações obtidas no meu trabalho com "Redefinição Profissional".

Ao longo do tempo, atuando nesta área, fui percebendo situações que me chamaram a atenção.

1) Alguns clientes, embora me procurassem em busca de uma redefinição profissional, na realidade estavam buscando um sentido maior para sua vida como um todo.

2) Aos poucos fui percebendo que uma nova clientela estava surgindo, de faixa etária bem distinta. Uns, no início de carreira, querendo uma orientação para sua trajetória profissional; outros, na proximidade da aposentadoria, tentando descobrir o que e como fazer, depois que se aposentassem.

Estas constatações coincidiram com a época em que conheci Paulo Dinsmore, autor do Projeto Você S.A., e decidi elaborar, junto com ele, o meu próprio projeto. Concluí então que o meu desejo era ir mais além nos serviços de atendimento, em que eu não me voltasse apenas para o enfoque da carreira profissional. Surgiu daí, então, a criação de projetos específicos, como: Projeto Meu Futuro, voltado para iniciantes de carreira, e o Projeto Vida Nova, dirigido às pessoas que estão próximas de seu desligamento das empresas, por aposentadoria, sem saber ao certo o que fazer com a sua vida quando chegado esse momento.

Optei, entretanto, por escrever aqui sobre o projeto Vida Nova porque considero que este tema ainda tenha muito a ser explorado.

Considero também que quem está na fase de pré-aposentadoria é um público diferenciado, pois são pessoas que já cumpriram um plano de carreira, adquiriram experiência ao longo da vida, solidificaram crenças e valores.

Para nortear este projeto escolhi três princípios fundamentais:

1) Aposentar-se é o **COMEÇO** de uma nova etapa na vida de cada um;

2) Para começar é preciso ter um **SONHO**;

3) É necessário, para este sonho se tornar realidade, **PLANEJAR** cuidadosamente.

O Programa, dividido em sessões, passa por três etapas:

1ª) Diagnóstico da situação atual, desejos e elaboração do perfil do participante;

2ª) Utilização de técnicas de reforço e/ou mudança de atitude;

3ª) Desenho e acompanhamento do plano de ação.

Princípios do Projeto

1. Aposentar-se é o COMEÇO de uma nova etapa na vida de cada um

Em nossa cultura, infelizmente, até hoje existe o "fantasma" da aposentadoria.

Muitas pessoas por temerem a chegada do momento de desligar-se da empresa, embora insatisfeitas e cansadas de fazer as mesmas coisas, protelam sua saída.

O receio de serem discriminadas e vistas como ociosas e improdutivas bloqueia a visão de novos horizontes, pois não sabem o que será de si a partir do seu afastamento da empresa, desconhecem a sua capacidade de ir além.

O vínculo com a empresa, o convívio com os colegas, o cargo exercido, geralmente há mais de 25 anos, não podem ser cortados da noite para o dia.

A internalização deste processo leva um certo tempo, é preciso respeitar o sofrimento pelas perdas e separações que se aproximam. É um momento delicado que deve ser considerado.

Aqueles que estão na pré-aposentadoria, mesmo os que estão na faixa entre 50 e 55 anos de idade, que se sentem com energia vital suficiente, tememo desconhecido, principalmente se sua carreira profissional foi desenvolvida, no máximo, em apenas uma ou duas empresas.

O grande desafio inicial, portanto, é ajudá-los a perceber que existem outras alternativas, que há vida fora da empresa, que muitos dos sonhos adormecidos poderão ser realizados agora e que a aposentadoria pode e deve ser o começo de uma nova história a ser escrita. Mas isso, com certeza, só será alcançado se a barreira do medo for ultrapassada e a crença em si fortalecida.

2. Para começar é preciso ter um SONHO

Dificilmente, num projeto como este chega alguém tendo algo concreto em mente. O que se vê, normalmente, são pessoas que não conseguem visualizar idéia alguma, ou aquelas que têm idéias, porém "desarrumadas".

Frases do tipo: "Eu me sinto um copo vazio", "O que será de mim quando for chegada a hora de ir embora?", "Tenho medo do futuro", são colocações comuns no início do programa.

Vale salientar ainda um ponto significativo: as pessoas que me procuraram para ajudá-las na elaboração do seu projeto de vida nova, até o presente momento, terão uma aposentadoria (em termos financeiros) razoável. O que leva a crer que o grau de angústia não está diretamente relacionado ao dinheiro e sim à falta de perspectiva futura.

O início do projeto é, naturalmente, o mais delicado porque só haverá evolução se forem estabelecidas a empatia e a confiança no orientador.

Nesta fase, o cliente passa por uma redescoberta de si mesmo, avalia suas competências, trabalha seus valores, crenças, relações afetivas e familiares, sonhos adormecidos.

Muitas vezes, esses sonhos estão voltados apenas para projetos pessoais ou sociais, por isso é tão importante que ele entenda este trabalho como o SEU projeto de vida, que nele cabe o direito de sonhar sem impor limites a esses sonhos.

O sonhar sem limite não significa que todo e qualquer sonho poderá ser realizado, mas permite que o seu coração se abra, tornando mais fácil eleger e priorizar os mais importantes.

Curiosamente, de modo diferente do esperado, quando alguém inclui nos seus sonhos um novo projeto profissional, necessariamente este não é uma continuidade da profissão exercida até então. Muitas vezes, surge o desejo de investir numa área que ficou "guardada" lá atrás, por força das circunstâncias.

3. O sonho só se torna realidade se for PLANEJADO

É desconcertante reconhecer que nós não fomos preparados para planejar a nossa vida de uma maneira geral. Digo, criar objetivos, elaborar ações, superar de maneira "estudada" os obstáculos, determinar prazos, por escrito. Não fazemos com a nossa vida o que aprendemos a fazer no trabalho.

O grau de dificuldade de visualizar concretamente o que faremos com a nossa história futura é fácil de verificar, basta nos depararmos com uma simples situação: imagine-se encontrando um amigo daqui a 5 anos, e ele lhe perguntar: "o que você está fazendo na sua vida?" Seguramente, mais de 80% das pessoas não saberiam responder, no máximo se deteriam em respostas relacionadas ao trabalho.

Não estou afirmando que as pessoas deveriam ter uma vida rigidamente programada, mas que tivessem a informação, desde cedo, de que planejar sua vida, pensar nela mais concretamente, adaptando-a a novas situações, é fundamental.

Infelizmente, o que nos ensinaram é que deveríamos escolher uma profissão e, no máximo, pensar em algum tipo de especialização. Não fomos acostumados a ouvir: "Descubra e persiga os seus sonhos, não se detenha apenas na sua busca profissional".

É visível o quanto as pessoas se sentem mais seguras quando chegam à fase do programa em que elas ultrapassam o pensar.

Escrevendo, lendo o que escreveram para si, analisando obstáculos, avaliando e revisando prazos, os seus sonhos se tornam mais reais. A motivação interior de realizar aquilo que definiram para si é visível.

Etapas do Projeto

1ª Etapa: Diagnóstico da situação atual, desejos e elaboração do perfil

Esta etapa é o momento do conhecimento do outro: quem é, como se sente, o que faz, o que deseja para si e quais as suas competências.

Este levantamento realizado, seja através de entrevista ou de técnicas específicas, é discutido detalhadamente. A fase seguinte é o desenho e apresentação do seu perfil.

2ª Etapa: Utilização de técnicas de reforço e/ou mudança de atitudes

Nesta etapa, de um lado verificamos juntos quais as possibilidades de maximizar o que ele, cliente, tem de força interior e de que forma elas podem ser reforçadas. De outro lado, levantamos quais os pontos que ele entende que lhe impedem de "ser melhor" e que recursos poderão ser utilizados a seu favor. É importante que seja ele a fazer suas escolhas, a interferência do orientador deve ser a menor possível.

3ª Etapa: Desenho e acompanhamento do plano de ação

O cliente, neste momento, já escolheu os seus objetivos, sejam eles pessoais, sociais e/ou profissionais, determina então as suas ações e a forma de superar os obstáculos, estipulando os prazos para cada ação proposta.

Esta é, sem dúvida, a etapa mais bonita do processo. Pela oportunidade de ver o renascer de alguém que chegou sentindo-se "um copo vazio", pelo poder de acompanhar o medo, o "fantasma" da aposentadoria indo embora, deixando em seu lugar a certeza de que a aposentadoria lhe trará não só perdas, mas acima de tudo outros ganhos, um novo projeto de vida.

Considerações Finais

Poder ajudar alguns seres humanos a continuar crescendo, auxiliando-os no resgate da confiança em si mesmos, por si só é gratificante a qualquer pessoa que faça a opção de trabalhar nesta área. Entretanto, constatar que este trabalho, em paralelo, trouxe a conscientização de muitas pessoas sobre a importância de tomar para si a responsabilidade de planejar a sua própria vida é um ganho adicional que obtive ao optar por trabalhar com este tipo de projeto.

Ângela Baptista Leal – Psicóloga, grafóloga, pós-graduada em Recursos Humanos, com formação e especialização em Orientação Profissional, diversos cursos em coaching e aconselhamento de carreira, sócia-diretora da Estilo Profissional-PE. (angela@estiloprofissional.com.br)

Referências Bibliográficas

CHIAVENATO, I. *Construção de Talentos – Coaching e Mentoring*. Rio de Janeiro, RJ: Editora Campus.

NAVARRO, L. *Talento para ser Feliz*. São Paulo, SP: Editora Gente.

Revista Você SA – Dez. 2002, Editora Abril, Artigo: "Projeto Você SA" – De Paul Dinsmore.

ROBERTK. C. *Reavaliando sua Carreira*. Rio de Janeiro, RJ: Editora Campus.

SOUZA, C. *Você é do Tamanho dos seus Sonhos*. São Paulo, SP: Editora Gente.

PHILLIPS, J. J.; STROMEI, L. K. *Creating Mentoring and Coaching Programs*.

Marketing Pessoal
Enfocando o "eu" produto

Conceito de Marketing Pessoal

A expressão Marketing Pessoal tem sido largamente empregada no Brasil nos últimos anos, como sinônimo de dicas de etiqueta e aparência pessoal visando melhorar a imagem das pessoas para se alcançar o sucesso profissional. Dentro deste enfoque muitos livros e revistas surgiram para tentar explicar a receita do sucesso de pessoas que conseguiram vencer na vida.

Contudo, a abordagem do Marketing Pessoal eminentemente cosmética deu lugar ao uso das técnicas de planejamento orientadas para os indivíduos que desejam alcançar o sucesso na vida profissional com base nas ferramentas do marketing tradicional.

Podemos então dizer que Marketing Pessoal é a utilização das ferramentas e técnicas de Marketing visando o desenvolvimento profissional e o bem-estar da pessoa. Neste sentido devemos tentar enxergar o produto que existe em cada um de nós. Devemos nos ver como um produto, o "EU" produto. Este produto de alguma forma tem uma utilidade e atende às necessidades, aspirações e desejos da sociedade onde vivemos.

Felicidade em Tempos Difíceis

Desde que o mundo existe e a raça humana foi criada, o homem tem-se esforçado na busca pela felicidade. Contudo, vivemos num mundo conturbado, altamente competitivo, marcado por um índice elevado de concentração de renda e impregnado pela violência. Fica cada vez mais difícil obter-se uma boa colocação dentro de um ambiente tão desfavorável. As pessoas são cada vez mais exigidas no que tange às competências necessárias para conseguir uma oportunidade de trabalho.

Será possível ser feliz num ambiente hostil como este?

Em primeiro lugar é preciso entender o que é a felicidade para o homem. Para alguns é a própria sobrevivência, para outros é ganhar muito dinheiro, ficar rico, possuir muitos bens, obter poder e *status*. Muitos pensam que a felicidade está associada à beleza e à aparência física. Já para certas pessoas a felicidade é ter paz de espírito, saúde, um lugar tranqüilo para morar e uma família para cuidar.

Mas há gente que acredita que a felicidade é ter amigos, jogar conversa fora e tomar uma cervejinha nos finais de semana. Entretanto, enquanto muitas pessoas acham que só sentirão felizes quando forem reconhecidas publicamente, com seus nomes e fotos estampados nas colunas sociais, tornando-se famosas e passando ao *status* de celebridade, outras acham que ser feliz é apenas poder levar uma vida simples, saindo na rua para passear sem ser reconhecido. E por que os homens pensam tão diferente com relação à fórmula ideal da felicidade? A resposta reside nas diferenças que existem entre os seres humanos. E essa é uma verdade irrefutável: os homens são diferentes, são influenciados pelos seus diferentes hábitos e culturas. Agem de forma diferente. Pensam diferente, têm necessidades, aspirações e desejos muito diferentes.

No fundo no fundo, a busca pela felicidade está ligada ao alcance dos objetivos pessoais e profissionais de cada pessoa, embora isso não garanta a felicidade plena de todos nós. Como forma de simplificação vamos chamar a felicidade de "sucesso".

Se o sucesso é distinto para cada pessoa, os caminhos que devemos trilhar para chegar lá também devem ser diferentes. Assim como as empresas e os produtos vencedores atendem às necessidades e os desejos dos mercados em que atuam, é importante que as pessoas descubram o papel que devem exercer neste mundo; que saibam identificar a sua função na sociedade em que vivem se quiserem ter sucesso. É imprescindível ter uma missão pessoal e levá-la adiante.

Característica dos Vencedores

Quando olhamos para as pessoas que se destacaram em nosso mundo, conseguindo atingir os seus objetivos pessoais e profissionais, é comum acreditar que foram auxiliadas pela sorte e abençoadas por Deus. Muitos não conseguem enxergar todo o esforço empreendido por estas pessoas no alcance de seus objetivos.

Vamos enumerar algumas pessoas que venceram em suas áreas de atuação, ocupando um lugar de destaque em nossos corações através de caminhos, muitas vezes, diametralmente opostos:

- Ayrton Senna – Campeão de Fórmula-Um.
- Pelé – Jogador de Futebol.
- Paulo Coelho – Compositor e Escritor.
- Madre Tereza – Benfeitora.
- Charles Chaplin – Compositor, Cineasta e Ator de Cinema.
- Jorge Amado – Escritor.
- Gilberto Freyre – Sociólogo e Escritor.
- Gisele Bündchen – Modelo Internacional.
- Herbert de Souza, "Betinho" – Escritor, Abraçador da Causa da Justiça Social.
- Stephen Hawkings – Deficiente e Cientista.
- Bill Gates – Empresário, Homem mais Rico do Mundo.
- Roberto Marinho – Jornalista e Empresário.
- Martin Luther King Jr. – Mártir e Lutador pela Igualdade Racial.
- Luis Inácio da Silva, "Lula" – Ex-metalúrgico e Presidente da República.

Estas pessoas, apesar de suas deficiências, limitações e dificuldades, como grave enfermidade, pobreza, falta de educação e cultura e idade avançada, souberam construir os caminhos que as levaram ao sucesso.

Podemos tentar identificar algumas das características que estiveram presentes na trajetória destas pessoas:

- Todas tinham um **sonho**, uma **causa**, um **objetivo** pelo qual viviam;
- **Acreditavam** que eram capazes de realizar este "sonho" ou objetivo;

- Identificaram em si os **talentos** e as **habilidades** necessárias para a realização de seus objetivos;
- Conseguiram enxergar as **oportunidades** e os **caminhos** para levar a sua missão adiante;
- Souberam ter **perseverança** e **dedicação** na luta por seus objetivos;
- Se **esforçaram** ao máximo na consecução de suas metas;
- Tiveram a **paciência** de esperar, o discernimento de saber recuar e a capacidade de avançar nos momentos importantes para seguir sempre em frente em suas caminhadas.

Fica, então, a dúvida: será que somos capazes de construir o nosso futuro e planejar o sucesso?

O Marketing Pessoal é um instrumento de grande valia que serve para ajudar as pessoas na preparação e no planejamento necessário para atingir os objetivos profissionais e pessoais. A utilização do Marketing Pessoal envolve:

- Aprender a estabelecer metas e definir estratégias;
- Conhecer as habilidades, competências, fraquezas e deficiências;
- Saber enxergar as oportunidades e ameaças;
- Desenvolver um diferencial, destacar-se dos demais;
- Criar a sua marca pessoal;
- Projetar a auto-imagem;
- Estabelecer relacionamentos duradouros.

Fazendo Uma Auto-Análise

Todo ser humano é dotado de um potencial incomensurável de realização, que pode ser traduzido em competências, habilidades e forças. Alguns conseguem precocemente detectar esse potencial e colocá-lo à sua disposição para atingir os seus objetivos na vida. Outros apenas são capazes de enxergar suas deficiências, falhas e limitações e acreditam que não poderão chegar muito longe.

O objetivo da auto-análise é tentar fazer com que as pessoas possam identificar em si próprias as competências, os talentos, os dons, as habilidades que possuem, e que poderão ser desenvolvidas, lapidadas ou, até mesmo, construídas. Algumas habilidades e talentos são inatos. Uma vez identificados poderão ser mais bem explorados, através do aperfeiçoamento e do desenvolvimento.

Muitas competências podem ser adquiridas através do tempo, no acúmulo da experiência profissional e na vivência social. Um indivíduo que possua mais habilidades do que outro, devido à sua pouca idade, pode não ter conseguido ainda acumular competência e conhecimento prático em determinadas áreas.

A auto-análise pode ser feita com a ajuda de profissionais ou de amigos que têm uma visão exógena à minha própria pessoa.

Algumas perguntas-chave que poderão ser feitas para identificação de nossas forças:

- Quais são as minhas competências e habilidades?
- Que talentos e dons eu tenho?
- Que conhecimentos e experiências pude adquirir em minha trajetória profissional e social?
- Em que me sobressaio dos demais?
- Como posso aperfeiçoar ou desenvolver melhor as minhas habilidades?
- Como posso complementar as minhas qualificações?
- Como posso adquirir novas competências e experiências?

No mundo competitivo em que vivemos, algumas características e competências passam a ser quase imprescindíveis para qualquer profissional moderno, não importa o seu ramo de trabalho: iniciativa, conhecimento em diversas áreas, inteligência emocional, facilidade de comunicação, capacidade de adaptação constante, liderança e apresentação pessoal.

A tarefa, talvez, mais difícil é conseguir aceitar e entender as nossas falhas e nossas limitações. Alguns defeitos e deficiências são difíceis de se esconder para o mundo exterior. Mas, por uma questão de autodefesa as pessoas, muitas vezes, se recusam a enxergá-los.

Podemos passar a vida inteira sem ao menos tentar corrigi-los, porque não tivemos coragem de enfrentá-los. Por outro lado, as pessoas podem não ter a coragem de nos revelar. E quantas oportunidades poderemos ter perdido nesta vida em função de algumas limitações ou dos nossos defeitos que poderiam ter sido corrigidos ou melhorados?!

Na verdade, o objetivo de se fazer uma introspecção em direção às nossas limitações é o de compreender como elas poderão dificultar os esforços envidados para alcançar os nossos objetivos.

Nem sempre é necessário eliminar os nossos pontos fracos. Devemos, contudo, saber reconhecer os defeitos, aprendendo a conviver melhor com eles e descobrir os meios necessários para superá-los e reduzir os seus efeitos negativos em nossa caminhada rumo ao sucesso. Alguns defeitos, considerados congênitos ou que adquirimos ao longo de nossa vida, podem ser resolvidos através da medicina moderna, seja via cirurgia plástica ou mesmo através de tratamentos especializados. Uma pessoa, por exemplo, que tem problemas de dicção ou gagueira, poderá se tratar com um fonoaudiólogo ou logopedista.

Perguntas-chave:

- Quais são as falhas, fraquezas e limitações que consigo identificar em mim?
- Será que existe algo de ruim pelo qual sou conhecido ou pelo qual os outros me vêem? Eu deixo que as pessoas revelem os meus defeitos?
- Em que aspectos acredito que sou fraco em comparação aos demais ou em relação às pessoas que poderão estar concorrendo comigo em determinadas situações?
- Quais defeitos poderão ser eliminados ou superados?

Avaliando as Oportunidades e Ameaças

Podemos falar de crises, dizer que a economia atual está recessiva, o desemprego está alto e a exigência do mercado de trabalho está cada vez mais absurda. Enquanto uns apenas vêem as ameaças que se apresentam, outros ocupam o seu tempo em visualizar as oportunidades que aparecem todos os dias. Apesar de tudo de ruim que podemos escutar nos noticiários, os empregos continuam sendo oferecidos, novas empresas são abertas, pessoas acumulam fortunas, novas idéias são colocadas em prática e alguém se torna uma celebridade. Infelizmente poucos conseguem antever as oportunidades e quando estas chegam não estão preparados para tirar proveito.

Um jornalista conhecido disse que as pessoas só vêem o que todo mundo consegue ver. Ou seja, poucas são capazes de apostar no futuro. Um bom exemplo dessa máxima é que as pessoas apostam na bolsa exatamente quando as ações estão em alta. Todas acham que poderão ganhar um pouco mais e seguem a multidão. E é no momento da alta que devemos nos desfazer das ações.

Saber olhar para o futuro e avistar as oportunidades e ameaças é um exercício que requer o acompanhamento contínuo com relação ao que está ocorrendo nos ambientes econômico, político, social, tecnológico, etc. Para isso podemos recorrer à leitura de diversas publicações, pesquisar na Internet, assistir a palestras de *experts* em determinadas áreas, acompanhar os noticiários e telejornais, rádio e, até mesmo, conversar com amigos que detêm maior conhecimento e experiência em áreas que não conhecemos bem. Enfim, devemos estar sempre atualizados em relação ao que está ocorrendo no Brasil e no mundo.

Perguntas-chave que poderão ser feitas nesta etapa:

- Que setores estão em crescimento ou têm potencial para crescer no futuro? E quais apresentam tendência de queda ou já estão saturados?

- Quais são as novidades e tendências que se apresentam na economia, na política, no ambiente social, tecnológico, demográfico, etc.?

- Quais profissões estão em ascensão? E quais são as que estão com o risco de extinção?

- Em que áreas as empresas não conseguem profissionais qualificados para atender às suas necessidades?

- Onde o governo ou o capital privado deverá investir em termos de tecnologia?

- Em que setores o governo deverá fazer cortes de investimentos?

- Em que regiões ou cidades existe maior procura por profissionais qualificados?

- Quais habilidades e qualificações são exigidas para os profissionais atuais e futuros? Que perfil profissional está sendo requisitado?

Se conseguirmos antever as oportunidades e entender bem as ameaças que estão por vir, poderemos direcionar melhor os nossos esforços e escolher com maior precisão os caminhos que nos ajudarão a alcançar as nossas aspirações.

Desenvolvendo um Diferencial

Geralmente as pessoas são reconhecidas pelas suas principais competências, qualificações e habilidades, ou mesmo pelos seus principais defeitos e falhas. Estas características, positivas ou negativas, poderão ser associadas à nossa imagem.

Exemplos de algumas características pessoais que marcam a imagem de determinadas pessoas:

- São prestativas, sempre prontas a ajudar ao próximo;
- São comunicativas;
- São otimistas, sempre de bem com a vida;
- Sabem receber bem os amigos;
- Sabem escutar;
- Têm talentos especiais: sabem cantar, têm inclinação para música, sabem contar piadas, escrever, compor, recitar, etc.;
- Falam diversos idiomas;
- São austeras ou rígidas;
- São honestas, inspiram confiança;
- Têm conhecimento profundo "expertise" em assuntos e áreas específicas;
- Sobressaem em algum esporte ou jogos que praticam regularmente: futebol, tênis, squash, golfe, vôlei, xadrez, dardos, tiro ao alvo, etc.;
- Sabem se vestir bem e cuidar da aparência;

- Possuem características físicas que chamam a atenção: beleza, força, tamanho e altura, velocidade, raciocínio lógico e inteligência superior, timbre de voz marcante, boa memória, etc.

Todas as pessoas podem alavancar suas principais características e habilidades para se destacar das demais. Se for necessário, podem também desenvolver e construir algumas competências que servirão para torná-las diferenciadas e únicas na lembrança de quem as conhece. E neste ponto é fundamental lembrar que todo mundo nunca esquece os primeiros. O mundo sempre lembrará daqueles que foram os primeiros em algo nesta vida. Todos nós podemos lutar para ser o primeiro e nos tornar conhecidos em qualquer coisa nesta vida. Podemos ser o primeiro em nossa casa, na nossa família, em nosso condomínio, no clube, na igreja, no bairro, na escola, na universidade, no trabalho, na cidade, no Brasil ou no mundo. Podemos lutar e nos dedicar com afinco para ser o primeiro e podemos até nunca chegar lá, mas com certeza teremos avançado bastante para nos destacar e nos colocar numa posição privilegiada dos demais.

Criando uma Marca Pessoal

Até que ponto o nome de uma pessoa pode ajudá-la a vencer na vida? Ao nos depararmos com pessoas famosas, existe uma certa tendência de achar que o nome de família, com certeza, abriu as portas para o sucesso desta pessoa. O nome pode até ajudar, mas a cobrança por parte da sociedade, em função do nome, também é muito mais elevada. Por isso mesmo alguns filhos de artistas famosos preferem utilizar outro cognome para deixá-los mais à vontade em percorrer os caminhos da fama.

Na verdade muitos nomes de pessoas, que antes eram totalmente desconhecidos, passam a ser referência, devido ao prestígio e ao sucesso das pessoas que os receberam. Podemos então dizer que a pessoa faz a sua marca. A marca de um produto ou de uma empresa é um dos maiores patrimônios que ela poderá ter. Ainda assim, o tempo necessário para se construir uma marca depende de muitos fatores e, principalmente, dos investimentos que a empresa faz na divulgação e no Marketing institucional.

A questão-chave desta etapa é saber construir a nossa marca pessoal e fazer com que ela seja reconhecida e lembrada por todos que nos rodeiam.

Muitas pessoas, insatisfeitas com os seus nomes, acabam mudando ou utilizando nomes artísticos. Exemplos de pessoas cujos nomes foram alterados: Jorge Benjor, Glória Menezes, Lima Duarte. Outras são conhecidas pelos seus apelidos: Xuxa, Lula, Bill Gates, Duda Mendonça, Pelé, etc. O certo é que o nome pode se transformar numa marca que nos ajudará a nos diferenciar das demais pessoas.

O primeiro ponto é escolher o nome pelo qual queremos ser conhecidos e lembrados por todos. Quanto menor for o nome ou a marca, mais facilmente as outras pessoas poderão lembrar. Após escolhermos a nossa marca, devemos posicioná-la junto às pessoas que nos conhecem e que nos são apresentadas em nosso dia-a-dia.

Dicas úteis:

- Usar o cartão de visita com o seu nome (marca);
- Ao ser apresentado sempre enfatizar o seu nome;
- Corrigir com respeito e tranqüilidade, quando uma pessoa não o tratar pelo seu nome correto, ou pelo nome pelo qual você não quer ser reconhecido;
- Utilizar materiais de apoio, como etiquetas adesivas, camisetas, bonés, e-mails e websites para divulgar a sua marca;
- Manter a paciência, pois o tempo pode parecer longo, mas aos poucos todos nós seremos reconhecidos e lembrados pela nossa marca.

Projetando a Imagem

A imagem de uma pessoa é o reflexo de sua alma. Não podemos comprar uma boa imagem, mas podemos direcionar os nossos esforços para construir uma imagem positiva. Todavia, a imagem deverá ser coerente com aquilo que realmente acreditamos e que praticamos. Não podemos projetar uma imagem inconsistente com o nosso perfil.

A nossa imagem é construída através da percepção criada na mente das pessoas em função de elementos como:

- Habilidades, competência e talentos;

- Defeitos, falhas e deficiências;
- Atitudes, ações e obras realizadas;
- Conquistas, feitos e méritos recebidos;
- Aparência e apresentação pessoal.

Da mesma forma que um produto utiliza a embalagem e o seu rótulo como apelo para atrair os consumidores e se destacar dos concorrentes, a nossa aparência e a apresentação pessoal podem ser usadas para fortalecer a nossa imagem e nos diferenciar dos demais.

Algumas recomendações básicas que podemos adotar para fortalecer a nossa imagem:

- Ter comportamento e atitude coerentes com as nossas idéias e crenças, sempre amoldados ao contexto social ou profissional em que estamos inseridos;
- Ser otimistas e positivos, pois ninguém quer a companhia de pessimistas e profetas do apocalipse;
- Cuidar da nossa aparência e apresentação pessoal, escolhendo cuidadosamente as roupas e os acessórios utilizados de acordo com a imagem que queremos projetar de nós mesmos;
- Reconhecer as nossas falhas e defeitos que mais incomodam os nossos amigos e nos esforçar para tentar mudá-los ou eliminá-los;
- Preparar um bom currículo;
- Ser organizado;
- Ser pontual e não faltar aos compromissos assumidos;
- Achar prazer no que fazemos;
- Vender bem a nossa imagem.

Cuidado ao tentar "quebrar" convenções para não parecer excêntrico, pois as pessoas seguem aqueles cuja liderança já é consolidada, de fato ou de direito.

Estabelecendo Metas, Estratégias e Planos de Ação

Muita gente passa a vida inteira sem saber aonde quer chegar. Deixa-se levar pelos ventos errantes ou pela calmaria do mar. O certo é que nem sempre estamos preparados para enfrentar as tempestades que cruzaremos em nossas jornadas. Tampouco estamos prontos para pegar carona nas ondas do mar que poderão nos conduzir ao sucesso. De que adianta estar perto de uma grande onda, se não sabemos "surfar" e se não temos a prancha, instrumento imprescindível para navegar nas grandes ondas.

Muitos atribuem o sucesso ao encontro da sorte com a competência. Podemos perseguir a sorte através da identificação das oportunidades e nos desviando das ameaças. E, é possível desenvolver as competências e habilidades necessárias para aproveitar as oportunidades que nos são oferecidas em nossa vida.

Para planejar o nosso futuro, devemos, em primeiro lugar, entender o que é felicidade para nós. É preciso saber quais são os nossos princípios, nossas crenças e valores. Qual é o estilo e filosofia de vida que queremos levar? Dentro desta nossa visão, é preciso saber aonde queremos chegar. O que queremos ser? Não importa a nossa idade, a nossa profissão, ou mesmo a nossa posição. Sempre queremos alcançar novos horizontes e atingir novas conquistas. É preciso definir claramente os nossos objetivos e estabelecer as metas a serem alcançadas em longo prazo. Sabemos que para atingir as metas de longo prazo é preciso galgar posições intermediárias, definindo também metas de curto prazo que nos ajudarão a chegar ao nosso objetivo final pretendido. As metas devem ser estabelecidas dentro de um critério de exeqüibilidade, com datas previamente definidas.

Podemos citar o exemplo do José de Souza, uma pessoa recém-contratada para trabalhar como assistente de contabilidade numa empresa de grande porte. O seu objetivo profissional é atingir o posto de Gerente Financeiro. José sabe que, antes de alcançar o cargo gerencial, é necessário passar pela função de assistente sênior, assumir futuramente o cargo de Supervisor, e, se tudo der certo, ser promovido finalmente ao cargo de Gerente Financeiro. Para preparar o seu plano de carreira profissional, José poderá estabelecer prazos para alcançar cada uma das metas intermediárias até chegar ao objetivo final: ser gerente. Ele sabe que terá que competir com os colegas de trabalho e deverá enfrentar muitas dificuldades pelo caminho.

Uma das tarefas mais importantes no momento do planejamento é saber levantar o perfil do profissional que está apto a assumir a função de Gerente Financeiro. Quais deverão ser as competências, habilidades e conhecimentos necessários para este cargo? Algumas habilidades ele já possui, mas deve desenvolvê-las. Contudo, por ser novo na empresa, José deverá adquirir outras competências ao longo de sua carreira. Através de uma metodologia simples, José poderá verificar os GAP´s (lacunas) existentes entre seu perfil atual e o perfil requisitado para o cargo de Gerente Financeiro. A partir daí, poderá traçar as metas e estabelecer os caminhos necessários para adquirir tais competências e habilidades adicionais, fundamentais para alcançar suas metas.

Os objetivos são marcos que norteiam a nossa caminhada e poderão ser alterados e ajustados às oportunidades e ameaças que aparecem no decorrer do tempo. Portanto, é possível que José possa aproveitar uma oportunidade que aparecerá numa outra empresa, tentando encurtar o caminho para chegar a sua meta de Gerente Financeiro.

Questões-chave desta etapa:

- Quais são os nossos objetivos profissionais e pessoais (metas)? O que queremos ser e o que desejamos ter?

- Quando acreditamos que teremos condições de alcançá-los (prazos)?

- Que caminhos são necessários percorrer para chegar às metas traçadas (estratégias)?

- Como poderemos trilhar esses caminhos? Que etapas e passos serão necessários dar para chegar lá (plano de ações). Que habilidades, competências e qualificações são fundamentais para atingir os nossos objetivos? Quais defeitos e deficiências devemos eliminar para conseguir atingir as nossas metas?

- As nossas metas são factíveis? Temos ou poderemos construir as qualificações e competências necessárias para chegar lá?

A diferença entre a persistência e a teimosia é muito tênue. É importante saber distinguir entre a nossa real capacidade de atingir um determinado objetivo e o sonho de realizar algo que sempre será impossível.

Dicas importantes:

- Utilize alguém de sucesso como referência para ajudar na análise do perfil e no levantamento das habilidades e competências necessárias (benchmarking).

- Verifique todas as opções estratégicas que poderão ser consideradas e escolhidas para atingir os objetivos;

- Revise constantemente o seu plano, ajustando os prazos e alterando os caminhos que levam às suas metas;

- Analise bem e saiba explorar as suas habilidades e capacidades. E não se deixe abater pelas derrotas. Com esforço e dedicação sempre poderemos vencer os desafios de chegar onde queremos.

Construindo Relacionamentos Duradouros

Estamos na era do relacionamento. Um dos maiores desafios das empresas é estabelecer relacionamentos estreitos e duradouros com seus clientes, fornecedores, colaboradores, consumidores, usuários, parceiros e constituintes. O objetivo final é conhecer e fidelizar os diversos públicos que interagem com as organizações.

No campo do Marketing Pessoal podemos dizer que devemos saber aprender a construir relacionamentos que tenham força e resistam às intempéries. Quanto maior o círculo de amizade de uma pessoa, maiores são as suas chances de obter sucesso. As oportunidades são oferecidas, em primeiro lugar, a quem lembramos, geralmente aos nossos amigos. Construir relacionamentos e amizades depende de nossa disposição de saber ceder para receber.

Dicas importantes:

- Afilie-se a alguma associação ou organização de cunho social e profissional;

- Saiba construir novas amizades e preservar os seus atuais amigos;

- Procure enxergar sempre o lado positivo das pessoas;

- Saiba entender as falhas e deficiências dos amigos;

- Ajude, sempre que puder, as pessoas sem esperar nada em troca;

- Trate sempre bem todas as pessoas. Seja cortês e educado com todo mundo, as pessoas saberão valorizá-lo;

- Organize bem a sua agenda e os seus compromissos;

- Prepare um banco de dados com informações importantes sobre as pessoas com as quais se relaciona: amigos, companheiros, clientes, fornecedores, etc., incluindo nome, endereço, telefone, e-mails, datas de aniversário, nomes da esposa e filhos, time pelo qual torcem, etc.;

- Utilize as informações do banco de dados para estabelecer contatos freqüentes com as pessoas, e principalmente com seus amigos;

- Compareça aos eventos sociais e profissionais relacionados à sua área de interesse pessoal e profissional;

- Esteja sempre atualizado com relação ao que está acontecendo;

- Deixe que seus amigos o conheçam e conheça bem os seus amigos.

Conclusão

Por mais que tentemos planejar meticulosamente cada passo que daremos em nossa vida, ela mostrará que os caminhos são mais longos e tortuosos do que poderíamos pressupor. Então, resta-nos uma indagação: por que nos preocupar em tentar conduzir o nosso futuro? Por que não deixá-lo nos conduzir? Por que não aguardar que os improvisos do destino se descortinem paulatinamente e nos revelem os segredos de nosso futuro incerto? A verdade é simples: nós influenciamos o nosso próprio futuro. A partir do momento em que uma pessoa realmente acredita que poderá alterar o seu destino, ela poderá mover montanhas para fazê-lo. Entretanto, não adianta só querer mudar. Não adianta só querer ser um vencedor. É necessário agir como um vencedor! Temos que andar e correr, sempre na direção certa. Mas, como não desviar as nossas atenções com tudo aquilo que aparece em nossos caminhos? Como não cair em tentação e nos deixar seduzir pelas artimanhas do destino? E é neste ponto que um bom planejamento serve para nos guiar. Serve para nos orientar na busca constante em direção ao nosso norte.

Não podemos evitar que os caminhos nos levem para mares nunca dantes navegados. Não podemos evitar que os mares nos levem para ondas nunca antes "surfadas". Mas, com certeza, o planejamento nos ajudará a entender melhor as nossas aspirações e a compreender profundamente aonde queremos chegar. E o Marketing Pessoal, sem dúvida alguma, será um instrumento de grande valia no sentido de ajudar a encurtar o tempo necessário para alcançar os nossos destinos, mostrando-nos como nos diferenciar e nos destacar, de uma multidão de pessoas que também querem chegar a algum lugar. Usando as técnicas do Marketing Pessoal poderemos aprender a nos ver como um produto, compreendendo melhor os atributos que temos dentro de nós, com o objetivo de desempenhar com maestria o papel que nos foi dado de servir à sociedade em que vivemos, para encontrar, finalmente, o nosso quinhão de felicidade.

"Nunca seremos perfeitos, mas a busca contínua pela perfeição é que nos faz sempre prosseguir na superação de nossos limites e nos aproximar cada vez mais do Criador."

Artur Reis – Economista, Mestre em Administração de Empresas, Professor de Cursos de Pós-Graduação da FCAP-UPE, FAFIRE, UFPE, CEDEPE, Consultor de Diversas Empresas, Ex-Executivo de Marketing da Tintas Coral, Kibon, Pepsi-Cola, Gillette e Texaco. Diretor da New Ways (new-ways@uol.com.br).

É Tempo de Girassóis
"Nem melhor nem pior, apenas diferente"

Quero abrir aqui um espaço para o diálogo com todos aqueles que têm o compromisso e o comprometimento com os (recursos) humanos de suas empresas.

Como sou Náutico, time vermelho e branco em Recife, também sou salgueirense e peço emprestado o seu slogan "Nem melhor nem pior, apenas uma Escola diferente" – chego com uma intenção de trazer uma abordagem diferente das que normalmente usamos quando vamos falar de pessoas nas organizações.

Venho de uma Escola de psicólogos de formação existencialista em que tive poucas influências organicistas. Isto até era "palavrão" e brigas ferrenhas com os nossos mestres psiquiatras e organicistas. Mas os avanços na pesquisas da medicina do fim do século XX descortinam novos horizontes com a biopsiquiatria atual, com as teorias cognitivas e comportamentalistas, mobilizando novas formas de se oferecer ajuda às pessoas, de modo que possam viver o melhor que possam de suas vidas.

Seja como psicóloga organizacional seja como Coach, tenho hoje mais do que a preocupação, a obrigação de abrir espaço para se falar de muitas situações tabus que se vive na empresa, quer esteja relacionada ao desempenho das líderes ou dos seus colaboradores.

Retrospectiva

Nestas quatro ou cinco décadas, o olhar para as pessoas na organização passou por vários estágios, os célebres testes psicotécnicos, seja como aferição de habilidades, de conhecimentos seja como a leitura de traços específicos que pudessem identificar as condições "mínimas necessárias" de adaptação às tarefas, ao cargo, às relações com as outras pessoas e à cultura da empresa.

Nos idos de 1960/1970, o foco centrou-se no investimento da qualificação do corpo gerencial e aqui vivemos intensas contradições, sejam de filosofia ou de métodos de trabalho. Desenvolviam-se no exterior os conceitos do DESENVOLVIMENTO ORGANIZACIONAL, com metodologias que tinham seus desdobramentos a partir do topo da pirâmide organizacional. É bom recordar que vivenciávamos uma das mais críticas e severas épocas de repressão e também de centralização do poder no Brasil.

Ora, muitos desses métodos e teorias importados dos Estados Unidos propagavam uma filosofia de Gestão mais participativa, com compartilhamento do poder, do processo decisório, de uma liderança mais democrática etc. e tal. Tais contradições não só eram vividas nas Administrações Diretas, como nas numerosas estatais da época, nas empresas familiares ou mesmo nas multinacionais aqui instaladas.

Os discursos e os métodos confrontavam-se na realidade com os procedimentos, os hábitos e culturas vigentes e sobretudo com o macrossistema. Era de fato uma luta inglória, pois o sistema centralizador e estruturado em muitos níveis inviabilizava o compartilhamento nos processos decisórios, o centro do poder estava tão no alto e sempre lá, em algum lugar que não se conhecia.

Esvaziadas em seu papel as gerências em todos os níveis não tinham um poder de liderança, de representação e nem de representatividade, seja para cima ou para baixo no chamado escalão hierárquico. O corpo gerencial vivia o carnaval do baile de máscara da representação do *"status do poder"* porém não dispunha ou não sabia usar efetivamente o poder, às vezes nem mesmo o poder do cargo, como muitos se queixavam.

Aqui não estou interessada nesta dinâmica se por falta de competência, se por não conhecer o seu papel, etc. etc. etc., estou apenas mostrando os fatos históricos.

Como década de contradições, era um período de surgimento ou crescimento de novas organizações, encarreiramento fácil e rápido e ao mesmo tempo discriminações vergonhosamente não trabalhadas e até aceitas pela Área de RECURSOS HUMANOS sem qualquer reflexão crítica do seu papel.

A seguir exemplos clássicos e generalizados na época: as empresas tinham os restaurantes da elite, dos técnicos e administrativos e outro para os chamados Peões, alegando-se que cada camada social dessas tinha suas próprias demandas de necessidades. Até que sim, mas precisaria ter horários ou locais diferentes?

Ah! E as mesas de trabalho, com tamanhos diferentes em função do *status* que se dispunha como "Supervisor", "Chefes", "Gerentes", "Técnicos", "Assessores", "Executivos", etc... sem contar com espaços privilegiados de estacionamentos, benefícios e generosos bônus especiais, e ainda elevadores privativos para as elites e tantos outros aspectos que deveriam ter sido mais bem debatidos, refletidos para se ocupar espaço de poder e influenciar por reflexão crítica aqueles que deveriam ser os PENSADORES DAS POLÍTICAS DE RECURSOS HUMANOS.

Na década de 80, no Brasil, muitas organizações começaram a descobrir as teorias e metodologias que vinham agora do milagre japonês com vários conceitos novos, influenciados pelas estratégias de qualidade que começam a fazer face, sobretudo, ao mercado automobilístico da América do Norte. Os robôs já eram uma realidade por aqui.

Algo de novo, como métodos de gestão de negócio e de pessoas, se deslocava de meridiano. As formas de gestão de negócios começavam a se configurar saindo das mudanças do chamado piso da fábrica para atingir em cheio os chamados "colarinhos brancos". Depois dos robôs, o escritório informatizado, a terceirização, o cliente em primeiro lugar, a parceria, os direitos do consumidor, e o grande divisor do mundo – a queda do muro de Berlim, com todas as conseqüências com a caída das máscaras que maquiavam a alma tanto do mundo capitalista como do comunista – Leste e Oeste mostravam suas reais entranhas.

Também é nesta época, e não por acaso, que o movimento sindical amplia o seu espaço e força de atuação. Um sindicalista tinha mais força, mais respeito e prestígio do que o insólito corpo gerencial, que não conseguia sequer exercer o poder junto a sua própria equipe ou nos níveis acima.

Era mais fácil um presidente e um diretor agendar hora para um sindicalista que queria influenciar ou reivindicar certas decisões pertinentes a um gerente do que um gerente conseguir tempo junto a sua própria diretoria para resolver o mesmo assunto.

Por outro lado, a Globalização era ignorada por muitos, que não queriam ou não podiam entendê-la ou alcançá-la, gerando na década de 90 os imensos impactos na vida e no encarreiramento das pessoas.

Vi e conheci muitos profissionais que, tendo se formado nas décadas de 60 e 70, apenas pensavam em se aposentar bem jovem e não se reciclaram por décadas, décadas perdidas.

O foco entre privilegiar as novas gerações sem experiência e dispensar os mais velhos mas sem os novos recursos exigidos agora pela pressão de um mercado cada vez mais globalmente competitivo não foi conflitante no processo decisório na época.

As fusões, as privatizações, a reengenharia, em moda, passaram a ser o terremoto das empresas e o caos na vida das pessoas e sua resiliência* comprometida.

Entramos no Século XXI onde quase tudo ou quase todos somos diferentes, impactados por tantas pressões de mudanças em todos os segmentos da sociedade, dos valores às artes, da família à ética, das guerras virtualmente dentro de nossas casas às descobertas e avanços das ciências em toda a sua extensão, na geofísica da Terra etc. e tal. E enquanto escrevo, a Lua ficou para trás, Marte é o novo objetivo, é a nova meta.

Novos objetivos, novos desafios parecem ser a palavra de ordem na vida das pessoas.

Esta também é uma outra fonte de pressão na vida pessoal, profissional e das organizações, para sobreviver nesta nova forma de ordem/desordenada de um Novo Estágio de Transição.

Fechamos um Capítulo da Vida onde se podia ser ou ter uma certa previsibilidade, mas a "Terceira Onda" nos impõe um Estágio de Transição de grandes mudanças, de novas aprendizagens, de novas teorias, de novos modelos, de novas e diversificadas práticas, habilidades, valores etc.

Cada criatura que está dentro ou fora das organizações tem, a seu modo, vivido o estresse, uma carga de estresse. Aqui considerado seja como fator positivo de desafios que levam a crescimento ou como fator restritivo de pressão e de cobrança por melhoria de desempenho, de atingimento de metas e de altas performances.

---

*Resiliência – capacidade para lidar com situações de adversidade com o mínimo de disfuncionalidade no comportamento.

O jogo de hoje é esse. Logo estamos com novas Teorias, Modelos etc. Universidades Corporativas ou qualquer nome que se queira dar: Aprendizagens à distância; Mentores orientando o encarreiramento de quantos se disponham a crescer na organização, Coach, como eu própria, buscando o desenvolvimento dos talentos e dos recursos do sistema para que se chegue a *peak performance*. Avaliações de Competência, de Clima e tantas outras variáveis ou indicadores a serem trabalhados para a "melhoria do desempenho humano na organização".

O foco hoje é a qualificação do Gestor de Negócio e de Relacionamento. Certo. Certíssimo. Mas quantos de fato estão sendo qualificados para tal? Como a própria área de Recursos Humanos, Relações com Pessoas, Gestão de Equipes ou qualquer outra denominação que tenha, está qualificada para dar suporte ao Corpo de Gestores para ir além do Quociente de Inteligência – (QI), para ir para o Quociente de Inteligência Emocional – (QIE)?

Como estamos preparados ou preparando os profissionais da Área de RECURSOS HUMANOS para assessorar como Consultores Internos tanto os Gestores como os Profissionais de todos os níveis da empresa:

a) Para aprender a lidar com as adversidades, tornando-se mais resilientes frente ao estresse, às crises e às perdas seja no trabalho ou na vida pessoal.

b) Para saber manejar com os novos Conhecimentos, Teorias e Métodos de modo mais qualitativo e efetivo para ajudar Mentores, Gestores, Coach, de modo a saber desenvolver os recursos e talentos dos seus colaboradores mesmo quando estes possam apresentar disfunções comportamentais que naturalmente têm impacto no desempenho.

Novas Abordagens

A neurociência, a biopsiquiatria, a psicologia cognitiva e comportamental têm revelado através de sérias pesquisas novas formas de "aprender" sobre o comportamento humano a partir de novos focos científicos e de novas formas de ajuda terapêutica, com novos métodos e, diga-se, com grande efetividade.

Muitas questões de desempenho hoje não podem ser vistas apenas como questões motivacionais ou de Quociente Intelectual (QI), mas são verdadeiramente afetadas pela que Daniel Golemam chamou de Inteligência Emocional (QE), por muitas descobertas das chamadas "Síndromes Silenciosas" a que se refere o Dr. John J. Ratey, do livro do mesmo nome.

Tenho tido em minhas experiências, seja nos processos dos trabalhos de Gestão de Conflitos entre Gestores, nos Programas de Desenvolvimento de Melhoria de Relacionamentos, ou mesmo nas atividades de COACH, condições de ajudar e encaminhar situações que antes ou serviam de críticas, chacotas ou de processos de demissão sumários.

É preciso que nós "profissionais da ajuda", como costumo chamar, estejamos preparados para ver com outros olhos situações que, se de um lado podem ajudar a pessoa, o profissional ou a organização em determinadas circunstâncias, pode ser em um outro momento, em outro cenário ou circunstância o beijo da morte profissional ou da própria empresa.

Permito-me trazer a seguir situações reais, de minha experiência enquanto profissional da ajuda e que tem como propósito levantar a importância da necessidade de um Novo Reposicionamento da área e dos profissionais de RECURSOS HUMANOS, na análise e condução dos chamados casos de comportamentos disfuncionais, antes de se tomar uma decisão terminal frente a casos de desempenho e de expectativas não atendidas.

a) Parecia o momento propício para elevar a Executivo um ousado gerente de decisões rápidas, com uma imensa capacidade de correr risco, embora um pouco irrequieto e de humor com grandes variações. Parecia! Agora, algum tempo depois, se podia ver uma série de atitudes que colocava em risco o negócio. O que fazer: demissão ou procurar algum profissional que pudesse ajudá-lo? Última cartada.

Já vimos nos noticiários, por acaso, situações de grandes Executivos que ao serem elevados a um nível acima recebem o beijo da morte profissional. Isto sem contar os casos que não chegam a público e estão dentro da nossa empresa.

Será que foram pesquisados que fatores determinantes levaram o profissional, antes tão competente, a adotar atitudes e decisões que o levam ou a organização a tão altos riscos?

b) Como manter no cargo gerencial alguém que é um engenheiro inteligentíssimo em sua área de competência, mas que não consegue manter uma relação minimamente saudável, pelas suas crises de mau humor, de irritabilidade e que parece não ter qualquer sensibilidade empática ou interesse pelas pessoas?

Tão bem focado em suas metas, em seus projetos magistrais mas com imensa dificuldade de lidar com os seus pares. Em reuniões se o assunto não parece estar no seu campo de interesse se aliena ou vive no mundo da lua? O que decidir: mantê-lo no cargo, apesar dos pesares? Fazer um *down grade*? Enviá-lo mais uma vez para um curso que trate das questões relacionais do papel do gerente, encaminhá-lo para um COACH ou livrar-se definitivamente da situação?

Será que essas alternativas levaram em conta um "bom diagnóstico" que dê possibilidades de explorar os melhores recursos desse profissional, ampliando o que há de melhor nele?

c) Como resolver questões com aquele brilhante especialista, jovem e promissor talento, com um belo desempenho na seleção de entrada mas que se revelou mais tarde uma personalidade difícil de adaptação por ter problemas de comunicação, uma incapacidade de trabalhar em equipe e, por que não dizer, excessivamente competitivo e narcísico? Demiti-lo ou transferi-lo? Quem vai querê-lo no leilão?

Como se encaminham com seriedade tais situações hoje na empresa? Será que se pode ver que suas questões não estão nas metas e sim em outras questões bioemocionais que impactam no seu desempenho?

d) E o que fazer agora com aquelas pessoas que já chegando a uma meia-idade, homem ou mulher, começam a perder o viço, a energia, a garra de outrora? Será que não é o momento de se fazer algo que envolva as questões motivacionais? Que políticas de incentivo, de reconhecimento, de promoção, de encarreiramento poderiam ser criadas para enfrentar este cenário? Esta é a primeira tentação, quem sabe mais fácil dispensá-los e fazer a "oxigenação" do quadro de pessoal? Foi assim tratada a situação na década passada. É esse o melhor caminho?

Como lidar com estas pessoas estressadas que sequer têm a coragem de dizer que já não têm estresse e sim "síndrome de pânico da segunda-feira", ou perderam a alegria de se divertir, de sair, de celebrar, de compartilhar pois se sentem exaustas e exauridas e são incapazes de admitir que estão evoluindo para um quadro de depressão leve ou clínico?

e) Como conduzir aquela situação com um Presidente que tem tanta variação de humor e é tão egocentralizado que seus auxiliares mais diretos (Diretores e Assessores), evitam tanto quanto podem o contato, como dizem em sua linguagem, para não receber "uma mijada", pública ou reservada. Tive clientes que tinham este medo de contato com o seu superior, diziam que era "O IMPREVISÍVEL". Logo, onde vamos colocar o foco de trabalho? Chamar de fato um COACH realmente qualificado e competente para "orientá-lo" ou deixar a situação para ver como fica e como isto se impacta não só no Clima Organizacional como na própria Cultura da empresa, vez que este Modelo tende a se deslocar nos níveis abaixo como Cascata, tornando-se um padrão de normalidade da empresa.

Qual o nosso papel neste contexto onde falei apenas de distúrbios da normalidade, sem entrar em questões de patologias mais profundas, que existem na empresa, porque ela representa o estrato de todos os segmentos de uma sociedade.

Estamos resolvendo essas situações? Estamos preparados para isto? Acreditamos e temos competência para trabalhar o lado saudável de cada pessoa? (Inclusive de nós mesmos?)

Estamos qualificando nossos Consultores Internos para compreender as disfunções ocultas que perturbam o desempenho da pessoa/equipe com impacto no Clima do Grupo/Organização?

Estamos qualificados para dar suporte ao corpo gerencial para e na condução desses casos?

Como os profissionais que estão desenvolvendo o papel de COACH estão encaminhando estas e outras questões comportamentais, não como terapeutas, mas como profissionais atualizados e competentes no processo de ajuda às pessoas, para que sejam efetivas em suas metas (e mentes) e também felizes por realizá-las.

Estamos na época de outros Saberes, de Novas Descobertas no campo da Psicologia Cognitiva e Comportamental, de novas abordagens no Campo Médico e não apenas de questões metodológicas ou de ferramentas gerenciais para a preparação de profissionais para trabalhar com pessoas dentro das organizações, sobretudo dentro de novas bases científicas. E isto é fundamental, como é fundamental entender que a pessoa é mais do que um comportamento disfuncional e que, trabalhando-se também e para além da disfuncionalidade, encontraremos outros recursos disponíveis na pessoa, isto é possível, isto é viável.

Para concluir, tomando emprestado o que Paulo Gaudêncio chama de "sua descoberta" em seu livro *Men at Work*, quando diz: "O homem não é só um pedaço, um pedaço que trabalha", acrescento: É essencialmente um ser inconcluso, portanto em busca de sentido, de suas responsabilidades, de construção de valores e saberes e que se flexiona como ser inteligente para ajustar-se à nova realidade.

É assim, "nem pior nem melhor, apenas diferente", que podemos fazer parte da história modificando ou contribuindo para a melhoria dos espaços que podemos atingir ou tocar neste mundo.

É tempo dos girassóis, a bela e única flor voltada para absorver o brilho do Rei Sol durante todo o dia. Ao cumprir o seu papel aqui, morre o pé, mas o girassol deixa milhares de sementes para produzir campos cada vez mais floridos.

Áurea Castilho A. Araújo – Pedagoga e Psicóloga; Mestrado em Educação (UFSM/RS); Coach Certificada pela Forum – Für Meta-Kommunikation/INAp – Coaching Sistêmico; Coaching Integrado ICI/IMAp; Lambert do Brasil – Coaching – PNL; Consultora e Coaching Empresarial. Livros: *A Dinâmica do Trabalho de Grupo*; *Liderando Grupos – Um Enfoque Gerencial*; *Construindo Equipes para Alto Desempenho*; *Filmes para Ver e Aprender* e Co-autora de *Gerenciar no Limite – Lições Corporativas*. Qualitymark Editora – RJ (aureacastilho@globo.com).

Referências Bibliográficas

FLACH, F. *A Arte de Ser Flexível*. São Paulo, SP: Ed. Saraiva, 1991.

FRANKL, V. E. *Em Busca de Sentido*. Petrópolis, RJ: Ed. Vozes. 10ª ed. Coleção Logoterapia, 1999.

FREEDMAN, G. *Tire Vantagem da Adversidade*. São Paulo, SP: Ed. Best Seller, 2002.

GAUDÊNCIO, P. *Men at Work*. São Paulo, SP: Ed. Gente. 9ª ed., 1999.

GOTTMAN, J. M.; DeCLAIRE, J. *Relacionamentos*. Rio de Janeiro, RJ: Ed. Objetiva, 2003.

GREENBERG, J. S. *Administração do Estresse*. São Paulo, SP: Ed. Manole. 6ª ed., 2002.

HUNT, M. *Dream Makers*. Rio de Janeiro, RJ: Qualitymark Editora, 2002.

ISERT, B. *A Linguagem da Mudança*. Rio de Janeiro, RJ: Qualitymark Editora, 2004.

O'NEILL, M. B. *Coaching – Treinando Executivos*. São Paulo, SP: Ed. Futura, 2001.

RATEY, J. J.; JOHNSON, C. *Síndromes Silenciosas*. São Paulo, SP: Ed. Objetiva, 1997.

SCHERME Jr. J. R. *Management*. Caps. 11 a 18. São Paulo, SP: Ed. Wiley, 1996.

SILVA, A. B. B. *Mentes Inquietas*. São Paulo, SP: Ed. NAPADES, 2000.

VIORST, J. *Perdas Necessárias*. São Paulo, SP: Ed. Melhoramentos, 1986.

Por Trás da Seleção de Pessoal

Vou a pé mesmo. Não é muito longe não, Zefa. Tem algum dinheiro embaixo do paninho da cristaleira. Dá pro leite, pro teu pão e dos meninos.

Nego, não esquece de apertar o checho que botei no teu bolso! Com a mão direita, Tonho, com a direita, viu?

Bom-dia, d. Clara! Seu Quincas, três a zero! Se não fosse o Juiz ia ser mais!

Esses vizinhos acham que ainda estou na fábrica. Macacão. Nome nas costas. Há dois meses que pensam. Aqui, o cara parado é preguiçoso. Dizem até que fez besteira. Não acreditam em corte. Ih! Lá vem seu Correia da venda!

Seu Correia da venda! Não esqueci não. Tenha paciência. Logo eu acerto a caderneta.

Até a missa fui domingo. Mas parece azar. Zefa é de catimbó. Sou mais pros padres. Primeira comunhão. Neguinho todo de branco. Santinho. Escapulário. O velho é que estava certo. É melhor um emprego mixuruca, mas seguro. Trinta anos tecelão dos Lundrin. Morreu recebendo do instituto. Festa não faltava. Batizado. Aniversário. Campeão de dominó.

Ontem fiz teste de novo. Até aquele das figurinhas. A doutora disse que passei. Levei pau no dentista. Poucos dentes, tá certo. Buraco só tem um. E lá trás. Pedi pra arrancar. Não adiantou.

Nessa fábrica tem muita gente. Vou voltar na do Galego. Cadê a pedra? Galego, já tem vaga? Só de servente? Os documentos estão em dia. Tem dentista? Exame médico?

Antonio Cícero dos Santos. Trinta e quatro anos. Casado no civil e na Igreja. Quatro filhos. Todos no grupo, menos a pequena. Vai fazer três. Deixei a escola no terceiro primário. Leio tudo. Faço conta de mais, de menos e de vezes até dois números. Um ano no exército. Vigia de um prédio mais de sete. Não era fichado. Fichado foi quatro, numa fábrica de estopa. Saí como auxiliar de depósito. No corte.

Muito bem seu Antonio! Agora vamos para os testes. Laura foi ao mercado com cem reais, gastou oitenta e um. Quanto restou? João ganhou uma dúzia de bolinhas brancas, meia dúzia de bolinhas pretas... O verão é a estação do sol. O inverno da chuva. E o outono?

Se eu passar, vou caprichar no emprego. Fazer tudo certinho. Posso até ir subindo. Zefa. Checho. Instituto. Bicicleta de segunda mão. Antena com bandeirinha. Flanela pendurada. Menino no bagageiro. Um de cada vez!

O que ele disse?... Nas provas?... Tu sabe quem foi Colombo, Galego?

Pensei que fosse ficar. Na conversa, parecia que ele tava gostando de mim. Por que tem gente que ri dos dentes pra fora sem sentir?

Pão. Radinho mudo. Sem pilha. Vale trinta. Dá pra uma semana. Vinte e tantas firmas. Nunca tem vaga. Ou porque moro longe. Ou porque estava de sandália japonesa. Numa, buraco no dente. Noutra, ouvi o chefe dizer à moça que eu fedia a sovaco. Macacão suado. Na de papel, porque sou banguelo. Pra que servente saber quem foi Colombo? Capital do Paraná? A da Princesa Izabel respondi certinho.

Precisa-se: eletricista, torneiro, vigilante, serralheiro.

Cada caixa tem sete latas. Quantas latas tem em quatro caixas? Papel, papelzinho. Anão, anãozinho. Pão? – Trem? – Anel?

Com a mão direita, Tonho!

Depois desses testes podem almoçar aqui na empresa. À tarde tem psicotécnico e exame médico.

Fila. Bandeja. Feijão. Arroz. Guisado. Zefa. Pão. Leito pros meninos.

Aqui vocês têm uma boneca. Está faltando uma parte dela. Qual é?... Isso! O braço! E o que falta para completar a casinha?... Muito bem! Entendeu direitinho, seu Antonio?

Arranque, doutor. Dois meses que luto. Os panos brancos estão quase bons. Zefa tá passando um mato roxo. Só tem um pouquinho nas costas. Ninguém vê. Essa pereba, quase sarada.

É bom quando os outros ouvem a gente. O doutor parecia que estava sentindo. Ouviu tudinho. Ainda me deu uma amostra. Calça azul. Camisa branca. Gravata. Sapato preto. Há quanto tempo! Calo d'água. Quepe com escudo. Aulas. Serviço pra macho. Ordem é ordem. Extintor. Cuidado! Prancheta. Papelzinho "seja bem-vindo". Noite escura. Capote. Noite de lua. Acredito que sim. Penso que não, mas vou saber. Por favor, a identidade. Perfeitamente! Um momento! Alô! Como é o nome do senhor? Até amanhã!

Envelope de pagamento. Hora extra. Instituto. Desconto. Obrigado seu Correia! Purgante pros vermes dos meninos. Pro catarro de Teça, lambedor. Cesta nova pra feira. Pinta de polícia.

Bem, e o senhor? Boa-noite! Bom-dia! Experiência. Noventa dias. Sem falta. Sem atraso. Camisa engomada. Vinco na calça. Sapato engraxado.

Táxi. Saco do Bompreço. Vizinhos espiando. Não querem perder um detalhe. Até gorjeta? Teça, boneca de plástico. Bola colorida pro João. Neco, camisa de jérsei. Ciço, caminhão pra puxar. Zefa, tafetá cor-de-rosa. Um par de conga quarenta e três. Azul, bico branco.

Árvore de crepom verde, desbotado. Arame espetando. Cinco bolas. Tinha doze. Todo ano quebra uma. Ou duas. Seu Correia. Três guaranás champanhe dos grandes. Dois natural. Um gelado pra misturar. Bolo amarelo. Quase a metade. Aniversário de Teça. Cinco anos. Pixaim. Pitos com lacinhos. Blusa cor-de-rosa. Tafetá que sobrou. Saia curta. Cambitos de fora.

Tonho, tá na hora! Sai da janela!

Muitas felicidades, muitos anos!... Parabéns!..., Tonho, vem cantar! Já acendi as velinhas!

Serviço pra macho. Ordem é ordem. Vigilante deve ter iniciativa. Decidir. Às vezes até ser durão. Espera, Zefa!

Nesta data querida!... apaga Teça! Assopra com força! Tonho, vem timbora!

Uma fatia pra cada um. Seis canecos de ágate. Guaraná frio, espumando. Nariz escorrendo. Assoa a venta, Neco! Tonho, vou acender de novo!

Noite feliz! Noite feliz!...

Moldura oval. Retrato do velho preto. Bigode branco. Junto, quadro de São Jorge. Vidro quebrado. Lamparina acesa.

Na janela, um sorriso puro. De dentro pra fora. Gengiva vermelha. Um recuo. Uma fungada. Outra maior. E, mais que maior, incômoda. Não, ninguém ouviu! Abafada. Uma gota d'água já no queixo, esmagada no punho da camisa. Uma decisão.

Já tô indo! Esperem por mim! Todo mundo!

Duas mãos imensas, pretas. Batendo uma na outra. Desentoado. Estridente. Apaga, Teça!

Muitos anos de vida!... Dorme em paz ó Jesus!...

A maior fatia. Espuma de guaraná nos beiços. Arroto. Deixa disso, Tonho! Uma gargalhada. Farelo de bolo salpicando pra todos os lados.

Fernando Barbosa Azevedo – Psicólogo organizacional, com 34 anos de experiência, principalmente na área de seleção de executivos. Membro do Conselho Fiscal da ABRH-PE (simoneazevedo@hotmail.com).

Sucesso sem Perder a Lucidez

A sociedade e as organizações são formadas por pessoas. E, portanto, dependem delas quanto ao curso de seu próprio destino. As pessoas, individualmente e no seu conjunto, são responsáveis pelo nível de educação de seu povo, pela saúde, pelo meio ambiente, pela preservação de sua cultura, pela qualidade de vida, pelo viver digno no presente e nas gerações futuras. As famílias transmitem para seus filhos os valores da sociedade, os quais deverão ser seguidos como condição de adaptação e ajustamento. As crianças, desde cedo, aprendem que seguir esses valores é garantir a aprovação dos pais e assegurar o amor. No mundo moderno e pós-moderno tem havido grande desenvolvimento tecnológico sem equivalente crescimento nos aspectos humanos.

Alexander Lowen, criador da Análise Bioenergética, no livro de sua autoria *Narcisismo* (1983), faz uma análise crítica à sociedade capitalista e de consumo, denominando-a de narcisista e explica suas causas na dimensão individual e cultural. Para ele o narcisismo cultural significa a perda dos valores humanos onde se realça o ter em detrimento do ser. Assim, aterram-se rios para construir espigões, derrubam-se árvores para fazer estacionamentos, priorizam-se os papéis sociais à felicidade. A preocupação maior, por exemplo, é o que as crianças serão no futuro e não como elas se sentem no presente. O narcisismo a que se refere Lowen (1983) está sempre associado a um componente de grandiosidade. Na cultura narcisista há uma excessiva valorização pelo sucesso, pelo poder, pelo ir além dos limites, como se isto fosse, realmente, possível.

No mundo capitalista, de acirrada competição, não há espaço para o fracasso. O sentimento comum quando se fracassa é de incompetência e até de humilhação. Esquece-se de que o fracasso dá a oportunidade de se avaliarem as causas de não ter dado certo. O fracasso poderá ser um agente de avaliação e de aprendizagem. Possibilita a revisão sobre os procedimentos daquela ação e em que aspectos é necessário melhorar. Nas relações competitivas, a comparação se faz presente e crescente. Ocorre desde o contexto familiar entre pais, irmãos, perpassando pelas escolas, empresas, até a antiga guerra dos sexos. As organizações, representantes dessa mesma sociedade, estimulam com maestria a desenfreada competição em busca do sucesso.

No plano individual as crianças aprendem que para atender essas exigências terão que esconder de si e do outro a sua natureza humana. Esconder os medos, as fragilidades, as inseguranças, as tristezas e daí desenvolvem um mecanismo de negação dos próprios sentimentos. Criam uma imagem condizente com os valores sociais e investem a energia em se mostrarem sempre capazes, fortes e poderosas. Afastam-se de si e de seus sentimentos e acabam acreditando que são a sua imagem. Verdade e mentira se confundem. Não respeitam os limites, invadem o outro, com freqüência, sem um senso crítico em relação às normas da convivência.

Quando essas características no plano individual são mais exacerbadas, corre-se o risco de chegar ao que se denomina de sociopatia, que significa o não respeito às leis e normas sociais. Fraudam-se, emitem-se cheques sem fundos, apropriam-se dos bens públicos, como se nada estivesse acontecendo. Infelizmente não são poucos os maus exemplos que conhecemos. Entre os mais pobres encontramos ladrões, descuidistas, assaltantes. Entre os ricos encontramos articuladores de campanhas políticas, estrategistas do crime organizado, grandes sonegadores. Fruto da psicopatia e/ou sociopatia cometem-se atrocidades, cada vez mais banalizadas no mundo atual. Vive-se o terror e o horror da violência.

Terror

Na visão da Análise Bioenergética a experiência do terror ocorre quando uma ameaça de morte é sentida em relação a si mesmo. Na vivência de horror o perigo é em relação ao outro. Infelizmente, na atualidade, vivem-se as duas experiências constantemente.

Em 1983, no seu livro, Lowen dá como exemplo da desumanidade característica da sociopatia, um fato ocorrido em Nova Iorque, em que jovens queimaram um velho no banco de um parque. Ele observa que quando se comete um ato de tamanha crueldade não se está em contato com a humanidade dentro de si e nem no outro. Falta conexão com os sentimentos, é como se os jovens estivessem queimando a velhice e não o velho. Infelizmente, na década de 90 semelhante barbaridade foi cometida em Brasília com um índio. E, mais recentemente, repetiu-se com um mendigo.

Em todos os lugares predomina a insegurança. Vive-se num país em que, por desmandos passados, o trabalho fica cada vez mais escasso e perigoso de exercê-lo. Para as pessoas que têm carro, o medo de parar nos sinais. Para as que se locomovem em transporte coletivo, o medo generalizado. As pessoas calam diante do horror a que chegamos. Esquecemos de proteger as crianças e as transformamos em bandidos. Ainda que não o sejam. Andar a pé, uma temeridade.

Susto diante de qualquer pessoa que se aproxima para pedir uma informação. Em casa, a televisão que não nos deixa relaxar. Assaltos, seqüestros, estupros, assassinatos, guerra, guerra, guerra. E nos aprisionamos cada vez mais na ilusão de conseguirmos segurança. A nossa pretensa liberdade, vigiada: câmeras, alarmes, cercas elétricas, carros blindados, vidros escuros.

E os pobres como se protegem? O assunto em pauta, em todos os lugares, são as recentes notícias de assaltos, assassinatos, guerra. Fala-se, come-se, pensa-se violência. Ninguém se olha, ninguém se vê. Os corações se fechando. As portas se trancando. Os muros aumentando. As pessoas se isolando. Todos com medo.

Loucura

Na sociedade contemporânea vive-se uma irrealidade. A loucura coletiva do "faz-de-conta". Loucura à medida que não há fronteiras claras entre o público e o privado. As duas dimensões se confundem pela ausência de limites como contorno estruturante. Milhares de pessoas moram na rua e tomam do outro o de que necessitam, como se não fosse do outro. Os bens individuais tornaram-se coletivos pelo poder da violência. Tornam-se públicas as questões familiares. Há programas de televisão nos quais os conflitos entre pais e filhos são discutidos por todos os convidados e participantes, a exemplo de um pai que não queria permitir que a filha namorasse em casa. Além da opinião de cada membro da família, a atitude do pai foi julgada por psicólogo, artistas, síndico do prédio, vizinhos, etc. Por outro lado, o que é público, portanto do coletivo, é muitas vezes tomado para o uso individual. Assiste-se em casa às cenas de intimidade de pessoas reais como se fosse um filme.

Em algumas instituições há o controle sobre a vida privada. Uma empresa americana num processo de seleção, aqui no Brasil, inclui a visita na casa da família do candidato para observar a gestão familiar. As relações sociais estabelecem-se pelo falso *self*.

Há um misto de irrealidade e insanidade coletiva. Na revista Época (dezembro de 2003) há uma reportagem que coloca o Brasil como o país onde mais se consomem remédios psiquiátricos no mundo, inclusive as crianças.

As pessoas funcionam em alta velocidade, gerando grande pressão para o fazer, fazer, fazer; ter, ter, ter... Não há tempo para o contato com o ser. Não há encontro consigo. A solidão é vista como um grande mal. Não há silêncio. Foge-se de si. E ainda se estimula a concorrência com o outro. A preocupação é com a performance, muitas vezes à custa da própria felicidade.

As pessoas se aprisionam na telinha enfeitiçadas pela irrealidade de um mundo de fantasia. Assiste-se à fabricação da fama. E esta, geralmente, acontece num passe de mágica. Rápida, emocional, envolvente, ilusória.

Fela Moscovici, no livro *A Organização por Trás do Espelho, Reflexos e Reflexões* (2001), aborda os aspectos ocultos, as sombras das empresas. E faz o seguinte questionamento: se os negócios estão dando lucro, os departamentos funcionando... por que, então, as pessoas não estão felizes?

A felicidade é um estado de bem-estar. Este estado encontra-se dentro de cada um. Como diz Ken O'Donnel, *Endoquality* (1952), consultor organizacional australiano: *é preciso estar em paz no olho do furacão*. A calma e a felicidade estão no interior. O caminho só pode ser através da interiorização, do silêncio, do encontro com você mesmo.

Poder

Há uma diferença entre o exercício do poder pessoal e o do poder sobre os outros.

Assumir o poder pessoal é um processo de busca que dura toda a vida. Para tal, a pessoa precisa se apropriar do corpo, da sexualidade, dos sentimentos, dos pensamentos, da voz, da vida. Poder pessoal significa andar com as próprias pernas, ser responsável pelas escolhas, seguir o curso do rio, desenvolver a capacidade de entrega, reconhecer e respeitar os limites internos e externos.

A relação de poder ocorre em todas as interações sociais e tem uma forte influência no comportamento das pessoas, no funcionamento dos grupos e das organizações.

Alvin Toffler enumera as três principais fontes de poder: músculo (violência), dinheiro e inteligência (conhecimento) que são formas de controle sobre as relações sociais. Das três, o conhecimento é o poder de mais alta qualidade. Além de eficiência persuasiva é *mais versátil e possibilita o uso de menor número de fontes de poder para atingir um objetivo.*

O poder quando exercido de forma autoritária, repressora, tirânica gera, comumente, um clima de desconforto, dependência, diminuindo a criatividade, iniciativa e autonomia dos membros participantes do contexto grupal. O nível de tensão torna-se elevado com propensão a conflitos interpessoais e sentimentos de insatisfação. Os conflitos, se não enfrentados e tratados, repercutem negativamente nas ações e, conseqüentemente, na produtividade.

A luta pelo poder, tão presente nas organizações sociais do mundo contemporâneo, gera acirradas disputas, com agravantes boicotes e sonegação de informações, como tentativa de diminuir o poder do outro. Comumente a hostilidade se faz presente, às vezes disfarçada em brincadeiras. A relação de poder precisa ser clara e bem administrada, pois, caso contrário, ocasiona muitos entraves no processo de comunicação entre as pessoas e nocivas repercussões nas relações humanas.

Palavra

A palavra tem um forte papel nos relacionamentos interpessoais. A palavra tem o poder de esclarecer, ensinar, reconhecer, agradar, amar, pedir, ferir, magoar, ajudar. Dentro do processo de interdependência interna e externa, a palavra é um meio de influir nas pessoas e no ambiente. Pela força energética que contêm as palavras, se faz necessário cuidado e atenção com o que se diz e a natureza das palavras que são pronunciadas. O que se está emitindo e influindo no ambiente. Se a mensagem transmitida é proativa, de contribuição ou depressiva, raivosa, negativa.

As palavras ou temas revelam a cultura, os valores e/ou o inconsciente dos grupos. Infelizmente, vive-se uma cultura de guerra evidenciada pelo uso constante de palavras agressivas e de natureza bélica. Na revista Época (dezembro, 2003) uma organização de desenvolvimento utiliza em sua propaganda a seguinte frase: *Evite tiros no escuro*. Nesta frase havia a imagem (caricatura) de um executivo com um revólver atirando para cima. Noutra página, uma manchete que dizia: *O plano de negócios é uma poderosa arma de gestão*. Lamentável a assimilação de termos da cultura da guerra, sem uma crítica da mensagem verbal e visual que está sendo transmitida.

Utilizam-se palavras de violência com a maior facilidade, sinalizando a hostilidade e a competição existentes entre as pessoas e grupos sociais. A força energética da palavra é tão grande que tem até o poder de cura. Daí a necessidade do cuidado, da delicadeza, da solidariedade que deve permear todos os meios da comunicação humana – virtual, presencial, veículos da mídia – e, portanto, das organizações.

Ação

Nem sempre as intenções são colocadas coerentemente em prática. Todos sabem, por exemplo, que para uma eficiente comunicação, quando uma pessoa fala, a outra escuta. Mas, na verdade, muitas vezes não funciona assim. Especialmente quando as pessoas são tomadas de emoção, onde todos falam ao mesmo tempo e ninguém escuta. Da mesma forma são os mais diversos programas de desenvolvimento das empresas. A cada época, os programas do momento. Claro que as organizações precisam planejar, se organizar, se atualizar. Mas volta a pergunta: por que os ambientes de trabalho não são prazerosos, leves, harmônicos onde as pessoas se sintam felizes? Falta humanização, relações predominantemente cooperativas, verdade, alegria. Cultiva-se nas empresas um falso social. Uma preocupação excessiva com a aparência. Uma maquiagem com pouco contato com o que é essencial na vida. Há geralmente pouco espaço para a expressão individual e das equipes. A energia que não é expressa adequadamente acaba sendo descarregada nos desperdícios, na competição, na falta de cuidado com o outro e com o ambiente. A atenção excessiva com a sobrevivência aprisiona as pessoas nos aspectos materiais, dificultando o desenvolvimento para planos mais evoluídos, além do distresse que as fazem adoecer cada vez mais e mais cedo. Apesar desse cenário, observamos que o caos a que chegou a humanidade tem possibilitado um redespertar para os valores humanos: verdade, justiça, eqüidade, humildade, compaixão, paciência, generosidade, amor. Valores que são a base do exercício da ética. Valores que dão o significado ao trabalho e nos tornam viventes. Também nos fazem capazes de nos distanciar das demandas ilusórias e injustas da sociedade contemporânea.

Valores que nos ajudam a resgatar a dimensão humana e bela que somos e a entender que as organizações são apenas o lugar em que temos a oportunidade de exercermos a verdadeira missão para a qual existimos.

Grace Wanderley de Barros Correia – Psicóloga Clínica e Educacional, com especialização em Análise Bioenergética pelo Instituto Internacional de Análise Bioenergética, Suíça, diretora da Libertas Consultoria e Treinamento. Palestrante, psicoterapeuta organizadora do livro *O Poder e suas Nuances*, co-autora do livro *Corpo nos Grupos*, Experiências em Análise Bioenergética, 2004, Coordenadora do Curso de Pós-Graduação, especialização em Psicologia Clínica, professora dos cursos de Pós-Graduação em Gestão de Equipes e de Gestão Solidária para as Organizações Sociais, ministrados pelo Libertas Centro de Pesquisa e Pós-Graduação em parceria com a Universidade Católica de Pernambuco (libertas@libertas.com.br).

Referências Bibliográficas

HAWLEY, Jack. *O Redespertar Espiritual no Trabalho*. Rio de Janeiro, RJ: Ed. Record, 1995.

LOWEN, Alexander. *Narcisismo. Negação do Verdadeiro Self*. São Paulo, SP: Ed. Cultrix, 1983.

_____. *Alegria. A Entrega ao Corpo e à Vida*. São Paulo, SP: Ed. Summus, 1997.

MOSCOVICI, F. *A Organização por Trás do Espelho. Reflexos e Reflexões*. Rio de Janeiro, RJ: Ed. José Olympio, 2001.

O'DONNELL, Ken. *Endoquality. As Dimensões Emocionais e Espirituais do Ser Humano nas Organizações*. Salvador, BA: Ed. Casa da Qualidade, 1997.

TOFFLER, Alvin. *Powershift: As Mudanças do Poder*. Rio de Janeiro, RJ: Ed. Record, 1990.

Terra Brasilis

O Brasil foi regido primeiro como uma feitoria escravista, exoticamente tropical, habitada por índios nativos e negros importados. Depois, como um consulado, em que um povo sublusitano, mestiçado de sangues afros e índios, vivia o destino de um proletariado externo dentro de uma possessão estrangeira.

Os interesses e as aspirações do seu povo jamais foram levados em conta, porque só se tinha atenção e zelo no atendimento dos requisitos de prosperidade da feitoria exportadora. O que se estimulava era o aliciamento de mais índios trazidos dos matos ou a importação de mais negros trazidos da África, para aumentar a força de trabalho que era fonte de produção dos lucros da metrópole.

"Nunca houve aqui um conceito de povo, englobando todos os trabalhadores e atribuindo-lhes direitos. Nem mesmo o direito elementar de trabalhar para nutrir-se, vestir-se e morar (...) Em conseqüência, coexistiram sempre uma prosperidade empresarial, que às vezes chegava a ser a maior do mundo, e uma penúria generalizada da população local" (Darcy Ribeiro, em *O Povo Brasileiro*).

Convivemos numa sociedade que nasceu de uma matriz de funcionários públicos, civis, militares e eclesiásticos, sem maiores compromissos com a sociedade brasileira e, pelo contrário, com total dependência da Coroa Portuguesa; a sociedade brasileira desenvolveu uma psiquê dependente do emprego público do Estado e de suas iniciativas. Legitimava-se o Estado Burocrático, insano, glutão e autoritário, através de formas jurídicas pomposas e abstratas, da socialização de comportamentos submissos e do incensamento laudatório de seus homens providenciais e das autoridades legitimamente, ou não, constituídas. "O meu ideal é um emprego público, coisa aí como amanuense ou escriturário, com vencimentos certos" (Aluízio de Azevedo, em *O Cortiço*).

Com origem no Estado Absolutista Português do século XVI, transplantado artificialmente para cá em 1807, por motivos e interesses que não os nossos, o Estado brasileiro já nasceu pronto e regrado pelas ordenações Afonsinas, Manuelinas e Filipinas, pelos forais, regimentos dos Governadores Gerais e por um copioso arsenal de leis, portarias, cartas régias, cartas de lei, alvarás, provisões e decretos que indexaram e acorrentaram a futura sociedade brasileira, desde o berço.

Arsenal Absolutista

Chegou-se ao novo Estado brasileiro, numa repetição monótona deste mesmo arsenal absolutista, centralizador, paternalista e autoritário. Até hoje é assim. Ora com os mesmos nomes e formas, ora travestindo-se de formulações modernas para encobrir o mesmo espírito autoritário e antiquado. À época do Brasil colônia, não havia localidade ou povoado, por mais distante que fosse, por menor e mais atrasado, onde não se fizesse sentir a presença d'El-Rei, através dos fiscais, coletores de impostos – ou do Banco do Brasil a partir de 1808.

É sobre essa matriz, injusta mas real, que, hoje, tenta-se transplantar, mais uma vez, modelos estrangeiros, "civilizados" e "eficientes" que para a quase totalidade da população brasileira não fazem qualquer sentido ou possuem significados exatamente contrários àquilo que se quer implementar. Às vezes somos tentados a imitar os resultados. Se deu certo lá fora, dará aqui.

Comer com dois pauzinhos, como fazem os japoneses, pode até parecer sofisticado, mas não o foi para eles que, por falta de metal, se viram forçados a desenvolver suas próprias soluções de levar comida à boca. Assim, antes de qualquer coisa, é preciso ver e conhecer a nossa base cultural e histórica. Os fatos de hoje têm uma razão de ser tão mais profunda quanto mais marcantes tenham sido suas raízes.

Nascemos de uma matriz tríplice de europeus, índios e nativos, cuja mesclagem se deu de forma tão intensa e desordenada que se torna hoje impossível definir padrões de raça de nosso povo, exceto se quisermos definir uma nova, uma raça brasileira. O "pé na cozinha", tão alardeado por um recém-presidente, é mais do que uma simples figura de linguagem. Sobrevivemos por mais de três séculos, pelo menos de 1500 a 1888, como um ajuntamento de indivíduos sem cidadania, pois escravo e degredado não são cidadãos, dependentes da matriz portuguesa, e desenvolvemos um modo de ser que foi capaz de, em tão pouco tempo, construir uma nação.

No entanto, a cada vez que se tenta avançar em tecnologia, desenvolvimento e gestão, ao invés de olharmos para o que temos, o que somos e o que construímos, partimos para soluções caricatas que dão a impressão de acerto, mas não saem do papel ou não ultrapassam os seis primeiros meses de vida.

Nós Mesmos

Nós, como aliás todos os povos, somos diferentes. Nem piores, nem melhores do que os outros, apenas, e graças a Deus, diferentes. Só as nossas diferenças, se levadas a sério, nos poderão conduzir ao sucesso, ao desenvolvimento e ao respeito perante o resto do mundo. Para sermos mais atuais, podemos chamar isso de "diferencial competitivo" ou "desenvolvimento sustentável". O que não faz sentido é vivermos numa terra onde se fala uma língua que não a nossa (*delivery* quer dizer Deus me livre?), ou onde somos obrigados a pronunciar com a máxima correição termos e palavras de outras línguas. Afinal, quem somos?

Não somos fanáticos pelo trabalho, mas somos capazes de dedicar horas e horas a preparar um churrasco para os amigos ou a prestar um favor a alguém. O mutirão é uma das formas mais antigas e perfeitas de trabalho em grupo e mesmo assim tenta-se implantar nas empresas o Modelo Japonês dos Círculos de Controle da Qualidade.

O antropólogo Roberto da Matta fala em uma chave dupla para entender o Brasil. De um lado somos modernos e eletrônicos, de outro gostamos de coisas simples e somos conservadores. Temos "essa capacidade de misturar e acasalar as coisas (...) como uma atividade relacional de ligar e descobrir um ponto central (...) do antigo com o moderno (em *"O que faz o Brasil, Brasil"*)."

Há uma divisão clara entre os espaços que dividem a vida social brasileira: a casa e a rua; o moderno e o tradicional; o meu e o de ninguém (que é o coletivo), do governo. Não se valoriza o que é público, não porque seja público, mas por ser da "Coroa".

Na rua existe o batente (trabalho), o tropeço, o obstáculo a ser cruzado. Em casa há serviço, prazer, amor.

Trabalho é sujeição – escravidão. O trabalho remunerado é visto com um certo desprezo. Quem pode não trabalha. Trabalho para brasileiro significa chefe, salário, hora marcada, batente e, historicamente, servilismo e escravidão. Se ganhar na loteca, deixo de trabalhar.

As clássicas divisões e lutas entre Capital e Trabalho, a despeito do que pensam alguns intelectuais, aqui não se situam exatamente sob o mesmo prisma europeu, mas nas raízes da formação ética, no extrativismo exploratório da Coroa Portuguesa e de outras nações e na ausência total de participação no processo produtivo e nas vantagens resultantes do trabalho.

Enquanto na Europa discutia-se a "mais-valia", aqui não vivíamos tal problema: não tínhamos empregados, apenas escravos! A questão aqui não era a mais-valia mas o valia nada.

Os conceitos duais, há muito, para nós, nada significam. O dentro e o fora; o certo e o errado; o preto e o branco; o sim e o não; Deus e o diabo; excludentes por seus próprios significados e pragmatismo, em outros países, para nós têm outros significados práticos, (em cima do muro, o jeitinho, o moreno, o talvez, o Exu) voltados para a sobrevivência – a mais pura das éticas.

Tínhamos a possibilidade de, como outros povos, iniciarmos uma revolução e conquistarmos nossa independência; derramarmos o sangue do opressor e o nosso e, assim, conquistar nossa liberdade e construir nossa cidadania. Por muitas razões e por não sermos "um povo", tão-somente um agregado de indivíduos sem pátria, "sem luz, sem ar, sem razão" (Castro Alves, em *"Navio Negreiro"*), preferimos desenvolver formas inusitadas de sobrevivência e de liberdade. Driblamos as leis, evitamos ou reduzimos o peso do jugo e parecemos cordatos com aqueles que nos subjugavam ("homem cordial"?!).

Como fazemos com nossa comida, onde tudo se mistura em uma forma pastosa, entre o sólido e o líquido, e em que se usa a farinha como argamassa agregadora, assim agimos em todas as coisas: "tudo que lá fora se separa, aqui se junta" (*DaMatta*).

"Dar um jeitinho", "ficar em cima do muro" e "ter jogo de cintura" são consideradas formas justas e honestas de sobrevivência e convivência e navegação social. Outros comportamentos como a "malandragem", a "esperteza", o "levar vantagem em tudo" não são bem vistos, mas bastante utilizados, seja diretamente, seja através de "pau-mandado".

Separamos bem o indivíduo – sujeito das leis universais, e a pessoa – sujeito das relações sociais. O indivíduo reconhece o primado da lei e da ordem, gosta de criar regras, colocar placas etc. O segundo, a pessoa, adapta o primado da lei a sua situação *ad hoc*.

Nós temos um certo prazer em burlar a lei e em conseguirmos o que não é mais possível. É sinal de prestígio, de poder, de esperteza. A malandragem, o jeitinho, o "deixa disso", o "sabe com quem está falando" são formas de navegação social que tornam o Brasil diferente de qualquer nação do mundo. E todos, independente de classe social ou *status*, utilizam para benefício próprio. Mesmo que a hipocrisia e o falso recato não permitam reconhecer.

Nossos Valores

O que é mais interessante, neste momento de globalização econômica e internacionalização do terrorismo, em que o mundo inteiro procura novas formas de enfrentar o futuro e surgem idéias sobre flexibilização, produtividade, parcerias, participação, criatividade, livre empreendimento, ecumenismo e felicidade, é que, mais uma vez, tentamos importar modelos sem o cuidado ou a curiosidade de verificar que somos, historicamente, doutores em globalização, desde o século XVI, quando fomos capazes de juntar três continentes: Europa, África e América. Que nada existe de mais flexível do que a ginga, a malandragem e o jeitinho brasileiro, para resolver problemas de forma rápida e criativa e que grandes multinacionais mandam, com grande freqüência, seus executivos passarem temporada no Brasil, para aprenderem não sei o quê (inclusive um desses grandes executivos volta em todos os carnavais para tocar na bateria de uma escola de samba carioca). Que o carnaval, a única situação em que somos totalmente livres, é uma das formas mais criativas de parceria, beleza e felicidade e que, em matéria de juntar religiões e respeitar todos os deuses, nenhum concílio pode dar lições ao nosso sincretismo religioso.

Convivemos, hoje, numa sociedade plena de ambigüidades e conflitos, como uma adolescente. Politicamente exigente e intelectualmente desenvolvida, atendida pelo que há de mais moderno na área de comunicação; conseguindo levar aos rincões mais afastados a notícia da modernidade e, por outro lado, economicamente desequilibrada e socialmente injusta, como tem sido dito com cada vez mais freqüência, ultimamente.

Uma sociedade dual, em que a medicina avança a níveis de Primeiro Mundo e, num outro extremo, morre-se de doença de Chagas, dengue, febre amarela ou, simplesmente, de sujeira.

O favelado que sobrevive em um barraco cercado de águas pútridas, que não tem acesso ao mais rudimentar saneamento, é o mesmo que paga ágio por aparelho de TV em cores, de última geração, para assistir à Copa do Mundo ou ver desfilar, nas novelas e filmes, ambientes suntuosos e uma riqueza perdulária.

Ao mesmo tempo que se briga para obter um assento permanente no Conselho de Segurança da ONU, não se consegue proteger os cidadãos comuns das balas perdidas ou não, dos bandidos e da polícia.

Malandragem

Enquanto operários sobrevivem em ambientes insalubres por dez ou mais horas de tarefa pesada, recebendo em troca abusos à sua dignidade e um salário insuficiente para as mais básicas necessidades, seus filhos, meninos de rua, com pequenos golpes ou simplesmente estendendo a mão, conseguem sem a perda da liberdade física, ganhar três, quatro, e até cinco vezes mais do que seus pais, consolidando-se assim a supremacia da malandragem sobre o trabalho e da sorte sobre o lucro.

Precisamos hoje de novas formas de trabalho e de novas relações de produção, tanto quanto os flagelados pela seca precisam de água. É útil e honesto vermos e analisarmos o que foi conseguido por outras nações, até por não termos a pretensão de reinventar a roda. O que não é justo, nem eficaz, é o transplante. Nossos anticorpos são poderosíssimos. Quase tudo que para cá foi transplantado foi desmoralizado. Ou melhor, incorporado, à nossa maneira, ao cotidiano *sui generis* de nossas brasilidades.

Precisamos de novas soluções, mas que sejam adequadas às nossas necessidades, tenham a dinâmica ajustada à nossa pressa e levem em consideração nosso modo de ser. Se invejamos a precisão suíça e o respeito dos ingleses pelo relógio, é sempre bom lembrar que quem tem "ritmo" possui a natural marcação do tempo, e tempo, para nós, é apenas uma sucessão de eventos. Se nos divertimos analisando a disciplina alemã, logo concluiremos pela impossibilidade de incorporá-la; mas se olharmos a capacidade de não "atravessar o samba na avenida", veremos que as coisas não são tão diferentes quando existe um motivo pelo qual valha a pena lutar e conseguir.

José Airton Monteiro – Professor, Conferencista, Consultor, executivo de Relações Industriais e mais recentemente Recursos Humanos. Diretor-Presidente da QUALITATIS Consultoria e Treinamento. Alguns livros publicados voltados para essas áreas e para a Gestão da Qualidade, além de trabalhos em congressos e imprensa especializada (airton_monteiro@hotmail.com).

Mal-dito Tempo

*"Somos devorados pelo tempo, não por nele vivermos,
mas por acreditarmos na realidade do tempo"*

Mircea Eliade

Tenho a intenção de esboçar neste artigo a relação das doenças psicossomáticas com o ritmo alucinante do sujeito na contemporaneidade. Este voltado para a produção compulsiva do TER, que o aprisiona na racionalidade da onipotência narcísica em contradição com o vazio angustiante da impermanência, marcada pelo cronômetro da temporalidade.

O tempo na contemporaneidade faz do homem seu escravo. O "tempo é dinheiro". É preciso correr, correr contra o tempo, para TER.

No ambiente de trabalho o avanço das tecnologias chega com mais velocidade do que a capacidade de adaptação do indivíduo para lidar com tantas informações. Vive-se hoje em permanente tensão, não só no ambiente de trabalho, como na imposição da vida cotidiana, de um modo geral.

"Analisar o tempo é observar o homem em sua maior contradição: a tensão entre permanência e transitoriedade, poder e impotência, vida e morte" (Augras, 2000).

No mundo da alta competitividade, da necessidade de aprendizado constante, da transitoriedade sem permanência (dos descartáveis), da onipotência narcísica, do estímulo ao individualismo "esvaziado e desinvestido das trocas inter-humanas"[1], do TER em detrimento do SER, o Presente é o VAZIO angustiante, despovoado de prazer e satisfação. O tempo aponta sua flecha sempre para o futuro, na ilusão do TER como possibilidade do preenchimento desse vazio.

Nessa luta angustiante entre o engrandecimento exacerbado da própria imagem (ilusão narcísica) e a fragilidade humana (impotência) é que se cons-

---

[1] BIRMAN, Joel. *Mal-estar na Humanidade*. Rio de Janeiro: Ed. Civilização Brasileira, 2001.

trói as doenças da atualidade, na vivência contínua de corpos e mentes estressados. Os estressores não estão limitados à relação indivíduo-trabalho. O acúmulo de papéis no cotidiano, tais como a manutenção da família, as exigências culturais, a implosão e explosão da violência no cenário social, geram o descompasso entre o ritmo natural e as exigências externas.

Esses descompassos de ritmos já não são mais sentidos, pois quem os vive perdeu a referência, está distante de si, do seu corpo e dos seus desejos. O ritmo interno é massificado, racionalizado, embricou-se com o externo. Agora o SER passa para uma posição secundária, "passa a ser regulado por engrenagens produtivas e burocráticas. Dessa forma, o sujeito se esvai progressivamente da possibilidade de dominar livremente seu ritmo (tempo), engolido pelas montagens quantificantes do social"[2].

A sociedade exige do sujeito, em nome das normas e regras sociais, que este reprima a expressão de suas angústias, sofrimentos, frustrações e emoções enquanto o sentimento deve ser racionalizado em nome do poder. Na sociedade contemporânea "a cultura dos sofredores e dos espíritos desesperados já era. Não se admitem mais, no contexto da sociedade do espetáculo, os personagens sofrentes e desesperados. O que interessa é a estetização da existência e a inflação do eu, que promove uma ética oposta à do sofrimento"[3].

Nesse cenário, qual a reação do sujeito agora massificado, racionalizado, onipotente, diante do desamparo da impermanência do tempo, quando vem a perceber que o TER não preencheu o VAZIO irreparável?

Entre tantas reações, uma de altíssima incidência são as doenças psicossomáticas. A explosão do corpo através das enfermidades é uma das possibilidades da quebra da onipotência, onde na fragilidade e no desamparo o sujeito pode tomar consciência do alto nível de rigidez utilizado para se defender do contato com as emoções. A doença é o pedido de *socorro*, porque diante da possibilidade de ser cuidado abre-se um canal para a afetividade. O coração, porém, pode permanecer resistente à amorosidade, pois abrir mão do exercício do poder em nome da escuta do coração pode ser muito ameaçador para a pessoa que tem um nível alto de rigidez. "A rigidez é uma defesa contra a dor da primeira mágoa do coração partido, é o medo de que o coração possa ser partido de novo" (Lowen, 1990).

---

[2] Idem, p. 267.
[3] Idem, p. 248.

Pelo medo do contato com a dor, a enfermidade que fragiliza o sujeito pode fortalecer as defesas inconscientes de rigidez e negação, distanciando-o cada vez mais de suas verdadeiras emoções e desejos. "Render-se ao coração representaria uma regressão, do adulto de volta à criança, e uma aparente perda de auto-estima, tão custosa de ser alcançada" (Lowen, 1990). Nesse caso o sujeito tornar-se-á mais distante de si, não oportunizando a transformação de sua vida.

Para não entrar em contato com a doença, o tempo é utilizado cada vez mais nos processos de produção sem contato com as necessidades internas. Incorpora-se ao sujeito, na ilusão de ser protegido do sofrimento, o uso dos psicofármacos, que "transforma o sujeito inseguro e deprimido em cidadão da sociedade do espetáculo" (Birman, 2000).

Essa pseudoproteção não o isola do estresse, ao contrário, na construção desse encouraçamento o sujeito torna-se mais vulnerável às doenças. Na repressão dos desejos é acumulada uma sobrecarga de tensão psicocorporal que implode na construção de novos sintomas.

Os sintomas são uma forma que o organismo encontra de manutenção das defesas rígidas. A pessoa poderá sair desse lugar se tiver condições de remover a armadura que a coloca no estado de permanente tensão entre a força da pulsão do desejo e o deslocamento desta força para a produção compulsiva na busca incessante de TER, onde o tempo é utilizado como forma de controle da vida.

Para sair desse lugar não basta querer, é preciso coragem e quase sempre ajuda terapêutica para mergulhar no vazio da solidão, tomar consciência dos verdadeiros medos, das incertezas e dos fracassos. Na constatação do desamparo, da impermanência do tempo, o sujeito pode caminhar para a construção do seu SER. E, na busca da sua singularidade, poderá enxergar o outro, como SER diferenciado e investindo nas trocas inter-humanas.

Magali Marino – Psicóloga, Pós-Graduada em Saúde Pública pela UNIFOR – Universidade de Fortaleza. Especializada em psicologia clínica e psicoterapia corporal. Terapeuta Organizacional, experiente em controle de estresse, prevenção de distúrbios osteomusculares crônicos relacionados ao trabalho (DORT). Facilitadora, em trabalhos de grupo, de sensibilização e de desenvolvimento pessoal.

Referências Bibliográficas

AUGRAS, M. *O Ser da Compreensão*. Petrópolis, RJ: Ed. Vozes, 2000.

BIRMAN, J. *Mal-estar na Humanidade*. Rio de Janeiro, RJ: Ed. Civilização Brasileira, 2001.

LOWEN, A. *Medo da Vida*. São Paulo, SP: Ed. Summus, 1986.

_____. *Amor, Sexo e o seu Coração*. São Paulo, SP: Ed. Summus, 1990.

NAVARRO, F. *Somatopsicodinâmica das Biopatias*. Rio de Janeiro, RJ: Ed. Relume-Dumará, 1991.

Inteligência Espiritual e o Ambiente Corporativo

As Palavras e seus Significados

Este tema, Inteligência Espiritual, é bastante complexo, polêmico, intrigante e, com certeza, proporciona reflexões de acordo com as crenças de cada leitor. Até porque os termos "inteligência" e "espírito" têm múltiplos significados. Segundo o dicionário, a palavra inteligência vem do latim *"inteligentia"*, significa a faculdade de compreender; o ato de conhecer, de interpretar; uma percepção clara e fácil. Já o termo "espírito", do latim *"spiritu"*, é uma substância incorpórea e consciente de si mesma; alma, vida, ânimo, conjunto das faculdades intelectuais.

O debate e a própria existência ou não da inteligência espiritual surgiram a partir da teoria das inteligências múltiplas defendida por Howard Garden, psiconeurologista da Universidade de Harvard, EUA, especializado no estudo da inteligência humana. A dimensão espiritual da inteligência humana é o cerne do debate instalado no meio científico, com ramificações ainda incipientes no ambiente corporativo.

Leonice Kaminski, mestre em Ciências da Religião pela PUC-SP, prefere usar a expressão inteligência existencial, por entender que o termo "espiritual" é polissêmico, carregado de ambigüidades.

Roberto Emmons, neuropsicólogo da Universidade da Califórnia, EUA, que se dedica à investigação da religiosidade humana, em seu ensaio *Is Spirituality an Inteligency? Motivations, Cognition, and the Psichology of Ultimate Concern*, se utiliza da expressão "Ultimate Concern", inglesa, de difícil tradução para o português, para expressar o que ele entende como inteligência. O termo tem ressonâncias com o que é o Supremo, o que está no fim e no fundo, ou o "Alfa" e o "Ômega", defendidos na Bíblia Cristã para designar uma das qualidades de Deus.

Segundo Emmons, a faceta espiritual da inteligência possibilita ao ser humano estabelecer um contato íntimo não só com o que as religiões chamam de "divino", mas consigo mesmo e com o mundo e os fatos da vida, encontrando nisto uma forma de realização cognitiva que tem o adjetivo de "espiritual". A espiritualidade para Emmons, é um "construto teórico de enorme riqueza e diversidade, que desafia definições fáceis e de difícil identificação nas pessoas".

Existe um certo pragmatismo nas teses de Garden e Emmons para o conceito da inteligência espiritual. Nesse sentido, a espiritualidade é vista como sendo uma base ou coletânea de informações e conhecimentos que facilitam a adaptação a um ambiente, ou um conjunto de habilidades e competências que fazem parte do conhecimento adaptativo que o ser humano tem da realidade que o cerca.

Rubens Alves, escritor, psicanalista e educador, diz em um de seus artigos sobre o tema que "espiritual é um espaço dentro do corpo onde as coisas que não existem existem". Do ponto de vista da tradição esotérica, a inteligência não é um privilégio humano, mas constitui um princípio cósmico presente em tudo que existe. João Alberto Ianhez, consultor de empresas, defende, sobretudo, que a espiritualidade é integrante da personalidade humana, e motivadora dos atos das pessoas. Afirma, ainda, que a Inteligência Espiritual necessita de liberdade e ação na integração do corpo com a mente e o espírito.

Danna Zohar, psicóloga e filósofa americana, afirma que "Inteligência Espiritual é a capacidade humana de emitir julgamentos com base em princípios morais, o principal fator para nos diferenciar de computadores que de certa forma possuem QI e de alguns primatas, capazes de sentir emoções".

Para a fé cristã, a Inteligência Espiritual não é algo abstrato, uma faculdade do cérebro, mas ela existe na pessoa de Jesus Cristo. "Em Cristo estão escondidos todos os tesouros inexplorados da sabedoria humana", segundo a palavra inspirada do Apóstolo Paulo. Nessa ótica, sabedoria é a qualidade que inclui bom senso, atitudes e ações corretas. Ela vem do alto (Deus), é primordialmente pura, pacífica, moderada, cheia de misericórdia, sem hipocrisia, segundo afirma o Apóstolo Tiago.

Corroborando o pensamento do médico terapeuta Ângelo Galarsa, a professora Marisa Luccas diz, com relação à Inteligência Espiritual, que esta não constitui em si nada de novo. "As mudanças constantes e às vezes bruscas que vem sofrendo o mundo no qual estamos inseridos provocam alterações em nosso *modus vivendi* e, por conseqüência, nas nossas concepções de vida."

"Não é o cérebro que importa mais, mas sim o que o orienta: o caráter, o coração, a generosidade, as idéias" (*Fiodor Dostoievski, escritor russo*).

Em Busca do Sentido da Vida

A apologética de Blaise Pascal parte da constatação da dualidade da natureza humana, "o homem é um amontoado de misérias e de grandezas".

Alguns cientistas americanos estão começando a encontrar evidências de que o cérebro humano foi programado biologicamente para fazer perguntas como: Quem sou eu? Por que nasci? O que torna a vida digna de ser vivida? Ora, se foi programado, existe um Programador. Não cremos que o cérebro humano seja autoprogramável.

Danna Zohar diz que a falta de um sentido mais profundo na vida é a grande geradora das crises no mundo contemporâneo, "fomos simplesmente distraídos pelo barulho, pelo materialismo da vida cotidiana". Se não sabemos quais são os nossos maiores propósitos, nossos valores, como podemos agir criativamente? "Embora a expressão Inteligência Espiritual tenha surgido recentemente, a necessidade humana de encontrar um sentido mais nobre e amplo para a vida acompanha o homem desde a sua origem", destaca Zohar.

Parafraseando o Rev. Paulo Garcia, a vida é como uma roda. Ela gira em torno do seu eixo. Se o eixo da minha vida é a busca incessante do ter, acumular bens, riqueza material, são estes bens temporais que vão determinar a minha qualidade de vida espiritual. Se o *status* social, poder, fama, são o eixo da minha vida, são esses valores efêmeros que vão determinar a qualidade de vida que tenho. "O homem relativiza o que é absoluto e torna absoluto o que é relativo." Esta inversão de valores tem sido a grande causa do caos social, degradação moral e espiritual do mundo em que vivemos. Zohar conta a seguinte experiência como Consultora: *"Eu estava falando com um grupo de executivos bem-sucedidos na Inglaterra, e um deles, com cerca de 30 anos, disse que tinha um alto salário, uma família legal, mas sentia um buraco no estômago, e todos os outros fizeram um gesto com a cabeça, concordando com ele"*.

Pascal já dizia no século XVI que "o homem tem dentro de si um vazio do tamanho de Deus" e, ainda, "Quem deixa Deus fora das suas contas não sabe contar".

Fé, Razão e Produtividade

Vilayany Ramachandran, neurologista da Universidade da Califórnia, EUA, diz ter identificado no cérebro humano um ponto que aciona a necessidade humana de buscar um sentido para a vida e denominou de "ponto Deus". Esse "centro espiritual", segundo ele, está localizado entre conexões neurais nos lobos temporais do cérebro. Essas conexões se iluminam toda vez que os pacientes discutem temas espirituais ou religiosos.

A fé é o firme fundamento das coisas que se esperam e a prova das coisas que não se vêem (Hebreus 11:1). Não existe conflito entre fé e razão. O coração tem razões que a própria razão desconhece, diz Pascal.

Segundo Leonice Kamiski, a espiritualidade está conduzindo a humanidade cada vez mais a uma apreciação positiva de suas expressões transculturais.

O comportamento virtuoso do homem e a sua maturidade espiritual têm grande potencial na formação de cidadãos produtivos para a sociedade e para a cultura.

Alguém afirmou com muita propriedade que nós somos seres espirituais tendo uma experiência terrena. Esta assertiva sugere a crença na eternidade da alma humana.

Respeitando aqueles que acreditam nas teorias da "Grande Explosão" ou a Teoria da Evolução de Darwin, entendemos que a premissa para que tudo isto faça sentido ao leitor deste livro é crer que o universo, e tudo que nele há, é uma obra-prima de um Criador Supremo – DEUS, conforme a Teoria Criacionista. O homem, cremos, é um ser criado à imagem e semelhança do seu Criador.

A Inteligência Espiritual seria um antídoto ao intelectualismo agnóstico areligioso predominante nos meios acadêmicos, uma vez que abre novas perspectivas na discussão científica entre fé e razão, afirma Leonice.

No ambiente corporativo as pessoas são mais importantes do que a organização, a empresa ou a instituição. Elas devem, antes de tudo, ser respeitadas pelo que são, como seres humanos. Não devem ser tolhidas ou discriminadas pelas suas crenças, status social, cor ou qualquer outra coisa que a diferencie. As organizações precisam ter práticas de gestão coerentes com o discurso que fazem quando propagam que os seus colaboradores são o ativo mais importante.

A resultante dessa coerência é a sinergia entre aqueles que trabalham para o mesmo fim organizacional.

Emmons sugere cinco habilidades que acredita ele serem atributos constitutivos da Inteligência Espiritual:

- A capacidade de transcendência;

- A habilidade de entrar em estados espiritualmente iluminados de consciência;

- A capacidade de investir em atividades, eventos e relacionamentos carregados com o senso do sagrado;

- A habilidade de utilizar recursos espirituais para resolver problemas na vida;

- A capacidade de ser virtuoso e de se comportar efetivamente como tal.

Considerações Finais

Pela complexidade do tema, nem de longe este artigo poderia ser conclusivo. É fundamental não confundir "espiritualidade" com "religião". Esta é uma instituição humana que poderá ou não auxiliar o homem na sua relação consigo mesmo, com o seu Criador e com o seu semelhante; enquanto "espiritualidade" é a qualidade inerente à própria essência do ser humano.

Manoel Balbino de Lima Filho – Advogado, Pós-Graduado em Recursos Humanos pela FCAP, Bacharelando em Teologia pelo SETEC – Seminário Teológico Episcopal Carismático, Recife – PE. Superintendente da ABRH-PE (conexaohumana@ig.com.br).

O Protagonista nas Organizações
Desenvolva a sua Criatividade

O mundo está a cada dia mais interligado pelo processo da globalização, a comunicação a cada segundo mais veloz, fazendo com que a concorrência fique mais acirrada e competitiva. Devido a este fator, as empresas tendem a fazer quase que constantemente certos ajustes em sua tecnologia, no quadro de pessoal, buscando no mercado e retendo os talentos.

Esse processo de mudança faz com que as empresas procurem otimizar sua tecnologia e mão-de-obra, reduzindo o custo e aumentando a produtividade.

Apesar da visão futurista das organizações, esses ajustes tendem a causar nos colaboradores uma constante insegurança, pois as pessoas, por natureza, costumam resistir às mudanças, encarando-as como uma retaliação das empresas para com elas.

Tal insegurança tem gerado, nas pessoas, um bloqueio na criatividade, um repasse de responsabilidades, diminuindo assim a capacidade de produzir.

Pelo motivo acima citado, é que resolvi colocar neste capítulo a importância de desenvolvermos nos líderes organizacionais a capacidade de descobrir e incentivar o seu grupo de liderados para que tenham o sentimento de protagonista, refletindo que podem ser donos da sua própria história, sendo o personagem principal da sua vida, despertando a criatividade e elevando a auto-estima através da arte-educação, encontrando assim o caminho do crescimento pessoal e profissional.

Estamos acostumados a ler vários livros sobre: Psicologia Organizacional, Sociologia Organizacional, Motivação Organizacional, Administração Organizacional, e por que não nos aprofundarmos na Andragogia Organizacional? Já que estamos na era da Educação, incentivaríamos o crescimento educacional dos adultos nas organizações, visto que cada um de nós tem um lado artístico, que muitas vezes não deve ter sido explorado, por isso envelhecemos sem ter descoberto o lado criativo, seja por timidez, falta de oportunidades ou mesmo falta de incentivo por conta da cultura organizacional ou dos próprios líderes.

Após um trabalho que realizei na FUNDAC com uma equipe, em que trabalhamos na preparação de educadores sociais, para que os mesmos tivessem o sentimento e a ação de desenvolver o espírito de protagonista nos adolescentes infratores e/ou abandonados, fazendo com que esses adolescentes despertem dentro si a criatividade; depois que li o livro *A Ressocialização Através da Arte*, de Antônio Veronesi, que conta os resultados positivos da redução da violência entre esses adolescentes e ensina a praticar junto com eles a beleza da arte, citarei o seu exemplo em que ele falou para os adolescentes que no dia do bombardeio de uma cidade espanhola, um artista plástico resumiu a sua revolta pintando um painel com o nome da cidade "Guernica", que hoje é um símbolo contra a violência e que esse artista, Pablo Picasso, é conhecido mundialmente. Ele disse para os adolescentes infratores que a arte pode ser um instrumento de denúncia das situações difíceis em que vivemos e não o uso da violência.

Partindo dessa experiência que vivi junto à FUNDAC, desenvolvendo vários treinamentos em várias cidades de Pernambuco, e conhecendo pessoas com aproximadamente 70 anos, que dramatizavam uma peça teatral, sem nunca terem ido ao teatro, e por ter já trabalhado com colaboradores por 30 anos em cinco grandes empresas nacionais e multinacionais, iniciando minha experiência com 15 anos de idade como Aprendiz de Ajustador de Bancada chegando até a Consultor Interno de Recursos Humanos e hoje como Consultor Organizacional e Professor Universitário, sinto a necessidade de passar, através deste capítulo, a importância de termos nas organizações protagonistas, já que esta palavra significa: PROTO = o primeiro, o principal; ÁGON = luta; AGONISTA = lutador; ou seja, PROTAGONISTA = o personagem principal, ator principal; as organizações precisam de líderes que atuem incentivando pessoas e obtendo como retorno colaboradores motivados, produzindo e crescendo cada vez mais através da arte-educação.

Alguém deve estar pensando: como será que devemos colocar essa idéia em prática dentro das organizações? Qual será o investimento?

Margarida Serrão e Maria Clarice Baleeiro, em seu texto *A Função Social do Educador*, afirmam que: "A educação é uma chave. Chave que abre a possibilidade de transformar o homem anônimo, sem rosto, naquele que pode escolher, que é o sujeito participante de sua reflexão do mundo e da sua própria história, assumindo a responsabilidade dos seus atos e das mudanças que fazem acontecer"[1].

Quem em uma organização, independente da função que exerça, não tem um dom artístico? Seja através da música, da dança, do teatro ou das artes visuais, e que gostaria de externá-lo nos momentos de descontração, e há aqueles que têm esse dom e nunca tiveram a oportunidade de descobrir o seu valor pessoal.

Nas organizações falamos hoje muito sobre Liderança, principalmente o COACHING que é o novo líder, e por que não o Líder Educador? É esse que auxilia as pessoas a descobrirem o seu potencial criativo. Não basta ensinar o que é conhecido, mas é importante e necessário preparar o seu liderado a questionar, liderar, pensar, agir, criar e mudar.

Muitas organizações têm criado programas de qualidade de vida, que a meu ver são muito úteis e têm trazido retorno quanto à satisfação dos colaboradores, mas muitas vezes o que é qualidade de vida para um, não é qualidade de vida para outro, então devemos ter o cuidado no lançamento desses programas para não atendermos apenas uns poucos na organização, desmotivando outros.

Quanto ao incentivo na obtenção dos protagonistas, o bastante é que as empresas criem um espaço para que os seus colaboradores, sob a orientação dos seus líderes, possam desenvolver o seu potencial criativo, sentindo-se úteis e valorizados pelo seu lado artístico, e essa criatividade sendo levada e transformada no seu desenvolvimento pessoal e profissional, visto que numa xícara cheia de chá até o final da borda só podemos colocar mais chá quando alguém tomar o chá para esvaziar a xícara, então todo ser humano precisa descarregar as suas tensões e trabalhar os seus problemas através de atividades leves, o que significa carregar a sua bateria para voltar às atividades profissionais com mais condições de criatividade. O homem deve ser estimulado a seguir um caminho que o leve ao crescimento pessoal, profissional e social; iniciando pela sua identidade, que na realidade é compreender-se e aceitar-se, em seguida ser trabalhado na sua auto-estima, gostando dele mes-

---

[1] Texto utilizado pela FUNDAC durante o desenvolvimento do trabalho de preparação do educador social em 2001.

mo, seguido do autoconceito que é ter uma idéia boa a respeito de si, autoconfiança, confiar em si, visão holística com a experiência do passado, vivendo o presente e olhando para o futuro. Querer ser, desejar ardentemente ser alguma coisa (sonhar). Projeto de vida, querer algo e saber o que é necessário para chegar lá, sentido da vida – é a linha, estrada, o caminho que liga o ser ao querer ser, autodeterminação, assumir a direção, o controle da sua própria vida. Resiliência – resistir à adversidade e utilizá-la para crescer. Auto-realização, cada passo na direção do seu projeto e chegando à plenitude humana, que é o encontro do ser com o querer ser.

Se o liderado for incentivado a seguir esses passos, sendo desenvolvido através da arte-educação, ficará muito mais fácil termos protagonistas nas organizações, pois os líderes quebrarão os seus paradigmas, incentivando a equipe com uma concepção inovadora a ter iniciativa, planejarem a ação, executarem o que foi planejado, avaliarem as suas ações e se apropriarem do resultado do seu trabalho com liberdade, compromisso e confiança, fazendo as suas retroalimentações.

Na prática, para o desenvolvimento dos colaboradores através da arte-educação, se faz necessário que os mesmos conheçam as quatro linguagens da arte: música, dança, teatro e artes visuais; isto é, visualizando as oportunidades para o desenvolvimento da sensibilidade artística, o indivíduo será capaz de ler e apreciar obras de arte de diferentes linguagens. A produzir, procurando situações em que cada indivíduo tenha as suas produções e possibilitando contextualizar as obras, dando acesso ao conhecimento da história das diferentes artes da vida e obras de artistas consagrados pela humanidade.

Durante a atividade e o desempenho do líder, é importante que o mesmo passe para a equipe que a organização é uma só, e que os departamentos desempenham um papel complementar um do outro, para um melhor resultado esperado pela empresa, e que a criatividade independa de departamento. Alda Junqueira Marin cita no seu livro *Educação, Arte e Criatividade* que é no terreno da psicologia que a criatividade tem sido estudada mais profundamente. Através das diversas teorias explicativas, a criação científica e artística foi vinculada a processos e produtos, e os estudos realizados vinculam-se por sua vez a alguns campos específicos dentro da própria psicologia: personalidade, cognição, comportamento e psicometria. Vamos falar também sobre a Política Educacional, orientada pelas considerações do relatório da UNESCO "Educação para o Século XXI", em que ele propõe relacionar os quatro pilares da educação proposta naquele documento: aprender a conhecer, aprender a fazer, aprender a conviver e aprender a ser, que são os princípios das teorias de aprendizagem Cognitiva, Humanista e Sociocrítica.

Gostaria de fazer uma reflexão sobre esses quatro pilares, acreditando que o relatório da UNESCO leva não só o adolescente, mas também o adulto a desenvolver a sua competência e autonomia pessoal e profissional, levando-os à criatividade, aprendendo a ser o que é, conhecendo a si, aprender a conhecer e ter conhecimento de suas atividades, aprender a conviver, isto é, manter uma relação social e aprender a fazer, que é justamente o produzir, eu diria que a sua ação protagônica está em evidência como dizia Barnard[2] – citado por Idalberto Chiavenato no seu livro *Administração de Recursos Humanos*, 7ª edição – em suas pesquisas de que um profissional eficiente (alcance de objetivos individuais), o leva ao crescimento pessoal e o lado de um profissional eficaz (alcance de objetivos organizacionais) que o leva a produzir com qualidade, devendo estar sempre em equilíbrio.

Se olharmos o protagonismo do ponto de vista da importância para o desenvolvimento pessoal e social do profissional, ele é um direito.

Se olharmos o protagonismo do ponto de vista família, da escola, da comunidade e da vida social, mais amplo, não podemos deixar de percebê-lo como um dever.

Por estarmos investindo hoje nas organizações no líder educador, nada melhor do que o mesmo adquirir a prática de investir e desenvolver protagonistas nas organizações, alimentando a educação pela criatividade, obtendo resultados pessoais e profissionais de curto, médio e/ou longo prazos, mantendo o alto nível de satisfação de sua equipe, fazendo com que os mesmos se sintam úteis, vivos e contribuindo para o desenvolvimento organizacional.

Na minha visão profissional, a Pedagogia deve estar nas organizações da mesma maneira que a psicologia, a administração, a sociologia e outras ciências, visto que o homem educado, com visão criativa, protagônica praticando a Gestão do Conhecimento, isto é, criando e compartilhando os seus conhecimentos sejam eles tácito ou explícito, agregando valor ao produto e ao

---

[2] Barnard, Chester I. *As Funções do Executivo*. São Paulo, SP: Ed. Atlas, 1971, p. 286.

negócio da organização, com uma mentalidade aberta, realizando os seus desejos como uma fonte de vida e de transformação, este profissional, atuando protagonicamente, pode ser chamado de talento, que é o profissional que toda organização busca.

Roberval Feliciano de Andrade – Diretor da R. Andrade & Consultores – Consultoria em RH, Treinamento e Desenvolvimento. Professor Universitário. Vivência profissional em empresas nacionais e multinacionais. Pedagogo, Pós-Graduado em Administração de Recursos Humanos-FCAP, Pós-Graduado em Engenharia da Qualidade – UFPE, MBA-Executivo: Gestão e Formação de Competências – UFPE (randrade@randradeconsultores.com.br).

Referências Bibliográficas

ALENCAR, E. S. *Como Desenvolver o Potencial Criador*. Rio de Janeiro, RJ: Ed. Vozes, RJ, 1990.

BARNARD, C. I. *As Funções do Executivo*. São Paulo, SP: Ed. Atlas, 1971.

CHIAVENATO, I. *Administração de Recursos Humanos*, 7ª edição, São Paulo, Ed. Atlas, SP, 2002.

FUNDAC. *Pedagogia do Desejo*, 2001.

MARIN, A. J. *Educação, Arte e Criatividade*. São Paulo, SP: Biblioteca Pioneira de Ciências Sociais, 1976.

MARTÍNEZ, A. M. *Criatividade, Personalidade e Educação*. São Paulo, SP: Papirus Editora, 1997.

Texto do livro: *Parâmetros Curriculares Nacionais Arte*. Ministério da Educação e do Desporto, Secretaria de Educação Fundamental.

VERONESI, A. *A Ressocialização Através da Arte*. Rio de Janeiro, RJ (texto) Referências para uma Nova Praxis Educacional. Série Documentos, Ed. Sebrae, 2ª ed., 1991.

Auto-Estima como Fator de Sucesso, Qualidade e Realização

O sucesso ou o fracasso de uma pessoa não acontecem por acaso. Têm uma história, têm uma família. A família é o primeiro grupo de inserção social do indivíduo e, por isso, tem como responsabilidade acolher de forma amorosa, segura e competente o novo ser que se forma. É através da família que se recebe a primeira impressão do mundo, gerando em cada ser os sentimentos positivos ou negativos em relação ao outro e às situações da vida. A qualidade desses contatos iniciais será estruturante ao desenvolvimento saudável da personalidade.

A família é o grupo que melhor nutre afetivamente o indivíduo sendo, ao mesmo tempo, o grupo gerador dos conflitos mais intensos, tendo em vista o significado emocional dos laços afetivos por ela desenvolvidos.

Ao nascer trazemos traços herdados geneticamente e todas as circunstâncias da gestação e do parto. A partir do nascimento se estabelece a dinâmica da interatividade homem-meio. Todos temos família, faz diferença ser família.

Ser família implica escolha, projeto, compromisso. Ao decidir compartilhar a vida com outro e formar um casal é indispensável um projeto comum. Na estruturação da família, celebra-se um pacto, explicitam-se valores que permearão as relações interpessoais desse grupo em permanente construção.

São estruturantes na dinâmica de uma família: a história pessoal dos pais, a sua experiência de filho, a sua avaliação e sentimento sobre os seus pais, as condições econômicas, sociais e culturais.

O maior desafio da família é preservar o respeito à singularidade de cada um de seus elementos, possibilitando a todos a diferenciação de sua história.

Os pais, como modelos para os filhos, necessitam de uma estrutura de equilíbrio, para que possam responder às demandas de sua paternidade e maternidade. Essas serão desenvolvidas no dia-a-dia, exercitando com os filhos a premissa de que a criança é o pai do homem. São os filhos que nos ensinam a ser pais, porque antes de tê-los éramos tão-somente filhos. Nessa aprendizagem diária é que se constroem e se solidificam as relações familiares.

Não há receitas para ser pais, há sentimentos e valores de pais. Querer filhos, amar filhos, sentir prazer com a presença dos filhos, comunicar-se com filhos, ser verdadeiro com filhos, são valores fundamentais.

Cada família tem uma dinâmica de interação que a caracteriza, dando-lhe uma personalidade ou uma "patologia" própria. Cada família tem sua história, sua marca, sua proposta, sua "doença".

Sendo assim, não há um padrão ideal de família a ser seguido. O indispensável é que a função do pai e da mãe seja realizada de forma amorosa. Esta função, por ser simbólica, poderá ser exercida por outra pessoa do convívio da criança que tenha para ela esse significado. Esta relação simbólica extrapola o desenho estrutural convencionado da família. O casal pode ser separado, a mãe ou o pai podem ser solteiros. Os pais mesmo vivendo juntos podem ser omissos para assumir os seus papéis. A interação simbólica desta relação supera lacunas e carências e acompanha o movimento das múltiplas transformações por que passa a história do homem e da sociedade.

Cada etapa do desenvolvimento da criança corresponde a um novo momento da família. Cada fato novo, econômico, social, político, cultural e afetivo, repercute efetivamente na dinâmica interna da família. Cada ganho ou perda, cada avanço ou retrocesso, reativam as relações interpessoais desse grupo tão significativo para a saúde e realização da sociedade. O fundamental é compartilhar, é ser transparente nos sentimentos, é ser presente na atuação.

Nesta direção, preservar a espontaneidade, o carinho e o amor, cultivando valores essenciais à vida e distinguindo os acessórios: os essenciais fortalecem os laços de família, os acessórios os diluem.

É importante salientar que o projeto educativo da família é tarefa compartilhada entre pai e mãe, e que os modelos masculino e feminino são essenciais na estruturação emocional e sexual do homem e da mulher.

Atualmente há um significativo número de casais separados. A separação em si, necessariamente, não leva à desestruturação da família. A separação diz respeito ao marido e à mulher. Não existem ex-pai, ex-mãe, nem ex-filho. Alguns pais ao se separarem incluem os filhos na lista dos ex.

Muitas vezes, a fixação no papel histórico de pai provedor impede o desenvolvimento da relação em sua função afetiva, sexual, moral, intelectual, pela relação de intimidade, aconchego e segurança, essenciais a cada filho.

Enquanto sociedade, estamos imersos num caos anárquico, violento e extremamente desintegrador. Nesse contexto, a família funciona como o grande agente de prevenção e saúde, para a integridade dos indivíduos. O espaço pertinente à família é tão próprio que nenhuma outra instituição poderá suprir com eficácia as suas lacunas. O tempo para o filho nessa escassez do nosso cotidiano é vital para a manutenção dos laços, da coesão e do funcionamento da estrutura desse grupo. Para as crianças e adolescentes o não contato sistemático com os pais gera um vazio e muitas das dificuldades das crianças e adolescentes são permeadas pela síndrome desse vazio.

Os pais são as referências de segurança e apoio em todo caminho do homem pela vida. Sem essa sustentação, toda estrutura em construção se fragiliza, se deteriora, se desintegra. É indispensável que na agenda da família – pais e filhos – se preserve o tempo para sentir, para ser, para estar. Esse tempo terá repercussão além do tempo e do espaço. Quanto mais sólida e consistente a nossa vivência em família, mais instrumentalizados estaremos diante da vida.

É muito sério e trabalhoso ser família; é um investimento permanente de energia e vida, na construção de vidas. As diferenças individuais são constantes desafios e confrontos às nossas próprias limitações. É preciso ser humilde e confiante para que não nos atropelemos nessa caminhada tão estimulante que é a contínua reconstrução da família diante da vida. Exige atenção, cautela e presença.

Estabelecer limites e definir valores são as primeiras referências do bom viver para o social. O não é o grande caminho da liberdade.

Quem não precisa escolher, não sabe decidir. Quem não tem clareza dos limites está sempre invadindo o espaço dos outros e por isso mesmo sendo rejeitado. São fatores de segurança para crianças e adolescentes a clareza de regras e a cobrança do seu cumprimento. Lidar com a frustração é condição para a maturidade, conseguir adiar e esperar a satisfação de um desejo ou até mesmo não satisfazê-lo é condicionante na estruturação positiva da afetividade. A vida é um eterno jogo de perde-e-ganha. São bem-sucedidos os que conseguem usufruir dos ganhos até quando perdem.

No exercício da autoridade da família constatamos algumas estratégias que só bloqueiam o desenvolvimento da criança e do adolescente, gerando dependência: excesso (sempre frustrar), ausência (nunca frustrar), inconsistência.

O exercício da autoridade como fator de crescimento e independência supõe respeito às diferenças individuais, reflexão, justiça e amor. É preciso consistência, permanente intervenção, para que se desenvolvam a autonomia e a autodisciplina, levando a criança à grande meta do homem maduro – lidar produtivamente com as frustrações, aceitar limites, ser livre, ser feliz.

Amar também é preciso.

No relacionamento pais e filhos, a figura da mãe representa o esteio da afetividade. A atuação de uma mãe amorosa, acolhedora é de fundamental importância no desenvolvimento afetivo da criança, sendo estruturante para uma vida adulta saudável, madura e auto-realizada.

É indispensável que a criança se sinta amada e valorizada. Isto fortalece sua autoconfiança e alimenta sua capacidade de solução diante da vida. Se minha mãe me ama é porque sou bom, sou forte, sou digno de afeto e de crédito. A auto-estima se desenvolve a partir dessa relação.

No entanto, se a mãe for hostil, distante, negativa, destruidora ou agressiva essas posturas comprometem significativamente a auto-imagem e a auto-estima da criança. Fragilizada emocionalmente a criança se percebe menor, fraca, não suficientemente boa, que não merece ser amada. Por conseqüência não se ama, não se aceita e desenvolve um sentimento de culpa por não conseguir ser amada. Na tentativa de superar esses sentimentos expressa uma atitude de subserviência como estratégia de conquista do afeto do outro.

Torna-se muitas vezes uma pessoa passiva e acomodada, incapaz de ocupar devidamente o espaço que lhe pertence.

Se a mãe é superprotetora e exagera nos cuidados e mimos também poderá restringir o processo de desenvolvimento da personalidade sadia. O filho permanecerá preso a ela, sem coragem de enfrentar o mundo, e, o que é pior, lhe faltará capacidade de amar. Será provavelmente inseguro e imaturo.

É importante salientar que embora se observem as repercussões dessas posturas no cotidiano das relações pais e filhos, as sutilezas do comportamento humano extrapolam qualquer possibilidade de garantias e certezas nas previsões do futuro. O que se constata é que o carinho, o cuidado e o bom senso em relação aos filhos ajudarão a formar pessoas saudáveis e maduras, capazes de se relacionar de forma digna e amorosa com elas mesmas, com o outro e com a vida, sendo também responsáveis pela autoria e condução do seu projeto pessoal.

O amor que vivenciamos na família é fator de construção da nossa auto-imagem e da nossa auto-estima.

Ao nascer não sabemos quem somos. Nossa imagem vai ganhando contornos a partir das referências do outro, e, inicialmente, da família. Crescemos ouvindo comparações tais como: é lento igual ao pai, tem a preguiça da mãe, ou, nasceu para ser sucesso, esse menino é a garantia do meu futuro.

Em grande parte, estas previsões e as expectativas sobre os filhos não são gestadas apenas no ambiente privado da família, sendo de trato coletivo, pois têm seu nascedouro na cultura. Nesta, a família aprende crenças, constrói representações sociais, partilha saberes e fazeres, e, no interior das práticas sociais vividas nos seus grupos de pertença, vai compartilhando um lugar no mundo e demarcando qual o lugar que será ocupado por seus filhos.

Esta situação, no entanto, não é estática ou linear, sabendo-se que não existe uma relação de causalidade que justifique as condutas e os comportamentos em sociedade. Embora haja um forte condicionante à preservação dos mesmos lugares sociais ocupados pelos pais e uma certa repetição da história familiar, existem também outras possibilidades, outros movimentos e outras trajetórias possíveis.

Se na cultura restauram-se, por um lado, as tradições e os mitos que fortalecem o sentido de pertença social e respondem pela continuidade dos vínculos sociais, garantindo a manutenção das tradições e da herança que afirmam a identidade pessoal e social, por outro, há o movimento subjetivo da história particular destes sujeitos e destes grupos. Cada pessoa e cada família são, ao mesmo tempo, singulares e plurais. Carregam consigo as marcas da sua geração, o que é próprio aos seus pares, o que é pertinente ao seu tempo histórico, e na dinâmica das interações sociais também provocam alterações e transformações nessas rotas, constroem novas histórias, ocupam outros lugares, aprendem outras expressões de afeto. Este sentido de autoria, próprio da condição humana, outorga a liberdade de ser e exime a cultura de culpabilização imposta aos pais nos destinos dos seus filhos.

Mesmo com esta consciência, tem-se a clareza sobre a força das expectativas dos pais sobre o futuro dos filhos, reconhecidamente impulsionadores de realização e de sucesso. Na linguagem popular, com freqüência, ouvimos a observação: Cuidado! Praga de mãe pega! E pega mesmo. Praga de mãe em Psicologia chama-se profecia auto-realizadora, a força do desejo dos pais sobre a realização dos filhos. Para Lya Luft (2003, pp. 22, 25, 32) somos marcados pelo olhar profético que nos lançaram quando pequenos, como a maldição ou bênção das fadas nos contos infantis. Somos frutos dessas profecias, mas não somos escravos, somos participantes. Podemos confirmar ou mudar essa marca. A força do temperamento e o equilíbrio da maturidade permitem escolher: quem queremos ser, quem pensamos que devemos ser, quem achamos que merecemos ser. Não somos apenas fantoches, somos guerreiros que pensam e decidem.

A cena se complica quando a criança é imatura e frágil, com baixa energia de luta. Nesse contexto as expectativas negativas ganham força de realização. É como se fosse uma armadilha.

No entanto, é necessário esclarecer que as pessoas que nascem fortes têm energia suficiente para superar as baixas expectativas sobre suas realizações. O delicado nesta relação é a falta de clareza de muitas famílias para as sutis diferenças de energia entre seus filhos e, assim, poderem fortalecer os mais frágeis e não enfraquecê-los mais ainda e manter em equilíbrio a energia dos fortes.

Convém salientar que em qualquer contexto as expectativas positivas serão sempre impulsionadoras de crescimento saudável e de maturidade afetiva.

Em geral, o filho mais velho de uma família tende a ser o mais bem-sucedido entre os irmãos. Talvez porque, ao gerarem o primeiro filho, a inexperiência leva os pais a estabelecerem elevadas expectativas de realização para esse filho. A criança mobiliza então suas energias para corresponder, atende as exigências dos pais, que, satisfeitos, reduzem o nível de expectativas para os próximos filhos, que nascerão sem o compromisso de grandes realizações. É preciso cuidado para não sufocar o mais velho com exigências que extrapolem o seu potencial. Essas poderão ser paralisantes e inibidoras do seu crescimento.

As orientações que recebem os filhos primogênitos são indutoras de liderança: "dê exemplo", "cuide de seus irmãos", "seja responsável". Ao filho caçula se diz: "obedeça seu irmão", "siga o exemplo dele". São mensagens para seguidor. Ao mais velho estimulamos autonomia, iniciativa, realização. Ao caçula superprotegemos, inibindo autonomia, iniciativa e realização. Se o caçula for uma criança de temperamento forte, dotado de grande energia de luta, ele se rebela e se desenvolve. Se for frágil se submete.

E agora? O que fazer se precisamos desenvolver pessoas que se amem, que se percebam fortes, auto-realizadas e produtivas?

É indispensável identificarmos os pontos fortes de cada um de nossos filhos e enaltecermos estes pontos para que, fortalecidos, possam superar com mais facilidade seus pontos fracos. É preciso amá-los incondicionalmente para que se aceitem como são e não como gostaríamos que fossem.

Na construção da vida, o amor é a mais sólida das estruturas. Crianças bem amadas têm mais chances de serem pessoas auto-realizadas. A qualidade do nosso desempenho enquanto adultos é do tamanho da imagem e da auto-estima que construímos no percurso da nossa história e não do tamanho do contracheque que recebemos.

Somente quem se ama é capaz de amar o outro. Pessoas satisfeitas são mais motivadas, criativas e produtivas. Envolvem-se naturalmente nas situações-problemas, sempre se percebendo maior do que elas. Há pessoas que superdimensionam um problema porque têm baixa auto-estima, o problema é sempre maior do que ela. Pessoas satisfeitas aproveitam oportunidades e desafios, têm mais condições de trabalhar em equipe e são espontâneas para receber e dar afeto.

Para Maslow, (2003, pp. 85, 86) auto-realização é um estágio de desenvolvimento da personalidade que libera o indivíduo dos problemas de deficiência da juventude e dos problemas neuróticos, infantis ou fantasiosos, de modo que ele seja capaz de enfrentar e suportar os problemas reais da vida para os quais não há soluções perfeitas. A auto-realização não é ausência de problemas, mas a capacidade de superar problemas irreais e lidar produtivamente com os problemas reais.

Tornar-se mais humano significa conviver de uma forma saudável com problemas e dores. Quanto mais maturidade emocional, quantitativamente menores serão os problemas e as dores, enquanto os prazeres serão quantitativa e qualitativamente maiores. Um indivíduo se torna infinitamente melhor ao alcançar um nível mais elevado de desenvolvimento pessoal.

Tereza Nunes – Psicóloga; Pós-Graduada em Planejamento e Administração de Recursos Humanos – UNICAP; Mestra em Planejamento e Gestão Organizacional – UAM – Universidad Autônoma de Madrid – UPE; Profª do MBA da UFPE; Profª Pós-Graduação da UNICAP; FAFIRE e POLÍ/UPE; Profª do I Curso de Gestão Hospitalar – UFPE; Consultora na Área de Desenvolvimento Humano e Organizacional da Tereza Nunes Consultores Associados S/S Ltda. (t.nunes@terra.com.br).

Referências Bibliográficas

COVEY, S. R. *Os 7 Hábitos das Famílias Altamente Eficazes*. São Paulo, SP: Ed. Best-Seller, 2003.

LUFT, L. *Perdas e Ganhos*. Rio de Janeiro, RJ: Ed. Record, 2003.

MASLOW, A. H. *Diário de Negócios de Maslow*. Organizado por Débora C. Stephens; (tradução de Nilza Freire); Rio de Janeiro, RJ: Qualitymark Editora, 2003.

Capítulo 3
Conhecimento

"Conhecer e pensar não é chegar a uma verdade absolutamente certa, mas dialogar com a incerteza."
Edgar Morin

Drucker expressa que o principal problema moral da sociedade do conhecimento será o da responsabilidade dos homens capacitados, de conhecimento. Morin acrescenta que o crescimento ininterrupto dos conhecimentos constrói uma gigantesca torre de Babel, que murmura línguas discordantes. A torre nos domina porque não podemos dominar nossos conhecimentos. Daí a frase de T. S. Eliot: "Onde está o conhecimento que perdemos na informação?" O conhecimento só é conhecimento enquanto organização, relacionado com as informações e inserido no contexto destas. Em toda parte, nas ciências como nas mídias, estamos afogados em informações. Cada vez mais a gigantesca proliferação de conhecimento escapa ao controle humano".

Além disso, continua, os conhecimentos fragmentados só servem para usos técnicos. Não conseguem se conjugar para alimentar um pensamento capaz de considerar a situação humana no âmago da vida, na terra, no mundo, e de enfrentar os grandes desafios de nossa época. "Não conseguimos integrar nossos conhecimentos para a condução de nossas vidas." Daí o sentido da segunda parte de Eliot: "Onde está a sabedoria que perdemos no conhecimento? Há um conhecimento que é compreensível e está fundado sobre a comunicação e a empatia – simpatia, mesmo – intersubjetivas. Assim compreendo as lágrimas, o sorriso, o riso, o medo, a cólera, ao ver o ego alter como alter ego, por minha capacidade de expressar os mesmos sentimentos que ele. A partir daí, compreender comporta um processo de identificação e de projeção de sujeito a sujeito. Se vejo uma criança em prantos, vou compreendê-la não pela medição do grau de salinidade de suas lágrimas, mas por identificá-la comigo e identificar-me com ela. A compreensão, sempre intersubjetiva, necessita de abertura e generosidade", conclui Morin.

Para Hessen, o conhecimento só se dá através da relação sujeito × objeto, o conhecer depende de uma forte motivação do sujeito e de uma atração intrínseca do objeto. E da intuição, emoção, desejo.

Na sociedade do conhecimento, do presenciamento do homem como um ser supremo, as pessoas precisam cada vez mais "aprender a aprender". Quebrar o paradigma que as matérias, os currículos tenham mais importância do que a "capacidade de o aluno continuar a aprender e sua motivação para fazê-lo" É necessário que os alunos e os promotores do saber assumam as novas responsabilidades pela disseminação e autogestão do conhecimento. E que o saber seja o novo passaporte para o futuro.

Tanto no Ocidente quanto no Oriente, o conhecimento sempre foi aplicado ao ser, enfatiza Drucker. Quase da noite para o dia passou a ser aplicado ao fazer. Tornou-se um recurso e uma utilidade. O conhecimento foi sempre um bem privado. Quase da noite para o dia tornou-se um bem público. Torna-se necessário, pois, que os homens do conhecimento, as empresas elejam o aprendizado como uma estratégia que possa ser difundida, praticada em todos os níveis da sociedade. E que não dependa somente de escolas, universidades. Dependa e esteja ligada exclusivamente ao desejo, a um sentido e à capacidade de todos de aprender mais a cada dia. Como o conhecimento é uma relação entre sujeito e objeto, conseqüentemente o sujeito deve estar motivado para encontrar um significado no objeto. E este, cobrir-se de atratividade para encantar o sujeito.

Conhecido na Grécia como uma instância subjetiva, o saber representava para Sócrates o autoconhecimento – crescimento moral, intelectual e espiritual. Aplicado ao ser. Protágoras concebia-o como a arte de tornar o homem eficaz, permitindo-lhe o que dizer e como dizê-lo. Emprestava-lhe um valor objetivo. Neste milênio, torna-se o bem mais valioso da humanidade – conhecimento sem fronteiras, globalizado, aplicado ao saber fazer. Único recurso significativo hoje, nas palavras de Drucker, porque conhecimento sem enfocar a contribuição é ineficaz. Tom Peters diz que o ponto central é construir "estruturas administrativas do conhecimento formal para captar e gerenciar o conhecimento como um ativo estratégico". Fazer dos conhecimentos um atalho para novos conhecimentos. O conhecimento tácito e o conhecimento explícito, porque o primeiro proporciona o contexto do significado.

O significado é essencial para os seres humanos. Temos a contínua necessidade de captar o sentido dos nossos mundos exterior e interior, de encontrar o significado do ambiente em que estamos e das nossas relações com os outros seres humanos e de agir conforme este significado.

Em meio século, o mundo organizacional se transformou, passando da era do capital para a era do conhecimento. Esta mudança, explicita De Geus, sobre o interesse pela aprendizagem que existe nas empresas já faz alguns anos. "Os gerentes reconhecem que se suas empresas não puderem acelerar o ritmo de aprendizagem, o seu principal recurso ficará estagnado e seus concorrentes vão superá-las". Para Hessen, "o sentido único do conhecimento filosófico não é tanto solucionar enigmas quanto descobrir maravilhas".

Como explicita Nokata, "o conhecimento só pode ser criado por indivíduos. A criação do conhecimento por parte das organizações, portanto, deve ser compreendida como um processo que amplifica organizadamente o conhecimento criado pelos indivíduos e cristaliza-o tornando-o parte da rede de conhecimento da organização".

Este capítulo é composto pelos seguintes temas:

- Mobilização social e educação cidadã, a mística revolucionária do Pacto Social Pernambuco
  Alfredo Sobral e Roberto Arrais

- Educação superior voltada para o profissional de Recursos Humanos
  Ana Regina

- Conhecimento em RH: Internet, uma via???
  Fernando Gonçalves

- A força de transformação do conhecimento
  Henilda Suely

- Quem não se comunica...
  Ivanildo Sampaio

- A construção do saber humano: Uma gestão do conhecimento
  Jayme Panerai

- Aprendizado organizacional e autodesenvolvimento – e o papel do RH na implementação das estratégias?
  Margarida Furtado

Mobilização Social e Educação Cidadã
A Mística Revolucionária do Pacto Social Pernambuco

> "Achar uma forma de sociedade que defenda e proteja com toda a força comum a pessoa e os bens de cada sócio, e pela qual, unindo-se cada um a todos, não obedeça todavia senão a si mesmo e fique tão livre como antes. Eis o problema fundamental que resolve o contrato social."
>
> Jean Jacques Rousseau – Do Contrato Social

Na história de Pernambuco, a essência da idéia das revoluções está sempre associada à de libertação, inspirada pelo exemplo das revoluções francesa e americana –, o que revela uma tradição na busca de solidariedade, ou de uma *consciência cidadã* do que se entenda pelo conceito de liberdade.

Assim, no atual momento brasileiro, a *restauração da identidade brasileira* é agenda crítica para o país viabilizar, operacionalmente, e de forma eficaz, o tão decantado Pacto Social Brasil, visando construir uma sociedade mais livre, justa e solidária para garantir o desenvolvimento nacional, erradicar a pobreza e a marginalização e reduzir as desigualdades sociais e regionais.

Pacto este, onde se faz necessário catalisar a mobilização e a educação cidadã de toda a sociedade em prol da consolidação, no seu cotidiano de uma nova realidade de ação, emanada da teoria proclamada e a efetivamente praticada no chamado espírito do *Estado Democrático de Direito*, que fundamenta a República Federativa do Brasil através: da soberania, da cidadania, da dignidade da pessoa humana, dos valores sociais do trabalho e da livre iniciativa e do pluralismo político.

Ressaltando que a Constituição Federal nada mais é do que a ata do Pacto Social Brasil, que fazem entre si todos os cidadãos brasileiros, e contém a matéria sobre o que se pactuou –, além de apresentar a relação e o caráter cívico entre governantes e governados.

Na organização socioeconômica e na mentalidade coletiva da negociação da implementação diária deste contrato social, não colocar em destaque a importância do desenvolvimento estratégico de uma chamada *inteligência social* –, como premissa fundamental do fortalecimento de políticas públicas e privadas no combate articulado às desigualdades sociais e econômicas, às quais é submetida parcela relevante do conjunto da sociedade brasileira – inviabiliza o próprio sentido de nação, em termos de *desenvolvimento com cidadania*.

A contextualização e a complexa realidade social, política e econômica brasileira exigem a modelagem de políticas estruturais, específicas e locais, que se possam concretizar através de um abrangente conjunto de ações catalisadoras e articuladas, para beneficiar comunidades em situação de risco quanto a sua própria integridade pessoal e coletiva de, simplesmente, ser cidadão.

Ter o entendimento de que é através desta visão de *desenvolvimento com cidadania*, propiciado pelo estímulo ao protagonismo social e a co-responsabilidade, é que o Brasil assegurará a sua interdependência e a sua sustentabilidade por ações que venham a superar o estágio primário do processo político brasileiro –, que fundamentalmente está baseada nas diversas matrizes históricas do clientelismo e do fisiologismo.

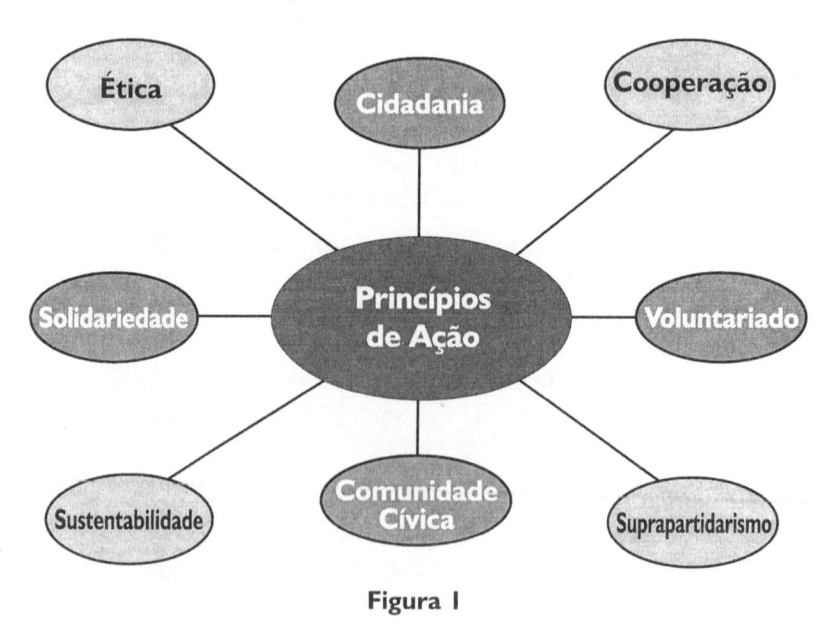

Figura I

Consolidar na conserva cultural da sociedade brasileira um novo paradigma, onde prevaleçam o interesse nacional e o do povo brasileiro sobre as diferenças políticas, partidárias e ideológicas, é um dos oito princípios ativos da rede de conscientização da cidadania pelo Pacto Social Pernambuco.

Em janeiro de 2001, mais de 150 cidadãos pernambucanos se envolveram num embate cívico histórico, através de uma defesa articulada dos seus interesses pessoais, que fez surgir o Movimento de Conscientização da Cidadania pelo Pacto Social Pernambuco.

Espelhada, tecnicamente, na Gestão Compartilhada no Pacto de Cooperação do Ceará –, a experiência pernambucana busca sua essência na própria história cívica do Estado de Pernambuco.

Revolução de 1817, a Mística e a Espiritualidade de Frei Caneca pelo Pacto Social Brasileiro

A mística da revolução de 1817, como *ápice de um segundo descobrimento do Brasil*, foi canalizada, em especial, na figura precursora do frade carmelita recifense, Frei do Amor Divino Caneca – o Frei Caneca –, que em 32 artigos constituiu as bases para a formação das primeiras manifestações de Pacto Social na história do Brasil.

O projeto originário do Frei Caneca foi dentro do ideário das doutrinas que influenciaram as revoluções americana e francesa: o que expressa o sentimento de um mundo diferente não pode ser construído por pessoas indiferentes.

Contudo, a defesa da soberania nacional como indivisível e que cada cidadão concorre para seu exercício é, na contemporaneidade brasileira, ainda mais vital para o desenvolvimento social e o combate à exclusão, à miséria e à fome no Brasil.

Adotando a ampliação do conceito de Estado como a estruturação orgânica da sociedade, e não como meras instâncias governamentais, a coordenação executiva do Movimento, do qual fazem parte alguns empregados da Caixa Econômica Federal e da ONG Moradia e Cidadania, em Pernambuco, buscou construir um modelo de gestão que viesse a expressar um elevado GAR – Grau de Aderência à Realidade – àquele referencial de Ciência Política.

Nesta direção a preocupação tanto quanto ao ambiente interno, como ao externo, referente às pessoas físicas e às pessoas jurídicas envolvidas no processo de construção do Pacto, possibilita, de forma integrada, buscar o trabalho dos governos federal, estaduais e municipais, e dos demais integrantes da sociedade, de forma a se buscar maximizar os recursos e a se criar sinergias, para proporcionar o atendimento da melhor maneira às demandas da sociedade.

Esta visão dos recursos humanos, tanto das pessoas físicas como das pessoas jurídicas, catalisará um novo olhar político do que seja nação, de forma a fazer surgir a lucidez da consciência social para a consciência cidadã, criando nas pessoas mudanças generosas de um posicionamento individual para um coletivo.

*"O futuro não é um lugar para onde estamos indo,
mas um lugar que estamos criando.
O caminho para ele não é encontrado, mas construído,
e o ato de fazê-lo muda tanto o realizador quanto o destino."*

Edgar Morin

Cooperação – Uma Prática Transformadora para Fazer Diferença na Gestão da Sociedade Brasileira

Os elementos da pluralidade, virtualidade, catálise, informalidade e cooperação que norteiam a teoria proclamada e praticada no Ceará fizeram o mesmo participar de um movimento mundial emergente, o de uma nova revolução – a revolução da gestão.

Logo, a promoção do verdadeiro salto qualitativo, sustentado em ambiente propício, no desenvolvimento de novos conceitos e de novas metodologias, serve de base para uma nova filosofia de gerenciamento de toda a sociedade, pois, a vontade de aprender revela, segundo Peter Drucker, uma das maiores características do ser humano: a sua integridade intelectual, visto que traz à luz a humildade de dizer: "não sei!".

Considerando, ainda, que na era do conhecimento e da gestão de competências, cada vez mais a sabedoria está em não saber, mas, sim, em aprender o quanto se tem para aprender e, acima de tudo, em se aprender a aprender, de forma a proporcionar um reposicionamento do encontro do próprio indivíduo, como pessoa única e como cidadão pleno de direitos e obrigações.

As duas instâncias institucionais do ciclo do Movimento de Conscientização da Cidadania pelo Pacto Social Pernambuco buscam consolidar e operacionalizar um *Executive Information Systems – EIS*, de forma a envolver o contexto sistêmico dos níveis estratégico, tático e operacional relacionado ao Estado de Pernambuco:

- Na primeira instância utiliza o elemento da virtualidade e busca a articulação e mobilização social e empresarial para o Pacto Social Pernambuco.

- Na segunda instância existe uma organicidade, expressa na sua Secretaria Executiva – composta por uma rede de Projetos Cooperação das instituições cooperantes do Pacto –, e lastreada pelos mesmos princípios de ação que viabilizam, objetivamente, a articulação e a mobilização do Movimento de Conscientização da Cidadania pelo Pacto Social Pernambuco.

Além da sistemática científica adotada na Gestão Compartilhada do Pacto do Ceará, foi agregado à teoria de ação facilitada pelo método IAS – Investigação Apreciação Sistêmica –, de forma a produzir a prática efetiva do diálogo apreciativo e que propicia a superação das limitações e das dificuldades onde o ouvir e o falar sejam macrocomportamentos humanos de natureza democrática, e não de conotação manipuladora ou controladora.

Na construção da rede de articulação empreendedora e de protagonismo social, desenvolve-se a capacidade da educação reflexiva – no cerne da sociedade – de se trocar experiências entre pessoas e organizações, de forma a se gerar um intenso controle social na malha da teia social construída.

Visto que é neste processo dinâmico de encontros e desencontros que se processa a convicção de que é dialogando que, de fato e de forma consistente, pode-se criar a competência em fazer acontecer.

Em Pernambuco, o Movimento de Conscientização da Cidadania, como primeira instância do ciclo contínuo do Pacto, resgata para a contemporaneidade a imagem contida na visão em ação do sonho da *consciência cidadã*, que tanto Frei Caneca defendeu na sua opção de vida pela pátria.

A concretude do Movimento se manifesta em um arco de alianças de instituições e de pessoas, onde o foco é a elevação do nível de conscientização da cidadania, pela via da cooperação, ou seja, operações em conjunto.

Nesta mobilização se geram mecanismos institucionais e articulados onde todos possam expor suas idéias e superar limitações e dificuldades na busca de soluções coletivas para as emergências da complexidade, emergentes na Sociedade Pernambucana.

Como instância de gerenciamento, a instância da Secretaria Executiva do Pacto Social Pernambuco está sendo formatada para ser uma rede agregada de Projetos Cooperação das instituições e organizações envolvidas no seu processo de construção.

"Tenho procurado na vida não me cingir a uma fórmula.
Detesto fórmula.
Eu amo os princípios."
Roberto Burle Marx

A visão realizável da configuração de rede articulada em inteligência social, emanada dos Projetos Cooperação, tem no modelo de prática teórica de Alvin Toffler – autor dos clássicos *Choque do Futuro* e *Terceira Onda* –, a configuração de flexibilidade sistêmica das organizações, em torno dos seus arcabouços institucionais e das suas redes de satélites, possibilitando um modelo de alerta prévio para toda a sociedade.

Objetivamente, a visão dos Projetos Cooperação, como satélites institucionais, proporciona a montagem de uma *rede de inteligência social*, concentrada na Secretaria Executiva do Pacto Social Pernambuco, possibilitando a geração de uma malha de radares corporativos para o enfrentamento da emergência da complexidade, cada vez mais presente no mundo contemporâneo.

Em termos de modelo natural, objetivamente, a melhor visão em ação de núcleo e das órbitas de satélites que se pode perceber na atuação em torno dos princípios de ação da malha dos Projetos Cooperação é manifestada pelo modelo do átomo nos elementos da natureza.

Por exemplo, na água, o hidrogênio e o oxigênio, objetivamente, negociam o compartilhamento de elétrons, mantendo a identidade de ambos no processo. Ou seja: as subjetividades de ambos, como elementos químicos, na água, como substância química, que, especificamente, formaram, são preservadas em total integridade.

Princípios de Ação e Emergência da Complexidade

Tanto a instância do Movimento como a da Secretaria Executiva do Pacto são parametrizadas por oito princípios ativos essenciais: *Ética, Suprapartidarismo, Voluntariado, Solidariedade, Sustentabilidade, Cooperação, Cidadania* e *Comunidade Cívica*. As cinco diretrizes de ação decorrentes da emergência da complexidade, à qual é, intensamente, submetida a sociedade: *Saúde, Meio Ambiente, Violência, Educação* e *Oportunidade (trabalho, emprego e renda)* se encontram na Figura 2.

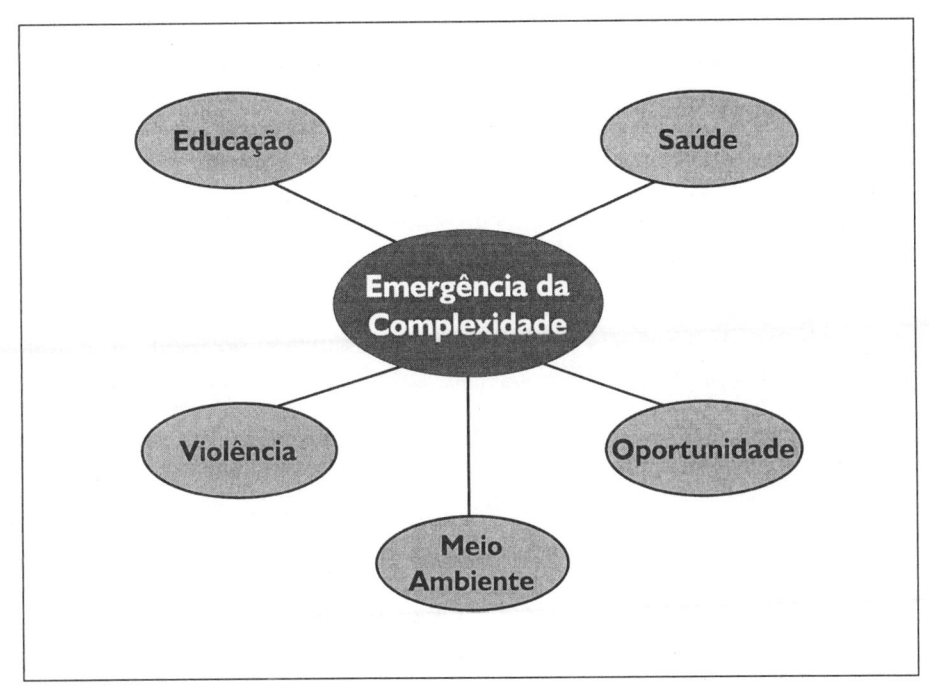

Figura 2

Construindo o horizonte de alcance da visão do Pacto 2022, quando o Brasil celebrará 200 anos de sua independência –, e adotando referências de práticas de sucesso, como o Imagine Chigaco, Imagine New York, Imagine Nepal etc. –, o Fórum Ama Recife, instituição que, atualmente, exerce a coordenação executiva do Movimento pelo Pacto Social, está construindo o *Imagine Recife – A cidade que sonho e quero fazer*.

Este trabalho é facilitado tecnicamente, e de forma absolutamente voluntária e generosa, pela consultoria pernambucana de renome internacional, que é a Valença & Associados, como forma de servir – pela sua contribuição de responsabilidade social empresarial – para a melhoria da sociedade como um todo.

Esta experiência a ser desenvolvida de forma pioneira no Brasil está sendo formatada na dimensão da Lei do Estatuto da Cidade, para que possa ser inserida como um dos eixos de ação estruturada do Projeto Cooperação Fome Zero Caixa no processo de RSE – Responsabilidade Social Empresarial e Cidadania Corporativa da Caixa Econômica Federal, no Estado de Pernambuco.

Além de ser uma feliz coincidência com a visão de longo prazo do PNBE – Pensamento Nacional das Bases Empresariais – que é: O Brasil que sonho e quero fazer em 2022.

Neste alinhamento de propósitos comuns, vale ressaltar que os protagonistas sociais devem ter em mente que a aprendizagem coletiva eficaz, envolvida na construção do Pacto Social Pernambuco, se dá a partir de três dimensões estratégicas:

- O pensar através da emergência da complexidade, revelando o conceito de inteligência social, onde o aprendizado do fazer de muitas mentes é, substancialmente, mais inteligente do que uma só;

- Adoção do sentir e do agir inovador e coordenado, que o método da IAS – Investigação Apreciativa Sistêmica – proporciona;

- A criação de ambientes (clusters de articulação) onde se possa alimentar continuamente intervenções em realidades específicas –, não através de fórmulas preconcebidas –, mas, sim, via os oito princípios de ação do Pacto Social Pernambuco, devidamente focados nos cinco temas de complexidade emergente da contemporaneidade da sociedade brasileira, e do mundo como um todo.

Movimento de Conscientização da Cidadania

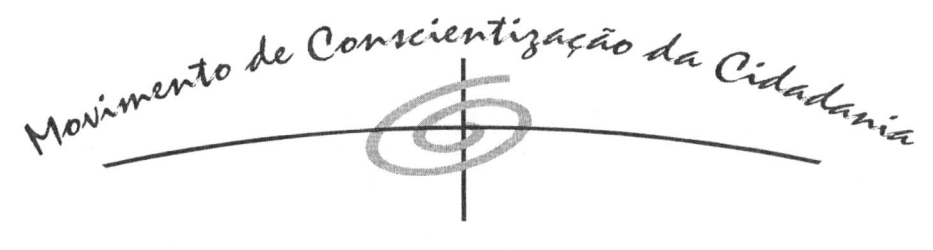

Figura 3

Esta visão estratégica é fundamental para que se tenha, no futuro, uma sociedade mais justa, na qual o princípio da solidariedade venha a substituir o utilitarismo individual predominante nos desafios do presente.

A expressão da atitude apreciativa da vida possibilita, eficazmente, que as pessoas aprendam quando perguntam, indagam e se abrem para o desconhecido, de forma a superarem as suas dificuldades e limitações como seres humanos.

Visto que, tudo pode ser considerado fundamental para ser inserido numa visão de complementaridade do mundo.

A partir da criação coletiva da Visão de Futuro Compartilhada Recife 2022, no processo do Imagine Recife, coordenado pelo Fórum Ama Recife, se catalisará a Visão de Futuro Compartilhado Pernambuco 2022, além de poder contribuir, sobremaneira, para a Visão Compartilhada Brasil 2022, tão bem defendida pelo PNBE.

Neste ciclo de planejamento integrado – como método e prática da teoria da ação e da IAS – Investigação Apreciativa Sistêmica – esta visão comum compartilhada se torna vital para fornecer o foco e a energia psíquica de um sonho a ser construído coletivamente.

Sonho que tem o potencial da idéia germinal de se inspirar nas tradições históricas das lutas cívicas do povo pernambucano – e de propiciar a construção do próprio Pacto Social Brasil –, como equacionamento do combate à exclusão social, à miséria e à fome de grande parcela da sociedade.

Visto ser nas cidades que as pessoas exercem o seu *ser cidadão*, criam-se elos, de imediato, com elevado senso de coerência pragmática deste equacionamento, ou seja: Imagine Recife – A Cidade que sonho e quero fazer; Imagine

Pernambuco – O Estado que sonho e quero fazer; e o Imagine Brasil – O País que sonho e quero fazer.

Obviamente sem jamais perder o entendimento neste processo de que o aprendizado individual é possível sem visão, mas que o aprendizado coletivo só se dá quando as pessoas fazem algo que realmente tem significância para elas.

Ressaltando, ainda, que estas visões – quando são efetivamente compartilhadas – levam um tempo para ser consolidadas, pois são resultado das interações das visões individuais dos protagonistas que integram a rede sociométrica constituinte do tecido social trabalhado.

O amadurecimento desta jornada cívica sugere um diálogo contínuo, onde as pessoas e as comunidades sociais e organizacionais se sintam plenamente livres para expressar seus sonhos, suas idéias e aprenderem a ouvir os sonhos dos outros, visto que *qualquer comunidade deve existir para as pessoas, e não as pessoas para a comunidade.*

A decisão de caminhar por uma aprendizagem coletiva nos mostra que não é necessário abandonar a visão individual em favor de uma coletiva, pois esta na essência nada mais é do que a coexistência de visões múltiplas.

Pensar, sentir e agir na direção de 2022 para a construção do Pacto Social Pernambuco, tendo com força motriz a mobilização e a educação cidadã, fornecerá um exemplo pragmático de como se pode montar uma estrutura voltada para a aprendizagem do todo: o indivíduo, a família, as comunidades, a sociedade, a humanidade e o Sistema maior, que é o Universo.

No respeito às singularidades de cada pessoa e dos componentes do sistema integrado, que são as instâncias do Movimento e da Secretaria Executiva, se proporcionará a essência do exercício da cidadania, que é: a dignidade do ser humano e a democracia participativa como contribuição para a formação de uma nova conserva cultural brasileira, nas dimensões social, política e econômica.

A conscientização de que o acolhimento do diferente é sempre uma atitude apreciativa traz no seu cerne a complementaridade que compõe o próprio todo.

A simbologia do Movimento de Conscientização da Cidadania não traduz a magia de uma mera marca ou de uma bandeira mas, sim, a expressão mística manifestada pela espiral.

A forma da espiral acolhida pela mestre do designer pernambucano Neide Câmara busca sintonizar nas mentes e nos corações das pessoas, segundo Leonardo Boff, as três dimensões da espiritualidade: interioridade, exterioridade e profundidade.

Mística e espiritualidade contidas num símbolo de sistema aberto, com elevado impacto na alma do ser humano, visto pertencer ao inconsciente da humanidade e estar presente em todas as suas civilizações.

Um símbolo que significa, em termos da mística e da psicologia do ser humano: As Possibilidades de Deus: O Enigma da Esperança.

A configuração como sistema aberto e em expansão que a espiral produz na alma humana foi detalhadamente estudada, no século XII, pelo religioso Joaquim de Fiori, portanto antes de São Francisco de Assis.

Na simbologia do Pacto Social Pernambuco ocorre a inserção das possibilidades de Deus na bandeira do Estado. Expressando, de forma bem assertiva, uma homenagem a Frei Caneca, já que a atual bandeira do Estado de Pernambuco, oficializada em 1932, na revolução de 1817 foi criada para ser a bandeira do Brasil, e representar a libertação do domínio da Coroa Portuguesa.

Nesta integração material e transcendente o conjunto da participação plena dos protagonistas sociais pela promoção e valorização das pessoas é o ingrediente fundamental para a construção de uma *Consciência Cidadã*, emanada da tradição e do caráter cívico do povo pernambucano.

Consciência Cidadã que proporcionará a toda sociedade ser dona e construtora de seu próprio destino. Composta por cidadãos orgulhosos das suas histórias pessoais e coletivas.

A dimensão horizontal na espiral busca simbolizar a possibilidade do ser humano de poder recriar relações e de transformar contextos. Na dimensão vertical se busca revelar a possibilidade do encontro do ser humano com a sua própria mística pessoal.

Na impressão digital – única em toda a humanidade –, este ser humano encontra a individualização da expressão das Possibilidades de Deus em si mesmo. Possibilidades estas contidas na poética do enigma da esperança, que lhe permite remeter à condição de pertencer a algo maior que a si mesmo – simbolizado pela grande espiral cósmica que é o universo –, ou seja, o seu pacto pessoal com o divino, para a construção de uma humanidade melhor e com mais felicidade.

Frei Caneca, numa atitude de superioridade e de visão de futuro para o Brasil do século IX para o século XI, não é apenas um rebelde – mas é, antes de tudo, um pensador e homem de ação –, que defende um liberalismo, no qual o indivíduo/cidadão é capaz de realizar sua própria felicidade.

E, neste pensar e repensar o passado, pelo olhar do Frei é que a poética de Gregório de Mattos, já em 1695, ainda se faz tão presente:

Que me quer o Brasil
Que me persegue!!!

Alfredo Sobral – Engenheiro Civil, Economista, Consultor Empresarial e Educador em Inteligência Social, empregado da Caixa Econômica Federal em Pernambuco, Integrante do Curso de Formação em Psicodramatrista pelo Instituto Cosmos – Recife, membro da ABRH-PE e da Coordenação Executiva do Movimento de Conscientização da Cidadania pelo Pacto Social Pernambuco (alfredo.sobral@caixa.gov.br).

Roberto Arrais – Psicólogo, Consultor e Educador em Inteligência Social, membro da ABRH-PE e da Coordenação Executiva do Movimento de Conscientização da Cidadania pelo Pacto Social Pernambuco (rarrais@hotmail.com).

Educação Superior Voltada para o Profissional de Recursos Humanos

Introdução

A instabilidade e a insegurança econômicas que o mundo enfrenta vêm trazendo desafios à competitividade das organizações cujo nível de qualidade e desenvolvimento tecnológico precisam melhorar, além de aumentar a produção e diminuir custos. A qualidade dos produtos e serviços está relacionada à satisfação dos funcionários, que lidam com várias mudanças tecnológicas e de processos organizacionais e, para tanto, necessitam estar preparados para absorver tais alterações em suas funções, além de perceber os anseios e inquietações dos clientes, procurando atender ou superar as suas expectativas.

A mudança empresarial, em direção à modernização, precisa acontecer, sobretudo, na gestão das pessoas. O sucesso do investimento em pessoas depende de como a área de recursos humanos é conduzida dentro da organização. A administração de recursos humanos tem evoluído de uma administração tradicional para uma administração participativa.

A administração tradicional caracteriza-se por ser estritamente controlada, progressivamente especificada, diminuindo, nas empresas e instituições, a importância do seu papel. Já a administração participativa é considerada como a fonte primordial de criação de valor agregado para a empresa, apresentando uma visão estratégica que alia os objetivos da área de RH aos objetivos organizacionais.

A estrutura departamental da administração de recursos humanos está cedendo lugar a unidades voltadas para processos e enfaticamente focalizadas nos clientes e usuários internos. É uma tendência da área de recursos humanos tornar um órgão de prestação de serviços voltado para os resultados finais da organização, transferindo para terceiros boa parte de suas atribuições rotineiras e burocráticas, em nível operacional, num nítido processo de terceirização de atividades não-essenciais.

Transformar a área de recursos humanos em um componente estratégico para a organização, relacionada ao negócio da empresa, é um processo complexo, pois envolve vários fatores, como: imagem, cultura organizacional, pessoas, recursos disponíveis, além de outros. Mas, ao mesmo tempo, é um processo extremamente necessário à sobrevivência da área de recursos humanos e, por conseguinte, ao sucesso do investimento em pessoas.

Verifica-se que o gerenciamento de pessoas é vital para a realização das tarefas e o alcance dos objetivos organizacionais. De nada adianta, como fazem muitos, tentar simplesmente melhorar a realização das tarefas, através de novas tecnologias, equipamentos, métodos e processos, se não aperfeiçoar o gerenciamento das pessoas e, sobretudo, investir nelas. Um dos desafios da área de recursos humanos é transformar seus processos, visando contribuir efetivamente para os resultados finais do negócio e para a criação de valor dentro da organização, na busca de produtividade e qualidade para competitividade. Transforma-se de agente passivo e reativo em agente ativo e proativo.

Com base nessa realidade, as organizações devem buscar, cada vez mais, desenvolver o potencial humano das pessoas. E o profissional de recursos humanos será o principal condutor desse processo. Assim, o presente trabalho apresenta a esses profissionais uma oportunidade de qualificação através da implantação do curso superior de Tecnologia em Gestão de Recursos Humanos. Este capítulo aborda as características dos cursos superiores em tecnologia, o mercado de trabalho para os egressos, as competências necessárias e a estrutura do curso.

Características dos Cursos Superiores em Tecnologia

Os cursos superiores em tecnologia são cursos superiores de graduação, abertos a candidatos que tenham concluído o ensino médio ou equivalente, abrangendo os diversos setores da economia. Eles têm uma menor duração do que os cursos tradicionais de graduação, sem prejuízo dos conteúdos programáticos e das disciplinas essenciais à adequada formação profissional e cultural.

Os graduados nos cursos superiores em tecnologia denominam-se "tecnólogos" e são profissionais de nível superior, especializados em segmentos de uma ou mais áreas profissionais com predominância de uma delas. Os tecnólogos possuem formação direcionada para aplicação, desenvolvimento e difusão de tecnologias, com formação em gestão de processos de produção de bens e serviços e capacidade empreendedora, em sintonia com o mundo do trabalho.

O conceito que fundamenta o perfil acadêmico é o da empregabilidade exigida no mercado de trabalho. A empregabilidade vem sendo diretamente associada à questão da qualificação profissional, sendo esta representada por um conjunto de atributos que incluem aspectos relativos à educação formal, à capacidade de aprender permanentemente, de empreender, além de um conjunto de atitudes, como: iniciativa, autonomia e versatilidade. Estes atributos garantiriam aos trabalhadores a empregabilidade, isto é, a capacidade de permanecer no mercado de trabalho.

Mercado de Trabalho para o Egresso do Curso Superior em Gestão de Recursos Humanos

Antes de preparar o projeto pedagógico para apreciação do Ministério da Educação, a FMR realizou um estudo para avaliar a capacidade de absorção da mão-de-obra, após o término do curso, e a necessidade de capacitação das pessoas que já trabalham na gestão de pessoas em Pernambuco.

A análise demonstrou que o estado de Pernambuco apresenta vantagens competitivas pela sua beleza natural e construída, diversidade cultural, oferta turística instalada, infra-estrutura portuária e condição histórica de entreposto comercial. Destacando-se no cenário nacional com eventos culturais e técnico-profissionais, o que, associado ao dinamismo dos pólos de informática, médico e educacional, favorece o turismo de convenções.

O cenário mercadológico configura-se pelo setor terciário (serviços e comércio) composto do varejo de shoppings, consultoria e cadeias como pólo médico e o porto digital, respondendo por 61% do PIB pernambucano, seguido pelo setor industrial com a participação de 31% no PIB e o setor agropecuário com a participação de 8% no PIB do estado.[3]

Destaca-se, na economia, a implantação do Porto Digital, projeto que consolidará o setor de tecnologia da informação no estado, por meio da criação de um fundo de capital de risco para empresas e um fundo de capital humano para fixar e atrair profissionais para Pernambuco.

---

[3] Os dados apresentados foram atualizados com base em alguns estudos da Consultoria Econômica de Planejamento (CEPLAN – UFPE), publicados no Jornal do Commercio de 7/3/2004.

Outro ponto importante é a localização do estado, eqüidistante de importantes pólos consumidores do Nordeste (como Fortaleza e Salvador), uma estrutura portuária de grande porte, a exemplo dos portos do Recife e Suape, além de um aeroporto que será o maior do Nordeste, que fazem com que Pernambuco seja um centro para profissionais que atuam em logística.

Encontrando, ainda, mais de duzentas e cinqüenta empresas instaladas na região metropolitana de Recife, onde existe uma média de cinco mil profissionais qualificados. Outros quatrocentos entram no mercado de trabalho a cada ano.

Dessa forma, com base nas características regionais apresentadas, o curso foi projetado para promover uma formação profissional de acordo com as necessidades do Estado de Pernambuco, estando Recife posicionada no rol das capitais mais desenvolvidas do país nos setores de educação, turismo, prestação de serviços, indústria e comércio; necessitando, portanto, de profissionais com a formação em gestão de recursos humanos.

O desenvolvimento no âmbito humano e, por conseqüência, no âmbito organizacional, caracteriza-se como justificativa ímpar para a criação de novos empreendimentos, projetos e ações coordenados e não é possível alcançá-lo sem que a capacitação humana e profissional se torne uma realidade.

Competências Necessárias ao Gestor de Pessoas

Dentre os princípios norteadores das Diretrizes Curriculares Nacionais (DCN) está o desenvolvimento de competências para as atividades laborais, podendo a competência profissional ser entendida como a "capacidade de mobilizar, articular e colocar em ação valores, conhecimentos e habilidades necessários para o desempenho eficiente e eficaz de atividades requeridas pela natureza do trabalho" (Brasil, 1999a, p. 2).

O termo competência pode ser definido como um conjunto de qualificações que permite que um indivíduo tenha uma performance superior em situação de trabalho (Dutra & Hipólito & Silva, 1998).

Segundo Levy-Leboyer (1997), as competências estão vinculadas a uma tarefa, a uma atividade determinada ou a um conjunto de atividades. São conseqüências das experiências e constituem saberes articulados, integrados entre elos e, de alguma forma, automatizados, à medida que a pessoa competente mobiliza este saber no momento oportuno, sem ter necessidade de consultar regras básicas nem de perguntar sobre as indicações de tal ou qual conduta.

A Faculdade Marista de Recife, ao oferecer o curso superior de Tecnologia em Recursos Humanos, tem como objetivo preparar profissionais com capacidade e discernimento para trabalhar com pessoas, incluindo o conhecimento do processo da motivação e a aplicação eficaz da liderança, capaz de influenciar o comportamento do grupo com empatia e eqüidade, visando aos interesses interpessoais e institucionais.

São algumas competências e habilidades necessárias ao gestor de pessoas:

- desenvolver a visão estratégica, postura de inovação e espírito empreendedor;
- desenvolver habilidades para analisar planos estratégicos institucionais e elaborar planos táticos e operacionais para os setores de recrutamento, seleção, treinamento, desenvolvimento, avaliação, atuando de forma integrada com todos os setores de uma organização;
- atuar de forma integrada com todos os setores de uma organização, utilizando métodos e técnicas específicas da área para gerenciar processos e pessoas;
- enfocar a comunicação eficaz;
- ser capaz de compreender e vivenciar os conceitos de cooperação, comprometimento e responsabilidade;
- atuar em equipe e de forma interativa, em prol dos objetivos comuns e compreensão da complementaridade das ações coletivas.

Propõe-se, como estilo de educação e formação, a busca do perfil do novo profissional, com mais sensibilidade, senso cooperativo, solidário, cristão e cidadão. Além disso, que saiba trabalhar em equipe, com criatividade e ética, saiba conviver com o novo e com o imprevisto, que busque sempre novas aprendizagens, abrindo-se a novas perspectivas, qualificando cada vez mais o trabalho educativo desenvolvido.

A função do gestor de recursos humanos requer um embasamento teórico-prático voltado para as novas exigências do crescente progresso nas atividades produtivas. Ao desenvolver o projeto pedagógico do curso, a FMR procurou incluir novos conteúdos, novas formas de organização do trabalho, de incorporação dos conhecimentos adquiridos na prática, de metodologias que propiciam o desenvolvimento de capacidades para resolver problemas, comunicar idéias, tomar decisões, ter iniciativa, ser criativo e ter autonomia intelectual.

A Estrutura do Curso Superior em Gestão de Recursos Humanos

O curso proposto é oferecido em quatro módulos, sendo que cada um deles permite uma certificação, conforme mostra a Figura 4.

MÓDULO I – Assistência Administrativa	➡	Certificado de Assistente Administrativo
MÓDULO II – Assessoria de Benefícios, Cargos e Salários	➡	Certificado de Assessor de Benefícios, Cargos e Salários
MÓDULO III – Assessoria de Relações Trabalhistas e Sindicais	➡	Certificado de Assessor de Relações Trabalhistas e Sindicais
MÓDULO IV – Consultoria de Recursos Humanos	➡	Certificado de Consultor de Recursos Humanos
Estágio	➡	Diploma de Gestão de Recursos Humanos

Figura 4 – Módulos do Curso Superior em Tecnologia de Gestão de Recursos Humanos.

Cada módulo é pré-requisito em relação ao módulo seguinte. Portanto, para cursar o segundo módulo, o aluno deve ter sido aprovado no primeiro módulo, e assim sucessivamente. Para a obtenção da diplomação é necessário cursar os quatros módulos, cumprir a carga horária de estágio e apresentar um Trabalho de Conclusão de Estágio – TCE, em forma de monografia.

Os módulos são distribuídos em unidades curriculares que, por sua vez, são subdivididas em disciplinas, distribuídas por semestres, estes independente dos módulos. A Figura 5 apresenta a grade curricular do curso Superior em Tecnologia em Gestão de Recursos Humanos.

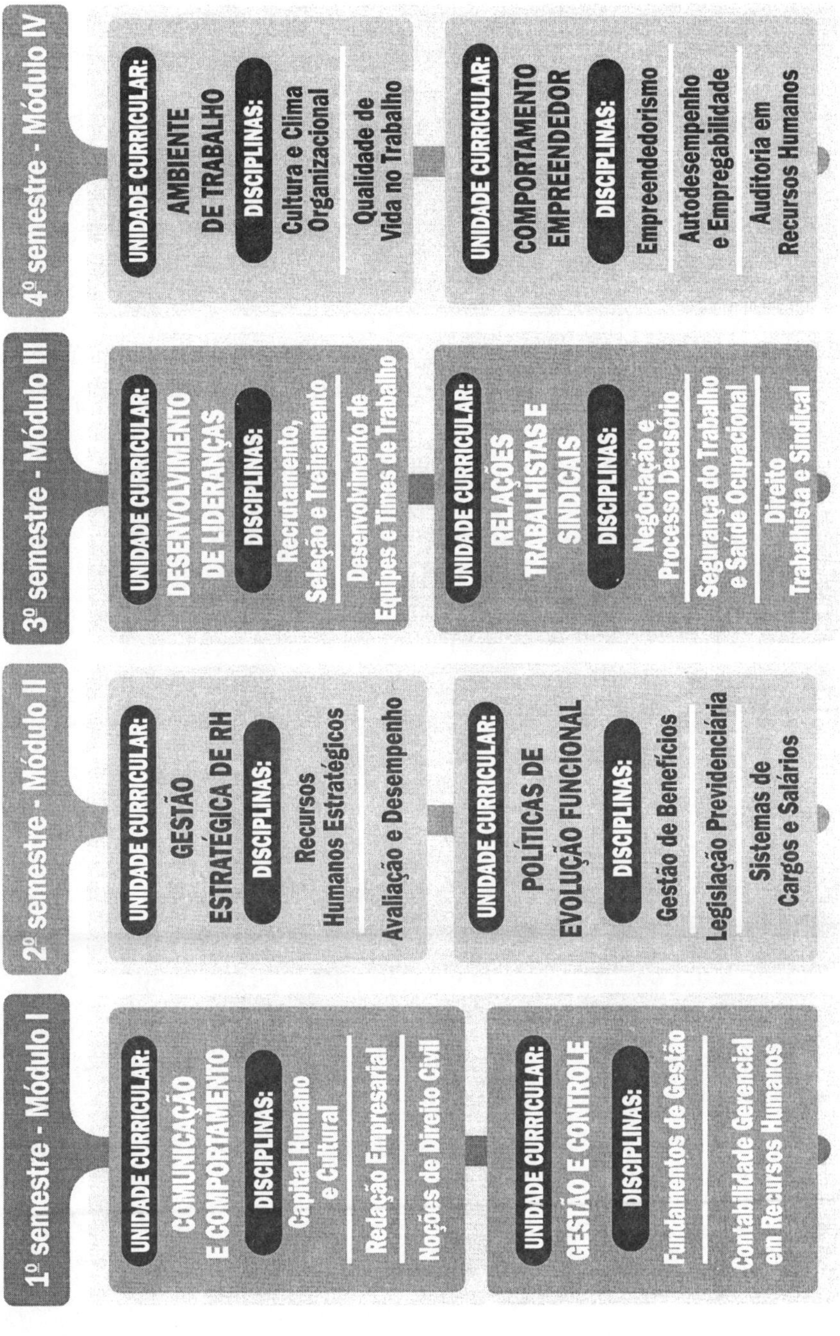

Capítulo 3 – Conhecimento

1º semestre - Módulo I

UNIDADE CURRICULAR: COMUNICAÇÃO E COMPORTAMENTO
DISCIPLINAS:
- Capital Humano e Cultural
- Redação Empresarial
- Noções de Direito Civil

UNIDADE CURRICULAR: GESTÃO E CONTROLE
DISCIPLINAS:
- Fundamentos de Gestão
- Contabilidade Gerencial em Recursos Humanos

2º semestre - Módulo II

UNIDADE CURRICULAR: GESTÃO ESTRATÉGICA DE RH
DISCIPLINAS:
- Recursos Humanos Estratégicos
- Avaliação e Desempenho

UNIDADE CURRICULAR: POLÍTICAS DE EVOLUÇÃO FUNCIONAL
DISCIPLINAS:
- Gestão de Benefícios
- Legislação Previdenciária
- Sistemas de Cargos e Salários

3º semestre - Módulo III

UNIDADE CURRICULAR: DESENVOLVIMENTO DE LIDERANÇAS
DISCIPLINAS:
- Recrutamento, Seleção e Treinamento
- Desenvolvimento de Equipes e Times de Trabalho

UNIDADE CURRICULAR: RELAÇÕES TRABALHISTAS E SINDICAIS
DISCIPLINAS:
- Negociação e Processo Decisório
- Segurança do Trabalho e Saúde Ocupacional
- Direito Trabalhista e Sindical

4º semestre - Módulo IV

UNIDADE CURRICULAR: AMBIENTE DE TRABALHO
DISCIPLINAS:
- Cultura e Clima Organizacional
- Qualidade de Vida no Trabalho

UNIDADE CURRICULAR: COMPORTAMENTO EMPREENDEDOR
DISCIPLINAS:
- Empreendedorismo
- Autodesempenho e Empregabilidade
- Auditoria em Recursos Humanos

Figura 5 – Grade Curricular do Curso Superior em Tecnologia em Gestão de Recursos Humanos.

O Novo Mundo do Trabalho

O estágio consta de atividades de prática pré-profissional, exercidas em situações reais de trabalho. Para a realização do estágio, a Faculdade manterá convênios com empresas públicas e privadas de Recife e região, para que seus alunos comecem a se familiarizar com o seu futuro ambiente de trabalho.

Para cada aluno é obrigatória a integralização da carga horária total do estágio, prevista no currículo do curso, nela se podendo incluir as horas destinadas ao planejamento, orientação paralela e avaliação das atividades.

O estágio poderá ocorrer em qualquer período do curso, desde que o aluno tenha adquirido os conhecimentos necessários para o desenvolvimento das atividades profissionais. No final do curso, deverá ser apresentado um Trabalho de Conclusão de Estágio – TCE – em forma de monografia, garantindo assim a diplomação prevista.

O Curso Superior de Tecnologia em Gestão de Recursos Humanos propõe 100 (cem) vagas totais anuais, em duas entradas, matrículas por módulo, com periodicidade semestral, para o turno noturno, divididas em 2 (duas) turmas de, no máximo, 50 (cinqüenta) alunos cada, com uma carga horária total de 1.760 (hum mil, setecentos e sessenta) horas, cuja integralização mínima será de 4 (quatro) semestres e máxima de 6 (seis) semestres.

As práticas pedagógicas previstas estimulam a construção do conhecimento através da utilização da interdisciplinaridade, de simulações, visitas técnicas, seminário e desenvolvimento de projetos.

Com o objetivo de valorizar a iniciação científica, dentro das atividades de pesquisa, a instituição terá como principais diretrizes:

- Despertar vocação científica e incentivar novos talentos potenciais entre estudantes de graduação;
- Proporcionar aos alunos de graduação possibilidades de pesquisa científica e tecnológica;
- Treinar alunos de graduação em unidades de pesquisa sob a supervisão do orientador;
- Garantir espaço para exposição e avaliação dos trabalhos de bolsistas de iniciação científica;
- Promover a apresentação de experiências de pesquisa e divulgação e atualização de trabalhos de iniciação científica, publicando resumos dos projetos apresentados;

- Sensibilizar a comunidade acadêmica com vistas a estimular uma maior articulação entre a pesquisa, o ensino e a extensão;
- Oportunizar o acompanhamento e a avaliação dos bolsistas de iniciação científica.

As atividades de extensão oportunizam, portanto, não apenas a retribuição social do conhecimento produzido, na academia, em favor da melhoria das condições materiais e culturais da comunidade, mas permite também o engajamento em práticas sociais solidárias e cooperativas, contribuindo na formação ética e na construção de um profissional cidadão.

Conclusões

Neste capítulo, a gestão de pessoas foi analisada quanto às suas habilidades e competências necessárias a sua inserção na empresa moderna e quanto à evolução dos conceitos e práticas. Verificou-se a tendência da área de recursos humanos em participar das decisões estratégicas das organizações, tornando-se um órgão de consultoria interna, voltado para os resultados finais da organização.

Para fazer um estudo da absorção do profissional de RH, buscou-se, através de pesquisa econômica, analisar as características do Estado, observando um crescimento do setor de serviços. Sabe-se que o fator humano tem um efeito crucial sobre a percepção, por parte de recebedor, da qualidade do serviço. As pessoas passaram a ser um diferencial competitivo.

Dessa forma, no cenário atual, a implantação do curso superior de Tecnologia em Gestão de Recursos Humanos vem preencher uma lacuna, visto que não existia, em Pernambuco, uma formação superior de profissionais na área, que abrangesse os mais diversos campos de atuação profissional.

Ana Regina Bezerra Ribeiro – Mestra em Engenharia de Produção pela Universidade Federal de Pernambuco, com especialização em Administração de Recursos Humanos pela Universidade Potiguar – RN e em Qualidade na Prestação de Serviços pela Universidade Regional do Rio Grande do Norte e graduação em Administração pela Universidade Federal do Rio Grande do Norte (anaregina@faculdademarista.com.br).

Referências Bibliográficas

BRASIL. Faculdade Marista. Credenciamento de Educação Tecnológica. *Autorização para o funcionamento do Curso Superior de Tecnologia em Gestão de Recursos Humanos*, versão final, Recife, 28/6/2003.

BRASIL. Ministério da Educação. Conselho Nacional de Educação. Câmara de Educação Básica. *Parecer 16/99*. Documenta, Brasília, nº 456, set. 1999b. Dispõe sobre as diretrizes curriculares para a educação profissional de nível técnico. Disponível em: <http://www.mec.gov.br>. Acesso em: 2 out. 2002.

BRASIL. Ministério da Educação. Conselho Nacional de Educação. Câmara de Educação Superior. *Parecer CES/CNE 0146/2002*, aprovado em 03/04/2002. Disponível em: <http://www.mec.gov.br/sesu/ftp/pareceres/14602DCEACTHSEMDTD.doc>. Acesso em: 2 out. 2002.

CHIAVENATO, I. *Como Transformar RH (de um Centro de Despesa) em um Centro de Lucro*. São Paulo, SP: Ed. Makron Books, 1996.

DUCCI, M. A. *El Enfoque de Competencia Laboral en la Perspectiva Internacional*. In: Seminário Internacional Formación Basada en Competencia Laboral: situación atual y perspectivas. México: CONOCER/OIT, 1996b.

DUTRA, J. S.; HIPÓLITO, J. A. M.; SILVA, C. M. *Gestão de Pessoas por Competências: o caso de uma empresa do setor de telecomunicações*. In: Encontro Anual da ANPAD, 22, 1998, Foz do Iguaçu. Anais... Foz do Iguaçu: ANPAD, 1998. (CD-ROM).

FLEURY, A.; FLEURY, M. T. *Aprendizagem e Inovação Organizacional*. São Paulo, SP: Ed. Atlas, 1995.

GIANESI, I. G. N.; CORRÊA, H. L. *Administração Estratégica de Serviços: operações para a satisfação do cliente*. São Paulo, SP: Ed. Atlas, 1996.

JORNAL DO COMMERCIO, Comércio e serviços crescem mais. Economia, Recife, 7 de março de 2004.

LEVY-LEBOYER, C. *Gestión de las Competencias*. Barcelona: Gestión 2000, 1997.

MOLLER, C. *O Lado Humano da Qualidade*. São Paulo, SP: Ed. Pioneira, 1992.

ORLICKAS, E. *Consultoria Interna de Recursos Humanos: Conceitos, Cases e Estratégias*. São Paulo, SP: Ed. Makron Books, 1998.

ZÚÑIGA, F. V. *Por qué Competencias Laborales?* Elementos claves a consider. Montevideo: Cinterfor, [s.d.] (Mimeograf.).

Conhecimento em RH:
Internet, uma Via???

Preliminares

Quando Samuel F. B. Morse, em 1844, enviou algumas palavras, via telégrafo, de Baltimore a Washington, iniciava-se uma revolução nas comunicações à distância, ampliada pelo telefone de Alexander Graham Bell (1876), pelo rádio de Guglielmo Marconi (1889) e pela primeira transmissão de TV da *British Broadcasting Corporation* (1937). As regiões do planeta revelavam suas grandezas e limitações numa velocidade jamais antes atingida. A *globalização* do mundo ampliava-se de modo irreversível.

Em 1962, num dos períodos mais efervescentes da guerra fria, onde as preocupações com uma guerra nuclear atingiram níveis quase paranóicos, um documento da *Rand Corporation*, intitulado *On Distributed Communications*, sugeria a implementação de um sistema de comunicação onde não houvesse núcleo central de coordenação, tampouco qualquer tipo de controle. A partir da aplicação do princípio da *redundância de conectividade*, as mensagens chegariam aos seus destinatários, ainda que alguma dificuldade impedisse as operações em alguns dos pontos intermediários. E a primeira rede tornou-se realidade. Surgiu a *ARPANET – Advanced Research Projects Agency Network*, com o apoio do Departamento de Defesa dos EUA. Já em 1971, várias universidades, instituições de pesquisa e organismos governamentais estavam interconectados, os principais nós de ligação sendo os das Universidades da Califórnia, de Utah, de Harvard e de Stanford, da Nasa e da Rand Corporation.

A consolidação das novas tecnologias ocorreu em 1972, na cidade de Washington, quando da realização da *First International Conference on Computer Communications*, instituindo-se naquela ocasião o *InterNetworking Working Group*, com a finalidade de discutir a criação de um protocolo de comunicação, inclusive com alguns outros países interessados, caso do Canadá, da França, do Japão, da Noruega, da Suécia e da Grã-Bretanha. As primeiras conexões internacionais da ARPANET ocorreram em 1973, com a Inglaterra e a Noruega.

Só para se ter uma idéia da evolução do número de computadores de grande porte interligados, o período 1981/1994 retrata os seguintes quantitativos: 213 (81), 562 (83), 1.961 (85), 28.174 (87), 159.000 (89), 313.000 (90), 617.000 (91), 1.136.000 (92), 2.056.000 (93) e 3.864.000 (94), um aumento de mais de DEZOITO MIL VEZES em apenas 13 anos. Atualmente, a soma de computadores pessoais é ampliada significativamente a cada dia, multiplicando-se as tecnologias de ponta e a velocidade da transmissão/recebimento de dados.

No Brasil, as iniciativas tiveram início em 1988, com três conexões dedicadas aos EUA, a partir da FACEP – Fundação de Amparo à Pesquisa do Estado de São Paulo, do LNCC – Laboratório Nacional de Computação Científica e da UFRJ – Universidade Federal do Rio de Janeiro. Já em 1988, o Ministério da Ciência e Tecnologia apoiou o lançamento da RNP-Rede Nacional de Pesquisa, hoje um instrumento de muita valia na área das ciências brasileiras.

Através da Internet pode-se ler notícias e documentos sobre milhares de assuntos, encontrar registros bibliográficos e fotografias, fazer novos amigos, discutir assuntos em grupos reservados e *importar* programas de domínio público de qualquer parte do mundo. Com a Internet reconfigura-se o mundo do trabalho, nichos mercadológicos são desbaratados, profissões desaparecem, novos profissionais emergem no setor produtivo, novos procedimentos comportamentais são requeridos, além de organizações com um mínimo de aparato burocrático, capazes de desaprender e reaprender com rapidez e efetividade.

O Ambiente Externo e o Contexto Brasileiro

A economia mundial apresenta, hoje, três grandes movimentos, na análise da economista Tânia Bacelar, ex-secretária de Planejamento, e depois da Fazenda, do Governo Miguel Arraes/Carlos Wilson: a *reestruturação produtiva*, a *globalização* e a *financeirização da riqueza*. No primeiro movimento, os setores que comandavam a economia no século XX não vão comandá-la no século atual, já devidamente instalado em nosso derredor, com as perplexidades provocadas pelos fundamentalismos de todos os naipes. No século XXI, o *complexo eletroeletrônico* será bem mais importante do que o *complexo metalmecânico*. Tal nova liderança acarretará profundas mudanças nos conceitos de organização e até alterações significativas em balizamentos ideológicos. As conseqüências de tais mudanças serão duas: deslocamentos rápidos da produção e profundas alterações nos perfis profissionais, com forte impacto na área de Recursos Humanos, atingindo estruturas, conteúdos, comportamentos e aspirações.

No segundo movimento, o da globalização, encontramos duas grandes áreas: a globalização da esfera produtiva e a globalização da esfera financeira. Em ritmos desiguais, posto que a financeira está muito mais globalizada, os meios de comunicação e a organização dos atores facilitando em muito uma crescente velocidade decisória.

Na *financeirização da riqueza*, geração de lucros fantásticos a partir de aplicações em títulos ou em ações em bolsa, ganhará mais quem melhor apreender os cenários futuros, incluindo a dinâmica migratória do capital financeiro.

Em relação ao Brasil, o pensamento da economista Tânia Bacelar é por demais cristalino:

> *"Na minha visão, o Brasil é um país muito importante, um país médio, mas de grandes potencialidades. Nós somos, com certeza, um exemplo de economia brilhante no século XXI. Se lembrarmos que este era um país agrícola em 1920 e a oitava base industrial do mundo em 1980, nos daremos conta do que este país é capaz de fazer."*

Os Profissionais de RH

Recomendaria, àqueles que ainda não atentaram para os efeitos multiplicadores da Internet, uma reflexão sobre a experiência biológica denominada *A Síndrome do Sapo Fervido*. Ela poderá sensibilizar o profissional RH para uma inadiável RPI – *Reengenharia Profissional Individualizada*, oportuníssima num competitivo cenário mercadológico, onde a *criatividade* torna-se fator indissociável da *competência* e do *compromisso* para com uma dinâmica organizacional que objetive um casamento, o mais perfeito possível, entre retorno positivo dos investimentos aplicados e satisfação profissional. A experiência biológica é a seguinte: *um sapo é colocado num recipiente, com água da sua própria lagoa, ficando estático durante todo o tempo em que a água é aquecida até ferver. O sapo não reage ao aquecimento gradual da temperatura da água, morrendo quando a água principia a ferver. O sapo morre inchadinho e feliz.*

Capítulo 3 – Conhecimento

Alguns profissionais de RH estão com um comportamento muito similar ao do Sapo Fervido. Não estão percebendo as mudanças que se estão processando velozmente, achando sempre que tudo está bem. E por não saberem *enxergar* que a era do paternalismo já principia a ceder lugar a uma época de muita profissionalidade, terminam fazendo um estrago dos diabos em suas próprias carreiras, *morrendo* inchadinhos, teimando em esconder o lixo debaixo do tapete ou não percebendo que *um pequeno buraco pode afundar um grande navio.*

Que procedimentos deveriam ser adotados para que uma Reengenharia Profissional Individualizada surtisse efeitos positivos, beneficiando desempenho pessoal e organização? Algumas posturas individuais muito contribuiriam para a superação dos ibopes profissionais negativos de cada um. Ei-las:

a) *Comece por pequenos gestos, mas comece, enfatizando a descoberta de novos caminhos;*

b) *Lembre-se sempre de que o valor maior está no envolvimento pessoal, no relacionamento e na influência para fazer as coisas acontecerem;*

c) *Jamais se deixe iludir pela sensação de ser apenas uma agulha no palheiro;*

d) *Uma cabeça estratégica é bem melhor do que uma saudosista;*

e) *Experimente dar o primeiro passo;*

f) *Evite gastar todo o seu gás, cansando-se antes de dar o primeiro passo;*

g) *Observe com mais atenção o que está acontecendo no seu derredor, descobrindo as incomensuráveis potencialidades dele.*

As *dicas* acima possuem embasamento teórico em alguns *mandamentos sagrados*. Um refletir serenamente autocrítico sobre cada um deles, a seguir listados, seguramente fortalecerá o interior técnico-comportamental de cada um:

a) *O que nos faz sobreviver e nos manter interessados, como espécie humana, é o hábito de aprender;*

b) *O segredo para uma profissionalidade contemporânea é a percepção plena de que somos eternamente inconclusos;*

c) *Realizam mais coisas as pessoas que aprenderam a pensar regularmente;*

d) *O verdadeiro aprendizado é aquele consubstanciado numa voraz curiosidade, vivenciada nas oportunidades surgidas;*

e) *Sozinhos jamais lidaremos com a Vida e com o Mundo;*

f) *É sempre muito sensato pedir as graças de Deus, posto que ELE é inteligente e sabe muito mais do que nós;*

g) *Uma auto-estima deficiente somente favorece o surgimento, no seu lugar, de pernósticos e pusilânimes especialistas;*

h) *O sucesso é um conjunto integrado de várias coisas ao nosso alcance, todas elas abordadas de maneira correta;*

i) *A função de toda administração é fazer com que todos sejam bem-sucedidos;*

j) *Difícil é reconhecer de pronto um arrogante, posto que ele não mostra esse tipo de comportamento para aqueles que são importantes para ele, principalmente superiores hierárquicos.*

Finalmente, alguns balizamentos ajudam a refletir melhor sobre procedimentos profissionais, num dia-a-dia cada vez mais desafiador:

a) *Manter sempre uma atitude crítico-construtiva;*

b) *Entender que só aprende quem tem dúvidas;*

c) *Desconfiar positivamente de todos os seus atos e princípios;*

d) *Estar seguro de que quanto mais preparado, mais claras serão as suas idéias;*

e) *Buscar aprender com os outros, comprovando possuir uma inteligência apreendedora;*

f) *Perceber que só desinformados e tolos caem no conto da varinha mágica;*

g) *Desconfiar dos donos da verdade e dos que se imaginam saber tudo;*

h) *E jamais esquecer que uma das melhores formas de aprender é errar.*

No mais, é continuar seguindo adiante, injetando sempre anticorpos nos estilos pessoais de aprender e apreender. E como o volume dos conhecimentos está duplicando a cada quatro anos, RH profissionalizado é aquele que aprende a desaprender com facilidade, para aprender um pouco mais, usando sua intuição criadora para promover o crescimento da organização e das pessoas que nela trabalham.

Os Desafios dos Amanhãs Cada Vez Mais Complexos

Sejam relembradas três afirmações do filósofo Ludwig Wittgenstein – 1889-1951 –, *uma personalidade dominadora, intelecto de primeira linha, que transbordava autoconfiança e conseguia encantar os pássaros de uma árvore*, segundo biografia sucinta escrita por Paul Strathern[4], em finais do século passado. Balizam elas, sem muitos arrodeamentos metafóricos, as intenções deste pequeno texto, elaborado sem qualquer furor academicista. São elas:

a) *"O talento é uma fonte da qual constantemente brota água fresca. Mas esta fonte, se não for usada de uma maneira correta, perde seu valor"*;

b) *"Uma boa parábola refresca o entendimento"*;

c) *"É difícil indicar um caminho para um míope"*[5].

Relembre-se ainda, aqui, o poeta português Fernando Pessoa[6], quando dos seus posicionamentos mais lúcidos, apropriadas cutucações nos despertados incompletamente: *"O provincianismo vive da inconsciência; de nos supormos civilizados quando não o somos, de nos supormos civilizados precisamente pelas qualidades por que o não somos. O princípio da cura está na consciência da doença, o da verdade no conhecimento do erro. Quando um doido sabe que está doido, já não está doido. Estamos perto de acordar, quando sonhamos que sonhamos."*

Para todos, entretanto, deve ser recordada a oração feita por um Prêmio Nobel da Paz 1964, Martin Luther King, seguramente um texto muito aplaudido, uma postura cidadã eivada de inquebrantável compromisso para com a Criação:

---

[4] *Wittgenstein em 90 Minutos*, Rio de Janeiro, Jorge Zahar Editora, 1997.
[5] Extraídas do livro *Cultura e Valor*, Lisboa, Edições 70, 1996.
[6] Considerado, hoje, um dos maiores gênios da língua portuguesa.

> *"Hoje, nesta noite do mundo e na esperança da Boa Nova, afirmo com audácia minha fé no futuro da humanidade. Nego-me a concordar com a opinião daqueles que acreditam que o homem é, até certo ponto, cativo da noite sem estrelas, do racismo e da guerra, e que a radiante aurora da paz e da fraternidade jamais será uma realidade. Creio firmemente que, mesmo entre os obuses que atiram e canhões que ressoam, permanece a esperança de um radiante amanhecer. Atrevo-me a acreditar que um dia todos os habitantes da Terra poderão ter três refeições por dia para a vida do seu corpo, educação e cultura para o aprimoramento de seu espírito, igualdade e liberdade para a vida de seu coração. Creio também que um dia toda a humanidade reconhecerá em Deus a fonte do seu amor".*

Bibliografia Para Uma Desconstrução/Reconstrução

As referências bibliográficas, citadas a seguir, somente terão valia para aqueles que se percebem uma *metamorfose ambulante*, *à la* Raul Seixas, menestrel baiano hoje integrado à eternidade. Para os donos da verdade, os sósias e os sócios de Deus, os que se imaginam sempre *up-to-date* e os que nunca tropeçaram, as indicações seguramente serão classificadas de não-técnicas. Sentindo-se absolutamente corretos na conclusão, eles somente reconhecerão o atoleiro onde se meteram quando não assimilarem na devida conta os instrumentos cognitivos requeridos por uma pós-modernidade já instalada entre nós, sem que os ontens tenham sido retirados de cena. Infelizmente, ao despertarem, nenhuma influência, na área de RH, poderão mais exercer, posto que saltimbancos despossuidores de competência e criatividade contemporâneas.

Recordando John Maynard Keynes sobre como deveria ser um bom profissional:

> *"Deve ser, de alguma forma, matemático, historiador, homem de Estado, filósofo, compreender os símbolos e falar com as palavras, contemplar o particular a partir do geral e abordar o abstrato e o concreto no mesmo vôo do pensamento. Deve estudar o presente à luz do passado e com o olhar no futuro. Nenhuma parte da natureza humana nem de suas instituições deve ficar fora de sua mirada. Deve ser, ao mesmo tempo, tenaz e desinteressado, distante e incorruptível como um artista e, não obstante, em certas ocasiões, ter os pés na terra como um político".*

Diante da impossibilidade de encontrar um que preencha todos os requisitos anteriormente citados, integremo-nos aos aperfeiçoamentos através de equipes transdisciplinares, aplicando os princípios do pensamento complexo e dando plena razão a Heráclito: o fator mais importante é a mudança.

Fernando Antônio Gonçalves – Economista, ex-pesquisador da Fundação Joaquim Nabuco, professor titular da Universidade de Pernambuco, professor adjunto IV da UFPE, Mestre em Planejamento de Recursos Humanos, ex-secretário de Educação, Cultura e Esportes de Pernambuco, ex-presidente do Conselho Estadual de Cultura do Estado de Pernambuco e do Conselho Municipal de Cultura, ex-presidente do Instituto de Administração e Tecnologia da Universidade de Pernambuco, ex-vice-presidente da ABRH-Nacional, consultor na área de desenvolvimento gerencial (fer.gon@terra.com.br).

Referências Bibliográficas

BALTHASAR, Gracián. *A Arte da Sabedoria Mundana*. São Paulo, SP: Ed. Best-Seller, 1992.

EINSTEIN, Albert. *Escritos da Maturidade*. Rio de Janeiro, RJ: Ed. Nova Fronteira, 1994.

FROMM, Erich. *Ter ou Ser?* Rio de Janeiro, RJ: Ed. Zahar, 1977.

GASSET, José Ortega Y. *A Rebelião das Massas*. São Paulo, SP: Ed. Martins Fontes, 1987.

JOSEP, Ramoneda. *Depois da Paixão Política*. São Paulo, SP: SENAC, 2000.

MUSHASHI, Miyamoto. *O Livro de Cinco Anéis*. Rio de Janeiro, RJ: Ed. Ediouro, 2000.

PASCAL, Ide. *A Arte de Pensar*. São Paulo, SP: Ed. Martins Fontes, 2000.

RAYMOND, Smullyan. *Alice no País dos Enigmas*. Rio de Janeiro, RJ: Ed. Zahar, 2000.

SAMPSON, Anthony. *O Homem da Companhia*. Companhia das Letras, 1996.

SANTOS, Milton. *Por uma Outra Globalização (do pensamento único à consciência universal)* Rio de Janeiro, RJ: Ed. Record, 2000.

WEBER, Max. *A Ética Protestante e o Espírito do Capitalismo*. São Paulo, SP: Ed. Pioneira, 1999.

ZELDIN, Theodore. *Uma História Íntima da Humanidade*. Rio de Janeiro, RJ: Ed. Record, 1997.

A Força da Transformação do Conhecimento

Na complexidade das organizações as pessoas são os agentes de transformação. Através de sua interação tomam decisão e realizam mudanças que interferem no sujeito e no coletivo em todas as dimensões. A faculdade do livre arbítrio confere aos agentes o poder de transformação singular do espaço de produção. Os agentes com seus conhecimentos fazem a gestão do capital intelectual e decidem quando devem reproduzi-lo, multiplicá-lo, omiti-lo, repassá-lo e gerar a transformação para o bem ou para o mal-estar das organizações.

Em contrapartida, há gestores empresariais com a tendência, nos dias atuais, de afirmar que: "as pessoas são nosso maior ativo". Poucos praticam e acreditam verdadeiramente nisso. O pressuposto implícito e, às vezes, explícito é que eles precisam mais de nós e nós devemos "cuidar" para que façam seu papel sem desperdício de recursos e com plena capacidade produtiva – zelo pelo patrimônio intelectual e de conhecimento da organização. O que ocorre na realidade é que as organizações são influenciadas por seu capital intelectual, devidamente articulado e cônscio de seu conhecimento; apoderam-se de e geram uma rede de relacionamentos e troca, influenciando o meio e alterando o foco do sujeito em relação ao objeto, passando a construir e transformar as realidades do mundo empresarial.

O conhecimento está relacionado diretamente com o sujeito e o objeto. Para a consciência natural, o conhecimento aparece como uma determinação do sujeito pelo objeto. Tornando-se fundamental identificarmos onde se encontra a solução do problema sujeito-objeto retrocedendo ao absoluto, aos princípios das coisas, e determinarmos a partir daí as relações entre ser e pensamento.

Temos que considerar que esse processo é lento e acontece de forma subjetiva para cada indivíduo. Mesmo assim as pessoas têm pressa e querem que o conhecimento seja tácito ou que no mínimo seja imediato. Já as organizações se apropriam do conhecimento como se fosse um bem tangível e que elas têm que tocá-lo, avaliá-lo e controlá-lo, como fazem com seus bens e serviços. A pessoa foi pensada antes e junto com o conhecimento. Partiu-se do conhecimento do homem para saber da sociedade e das organizações.

Essa verdade nos inspira a refletir sobre a capacidade humana de transformar o pensamento em ação e a intenção em realidade. Mais das vezes a ação gera conseqüências para os agentes e o meio em que está relacionado, gerando insatisfação, frustração, alteração no curso da ação – mudanças interna e externa ou mesmo gerando satisfação, sucesso e confirmação da ação como reforço ao comportamento positivo – sucesso psicológico e profissional.

Já as transformações mentais demoram e não são fáceis. Algumas pessoas no Ocidente, onde a tecnologia é tão boa, pensam que tudo é automático. Não devemos esperar que essa transformação espiritual ocorra dentro de um curto prazo. Isso é impossível. Não deixem de pensar nela e façam um esforço constante; e depois de um ano, cinco, dez, quinze anos, vocês acabarão descobrindo alguma mudança. Eu às vezes me pego olhando o passado para descobrir o quanto essa prática gerou de alteração para alicerçar o presente e interferir no meu futuro. No entanto, realmente acredito que essa prática é extremamente útil, como referencial de desenvolvimento pessoal e consciência da contribuição para a organização.

Percebo que com o aumento da força interior é possível desenvolver a firme determinação; e, com a determinação, há uma chance maior de sucesso, não importa quais sejam os obstáculos. Por outro lado, se sentimos hesitação, medo e falta de confiança em nós mesmos, muitas vezes acabamos desenvolvendo uma atitude pessimista. Considero que essa é a verdadeira semente do fracasso. Portanto, mesmo no sentido convencional, a compaixão é muito importante para um futuro bem-sucedido.

Lotze afirma em seu programa filosófico: *"A essência das coisas não consiste em pensamentos, e o pensar não está em posição de compreendê-la. O espírito todo, no entanto, em outras formas, talvez, de sua atividade e de sua emotividade, vive o sentido essencial de todo ser e de todo agir. O pensamento serve-lhe, então, como meio para dotar o vivido daquela coesão exigida por sua natureza e para experimentá-lo tanto mais intensamente quanto mais forte essa coesão se torna. São erros muito antigos que se opõem a esse modo de ver(...) A sombra da Antigüidade, sua desastrosa supervalorização do logos, ainda se estende amplamente sobre nós e não nos deixa constatar, nem no real, nem no ideal, aquilo que faz com que ambos sejam mais do que a razão em sua totalidade".*

Hoje, as organizações estão desejando os recursos naturais do conhecimento humano, a inteligência, a imaginação e a eficácia para atingir resultados. Por isso o homem que emprega seu cérebro no trabalho ao invés de sua força muscular ou de suas habilidades manuais está cada vez mais sendo procurado para contribuir com o desenvolvimento da organização. Porém o trabalhador do conhecimento necessita de ambiente favorável para a sua participação. Ambiente que seja repleto de confiança, respeito e reconhecimento. Assim as organizações terão a contribuição sincera, ampla e irrestrita do seu capital intelectual.

De fato, quando o trabalhador do conhecimento fornece à organização o seu capital intelectual, na verdade ele está buscando a felicidade e a realização. O essencial é que quer a felicidade e não quer dor e sofrimento. Por esse raciocínio, temos todo direito à felicidade e a usar meios e métodos diferentes para superar o sofrimento e levar vidas mais felizes. Vale a pena refletir seriamente sobre as conseqüências positivas e negativas desses métodos. Deveríamos ter consciência de que existem diferenças entre, de um lado, interesses a curto prazo e, do outro, interesses e conseqüências a longo prazo.

O que observamos na relação de trabalho é a dualidade do sujeito que fica dividido entre eu me dedico integralmente e transformo a organização ou eu me dedico para meu desenvolvimento e transformação pessoal e profissional, focado no mercado. Nossa experiência revela que as organizações perceberam a dualidade e criaram mecanismos para controlar o *turnover* do conhecimento. Disseminando a prática do sombra, coach, mentory e disciplinando a rede de conhecimento. Isso pode vir a frustrar o sujeito ou a organização – ele por sentir-se manipulado e ela por sentir-se lesada. Acredito que a maior força pode estar na atitude que as organizações assumem diante do outro e do outro para com os seus semelhantes. Usando a coragem e quando maior ela for menos desânimo e mais força e coragem para superar os desafios de aprender a desaprender, construir novos conhecimentos, adaptar-se às mudanças e fazer o diferencial para continuar modificando a si mesmo e ao mundo organizacional.

Capítulo 3 – Conhecimento

Com o aumento da força interior, é possível desenvolver a firme determinação e, com a determinação, há uma chance maior de sucesso, não importa quais sejam os obstáculos. Por outro lado, se sentimos hesitação, medo e falta de confiança em nós mesmos, muitas vezes acabamos desenvolvendo uma atitude pessimista. Considero que essa é a verdadeira semente do fracasso. Portanto, mesmo no sentido convencional, a compaixão é muito importante para um futuro bem-sucedido, afirma o Dalai-Lama.

Entender que as organizações são sistemas vivos por existir o sujeito como agente alavancador no processo de desenvolvimento do conhecimento organizacional nos leva a acreditar que a parceria entre organização como espaço de laboratório e o sujeito como cientista da ação favorece a autogestão do conhecimento.

John Archibald Eheeler diz: *"Penso que tem de haver, no fundo de tudo, não uma equação, mas uma idéia extremamente simples. E para mim essa idéia, quando por fim a descobrirmos, será tão convincente, tão inevitável, que diremos uns aos outros: Que maravilha! Como poderia ter sido de outra maneira?"*

As organizações necessitam se perpetuar, diante de tanta transformação tecnológica e a aprendizagem surge como um processo de preparação das pessoas para permanente transformação do conhecimento e da mudança por meio da alteração em seus modelos mentais.

O processo de aprendizagem na conversão de conhecimento pode estar na formação de redes, alianças, parcerias, P&D, dentre outros, com a finalidade de agilizar o ciclo de inovação tecnológica e organizacional.

Evidencia-se que a aprendizagem deve ser gerida como processo, passando a ser uma variável importante para a gestão do conhecimento e dando origem à Organização do Conhecimento, sem deixar de considerar que as organizações são sistemas abertos, dinâmicos e com interação com o meio ambiente interno e externo e as pessoas. Para isso é fundamental manter a visão sistêmica dos colaboradores e do mercado. Assim a compreensão do modelo mental, composto por crenças, valores, pressupostos das pessoas que fazem a organização, ajuda a autogestão de suas estratégias de ação e maior monitoramento das conseqüências, bem como aprendizagem em ciclo duplo – aprender com o erro e reaprender.

O ambiente organizacional propício ao conhecimento é repleto de confiança, valorização, respeito, sinceridade, troca, inovação, ajuda e baixa defensividade. Assim os agentes, sujeitos da transformação e transformadores dos ambientes, estarão motivados, integrados e contribuindo significativamente para o sucesso e a felicidade dele e da organização.

O agente quer e precisa da felicidade para a plenitude de sua realização e bem-estar.

O conhecimento permite a descoberta de um mundo interior repleto de possibilidades e de um mundo exterior capaz de permitir experimentar toda a sua descoberta.

Permita-me concluir o texto usando a frase de Arthur Eddington: "A matéria-prima do universo é a matéria-prima da mente". Portanto, somos o que pensamos. Chegamos aonde queremos ficar. E mudamos quando achamos que já é hora.

Henilda Suely da Cruz Silveira – Psicóloga, Pós-Graduada em Administração de RH e Metodologia de Ensino Superior pela FCAP com formação de consultora em Aprendizagem Organizacional. Tem MBA em Planejamento de Gestão Organizacional pela FCAP/UPE. É docente da FCAP no Curso de Pós-graduação de Administração de Marketing. É sócia-diretora da Kriterion. (henilda@kriterion.com.br)

Quem Não se Comunica...

Não faz muito tempo, era comum um visitante entrar no recinto de alguma empresa e encontrar, afixado no quadro de avisos, geralmente no refeitório ou num local de fácil acesso, um cartaz com os seguintes dizeres: "Não converse. Trabalhe". Outros informavam que "Tempo é dinheiro". Outros mais engraçadinhos colocavam na sala do chefe: "Silêncio. Gênio pensando". Essa forma tosca de comunicação, utilizada à larga durante dezenas e dezenas de anos, dá a impressão, vista à luz de hoje, de que era um recurso a que recorriam empresas pouco profissionais. Puro engano. Durante muitos anos as grandes corporações empresariais se negaram a discutir qualquer política de comunicação interna – entendiam sempre que isso era "invenção acadêmica da área de recursos humanos", preferiam despender esforço e capital – quando o faziam – na sua comunicação externa, quase sempre institucional ou mercadológica, mas conduzida por uma agência de publicidade e propaganda.

A imprensa brasileira, a partir do final da Segunda Grande Guerra, foi fortemente influenciada pelo modelo norte-americano, que difundiu a filosofia do "lead" e do "sublead", uma maneira prática de contar uma notícia nas 10 primeiras linhas de um texto. A publicidade brasileira não ficou atrás: guiou-se também pelas grandes multinacionais da propaganda, algumas aqui instaladas – como a McCann-Erickson, por exemplo – para cuidar das contas de clientes igualmente multinacionais, como Esso, Shell, Bayer, Squibb e outras grandes corporações.

Pois foi a partir daí, dessa influência externa, que as empresas brasileiras passaram a ver, com outra visão, a questão da intracomunicação e a necessidade não apenas de "falar pra fora", mas igualmente de criar políticas capazes de aprofundar as relações internas entre seus servidores, de modo a estimular uma emulação positiva onde todos se sentissem responsáveis pelo êxito final.

As primeiras formas adotadas de comunicação interna nas empresas – mesmo as de grande porte – foram os "jornais murais", quase sempre afixados nos salões de refeitório, quando haviam, e produzidos amadoristicamente por alguém com um certo pendor de liderança e gosto pela criação, quase sempre ligado ao Departamento de Pessoal e, mais tarde, às gerências de Recursos Humanos. Esses "murais" registravam os aniversariantes do mês, os índices positivos no controle de acidentes do trabalho, traziam pequenos anúncios de quem queria vender ou comprar alguma coisa, falavam de transferências internas e de promoções, quase nunca falavam de desligamentos. Era uma forma tosca, rudimentar, de comunicação interna, mas revelava que havia uma necessidade adormecida de melhor interação entre os diversos setores da empresa, especialmente daquelas maiores e mais departamentadas, onde predominava o grupismo e até mesmo a rivalidade entre os que compunham as atividades-meio em contraponto com as atividades-fim.

Do jornal mural – e ainda sob influência norte-americana – evoluiu-se para o "house-organ", os pequenos jornais internos feitos para circular preferencialmente entre os funcionários, embora parte fosse distribuída também com fornecedores e clientes preferenciais.

Esses jornais internos já demonstravam maior sofisticação, exigiam a presença de um profissional de jornalismo para sua elaboração, eram feitos de forma planejada e abrangente, tinham uma "pauta" pré-elaborada e a missão precípua de valorizar as conquistas internas da empresa e dos funcionários.

Um bom exemplo de "house-organ" que durante muito tempo cumpriu fielmente o seu papel foi produzido pela Alcoa, a multinacional do alumínio com fábricas espalhadas por várias partes do país.

Na fábrica de Pernambuco, por exemplo, com sede em Itapissuma, o jornal interno da Alcoa tinha algumas seções fixas que eram avidamente procuradas pelos leitores: segurança no trabalho era uma delas. Como as áreas de produção de laminados e extrudados eram consideradas áreas de risco, disputava-se internamente quem atingia maior número de dias sem registro de acidentes. Medicina do trabalho, preservação ambiental, promoções internas, desenvolvimento de produtos, intercâmbios entre as várias unidades industriais do país, estágios na matriz da empresa, em Pittsburg, Pensylvannia – tudo isso era registrado no "house-organ" da Alcoa, criando um clima de cooperação e auto-estima que se traduzia nos índices de produtividade da empresa.

Cito este exemplo da Alcoa por ter acompanhado, como consultor de imprensa de uma grande agência de propaganda que cuidava de sua imagem, o desenvolvimento desse projeto, que ficava diretamente ligado a uma diretoria de relações institucionais, com total apoio do setor de Recursos Humanos da empresa. Mas, a evolução da comunicação interna nas empresas caminhou muito – e em todos os sentidos –, quando elas descobriram o quanto ganham em produtividade, motivação, respeito e satisfação dos seus funcionários a partir do momento em que o jogo é jogado de maneira aberta, transparente e cordial, suprimindo as barreiras que dificultam o entendimento.

Hoje, são comuns os seminários em início de temporada, envolvendo os mais diversos setores das empresas – quando se discutem desde o foco do negócio à necessidade de interação com o público. O que é isso, senão uma forma salutar de comunicação?

Há atividades que, pela sua característica, nem sempre são bem vistas pelos olhos da sociedade. A indústria do tabaco é uma delas.

A British Tobacco Company – uma das maiores empresas fumageiras do mundo, controladora, no Brasil, da Companhia de Cigarros Souza Cruz – não tem qualquer dúvida de que, no mundo ocidental, as campanhas contra o fumo serão cada vez mais difundidas, e que a guerra ao cigarro não sofrerá tréguas.

Em nenhum momento, no entanto, a BTC procurou negar que o cigarro faz mal à saúde, embora cite exemplos, também, de grandes tabagistas que tiveram vida longa, entre eles Sir Winston Churchill, que jamais abandonou o seu indispensável charuto.

Há cerca de três anos a BTC reuniu, em Havana, jornalistas de quase 20 países, para participarem, junto com executivos de suas fábricas – inclusive da que mantém em regime de *joint-venture* com o governo cubano – de um seminário cujo título era "A Vida – Prazeres e Riscos". Entre os convidados, na condição de palestrantes, estavam um alpinista que havia escalado o Monte Everest, um jornalista colombiano seqüestrado por guerrilheiros das FARC, um especialista em caça submarina, entre outros. O que a BTC queria mostrar com isso? Que essas pessoas, mesmo correndo riscos, se sentiam felizes com o que faziam: tinham prazer na aventura e no perigo. Um contraponto para dizer que o cigarro era também uma fonte de prazer.

Para que isso seja "vendido" ao público externo é preciso, antes de mais nada, que o público "interno" tenha consciência da mensagem. Nenhum executivo da BTC, mesmo os não-fumantes, jamais tentou convencer os jornalistas de que o cigarro não faz mal à saúde; apenas de que ele proporciona prazer, assim como o uísque, a cerveja, o vinho – que consumidos sem moderação geram dependência e provocam doenças hepáticas.

Da mesma maneira como tenta, sem forçar a barra, conquistar a simpatia do público externo, a BTC tem grande preocupação com a sua comunicação interna. Realiza seminários para seus executivos, quase sempre com a presença de especialistas em mídia, cuja finalidade primordial é criar uma linguagem uniforme em defesa dos interesses da corporação.

Vê-se, por aí, que as empresas realmente profissionais não prescindem de uma estruturada política de comunicação interna – quase sempre determinada pelas instâncias superiores das corporações. Ao mesmo tempo que os departamentos de vendas, ou de marketing, se esforçam na conquista e preservação de fatias do mercado onde atuam, as áreas de Recursos Humanos ou de Comunicação Corporativa seguem juntas, motivando e informando o público interno, deixando todos conscientes de que o maior pecado de uma empresa é a desinformação. Até porque, como diz o adágio popular, "uma meia-verdade faz mais estragos do que uma mentira inteira".

Ivanildo Sampaio – Jornalista e Diretor de Redação do Jornal do Commercio, em Pernambuco (sampaio@jc.com.br).

A Construção do Saber Humano:
Uma Gestão do Conhecimento

"Ainda padecemos da vergonha da guerra, da vergonha sem apelo e sem desculpa de nos matar, de vender armas uns aos outros e de nos incitar mutuamente ao ódio. Se quisermos, se tivermos a coragem de direcionar melhor nossa liberdade, podemos despachar a guerra para a pré-história da humanidade. Só os governos mundiais, que garantam uma lei democraticamente elaborada pela inteligência coletiva, poderão estabelecer a paz universal. A guerra, de agora em diante, representa um atraso cultural. Na civilização da inteligência coletiva, a agressividade humana poderá ser sublimada na competição econômica ou em mil espécies de guerrilhas informacionais e conflitos virtuais, mas uma justiça mundial tornará o assassinato definitivamente ilegal. Uma vez estabelecida a paz, talvez a dolorosa questão da miséria material e espiritual possa ser resolvida. A paz e a liberdade são as condições *sine qua non* para a prosperidade: as condições não do fim da história, mas da história do aprofundamento da inteligência coletiva. E da construção de uma comunidade estendida a toda a humanidade" (Pierre Lévy)[7].

Histórico

Na segunda metade da década de 80, um americano, Peter Senge, e um sueco, Karl Syeiby, iniciam quase simultaneamente, e sem um saber dos estudos do outro, um movimento de pesquisa sobre aprendizagem organizacional e a mensuração dos ativos que não eram considerados na contabilidade da organização, mas que influíam no valor real da empresa. Enquanto Senge publica o livro *A Quinta Disciplina*, clássico mundial da literatura organizacional, Syeiby publica *The Know How Company*, em que fala sobre a gestão dos ativos intangíveis das organizações.

---

[7] Pierre Lévy leciona na Universidade de Québec, Canadá.

A Quinta Disciplina enfoca o objetivo do ser humano na vida, que é o aprender, o experimentar. No início da década de 90, ambos passam a desenvolver congressos e encontros com executivos de grandes corporações, alastrando a idéia das organizações aprendizes. Em 1994, Senge lança *A Dança das Mudanças*, em que fala dos desafios que enfrentam as empresas que aprendem. A partir daí, a expressão *Knowledge Management*, ou Gestão do Conhecimento, passa a ser inserida no vocabulário dos estudiosos das organizações e dos executivos antenados com esta época de profundas mudanças.

Este movimento estimula o criativo e o novo. Desta maneira, podemos considerar a *criatividade* e a *inovação* como aspectos fundamentais da organização sensível a essa turbulência. Hoje, as pessoas que trabalham em organizações aprendizes relacionam-se entre si e têm um conhecimento mais profundo das empresas das quais fazem parte. São pessoas que, incentivadas pela organização e pela visão de aprendizagem contínua e permanente, buscam *aprender a aprender*, trabalhar em grupo e colaborativamente, conhecer os fenômenos dos grupos, valorizar a diversidade e superar as diferenças individuais, resolvendo os conflitos naturais do cotidiano.

A aprendizagem contínua e permanente é responsável pela manutenção da vida ativa do cérebro, e de suas conseqüentes saúde e longevidade, o que interessa tanto às pessoas como às organizações que estimulam esta atividade constante.

O que é

Conhecimento é saber buscar a informação correta, saber refletir sobre tal informação, e saber usar esta informação para benefício próprio – ou para a organização, o grupo e os pares. Também podemos definir este conceito como sendo a capacidade de integrar novos conhecimentos aos conhecimentos já existentes, de maneira a favorecer uma aplicação eficaz deste conhecimento – tanto no cotidiano pessoal como no profissional.

Nesse momento, nos parece importante enfatizar que estamos vivendo na sociedade da informação, e não na sociedade do conhecimento. Existem milhões, bilhões de informações em todos os lugares – na rede, na sociedade, no mundo. A informação está disponível; o conhecimento, não. O conhecimento é a informação significativa, elaborada, pensada e bem aplicada/usada.

Desta forma, a definição de *Gestão do Conhecimento* se vincula ao *aprender a aprender, aprender a ser* e *aprender a fazer*, como enfatiza o Relatório Delors (1996), sobre a Educação. Gestão do Conhecimento é a organização de todo conhecimento. A divulgação/expressão do conhecimento, de forma adequada e na situação planejada, gera novas reflexões e novos conhecimentos.

O capital informacional das organizações está contido em bases de dados, em documentos e em registros diversos; o capital cognoscitivo está presente nos procedimentos, nos processos escolhidos para realizar determinadas tarefas e, especialmente, no conteúdo de experiências e de competências das pessoas que formam a instituição.

Peter Drucker, um dos gurus em consultoria organizacional no mundo, afirma que "conhecimento é o fator mais importante na economia da informação e reside essencialmente nas mentes dos trabalhadores".

O estímulo é para ver o conhecimento como forma de ampliar aspectos referentes aos negócios próprios de cada organização. Como os processos podem ser enriquecidos com as experiências, as pesquisas, os estudos, as inovações e a criatividade. Neste caso, aspectos como o conhecimento do mercado, da clientela e do uso apropriado da tecnologia podem beneficiar a organização em sua missão.

Naturalmente, à medida que a inovação e a competência são estimuladas, através da constante troca de saberes, a tendência será a de que todos os envolvidos na organização – diretores, gerentes, executivos, profissionais de recursos humanos, informática, compras, vendas, financeiro – se sintam motivados a ampliar esta dinâmica, dentro de uma perspectiva transdisciplinar.

Assim, parece fundamental a criação de um ambiente oxigenado e aberto ao aprender, que estimule a troca do conhecimento e a aplicação prática deste saber socialmente/conjuntamente construído.

A Gestão do Conhecimento também observa o processo de inovação, com cuidado e com um olhar apurado sobre as tendências, seja em aspectos referentes à tecnologia e sua permanente evolução; seja sobre a legislação e sua dinâmica; seja sobre as formas de comportamento, que vão mudando de acordo com a evolução da humanidade.

As Pessoas e a Gestão do Conhecimento

Dentro de uma organização, a situação ideal é a de que todos estejam envolvidos no processo de Gestão do Conhecimento – direção e trabalhadores de todos os níveis. Este envolvimento pode facilitar o comprometimento ativo das pessoas, principalmente se elas sentirem os vínculos profissionais de maneira mais horizontal do que vertical, como um grande grupo que trabalha com objetivos comuns. Para isso, é necessário estabelecer e manter constantes conversações, explicações, esclarecimentos e informações. A comunicação organizacional necessita de transparência, de eficácia e de respeito.

Gerenciar este processo exige uma função de liderança exercida com abertura a aspectos emocionais, técnicos, cognitivos e comportamentais bem integrados. Afinal, as organizações são compostas de gente, de pessoas. É importante considerar a individualidade, a complexidade, a diversidade, o gênero e os jeitos dos integrantes dessas organizações. Este estímulo/incentivo pode fazer a diferença. A motivação pode ser o combustível da participação, da atenção, da busca constante e efetiva por alternativas criativas para os obstáculos do cotidiano. Se a organização proporciona tempo e investimentos para a troca permanente entre as pessoas, departamentos, clientes e fornecedores, o resultado é uma dinâmica geradora de conhecimentos, de desenvolvimento pessoal e profissional e de bem-estar geral. O sentimento de pertencer a grupos e a ambientes, com uma dinâmica de crescimento e de desenvolvimento, facilita mudanças, trocas e compartilhamentos, onde todos se desenvolvem. É a lei dos grupos.

A Liderança e a Gestão do Conhecimento

Alguns dos aspectos que o líder necessita ter e desenvolver com seu grupo se referem ao respeito com o outro, à empatia, à comunicação clara e sadia, à confiança, à motivação constante para o aprendizado. É importante ressaltar que a visão de aprendizado contínuo e permanente deve permear a organização toda, pois este é um dos pilares educativos da atualidade. Aprender sempre. Toda a vida. Acabou-se a época em que aprender terminava com o título de graduação que recebíamos.

A Gestão do Conhecimento deve ser estrategicamente observada como uma escada, e não como um degrau desta escada. Ou seja, ela deve ser incorporada como uma forma de vida, e não como uma atividade momentânea.

Toda a organização deve compreender que esta é uma nova forma de vida e de desenvolver uma empresa.

Para tanto, se faz necessário que os líderes possam agir na direção de integrar as pessoas/grupos e de construir conjuntamente o conhecimento, permitindo que as idéias e experiências individuais possam ser disponibilizadas para circular livremente, sem entraves e engessamentos, objetivando o desenvolvimento do todo.

Enfatizamos a necessidade de atualização e formação constante dos gerentes e líderes, além da busca do autoconhecimento e da sintonia com seu interior e com seus valores, favorecendo a liderança pelo exemplo, sem qualquer espaço para formas autoritárias. A comunicação deve ser aberta, transparente, clara e da forma mais horizontal e humana possível, com a aceitação do retorno e das indagações da outra parte. O líder é o facilitador/colaborador do processo de desenvolvimento pessoal e profissional de uma organização. O líder proporciona e favorece o crescimento de todos, indistintamente. Cuidar do ambiente e do desenvolvimento organizacional, de forma continuada, abrindo as portas da compreensão, é um dos pilares da educação do futuro (Edgar Morin).

Portanto, os líderes, hoje, têm que ser educadores. Para o bom desempenho de suas funções, conseqüentemente, necessitam de formação constante. Necessitam "ver" a amplitude e as infinitas possibilidades globais e exteriores e a amplitude e as infinitas possibilidades internas e pessoais.

Conhecimento Explícito e Tácito

O conhecimento tácito é aquele intangível, que está nas experiências do cotidiano e que não está nos manuais e livros, como é o caso do conhecimento explícito.

O conhecimento explícito pode ser transmitido pela linguagem oral e pela escrita. Por ele aprendemos a dirigir, a usar o computador, a usar as línguas, a fazer um relatório. Já o conhecimento tácito, por não ser visível e comunicável na forma tradicional, exige mais atenção.

Este, o tácito, é o conhecimento que se adquire através de observações, de insights e de conclusões. Aí estão contidos os valores, as crenças e o conhecimento técnico de cada um. A associação de ambos os conhecimentos é a recomendação para as organizações dispostas a aprender.

Compartilhar o Saber

Algumas ferramentas podem ser úteis e necessárias para um efetivo compartilhamento do conhecimento organizacional, como um bom processo de comunicação, que facilite as ações. As informações devem ser buscadas, organizadas e distribuídas adequadamente. Para isto, é necessário um ambiente e processos organizacionais claros e definidos. Outros instrumentos que podem ser úteis e necessários, dependendo do tamanho da organização, são os *chats* (salas de bate-papo), *e-learning* (recursos de educação à distância), e ferramentas de pesquisa. Quando um grupo ou uma organização amplia a relação entre seus membros, sabendo utilizar as ferramentas adequadas para a construção e o compartilhamento do conhecimento organizacional, o resultado é a expansão e o desenvolvimento de todos.

Universidades e Organizações

No livro intitulado *Pelas Mãos de Alice*, o sociólogo português Boaventura de Souza Santos, no Capítulo 8 (Das Idéias das Universidades à Universidade das Idéias), aborda a importância do ambiente universitário ser essencialmente o local de troca do Saber e do Conhecimento. Ele sugere que as ações da universidade sejam vivas como as pessoas que a compõem. A partir destas reflexões, o professor Boaventura estende-se por um brilhante estudo, em que sugere que o ser humano possa, dentro do campus universitário, praticar a troca – com os professores entre si, os estudantes, os funcionários e a comunidade. Intra e intergrupos.

Já o criador do *Manifesto da Transdisciplinaridade*, o franco-romeno Basarab Nicolescu diz que: "A educação transdisciplinar pode abrir caminho em direção a uma educação integral do ser humano que necessariamente transmita a busca do sentido".

Uma das metas da transdisciplinaridade é pesquisar os passos necessários para adaptar a Universidade à era cibernética. A Universidade precisa tornar-se uma zona livre de espaço-tempo cibernético. "O compartilhar universal do conhecimento não poderá ocorrer sem o surgimento de uma nova tolerância fundada na atitude transdisciplinar, a qual implica colocar em prática a visão transcultural, transreligiosa, transpolítica e transnacional, visto a relação direta e indiscutível entre paz e transdisciplinaridade."

Basarab Nicolescu, professor da "Universidade Pierre e Marie Curie", Paris, França, continua: "Se as universidades pretendem ser agentes reconhecidamente válidos do desenvolvimento sustentável, têm, antes de tudo, que reconhecer a emergência de um novo tipo de conhecimento: o conhecimento transdisciplinar".

Esta é uma contribuição em termos do verdadeiro papel de um local de disseminação do saber, livre e autônomo, como a Universidade, e foi extraída de palestras deste mestre francês. Por outro lado, as organizações públicas brasileiras estão longe de aproveitar toda a potência da Gestão do Conhecimento, principalmente no que se refere ao Conhecimento Tácito. Claro que as intranets e os documentos públicos digitalizados, por si sós, não estimularão a troca dos saberes. Os processos de trabalho, o gerenciamento, a cultura das organizações precisam ser ampliados. Senão, corre-se o risco de existirem tecnologias de última geração operadas por pessoas desmotivadas, em equipes cheias de conflitos e competitivas.

A Gestão do Conhecimento na escola traz inúmeros benefícios: maior integração entre os funcionários, setores e tarefas, aumento da eficiência de pessoas e processos, eliminação da improvisação, diminuição do estresse, por se saber onde encontrar a informação que se necessita.

Cabe à organização estimular a geração do conhecimento e cuidar para que o conhecimento útil não se perca. Todos devem ter acesso às informações, estabelecendo uma rede de relações dentro e fora do ambiente do trabalho e sedimentando a memória organizacional – seja através de bancos de dados, do compartilhamento e da disseminação das informações. Dar atenção e cuidar de cada opinião e pensamento compartilhados. A tecnologia da informação formou uma comunidade global, mas é preciso gestão deste conhecimento para tornar isto um benefício real.

A Gestão do Conhecimento é um processo que dinamizará e transformará as formas antigas de liderança e de administração organizacional. Como dizia Wilhelm Reich, psicanalista austríaco, "Amor, Trabalho e Conhecimento são as fontes de nossas vidas e deveriam governá-las".

Jayme Panerai Alves – Psicólogo organizacional e diretor do Libertas Comunidade (jayme@libertas.com.br).

Referências Bibliográficas

MORIN, E. *Os Sete Saberes Necessários à Educação do Futuro*. SP/BSB Unesco/Cortez, 2001.

MOSCOVICI, F. *A Organização por Trás do Espelho*. Rio de Janeiro, RJ: Ed. José Olympio, 2001.

NICOLESCU, B. *O Manifesto Transdisciplinar*. São Paulo, SP: Ed. TRIOM, 1999.

REICH, W. *Análise de Caráter*. Lisboa: Martins Fontes, 1979.

Aprendizagem Organizacional e Autodesenvolvimento
E o papel de RH na implementação das estratégias?

Muito se tem falado na necessidade de um novo aprendizado nas organizações como forma de encontrar novos patamares para o crescimento empresarial articulado com o estímulo ao desenvolvimento do seu potencial humano.

Este capítulo reúne algumas reflexões, fruto de estudos, leituras e do exercício profissional ao trocar informações com alunos ou em intervenções nos sistemas-cliente. O objetivo é levantar o debate sobre essas questões, abrindo a possibilidade de, ao se tentar clarificar idéias, ampliarem-se as discussões sobre as práticas de RH.

Mudança, Aprendizagem e Resultado no Mundo das Organizações – Implicações

A mudança de comportamento é considerada, hoje, um fator preponderante no longo caminho que as organizações percorrem na busca e sustentação de resultado. Resultado, em contrapartida, que se apresenta como um objeto mutante, considerando que assegurar sua previsibilidade e estabilidade parece, muitas vezes, uma missão impossível.

Mudar implica aprender. São experiências inseparáveis. E, se é a partir da demonstração de mudanças, no comportamento visível das pessoas e da própria organização que a aprendizagem se objetiva, a capacidade de aprender, individual e organizacional, passa a ser uma diferença sustentável e, por conseqüência, competitiva.

Observamos diversos tipos de reações nas organizações ao buscarem respostas para essas questões no universo de rápidas e diversas transformações. Algumas desenvolvem estratégias de apoiarem-se no que deu certo, outras adaptam-se à dinâmica do mercado e ainda outras prospectam cenários inferindo tendências. Entendemos que antes de tudo as organizações precisam compreender: quem somos? qual o propósito que nos anima? o que nos põe no caminho?

É necessário (re)descobrir valores, quais princípios norteadores dão direção, para, depois, se fixar na caminhada e não cair na busca ansiosa de centrar-se apenas nos resultados do negócio em si. É imprescindível ter foco, energia e atenção nas ações para gerar resultado. Porém, ter a clareza que esses resultados serão, também, decorrência da qualidade do nosso pensar e da conseqüência das ações empreendidas no momento presente.

A visão fragmentada da organização passou. Para qualquer ação estratégica a voz do todo precisa ser escutada. Já não controlamos tudo e precisamos de pessoas sintonizadas com o propósito empresarial, envolvidas no processo de chegar lá, desenvolvendo relações, dialogando sobre as melhores possibilidades de interagir com o ambiente, compreendendo que a organização é um fenômeno que precisa ser (re)conhecido. Daí a necessidade de aprendizagem.

As organizações que têm como base processos de aprendizagem tendem a desenvolver uma postura de maior abertura e flexibilidade, utilizando o erro (considerado como a diferença entre o que se obtém e o que se deseja alcançar) como uma experiência que pode possibilitar a (re)construção do conhecimento, pela oportunidade de rever visões, memória, percepções, atitudes, rotinas, hábitos enraizados, acessar e mudar a mentalidade vigente no contexto. Buscar outras alternativas para adquirir, criar, interpretar e transferir informações. Novas formas de pensar e agir sobre a realidade.

Uma das abordagens para o aprendizado organizacional focaliza os modelos mentais (idéias, crenças arraigadas e generalizações que influenciam nosso modo de enxergar o mundo e nossas ações no dia-a-dia, as quais não costumamos testar para verificar sua validade,) e, como o aprendizado individual e organizacional tornam-se estagnados, quando esses modelos não são explicitados e conseqüentemente desafiados. Novas idéias deixam de fazer parte da realidade por serem conflitantes com essas imagens que limitam as maneiras de agir.

Por outro lado, sabe-se que a mudança é bloqueada quando os atores sociais, sobretudo os responsáveis pelas decisões, não compartilham imagens mentais comuns, metas, crenças para tomarem e estimularem as providências exigidas nesse processo.

O desafio é descobrir e experimentar um método de gestão que facilite o entendimento comum e que permita tocar os processos de mudança.

A aprendizagem organizacional coloca-se como uma das alternativas a essas questões vividas pelas empresas. Visa estimular e desenvolver a capacidade de aprender constantemente, por meio de experiências reais e partilhadas, concretizando os conhecimentos decorrentes dessas vivências em estratégias e práticas de/na ação. Conta para esse empreendimento com a efetiva participação das pessoas, que no processo desenvolvem novas habilidades e atitudes, decorrência do contínuo movimento de reflexão, argumentação e investigação (ferramentas essenciais no ciclo de aprendizagem), ampliando a possibilidade de ação do contexto organizacional. Permite reorganizações, de forma ativa e produtiva, ao confrontar a sua história a partir de observações e *insights* das pessoas e dos grupos, do que fazem e do que criam juntos.

Nesse sentido a aprendizagem organizacional possibilita uma modificação permanente nos praticantes e no ambiente em que são partes, estimulando a mudança no comportamento, assim como tratar a relatividade das questões com que hoje precisam conviver.

Vale ressaltar que esse conceito evidencia a importância da experimentação, da reflexão e da ação, questões fundamentais para empreender e aprender a tecer novos caminhos. É necessário não perder de vista que as pessoas se engajam e têm vontade de participar da construção dos ambientes onde vão trabalhar, têm necessidade de dispor de informações essenciais sobre a concepção do que vão produzir e de contribuírem para o bem-estar geral, para uma qualidade de vida em consonância com os avanços da sociedade e o interesse das futuras gerações.

Autodesenvolvimento como Base para Aprendizagem Organizacional

Como conseqüência das transformações nas organizações, a ênfase dos processos de aprendizagem nos ambientes de trabalho migrou de "ensinar as pessoas" para "estimular/apoiar as pessoas no aprendizado".

Ainda mais é pedido, hoje, aos indivíduos que integram esses ambientes, que reflitam mais profundamente sobre si mesmos, sua relação com o trabalho, sua performance profissional e sobre a própria organização.

A reflexão é reconhecida como elemento essencial nos processos de aprendizagem e torna-se crucial entender melhor a natureza da reflexão nos ambientes organizacionais. Kolb (1984) indica que os adultos aprendem passando por um ciclo de aprendizagem vivencial em que se integram: o fazer – a experiência concreta; o refletir – a partir da observação e da própria reflexão sobre essa experiência; o conectar – formação de conceitos e generalizações; o agir – através do teste e da experimentação dos conceitos em novas situações. Acrescenta que, quando os indivíduos estão sintonizados e comprometidos com esse ciclo de aprendizagem, a ação é qualitativamente melhor, pela incorporação da reflexão.

Argyris e Schön (1974) referem que "todos os homens precisam tornar-se competentes para empreender a ação e, ao mesmo tempo, refletir sobre esta ação, de forma a aprender com ela". A reflexão na ação implica, para esses autores, olhar a experiência passada, os valores esposados, as normas introjetadas e as premissas pessoais que embasam a ação. Aconselham que é preciso ir além da superfície para questionar crenças, convicções, pressupostos – os modelos mentais adotados que governam os comportamentos expressos pela pessoa.

Observam-se, sendo encetados nas empresas, esforços para o uso de práticas reflexivas estruturadas a fim de facilitar a aprendizagem dos seus integrantes.

Neste contexto o autodesenvolvimento é considerado um elemento essencial. É compreendido como um processo de aprendizagem que envolve a pessoa no seu todo, utilizando como recursos a autoconsciência, a reflexão e a experimentação. Esse processo incentiva o indivíduo a esclarecer seus limites e possibilidades, através da descoberta, da inquirição e da própria reflexão. Nesta perspectiva, o autoconhecimento é crucial. Tanto que a lição dos gregos, "conhece-te a ti mesmo", continua atual, uma vez que ao se falar de autodesenvolvimento não se pode prescindir do autoconhecimento. A pessoa que não se conhece fica impossibilitada de mudar a si mesma e, conseqüentemente, de desencadear mudanças no seu entorno.

O processo de autodesenvolvimento estimula a autonomia do indivíduo, independente do espaço ocupacional que ocupe na empresa, permitindo, além da possibilidade de realizar escolhas livres, o estímulo ao pensar crítico.

Vale salientar que embora se trate de um processo interno do indivíduo, concretiza-se na interação desse indivíduo nos ambientes sociais, por oportunizar receber o *feedback* sobre o impacto de sua ação para si, para os outros e para a organização.

Pelo *feedback* recebido é possível detectar/corrigir erros e rever aspectos distorcidos da auto-imagem. O exercício de enxergar vulnerabilidades, assim como pontos fortes, cria também condições para que a pessoa seja capaz de alargar sua compreensão sobre o outro, levando em conta diferentes dimensões, e melhor integrar seu papel na organização.

A mudança orientada pela aprendizagem organizacional só é possível pela transformação do indivíduo, sujeito de sua ação e do seu processo educativo. Envolve, do ponto de vista deste indivíduo, vontade, determinação pessoal, clareza das aspirações, necessidades, consciência do que valoriza e acredita, para poder encontrar o significado pessoal nas experiências que trava com o ambiente e permitir comprometer-se.

É a partir do processo de aprendizagem individual, da compreensão partilhada pelos grupos e pela própria organização que a aprendizagem se institucionaliza e aparece nos artefatos e comportamentos observados nas respostas dadas por ela ao ambiente em que é parte. Na verdade, uma organização só aprende através das pessoas que a integram.

Na perspectiva de Senge (1990), que refere a prática de cinco disciplinas inter-relacionadas – domínio pessoal, modelos mentais, aprendizagem em grupo, objetivos compartilhados e pensamento sistêmico, para construir-se uma organização que aprende, destaca a disciplina domínio pessoal como a que mais oferece alavanca para o contínuo aprendizado e crescimento como pessoa. Desenvolveu para isso um conjunto de princípios e instrumentos que, se aplicados com as condições de infra-estrutura necessárias e adequadas, constituem a base para o permanente conhecimento de si mesmo.

Ter domínio pessoal, para esse autor, significa ter a capacidade de expandir constantemente a consciência como indivíduo e a dos outros, para criar o futuro desejado com clareza de propósito. Isto implica tornar clara a visão do futuro pessoal, enxergando com mais objetividade a realidade atual, gerando a tensão criativa que impele a pessoa a buscar e concretizar o que aspira na vida.

É pela apreensão da realidade e pela clareza do que o anima que a tensão criativa leva o indivíduo a realizar seus objetivos. Funciona como uma energia interna resultante da tendência das pessoas em procurarem resolução para as tensões surgidas entre a realidade desejada e o que se defronta. A tensão criativa é uma alavanca permanente para o crescimento, a mudança pessoal e a aprendizagem.

Senge indica dois caminhos para lidar com a tensão criativa. O primeiro é tentar reduzir o hiato causado pela percepção da incapacidade em resolver a tensão emocional, gerada em situações de muito estresse, rebaixando o objetivo almejado. O segundo é resolver a tensão criativa pela paciência, persistência, compromisso com a verdade, eliminando os processos que limitam a percepção de si mesmo, tendo compreensão das estruturas subjacentes aos eventos visíveis e o uso das forças do subconsciente resultantes dos esforços empreendidos em se visualizar e em dirigir-se para o alvo desejado. Esta última posição conduz ao domínio pessoal e, conseqüentemente, para o crescimento e aprendizagem.

Ainda, conforme esse autor, uma questão fundamental no domínio pessoal é a reflexão. Os modelos mentais fazem parte da realidade pessoal e precisam ser também questionados. A disciplina domínio pessoal ajuda a refletir sobre essas premissas básicas e modelos de ação para que a pessoa gere as condições de enxergá-los e descondicioná-los. Existe, para ele, uma grande relação entre as intenções conscientes, a intuição e o conhecimento armazenado e automatizado no subconsciente.

O exercício da disciplina domínio pessoal, portanto, oferece à pessoa possibilidade de perseguir, pela aspiração, seus princípios e valores, em vez de se deixar levar pelos acontecimentos e circunstâncias do mundo externo. É ampliada pelo questionamento e inquirição que conduz, inclusive, à (re)definição dos objetivos pessoais. Permite, por isso, ampliar o espaço pessoal de influência, levando o indivíduo, nas situações em que se envolve, a sentir-se parte dos processos criativos, em vez de ter simplesmente uma atitude reativa.

Por estimular a formulação de uma imagem coerente dos resultados que a pessoa deseja, amplia a possibilidade de esclarecer as opções que serão necessárias, pela avaliação permanente do estágio de vida do indivíduo, cultivando a tensão entre visão e realidade. Ajuda, portanto, a desenvolver um sentido especial para a vida.

E o Papel de RH na Implantação das Estratégias de Autodesenvolvimento?

A discussão que se segue é sobre a aplicabilidade ampla dessas idéias na ação coletiva da empresa.

Há concordância de que a pessoa é autora de seu processo de autodesenvolvimento e de que a busca de crescimento pessoal é, quase sempre, uma questão de opção. Ainda mais, fomentando-se a possibilidade de resgate dos conhecimentos e da experiência da pessoa, através da reflexão em ação, abre-se caminho não só para o autodesenvolvimento, como também para aumentar o repertório de respostas dessa pessoa às situações com que deverá se deparar no seu cotidiano.

Várias empresas têm investido esforços na perspectiva do autodesenvolvimento sobretudo através de programas de capacitação, *coach* etc. Muitos não têm gerado o efeito esperado apesar da boa intenção. Essas organizações permitem que programas dessa natureza sejam implantados, mas não há empenho genuíno em desenvolver a infra-estrutura necessária à sustentação do processo. Temos presenciado os discursos que defendem as idéias de organizações inovadoras baseadas na valorização e no incentivo ao autodesenvolvimento do capital humano. Muitos parecem refletir ainda uma meta, uma visão idealizada que espelha o que gostaria que acontecesse, sem de fato ter-se observado um redirecionamento dos princípios e políticas para concretizar a nova prática. A tendência ainda é enfocar no instrumental e no previsível as abordagens de mudança no comportamento humano.

Essas ações parecem ainda estar focadas na visão mecanicista da administração que encara a organização como agente principal dessa relação. Esse modo de pensar impede que percebam que o que acontece entre as pessoas e a organização é um conjunto de relações complexas (no sentido referido por Edgar Morin – de que complexo é o que foi tecido junto) onde indivíduos, grupos, intergrupos e a própria organização atuam em conjunto, têm interesses variados, formam uma rede, interagindo e interferindo um no comportamento do outro.

O autodesenvolvimento pode ser visto pela empresa como uma das estratégias adequadas, para gestão do seu potencial humano, considerando as incertezas presentes no ambiente. É um processo que favorece o autodirecionamento, a flexibilidade e a maior prontidão para elaborar respostas, tanto do ponto de vista do indivíduo como da organização, para fazer face às necessidades e expectativas de cada um em um mundo mutante. É um processo que gera uma mentalidade para mudanças por incentivar as pessoas a buscarem primeiro a mudança dentro de si mesmas. E essa atitude leva à possibilidade de aprender.

Nessa perspectiva a maneira como as estratégias de RH deverão equilibrar as prioridades organizacionais com o desenvolvimento individual das pessoas, além da interação entre os dois fatores, é crucial para o desenvolvimento sustentável da própria organização.

Os investimentos nos esforços de autodesenvolvimento produzirão os resultados esperados, do ponto de vista da aprendizagem organizacional, se a cultura organizacional aceitar as necessidades e expectativas de crescimento das pessoas que as integram, criar espaço para iniciativas, aprender a conviver com erros, ter políticas de desenvolvimento mais centradas no indivíduo, estímulo à assunção da causalidade pessoal desses indivíduos a partir do que empreendem e gerar processos de comunicação com base numa atitude dialogal que permitam ambiência para compartilhamento dos modelos mentais. Entende-se que os benefícios serão gerados também pela forma como essas estratégias forem implantadas e integradas às outras estratégias organizacionais.

Margarida M. Santana Furtado Soares – Psicóloga, com especialização em planejamento e gestão de RH e consultoria organizacional, com base em aprendizagem organizacional. É mestranda em educação pela UFPE e diretora da Azimute – Gestão Empresarial. Desempenhou função executiva na área de RH, tendo realizado trabalhos para empresas públicas e privadas em desenvolvimento de *trainees*, formação de líderes, desenvolvimento de equipes, formação de consultores, processos de gestão e implementação de tecnologias para gestão de pessoas, pesquisa, diagnóstico, gerenciamento de clima e cultura organizacional, gestão de mudança, sistemas de avaliação de potencial, desempenho e competências. É professora de cursos de pós-graduação e MBA (furtado@hotlink.com.br).

Referências Bibliográficas

ARGYRIS, C. *Enfrentando Defesas Empresariais*. Rio de Janeiro, RJ: Ed. Campus, 1992.

ARGYRIS, C. & SCHÖN, D. *Organizational Learning*. Reading, MA: Addison-Wesley, 1978.

_____. *Theory in Practice Increasing Professional Effectiveness*. San Francisco: Jossey-Bass, 1974.

KEN, S. *Como as Organizações Aprendem*. São Paulo, SP: Ed. Futura, 1997.

MORIN, E. *Os Sete Saberes Necessários à Educação do Futuro*. São Paulo, SP: Ed. Cortez, 2002.

SENGE, P. *A Quinta Disciplina* – edição revista e ampliada – Ed. Best-Seller, São Paulo, 1998.

SENGE, P.; KEINER, A.; ROBERTS, C.; ROSS, R.; SMITH, B. *A Quinta Disciplina – Caderno de Campo – Estratégias e Treinamentos para Construir uma Organização que Aprende*. Rio de Janeiro, RJ: Qualitymark Editora, 1995.

SENGE, P.; KEINER, A.; ROBERTS, C.; ROSS, R.; ROTH, G.; SMITH, B. *A Dança das Mudanças*. Rio de Janeiro, RJ: Ed. Campus, 1999.

WARDMAN, K. T. *Criando Organizações que Aprendem*. São Paulo, SP: Ed. Futura, 1996.

RH Positivo

Novo Mundo do Trabalho

Capítulo 4
Tecnologia

"Mas à medida que a economia global continua mudando de seu passado industrial para o pleno potencial do futuro baseado na informação, a chave para a produtividade não será a mão-de-obra barata, mas o melhor uso possível de alta tecnologia."

Naisbitt

Protágoras, conhecido como filósofo do conhecimento. expressava que "o objetivo do conhecimento é tornar seu portador eficaz, permitindo a ele que saiba o que quer dizer e como dizê-lo". Concordava que conhecimento não era habilidade. Não significava capacidade para fazer. Não significava utilidade, a qual a palavra-chave era *techne*, do grego, arte, tecnologia. Uma ponte entre o saber e o fazer. Uma forma de facilitar uma ação de construir. Hoje tecnologia é a palavra-chave das mudanças, da produtividade, da competitividade, dos resultados.

Techne, tecnologia, aparece por volta de 1700, expressão que combina *techne* – mistério de uma arte, um discurso sobre as artes – com *logia*, o conhecimento intencional, organizado, sistemático. Não significava um conceito, mas uma ferramenta capaz de instrumentalizar o trabalho e, conseqüentemente, obter resultados. Não significava capacidade para fazer. Não significava utilidade. O sociólogo Manuel Castells define a tecnologia como "o conjunto de instrumentos, regras e procedimentos através dos quais o conhecimento científico é aplicado de maneira reprodutível a uma determinada tarefa".

De Masi expressa que *"as máquinas absorveram de forma crescente o trabalho humano, mas não libertaram o homem do trabalho. Não lhe restituíram o tempo. E continua. Em relação a um século os italianos trabalhavam 12 bilhões de horas a menos. E ainda assim, graças a ajuda das máquinas, produziam treze vezes mais. O sonho de Aristóteles é nossa realidade. Nossas ma-*

quinas a vapor, com mecanismos de aço incansáveis, maravilhosamente fecundos, inesgotáveis, realizam por si mesmas seu trabalho sagrado. No entanto, a mente dos grandes filósofos do capitalismo continua minada pelo preconceito do trabalho assalariado, a pior das escravidões. Ainda não entenderam que a máquina é a redentora da humanidade, o Deus que resgatará o homem das sórdidas artes do trabalho assalariado. O Deus que lhe trará o lazer e a liberdade".

O futuro, publicou a *Newsweek*, pertence aqueles que serão mais capazes de usar as próprias cabeças do que as próprias mãos. E também de serem flexíveis para aceitar que "muito do que é o ser, penetra através do ter". Coexistindo com a máxima do "eu faço para o eu sei". Isto porque "hoje a identidade é menos ligada ao eu posso e mais ligada ao que sei".

Mas é preciso fazer dos conhecimentos um atalho para o conhecimento. "A inteligência, a imaginação, conhecimento são recursos essenciais, mas somente a eficácia os converte em resultados." Nesta época de globalização o conhecimento é cada vez mais parceiro da produtividade porque o futuro pertence àqueles que saberão usar tão bem as próprias cabeças como as mãos. É o caso dos esforços de P&D – pesquisa e desenvolvimento, que vêm alavancando e dando sustentação às novas tecnologias. Conhecimento e tecnologia de mãos dadas produzindo riquezas. Isto porque a crescente complexidade das tarefas criou a necessidade de que as pessoas fossem em si uma fonte de iniciativa e se transformassem em distribuidoras e avaliadoras das invenções e do conhecimento, explicita De Geus. Tecnologia, hoje, se tornou mais flexível graças ao surgimento das telecomunicações, da televisão e dos computadores.

"Compreendemos que a única vantagem competitiva que a empresa do futuro terá é a capacidade de seus gerentes de aprenderem mais rapidamente que seus concorrentes", afirma Peter Senge. Isto reforça a necessidade de uma estratégia de ensino da aprendizagem. Do aprendizado contínuo como a melhor tecnologia. O trabalho permanecerá porque enobrece o homem. Drucker afirma que nem o capital nem a tecnologia podem substituir a força do trabalho. O homem, essa tecnologia divina, reinará absoluto, porque é autoperpetuador, inimitável na sua performance, criação e renovação. Só o homem produz tecnologia. Uma *techne* submissa ao seu criador. Que lhe atenda e lhe conforte na construção de uma organização mais humana.

Capítulo 4 – Tecnologia

Este capítulo é composto pelos seguintes temas:

- A magia da utilização de músicas em treinamento e desenvolvimento
  Edna Paiva

- O bolso, um dos órgãos mais sensíveis do corpo humano
  Glauber Cabral

- Contribuição do estágio para o desenvolvimento social
  Iracilda Portella

- Grafologia: seus fundamentos e aplicação em recursos humanos
  Lena Santos

- Integrando o RH da empresa com o uso da tecnologia
  Marcos Aurélio Meira

- O jogo como recurso pedagógico nas empresas
  Cristina Araújo

- Qualidade de vida no trabalho: desafios do RH
  Paulo Erlich

- Mercado e terceiro setor: rumo ao melhor dos dois mundos
  Tânia Ogasawara

- *Biodanza* e criatividade: um instrumento para a avaliação de competências.
  Vera Lúcia

- Programas *trainees* – o que não vi e gostaria de ver
  Wellington Maciel

A Magia da Utilização de Músicas em Treinamento e Desenvolvimento

Ao descrever sobre o tema, convido o leitor a refletir inicialmente sobre: o que é música? o que a música lhe inspira.

Vamos fazer uma reflexão sobre o assunto... se possível, leia este texto ao som da música Virgo, uma *new-age* instrumental do Valter Pini.

Observe a natureza... observe o que é visível... sinta o invisível... contate com o concreto, perceba o abstrato... sinta seu corpo... Tudo é música, tudo é som... tudo tem uma melodia própria, tudo tem um significado... um valor... Escute, perceba, silencie, ouça, sinta e viva...

Há um som a nos convidar, a nos elevar, a nos chamar... "o falar e o cantar nos rodeia há séculos".

A natureza está repleta de ruídos. Os rios, o mar, os trovões, os raios, o vento, a chuva, as folhas que caem... é uma melodia... Perceba...

Alguém um dia falou: "quem sabe, os raios do sol também cantem nas montanhas"...

Ao nosso redor existe um encantamento, uma "magia" da música propiciada por uma música, a música do universo... a música do corpo... como uma "lenda pessoal".

No livro clipping *O Poder da Música*, o autor escreve: "diz-se que na antiguidade o trovão amedrontando o homem, tornou-se símbolo dos poderes ancestrais. No ulular dos ventos o homem percebia a voz dos demônios. O mau humor dos Deuses era conhecido pelo balanço das águas. Os ecos eram os oráculos e as vozes dos animais a revelação". Isso também, é música ...

Mas o que é música? Em nossas pesquisas encontramos algumas colocações simplesmente fantásticas sobre o assunto...

Pérolas que a Música Inspirou

- "Música é audição... o mais sobrenatural e sinuoso dos sentidos."
- "Som... palavra falada, ruído com significado, representação sonora."
- "Tudo em você é música..."
- "Até eu falar e você me ouvir, já é a reprodução da cena inicial humana quando o universo foi nomeado e passou humanamente a existir..."
- "A música é o que torna você humano, mesmo que você não me dê ouvidos..."

Essas frases li certa feita em uma entrevista numa folha de jornal de Fortaleza, encontrada na rua... guardei... estava pela metade, não encontrei o autor das frases e nem da entrevista... guardei porque achei mágica essa fala sobre música.

Um dia, um mestre definiu para um discípulo que lhe fez a mesma pergunta que fiz aos leitores no início deste texto:

– "Mestre o que é música?"

E o mestre falou:

– "Música é um fenômeno acústico para o prosaico... um problema de melodia, harmonia e ritmo para o teórico; é o despertar das asas da deusa; despertar de todos os sonhos e anseios de quem verdadeiramente ama..."

Gostei desta definição, uma vez que abrange o "todo" e concluo fazendo a "leitura" de que a música está ligada intimamente a "tudo", ao universo.

A música não pode ser sentida, ouvida, percebida e usada despropositadamente. Ela existe como uma forma de percebermos o que está contido nela: ritmo, melodia, letra e que também está ao nosso redor. Encontre seu "tom" e o critério para saber qual o seu tom, é a audição do coração. Som é vibração, é tudo que existe. O ritmo é a percepção de que tudo tem ritmo, o andar (um, dois), (forte, fraco), o dia e a noite.

Tenho um amigo no México, autor de um livro de jogos e dinâmicas (veja na Referência Bibliográfica), o Julian Bittencourt, que diz o seguinte sobre música: "A música é um elemento integral da atmosfera criativa pois, permite a manifestação de diferentes processos afetivos e cognitivos".

Há muitas definições sobre a Música desde Platão, Aristóteles, e tantos outros mestres... as definições são diversas e válidas... aqui vai apenas uma mostra... responda a pergunta inicial e sinta a sua definição...

Fundamentação Científica

Vamos dar um passeio mais aprofundado por esta magia que é a utilização da música, conhecendo um pouco a fundamentação que chamo de "científica" para melhor entender esta ferramenta de vanguarda em T&D.

No site *Arte Manhas – Som e Tom*, encontrei o seguinte:

Estilo Musical: é a combinação simultânea de diferentes sons, os quais são chamados de componentes básicos da música. Vamos à apresentação desses elementos básicos:

- **Melodia:** seqüência de notas de diferentes sons, organizada de uma determinada forma, de modo a fazer "sentido musical" para quem escuta. "É o DNA da música", diz Guilhermo Santiago (Consultor-SP).

- **Harmonia:** ocorre quando duas ou mais notas de diferentes sons são ouvidas ao mesmo tempo produzindo um acorde.

- **Acorde:** pode ser *consonante*, notas concordam umas com as outras; pode ser *dissonante*, notas dissonam em maior ou menor grau.

- **Ritmo:** diferentes modos de agrupar os sons musicais do ponto de vista da duração dos sons e de sua acentuação.

- **Timbre:** qualidade do som de cada instrumento, o que pode ser chamado "a cor do som". A sonoridade característica de um instrumento é que nos faz reconhecê-lo imediatamente.

- **Forma:** configuração básica de uma obra musical.

- **Tessitura:** aspecto da música. Algumas apresentam uma sonoridade bem densa, que flui com facilidade, e outras mostram-se com os sons mais rarefeitos e esparsos, produzindo um efeito penetrante e agressivo.

Por que esse conhecimento na utilização da música em treinamento? Apenas a escolha dos sons para fazer sentido (mais adiante explicaremos esse tópico).

Os Primeiros Contatos com o Som

Michel Gaynor, em seu livro *Sons que Curam*, diz que "mesmo antes de nascer, estamos imersos em sons. Com três semanas, o embrião começa a desenvolver sua estrutura que acabará dando origem a seus ouvidos".

Sabemos que o precursor intelectual e espiritual do Som foi o filósofo e matemático Pitágoras (50 a 500 a.C.). É claro que à época, tratava-se de música bastante primitiva, lembra Gaynor. Há sons que curam e a isso se aplica a musicoterapia, que em princípio está um pouco distante do trabalho que vimos realizando no mercado.

Na antiga Grécia, sabe-se que Platão já recomendava a música não apenas para a mente, mas para o corpo. Há quem comente que àquele tempo, a música era recomendada para curar pessoas com perturbações mentais.

Mais ou menos em 1950 surgiu, nos EUA, um grupo para pesquisar os efeitos da música na saúde. Daí para frente, muitos adeptos da música como terapia, foram surgindo. Hoje, no Brasil, existem mais de dois mil profissionais com formação específica. Pois, a formação de Musicoterapeuta é universitária e os cursos de formação espalhados Brasil afora são excelentes, desde o Rio Grande do Sul, Goiás, São Paulo etc. Até na recuperação da auto-estima a música tem seus ensaios e artigos específicos com validade comprovada de sua eficácia.

Alguns dados específicos e importantes encontramos nos sites indicados na bibliografia pesquisada. Agradecimentos especiais, aqui, a Jorge Blat, jornalista e pesquisador do assunto, que regularmente publica na *Folha On-line*, pela autorização para utilizar o material em nosso livro e em nossas publicações futuras sobre Música.

Um Pouco sobre Musicoterapia

"A Musicoterapia é uma atividade que utiliza a Música como elemento mobilizador. Música no seu sentido amplo... até os sons não estruturados, sons de todos os tipos são usados com os pacientes. O musicoterapeuta através do som e do movimento estabelece o equilíbrio tanto físico quanto emocional. Este profissional é o maior estudioso e pesquisador da relação que desenvolve entre o homem e o som, e deste estudo, surgem métodos e técnicas de trabalho. O trabalho desse profissional é longo, não se obtém resultados a curto prazo. Por isso, o profissional deve ser dedicado, atencioso, e ter muita facilidade de relacionamento interpessoal. O mercado está em franca expansão", vez que a profissão é muito nova e não é em todos os estados que existe a formação de Musicoterapeuta.

O curso tem a duração de quatro anos, e é importante que o candidato tenha conhecimentos musicais. Uma das bases acadêmicas do curso é a dinâmica de grupos. É sabido que a "Musicoterapia aproxima as pessoas e as ajuda a enfrentar suas questões", disse N. Sampaio, setuagenária, musicista e compositora, participante de um grupo, em depoimento num trabalho publicado na *Folha On-line* pelo jornalista e pesquisador do assunto Jorge Blat, de Porto Alegre.

A Dinâmica de Grupos e a Música

Valioso instrumento educacional que os profissionais da educação utilizam para o ensino e aprendizagem, a dinâmica de grupos, através de atividades vivenciais, jogos cooperativos, jogos de empresas, atividades lúdicas, etc., permite ao facilitador e ao participante passar pelo processo onde a troca, o compartilhar, aliado à "magia" da música, promove e garante a inclusão das pessoas.

Aqui, "todos se sentirão donos do saber alcançado". Esta frase, de Susan Chiode Perpétuo e Ana Maria Gonçalves, é uma grande verdade. Utilize música em desenvolvimento de equipes e perceba o crescimento do grupo e a certeza de que esse mesmo grupo vai encontrando seu caminho com mais percepção e sintonia relacional. Tanto na elaboração do contrato grupal, quanto no levantamento das expectativas e dos receios em relação à atividade, quanto no momento de inclusão, integração e em todas as fases do desenvolvimento dos grupos, a música será sempre bem aceita.

As ferramentas mais usadas na utilização de música são a Bioenergética (exemplo: a música desengonçada, com a Bia Bedram cai muito bem em exercícios bioenergéticos, pelo movimento que inspira, também pelo trabalho de corpo que propicia, e o equilíbrio que dá aos hemisférios... direito e esquerdo.); a utilização do canto (voz), usualmente chamada de Cantoterapia (em treinamento, para trabalhar cooperação, tem sido muito interessante. Utilizo *Luar do Sertão* e *Felicidade* dividindo em equipes... fantástico...), também as técnicas da Arteterapia e da Dançaterapia. E a própria Psicologia, no processo de desenvolvimento... de equipes.

Há quem utilize a música nas atividades projetivas, onde ela (a música) e os sons são estímulos à participação na atividade que se expressa com argila, recortes, desenhos, pinturas, montagem, textos etc.

Também as técnicas do "Psicodrama com os recursos da voz como foi dito, corpo e instrumentos de forma integrada, ajudam a potencializar a atividade".

É importante que o facilitador (focalizador, instrutor, professor, consultor, orientador) dirija a atividade com música tendo como foco, o objetivo e o que se quer extrair da atividade vivenciada.

Mauro Musz, neurologista da Unifesp (SP) e músico, comenta em artigo na revista *Elle* – comportamento (Musicoterapia) que "a música ajuda a criar uma trilha sonora diferente da rotina diária e quanto mais eclético for o ouvinte, melhor".

Ferramentas, Instrumento ou Nova Tecnologia em T&D? E como os Profissionais a Utilizam... Eis as Respostas

Venho aplicando uma pesquisa com amigos, consultores, alunos e simpatizantes do assunto e tenho colhido um material muito rico. O material, na íntegra, estará contido em nosso livro, que está no prelo, já com a devida autorização dessas pessoas.

Aqui, como amostragem e para ilustração do tema, colocarei alguns depoimentos recebidos:

- **Ronaldo Yudi Yozo**, psicólogo e psicodramaticista, autor do livro *100 Jogos para Grupos* (Ed. Ágora) e consultor organizacional, de São Paulo, nos diz o seguinte quanto à utilização da música: "Edna, em relação a sua pesquisa, acho o tema amplo e depende da fundamentação teórica do trabalho apresentado, dos objetivos e principalmente do grupo. O psicodrama de J. L. Moreno utiliza os recursos da música em diversos contextos, pesquise suas obras. Sua pergunta é oportuna e o que posso lhe oferecer é minha opinião pessoal a respeito. Primeiro o uso da palavra tecnologia que está em alta no mundo globalizado. Uma tecnologia implantada ou desenvolvida é inserida atualmente com o intuito de facilitar produtos, serviços e/ou pessoas. Não acredito que a música possa ser interpretada desse modo. De modo geral, a música representa sensibilidade. Cá entre nós, não consigo associar sensibilidade com tecnologia, nesse sentido. A meu ver a música serve como 'objeto intermediário' na relação e no tratamento dos grupos. Nesse caso poder-se-ia entendê-la como ferramenta que auxilia o desenvolvimento de um grupo. Com carinho, Yudy".

- **Maria Rita Gramigna**, pedagoga, diretora da MRG Consultoria de Belo Horizonte, autora dos livros: *Jogos de Empresas, Jogos de Empresas e Técnicas Vivenciais, Cadernos de Criatividade* e outros (Makron), nos fala que usa músicas em palestras, na abertura para sensibilizar temas, durante as falas como recurso vitalizador, em fechamento de atividades como recurso de celebração... Em sua empresa, durante o trabalho interno da MRG, como fundo musical como forma de possibilitar maior concentração, diz: "Uso a música sempre conectada ao tema que vou trabalhar e ao objetivo especifico de cada evento. Temos um roteiro para cada evento com músicas. Considero-a um dos mais poderosos recursos de apoio a facilitadores. Um beijo, Edna, e sucessos, Rita".

- **Marcus Wunderlich**, diretor do Instituto Holos, em Florianópolis, consultor organizacional, desenvolve programas com a Metodologia de Holo Mentoring, diz: "Tenho tido oportunidade de usar a música para iniciar eventos, no intervalo e no grupo de meditação. A música ativa emoções de forma direta. Portanto, o instrutor deve saber com clareza qual emoção pretende ativar no grupo e com que finalidade... a música é um grande auxiliar, mas somente quando bem escolhida. Grande beijo no seu coração. Marcos".

- **Gleice Ellen Barbosa**, educadora infantil (Belo Horizonte) nos fala "Não querendo simplificar a importância da Música, a vejo como mais uma ferramenta a ser usada para trabalhar as relações humanas com adultos e crianças. Como trabalho em escola, tenho direcionado sua aplicabilidade nessa área. Gleice".

- **Guilhermo Santiago**, músico, consultor organizacional, autor de artigo para a revista *T&D, Manual de T&D da ABTD*, artigos para o *Boog News, Manual de Gestão de Pessoas e Equipes* e autor do *Método SOM*. (Sistema de Organização Musical), diz: "Embora existam outras ferramentas tão poderosas quanto a música, inclusive eu utilizo outras formas de trabalho, comecei com dez anos a sobreviver da música, até que um dia pensei: qual a extensão e a intenção do som e a ressonância dele no corpo humano? Nasceu então o *SOM*, Sistema de Organização Musical, e a contribuição da Inêz Cozzo foi fundamental. O perigo é quando o seu discurso vai em um rumo e a música (aí eu falo sobre todos os elementos da música: ritmo compatível com o batimento cardíaco indo para o futuro ou passado; harmonia trabalhando a relação intra e interpessoal e a melodia conduzindo para o presente ou futuro) vai para outro rumo. A música nasceu de nosso organismo (o ritmo por exemplo, do batimento cardíaco), portanto, quando percebemos a música como entretenimento (e diga-se de passagem, pelo que sei, a única cultura que somente a utiliza dessa forma atualmente é a nossa), desperdiçamos o seu maior potencial. Claro que o entretenimento já é válido, mas se pudermos aplicar os 100% do que a música pode nos propiciar, acredito que teremos uma ferramenta de proporção incalculável. Beijão Edna, Gui".

Teria muito ainda a enriquecer neste texto, porém, por falta de espaço, fica para meu livro, na íntegra tudo que me enviaram, em resposta à pesquisa que ainda estou realizando, inclusive, você leitor, está convidado a me enviar sua opinião sobre o assunto.

Agora quero ainda comentar a aplicação de uma técnica com música, ou vice-versa... colocar a bibliografia pesquisada e comentar algumas músicas, com um cardápio musical para vocês (é o termo que uso Cardápio Musical), para concluir.

Comentando Algumas Músicas e Seus Conteúdos em T&D

A seguir, algumas indicações de músicas que venho utilizando em treinamento, com letras, para mim, mágicas com um enfoque (leitura) que faço quando aplico em desenvolvimento de equipes, liderança, gerência de tempo, relações interpessoais, etc.

- *Como Nossos Pais*: esta música serve para trabalhar valores. É um convite à reflexão e ao desejo de sair da zona de conforto e uma acomodação de "permanência".

- *De Volta ao Meu Aconchego:* fala de boas-vindas, de retorno, de saudades, fala de sorriso sincero, de abraço. Do gostoso que é poder "estar contigo de novo". É um reforço às relações interpessoais.

- *Incompatibilidade de Gênios:* Muito boa para trabalhar as atitudes. Questione o grupo sobre o clima que rolou na música (tensão, frustração, indiferença, autoritarismo, desamor, submissão. Enfatizar uma das frases contidas na letra da música "não importa nossa crença o que importa é nossa atitude".

- *Cotidiano:* A música nos invoca a que clima? Monotonia, rotina, acomodação, falta de criatividade, incompetência, limitação, frustração, apatia, impotência??? Há momentos na música do querer mudar? A terceira estrofe é o desejo de mudar (dê ênfase a sermos semente) o que "ele" faz para mudar (na música)? E nós o que estamos fazendo? Refletir sobre a importância de se compatibilizar para o novo momento. Trabalhar *Brainstorming*, dicas de atitudes acomodadas por medo na maioria das vezes. Reforçar que cabe a nós buscar atitudes que provoquem mudanças.

- *Mais uma vez* (Renato Russo): esta música, se você observar a letra, vai poder trabalhar de forma inovadora, o tema resiliência... atente para a letra.

- *Auto-Estima:* temos na letra da música "*Deixa dizer que te amo*"; "*Eu me amo*" e "*Eu Caçador de Mim*" uma riqueza de reflexão e conteúdo para trabalhar o tema, usando a magia da música.

- *Esperança:* fala da coragem e a necessidade de aventurar-se. Diz do quanto ao se participar de uma palestra, um congresso, um curso, vamos de peito aberto, sem saber o que vamos encontrar. O que vai ocorrer, se estaremos gostando ou não...

O Cuidado na Seleção de Músicas em T&D é Mágico

- Sugerimos ao facilitador que selecione de conformidade com seu estilo a música para aquecimento, relaxamento, abertura ou fechamento, sem esquecer que é o outro, o participante, que vai viver e sentir a sua seleção musical. Procure ficar atento às reações dos participantes e cuidado com a mobilização das pessoas. Não temos o direito de "mexer" nas feridas ou questões mal resolvidas de ninguém. O respeito e a ética devem ser observados.

- Atente para que as músicas escolhidas não tenham sido de filmes, novelas recentes, nem estejam sendo tocadas nas paradas musicais.

- As músicas com letras têm uma importância muito grande em alguns temas de reflexão e desenvolvimento interpessoal.

- Evite usar músicas com letras estrangeiras.

- Atente para que o som não fique muito alto nem tão baixo que as pessoas não percebam a melodia, a letra... excessos sempre caem mal...

- Utilize sempre uma música-âncora para chamar as pessoas no regresso dos intervalos. Música-âncora é a que se escolhe para criar uma associação quando executada, por exemplo, para marcar o retorno do grupo aos trabalhos em sala.

- Manter o hábito de ouvir, apreciar a música antes de selecionar para treinamento.

- Se a música tem letra, o facilitador tem obrigação de saber cantá-la para estar junto ao grupo.

Antes da Conclusão

Se você escolher a música adequada ao tema que vai desenvolver, *linkar* com uma técnica para dinâmica de grupos, um texto, perceber a importância do som nessa música, verá e notará a magia aliada ao processo de aprendizagem. Experimente, viva e sinta o valor e a vida que a música propicia ao desenvolvimento de equipes. Os treinamentos ficam mais dinâmicos, ganham um ar de ludicidade, resgatam em alguns momentos a criança que existe nos adultos; a música valoriza e centra o adolescente adormecido interiormente nas pessoas e dá condições de andragogia, de um centramento e reflexão maior nas questões. Tudo isso sem perder de vista o foco da atividade.

Em treinamento você pode utilizar a música simplesmente como fundo musical, preferencialmente uma música *New-Age* (eu utilizo as instrumentais de Walter Pini, Zamfir, Enya, entre outros). Isto ajuda no equilíbrio dos hemisférios cerebrais (direito e esquerdo). Também para incentivar a criatividade, refletir as relações, a mudança ou internalizar conteúdos diversos.

Pelo tempo que utilizo a Música em T&D, pelas pesquisas e estudos que realizo, tenho observado que esta ferramenta libera a motivação, a criatividade e melhora de certa forma o desempenho pessoal e profissional das pessoas.

Perceba as fases do grupo (inclusão, controle, afeição e despedida [Schultz]), quando da utilização de músicas *linkadas* com alguma dinâmica ou jogo. É uma importante fundamentação na dinâmica de grupos.

Não esqueça da importância da aplicação do CAV – Ciclo da Aprendizagem Vivencial (ver Maria Rita Gramigna, *Jogos de Empresas*, vol. I, Ed. Makron Books – onde você vai aprender as estratégias da aplicação) no qual se trabalham cinco fases: a) Vivência, b) Relato, c) Processamento, d) Generalização e e) Aplicação. Não se admite mais o facilitador aplicar a técnica pela técnica, a música pela música... há que se trabalhar o processo.

Para Concluir

E antes da Bibliografia que vocês poderão utilizar para pesquisa gostaria de sugerir uma relação de músicas, com base em pesquisa, algumas enviadas por Maria Rita Gramigna, Inez Cozzo Guilhermo Santiago, Cecy Baeta Neves, Yudy Yoso, e outros, para enriquecimento de nossos trabalhos e que originaram este CARDÁPIO MUSICAL.

Um Cardápio Musical – Boa audição e Aplicação em T&D

Músicas de efeito relaxante:

- *Hino ao Sol* (Rimsk-Korsakov);
- *Sonho de Amor* (Liszt);
- *O Lago dos Cisnes* (Tchaikovsky);
- *Montanha – I Ching* (Uakty);
- *Floresta Atlântica* (Beto Bertoline);
- *Noite* – Pantanal Suit Sinfônica (Marcus Viana).

Efeito tonificante e estimulante:
- *Abertura de Aída* (Verdi);
- *Zideke – Cirque du Solei* (Quidan);
- *A Grande Marcha – do Tannhauser* (Wagner).

Tranqüilidade profunda:
- *Ave Maria* (Schubert);
- *Diamantes, a Idade dos Homens* (Zé e André Gomes);
- *Vicente – A Profecia Celestina* (Christopher Franke);

Músicas de efeitos de exaltação e euforiantes:
- *Adágio* (Albione);
- *As Criaturas de Prometeu* (Beethoven);
- *Alegria – Cirque du Solei* (Quidan);
- *A Lua – Mapa* (Uakty – 1ª Parte).

Músicas para combater a ansiedade:
- *Os 4 Improvisos* (Chopin);
- *Sonho de Uma Noite de Verão* (Mendelssohn).

Edna Paiva – Bacharel em Ciências Sociais. Formação em Supervisão em Bioenergética, em Jogos Empresariais, Técnicas Vivenciais e Atividades Lúdicas. Docente do curso MBA. nas disciplinas Gestão de Negócios e Gestão de Pessoas pelo ICAT/AEUDF(DF). Curso de Pós-Graduação em Marketing pela FESP. Coordenadora geral do GPT&D-PE (Grupo de Treinamento e Desenvolvimento-PE). Diretora da SupeRHação Desenvolvendo Talentos Ltda. Ex-Presidente da ABRH-PE. Ex-Coordenadora Geral do GIPP (Grupo de Intercâmbio de Pessoal de Pernambuco). www.superhacao.hpgvip.com.br (consulto@elogica.com.br).

Referências Bibliográficas

BITTENCOURT, Julián e VALÁDEZ, Maria de los Dolores. *Atmosferas Criativas*. Ed. Manual Modero, México.

GRAMIGNA, Maria Rita. *Jogos de Empresas*. Ed. Makron Books.

_____. *Jogos de Empresas e Técnicas Vivenciais*. Ed. Makron Books.

HAMEL, O. Peter Michel. *Autoconhecimento através da Música*. Ed. Cultrix.

Manual de Gestão de Pessoas e Equipes. Abrh-Nacional/Aparh, Ed. Gente Vol. I.

Livro Klipping – O Poder da Música. Ed. Martin Clare.

STEFANI, Gino. *O Poder Oculto da Música*. Ed. Cultrix.

STEWART, R. J. *Música e Psique*. Ed. Círculo do Livro.

YOZO, Ronaldo Yudi K. *100 Jogos para Grupos*. Ed. Ágora.

Apostila de Repasse de Metodologia do Sebrae Ideal.

Artigo do Guilhermo Santiago publicado no *Boog News*/2003.

Apostila do Curso *Como Utilizar Músicas em T&D* (Edna Paiva – 1999/2004).

Artigos diversos do jornalista Jorge Blat.

Artigos de Conceição Rossi (musicoterapeuta do Endócrino-clínica – SP).

Informações no site da Associação dos Musicoterapeutas de SP.

Sites diversos sobre Musicoterapia.

Sites diversos sobre Biodança.

Sites diversos sobre Bioenergética.

Textos de Elizabeth Diniz (texto site – *Jornal Infinito*).

O Bolso, um dos Órgãos Mais Sensíveis do Corpo Humano

Na escola, ainda crianças, aprendemos que o corpo humano é composto por vários órgãos internos, como o coração, o pulmão, os intestinos, o cérebro etc. Mais tarde, já adultos, identificamos, na prática da vida, um "novo órgão" externo ao nosso corpo, o qual, quando afetado por um elemento agressor, provoca no ser humano sintomas como cefaléias, gastrites, calvície, insônia e depressão. Este "novo órgão" chama-se o **bolso**.

Tratando o tema de forma leiga, quando nos referimos a este "órgão" tão sensível, aludimos à sensação de dispormos ou não de dinheiro para honrar os nossos compromissos e realizarmos os nossos sonhos de consumo, cada vez mais sofisticados na vida contemporânea.

Associados também ao **bolso** estão alguns conceitos muito difundidos, tais como:

a) acesso à educação de qualidade, referindo-nos à chance de se auferir capacitação condizente com as necessidades de mercado;

b) sorte, para estar no momento certo, no lugar certo;

c) planejamento, para observar o passado e tentar prever o futuro;

d) retorno do investimento, referindo-se à qualidade da aplicação do nosso "rico dinheirinho" em projetos e, finalmente,

e) decisão, associada a uma escolha, focada no senso de oportunidade, fruto da incessante busca pelo acerto.

Como o conceito *b* normalmente não depende exclusivamente de nós, vamos nos ater aos demais conceitos:

Acesso à Educação de Qualidade

Na sociedade atual, competitiva, consumista e extremamente observadora quanto à qualidade resultante serviço/produto do nosso trabalho, a capacitação é uma das molas-mestras para o sucesso.

Quando falamos em capacitação, não nos referimos apenas ao ato de freqüentar as diversas escolas existentes, de forma indiscriminada, em busca de uma titulação que, no primeiro momento, pode até induzir à ilusão de, por si só, garantir o ingresso no mercado de trabalho. Mas o fazemos salientando a importância de uma educação planejada, que venha a, efetivamente, propiciar a profissionalização, dotando o candidato das ferramentas indispensáveis ao desempenho das atividades profissionais.

Além de dotá-lo de conhecimento específico, deve provê-lo das condições necessárias à convivência com os demais setores do conhecimento, isto é, dar uma visão geral das tecnologias em utilização no seu entorno.

Finalmente, gostando ou não da existência da "Globalização", esta tornou vital a fluência em pelo menos mais de um idioma, uma vez que as negociações deixaram de ser paroquiais para assumirem feições internacionais.

Planejamento

Diversas ferramentas são largamente divulgadas no mercado, referentes a planejamento, mas, na maioria das vezes, focadas no planejamento estratégico e empresarial.

Dificilmente se encontra algum trabalho acadêmico (*paper*) no qual se aborde o planejamento necessário ao "pobre mortal" para orçar e honrar os seus compromissos, e conseguir "salvar" algo, seja para aplicações, visando preservar o seu patrimônio, seja para investir, buscando novas oportunidades.

Como não se trata de uma texto eminentemente técnico, vamos nos ater a duas ferramentas, uma de cronograma/orçamentação e uma de acompanhamento.

- **WBS (*Work Breakdown Structure*)** – ferramenta de planejamento focada nos custos: como o nome já diz, trata-se de uma ferramenta onde se deve dividir o orçamento disponível no que se pretende gastar, em tantas e quantas atividades forem necessárias, chamadas "pacotes de trabalho", para, de forma consistente, elaborar e acompanhar o desembolso dos (por vezes parcos) recursos existentes.

O software mais usado para planejamento, utilizando o WBS, é o MS-Project, da Microsoft, sendo assim, segue exemplo utilizando essa ferramenta e o citado software.

Exemplo: reforma do apartamento (quarto, closet e suíte).

Controle de Cronograma

ID	Nome da Tarefa	Duração	Fev./04					Mar./04				Abr./04				Mai./04				Jun./04	
			01	08	15	22	29	07	14	21	28	04	11	18	25	02	09	16	23	30	06
1	**Reforma do Apto.**	**40 dias**																			
2	**Quarto**	**35 dias**																			
3	Pedreiro/Material	5 dias																			
4	Gesso	4 dias																			
5	Marceneiro	30 dias																			
6	Eletricista/Material	4 dias																			
7	Pintor/Material	5 dias																			
8	**Closet**	**39 dias**																			
9	Pedreiro/Material	5 dias																			
10	Gesso	4 dias																			
11	Marceneiro	30 dias																			
12	Eletricista/Material	4 dias																			
13	Pintor/Material	5 dias																			
14	**Suíte**	**40 dias**																			
15	Graniteiro	5 dias																			
16	Pedreiro/Material	4 dias																			
17	Gesso	4 dias																			
18	Marceneiro	30 dias																			
19	Eletricista Material	5 dias																			
20	Pintor/Material	5 dias																			

Controle do Orçamento (Valores em R$)

ID	Nome da Tarefa	Custo Total	Base	Variação	Atual	Restante
1	**Reforma do Apartamento**	**17.850,00**	**17.850,00**	**0,00**	**0,00**	**17.850,00**
2	**Quarto**	**5.400,00**	**0,00**	**0,00**	**0,00**	**5.400,00**
3	Pedreiro/Material	1.000,00	1.000,00	0,00	0,00	1.000,00
4	Gesso	600,00	600,00	0,00	0,00	600,00
5	Marceneiro	3.000,00	3.000,00	0,00	0,00	3.000,00
6	Eletricista/Material	500,00	500,00	0,00	0,00	500,00
7	Pintor/Material	300,00	300,00	0,00	0,00	300,00
8	**Closet**	**4.650,00**	**4.650,00**	**0,00**	**0,00**	**4.650,00**
9	Pedreiro/Material	500,00	500,00	0,00	0,00	500,00
10	Gesso	150,00	150,00	0,00	0,00	150,00
11	Marceneiro	3.000,00	3.000,00	0,00	0,00	3.000,00
12	Eletricista/Material	500,00	500,00	0,00	0,00	500,00
13	Pintor/Material	500,00	500,00	0,00	0,00	500,00
14	**Suíte**	**7.800,00**	**7.800,00**	**0,00**	**0,00**	**7.800,00**
15	Graniteiro	3.000,00	3.000,00	0,00	0,00	3.000,00
16	Pedreiro/Material	2.000,00	2.000,00	0,00	0,00	2.000,00
17	Gesso	300,00	300,00	0,00	0,00	300,00
18	Marceneiro	1.500,00	1.500,00	0,00	0,00	1.500,00
19	Eletricista/Material	800,00	800,00	0,00	0,00	800,00
20	Pintor/Material	200,00	200,00	0,00	0,00	200,00

A outra ferramenta a que nos referimos é o Fluxo de Caixa que, à primeira vista, pode vir a ser associado com uma ferramenta para uso estritamente empresarial, entretanto se nos ativermos a como ela funciona, veremos que pode ser utilizada para as pessoas físicas comuns.

Fluxo de Caixa: É uma ferramenta de acompanhamento financeiro, isto é, só vale o que se tem ou se terá em caixa, ou no bolso, e as despesas efetivamente realizadas ou a realizar.

Em síntese, é o produto final da integração do Contas a Receber com o Contas a Pagar, de tal forma que, quando se olha para trás e se compara as contas recebidas com as contas pagas, observa-se o fluxo de caixa realizado e, quando se compara as contas a receber com as contas a pagar, observa-se o fluxo de caixa projetado.

Para acompanhar o Fluxo de Caixa, pode-se utilizar, entre outros, o Excel, da Microsoft. Usando o referido software para o exemplo da reforma do apartamento, temos:

REFORMA DO APARTAMENTO	15/02/04	22/02/04	29/02/04	07/03/04	14/03/04	21/03/04	28/03/04	04/04/04	TOTAL
Saldo Anterior	–	–	–	–	–	–	–	–	–
Receitas	5.750,00	4.200,00	1.850,00	1.250,00	1.250,00	1.250,00	1.700,00	600,00	17.850,00
Salário	2.000,00								2.000,00
Resgate de Aplicações	3.750,00	4.200,00	1.850,00	1.250,00	1.250,00	1.250,00	1.700,00	600,00	15.850,00
Despesas	5.750,00	4.200,00	1.850,00	1.250,00	1.250,00	1.250,00	1.700,00	600,00	17.850,00
Quarto	1.500,00	1.225,00	875,00	500,00	500,00	500,00	300,0	–	5.400,00
Pedreiro/Material	1.000,00								1.000,00
Gesso		600,00							600,00
Marceneiro	500,00	500,00	500,00	500,00	500,00	500,00			3.000,00
Eletricista/Material		125,00	375,00						500,00
Pintor/Material							300,00		300,00
Closet	1.000,00	650,00	500,00	500,00	500,00	500,00	600,00	400,00	4.650,00
Pedreiro/Material	500,00								500,00
Gesso		150,00							150,00
Marceneiro	500,00	500,00	500,00	500,00	500,00	500,00			3.000,00
Eletricista/Material							500,00		500,00
Suíte	3.250,00	2.325,00	475,00	250,00	250,00	250,00	800,00	200,00	7.800,00
Graniteiro	3.000,00								3.000,00
Pedreiro/Material		2.000,00							2.000,00
Gesso		75,00	225,00						300,00
Marceneiro	250,00	250,00	250,00	250,00	250,00	250,00			1.500,00
Eletricista/Material							800,00		800,00
Pintor/Material								200,00	200,00
Saldo do Período	–	–	–	–	–	–	–	–	–

Note-se que, pelo uso do Fluxo de Caixa, os resgates das aplicações foram precisos, não restando possibilidade de perdas por saques excessivos.

Retorno do Investimento

Serve para verificar o grau de retorno de um determinado projeto, de forma a possibilitar a melhor escolha.

De todas as ferramentas utilizadas para se estimar o grau de retorno de um investimento, o *Pay Back* e a *TIR* são as mais comumente usadas.

Pay Back: aponta o tempo de recuperação do capital investido, isto é, descontando a inflação, em quanto tempo o investimento retorna o capital investido.

Apesar de muito usado, essa ferramenta traz consigo algumas limitações:

Fluxo de Caixa Estimado

Período (ano)	Projeto A	Projeto B
Valor investido	(R$ 7.000)	(R$ 7.000)
1	R$ 4.500	R$ 2.500
2	R$ 2.500	R$ 4.500
3	R$ 2.500	R$ 4.500
4	R$ 2.500	R$ 4.500

Pelo método do *Pay Back* o projeto A é igual ao projeto B (mesmo tempo de retorno - 2 anos).

Se olharmos apenas no período do *Pay Back*, e considerarmos que o dinheiro tem valor no tempo, acharíamos que o projeto A seria mais interessante.

A razão dessa avaliação precipitada é que essa ferramenta não leva em consideração o fluxo de caixa após o período em que os recursos aplicados retornam. Do ano 3 em diante o projeto B continua gerando um caixa de R$ 4.500,00 e o projeto A um caixa de R$ 2.500,00. É fácil perceber que, descontado o efeito da inflação, o projeto B vale mais do que o projeto A.

TIR – Taxa Interna de Retorno

Taxa de juros que iguala os fluxos de entrada e saída de recursos de investimento a zero.

Vejamos o exemplo abaixo:

- Investimentos totais: R$ 1.000.000,00.
- Início do projeto: 01/01/2004.
- Vida útil econômica para o projeto: 5 anos.
- Vendas anuais estimadas: 15.000 unidades.
- Preço de venda unitário: R$ 77,00.
- Custos operacionais anuais: R$ 700.000,00.
- Custos administrativos: R$ 150.000,00.

Ao final do projeto, a empresa irá se desfazer dos ativos restantes por R$ 500.000,00.

Fluxo de Caixa Resultante

REFORMA DO APARTAMENTO	15/02/04	22/02/04	29/02/04	07/03/04	14/03/04	21/03/04	28/03/04	04/04/04	TOTAL
Saldo Anterior	–	–	–	–	–	–	–	–	–
Receitas	5.750,00	4.200,00	1.850,00	1.250,00	1.250,00	1.250,00	1.700,00	600,00	17.850,00
Salário	2.000,00								2.000,00
Resgate de Aplicações	3.750,00	4.200,00	1.850,00	1.250,00	1.250,00	1.250,00	1.700,00	600,00	15.850,00
Despesas	5.750,00	4.200,00	1.850,00	1.250,00	1.250,00	1.250,00	1.700,00	600,00	17.850,00
Quarto	1.500,00	1.225,00	875,00	500,00	500,00	500,00	300,0	–	5.400,00
Pedreiro/Material	1.000,00								1.000,00
Gesso		600,00							600,00

Receitas = R$ 77,00 × 15.000 unidades = 1.155.000,00
Custos Administrativos = R$ 150.000,00
Custos Operacionais = R$ 700.000,00

$$TIR = j \times 100\% \text{ a.a. (ao ano)}$$

$$R\$\ 1.000.000,00 = R\$\ 305.000/(1+j) + R\$\ 305.000/(1+j)^2$$
$$+ R\$\ 305.000/(1+j)^3 + R\$ \times 305.000/(1+j)^4 + R\$\ 305.000/(1+j)^5$$

Utilizando o Excel ou hp 11C, tem-se como resultado:

TIR = 24% a.a.

Trocando em miúdos, significa que o projeto tem um retorno de 24% a.a.

Finalmente, o que fazer com o resultado? É o que verificaremos no item a seguir.

Decisão

Tomemos o exemplo constante do item anterior, onde encontramos a TIR = 24%.

De posse dessa informação devemos compará-la com as demais possibilidades de aplicação disponíveis no mercado.

Em 01/02/2004, as informações de retorno das principais aplicações, no período de 12 meses, foram seguintes:

- Poupança (1) = 7,81% a.a.

Renda Fixa:

- FIF (2) = 20,72 % a.a.
- FIF (3) = 21,48 % a.a.

Renda Variável:

- Ibovespa (Índice da Bolsa de Valores de São Paulo) (4) = 126,81% a.a.
- Dólar (5) = –18,36% a.a. (rendimento negativo)

No exemplo utilizamos produtos/indicadores disponíveis nos seguintes sites:

- Poupança (www.bb.com.br)
- BB Fix CPMF Progressivo (www.bb.com.br)
- BB DI Progressivo (www.bb.com.br)
- Ibovespa (www.bovespa.com.br)
- Dólar (www.bcb.gov.br)

Se analisarmos apenas do ponto de vista financeiro, o retorno do investimento em negócio próprio do exemplo teórico apresentado, pela TIR, em relação às diversas possibilidades de aplicação, utilizando os índices dos últimos 12 meses, temos:

Dólar < Poupança < FIF < Negócio Próprio < Ibovespa

Se observamos o gráfico a seguir, baseado em constatações históricas do Retorno x Risco de diversos tipos de investimentos, veremos:

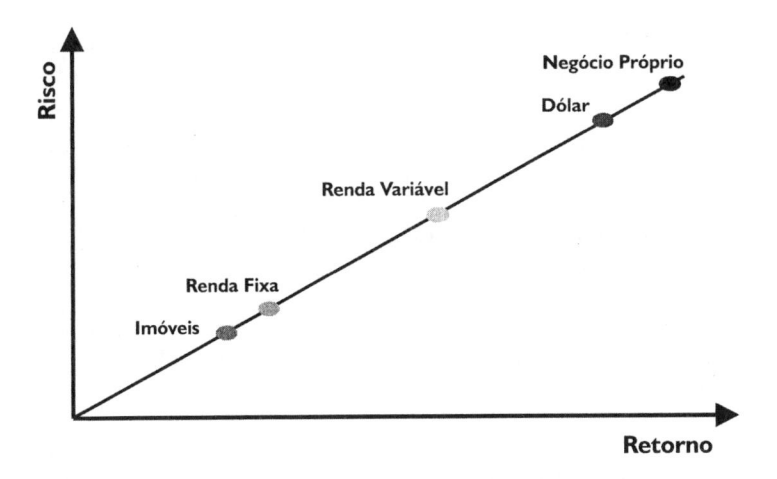

Capítulo 4 – Tecnologia

Gráfico: eixo vertical Risco, eixo horizontal Retorno, com pontos alinhados em ordem crescente: Imóveis, Renda Fixa, Renda Variável, Dólar, Negócio Próprio.

Imóveis < Renda Fixa < Renda Variável < Dólar < Negócio Próprio

Tomada de decisão: Menor risco? Maior retorno?

Antes de passarmos à decisão, definamos risco:

O risco pode ser definido como uma medida da incerteza associada aos retornos esperados de investimentos.

Para facilitar o entendimento das possíveis decisões, vamos dividir a personalidade do investidor em dois tipos distintos:

Tendente ao risco

É o tipo que tem inclinação a correr riscos.

Essas pessoas, normalmente, consideram o risco como parte motivante do investimento e estão predispostas a ganhar muito, assim como perder tudo.

Aplicações mais comuns: renda variável (Ações da Bovespa e Dólar), negócio próprio.

Avesso ao risco

Procura sempre o investimento mais seguro, que possa oferecer um rendimento o mais previsível possível.

Aplicações mais comuns: renda fixa (FIF), poupança, imóveis.

Por conseguinte, se o indivíduo se enquadra no tipo 1, estará propenso a aplicar em ações, haja vista o resultado da Bolsa de Valores de São Paulo em 2003, próximo de 126%. Outra opção plausível é se arriscar no investimento no negócio próprio, que em nosso exemplo tem um retorno esperado de 24%.

Vale lembrar que o retorno de ambos é extremamente susceptível a variações substanciais também conhecidas como VOLATILIDADE.

Para o tipo 2 restam as aplicações mais seguras, menos rentáveis, tais como a renda fixa, com retorno, em 2003, de aproximadamente 21%, e a poupança, com 7,81%.

Assim sendo, como a Economia não é uma ciência exata, NÃO EXISTE UMA RECEITA DE BOLO, a decisão pelo melhor investimento depende da característica individual de cada ser humano.

Conclusão

Como verificamos, esse pseudo-órgão do corpo humano, o bolso, é extremamente sensível a variações em função de diversos fatores, dentre eles os que abordamos anteriormente.

Como na medicina, existem algumas atitudes prévias (medicina preventiva) que podemos tomar de forma a evitar reflexos negativos, isto é, sensações de desconforto futuro, tais como:

- Manter-se sempre em aprendizagem contínua e buscando cada vez mais a qualificação profissional.
- Manter-se informado das oportunidades, para ajudar a "sorte".
- Organizar-se. Elaborar, mesmo que resumido, um planejamento de futuro, em que deve estar presente onde se quer chegar e quais os meios necessários para isso.
- Realizar uma análise sobre o retorno do investimento que se pretende fazer, de forma a se verificar outras opções e poder confrontá-las.
- Conhecer a si próprio, seu perfil, e finalmente, decidir pelo melhor caminho.

Lembrem-se do ditado popular que diz: "**é melhor prevenir do que remediar**". Neste caso o remediar sempre custa muito caro.

Glauber Cabral Vasconcelos Júnior – Engenheiro eletricista pela Universidade Federal de Pernambuco; especialização em Energy Management no Japão, pela Kyushu International Training Association – KITA; MBA em Finanças Empresariais pela Fundação de Apoio ao Desenvolvimento da Universidade Federal de Pernambuco; mestre em Planificación y Gestion Organizacional pela Universidad Autonoma de Madrid – UAM.
(glauber@chesf.gov.br)

Contribuição do Estágio Para o Desenvolvimento Social

As mudanças não mais se instalam em nossas vidas paulatinamente, elas invadem nossos dias e nos obrigam a rever, repensar e mudar nossos hábitos, nossas idéias, nossa forma de ser, impondo-nos decisões que implicam muitas vezes mudar o foco de nossas convicções. Saber conviver com essa situação exige bastante sabedoria.

Para os jovens, essas mudanças incorporam-se ao seu eu determinando-lhes o caráter e a personalidade. Os jovens buscam seu lugar no espaço, entendendo-os aqui como o jovem estudante, aquele que cheio de esperanças, incertezas, sonhos, ilusões, energia, curiosidade, pureza, etc., anseia ingressar no mercado de trabalho.

Como penetrar no mercado de trabalho? Como conseguir fazer parte desse mercado tão competitivo, cuja exigência é o melhor conhecimento? Como adquirir o conhecimento específico para tão diferenciadas atuações? Como confrontar a realidade do mundo educativo com a realidade do mundo do trabalho? Respostas a essas e inúmeras outras perguntas poderão ser obtidas no estágio profissional para estudantes. O estágio é um instrumento que permite ao estudante a delineação de sua carreira; é uma forma pela qual se põe em prática o que se aprende na escola. É uma grande oportunidade para ele verificar se sua escolha profissional condiz com sua vocação, com suas tendências e aptidões; é um momento de complementação do ensino teórico por meio da prática.

Sabemos que a educação é um dos pilares mais importantes para a sustentação de uma sociedade desenvolvida, no entanto, sabemos também, que no Brasil, não é dada à educação a atenção necessária para que a mesma promova o crescimento do país; não existe comprometimento com a formação escolar dos jovens. São poucos os casos em que as instituições de ensino procuram desempenhar o seu papel. São poucas as pessoas que estão comprometidas com a educação.

O poder está no conhecimento, na educação. Um povo sem educação não tem força para efetivar mudanças que possibilitem o desenvolvimento da sociedade em todas as áreas.

São poucas as escolas que preparam os estudantes para ingressarem no mercado de trabalho. As empresas também, em sua maioria, não exerce o seu papel social, oferecendo espaços para os estudantes complementarem sua aprendizagem. Nos países desenvolvidos as empresas costumam visitar as universidades com o objetivo de encontrar estagiários para desenvolver programas de formação profissional, resultando, algumas vezes, na efetivação dos estudantes como empregados. No Brasil, também observamos esse fato, mas ainda falta muito para se nivelar com os paises desenvolvidos. Já existem sinais de mudanças no relacionamento empresa/escola. Existem algumas ações, não sistematizadas, que evidenciam o início de uma melhoria dos campos de estágios.

Tratar o estágio com seriedade, planejando-o com uma visão de qualificação profissional, tendo como pressuposto básico o entrosamento entre a escola e a empresa é uma das melhores formas de se contribuir para o desenvolvimento da educação. A experiência permitirá ao estudante a possibilidade de unir as atividades diárias desenvolvidas no estágio à parte acadêmica, facilitando a sua desenvoltura no mercado de trabalho. Um estágio bem planejado inclui um acompanhamento, uma supervisão realizada pela empresa que acolhe o estudante e pela escola que encaminha o mesmo.

De acordo com a conceituação do Decreto nº 87.497/82 que regulamentou a Lei nº 6.494/77, considera-se estágio "as atividades de aprendizagem social, profissional e cultural, proporcionadas ao estudante pela participação em situações reais de vida e trabalho de seu meio, sendo realizada na comunidade em geral ou junto a pessoas jurídicas de direito público ou privado sob responsabilidade e coordenação da instituição de ensino".

Existe uma enorme variação desse conceito dentro das instituições de ensino. Estágio curricular, estágio extracurricular, estágio optativo, estágio não-optativo, estágio curricular obrigatório, estágio curricular não-obrigatório, estágio curricular supervisionado, estágio curricular não-supervisionado, estágio de prática profissional são algumas denominações que circulam nos meios que lidam com estágio de estudantes.

Com a regulamentação do estágio as instituições de ensino viram-se obrigadas a reformular seus currículos, incluindo horas para um estágio obrigatório. No entanto, apesar do reconhecimento dessa importância, sua implementação na estrutura escolar é muito difícil. Dentre os grandes obstáculos institucionais, destacamos: a falta de integração entre as instituições de ensino e as organizações, a falta de integração do estágio na estrutura curricular, deficiências da infra-estrutura das instituições de ensino para acompanhar os estágios, falta de orientação aos estudantes no sentido da escolha de um projeto de estágio e de uma metodologia a ser seguida. No meio de tantas dificuldades, ressalto a não integração das organizações empresariais com as instituições de ensino, como a responsável maior pelo não acontecimento do estágio.

Diante do enorme contingente de estudantes que precisam realizar o estágio para preenchimento dos requisitos estabelecidos em seus currículos escolares, algumas instituições de ensino criam formas, para alguns cursos, de mascarar essa exigência. Colocando de uma forma mais clara: a instituição de ensino estabelece uma pequena carga horária de atividades práticas (cento e cinqüenta horas, por exemplo) e outras poucas horas onde o estudante poderá apresentar alguma outra atividade, como participação em palestras, simpósios, congressos, etc., para complementar a carga horária do estágio curricular obrigatório. Como conseqüência, os jovens estudantes concluem seus cursos com uma resumidíssima visão do mundo do trabalho, ou seja, desenvolvem uma miopia organizacional.

Em razão disso, torna-se maior sua dificuldade para se inserir no mercado de trabalho, uma vez que, na maioria das vezes, as empresas preferem admitir pessoas que possuem experiência na área na qual irão atuar.

O grande questionamento dos recém-formados baseia-se na pergunta "Como obter experiência se não nos é dada oportunidade de adquiri-la"?"

São raros os casos que as organizações estabelecem como critério seletivo a admissão de alguém que não tenha tido nenhuma experiência. Quando tal fato ocorre, deve-se a intenção de admitir um profissional para ser moldado de acordo com a cultura da organização; alguém que seja despojado de hábitos e vícios provenientes de outras culturas organizacionais. Existem empresas que elaboram programas de estágios visando ao aproveitamento dos melhores estagiários no seu quadro funcional. Existem também empresas que estabelecem a contratação de estagiários no início do curso, permanecendo com o estudante por um período de dois ou mais anos, e, dependendo do seu desempenho, após a conclusão do curso, o mesmo passa para o quadro de empregados.

O mundo acadêmico e o mundo do trabalho deveriam andar em linhas paralelas, no entanto, de acordo com a visão daqueles que fazem parte desses mundos, tal fato não ocorre. Os estudantes não constatam muita ligação entre a teoria e a prática, enquanto que, os profissionais alegam um enorme distanciamento entre a Universidade e o mundo real. As instituições de ensino ao aceitarem o estágio como obrigatório assumem um compromisso imposto pela legislação de estágio que é a supervisão acadêmica. Compromisso esse que, raramente, é "parcialmente" cumprido. Refiro-me aqui, aos cursos da área de Ciências Humanas e Tecnológica. Os cursos da área de Saúde não se incluem nesta análise.

Reconhecendo as dificuldades e a quase inexistência da supervisão acadêmica nos estágios curriculares obrigatórios e não-obrigatórios, baseada numa observação empírica e reflexiva, afirmo, com muita convicção, que a validade do estágio é inquestionável. O estágio é o momento em que o estudante tem oportunidade para exercitar sua capacidade de escolha e definição da sua profissão; é o momento que lhe permite refletir, sistematizar, questionar e testar toda sua base teórica; é um momento de enriquecimento intelectual que constituir-se-á a base de sua vida profissional. Dependendo da forma como os problemas foram enfrentados e solucionados, suas idéias e seus conceitos abstratos serão fortalecidos ou modificados, contribuindo para a formação do "profissional".

O estágio é uma realidade. Não tem mais como recuar acabando com o mesmo. Independentemente de supervisão dada pelas instituições de ensino nos estágios, ele continuará existindo. Isso ocorre não só pela conscientização do estudante de que a prática é fundamental para a sua aprendizagem, mas também, pela conscientização das organizações das grandes vantagens obtidas por meio do estágio. As organizações consideram em primeiro plano a questão do custo. É econômico para a empresa a criação de um programa de estágio? Se os resultados dos estudos indicarem uma resposta positiva, as empresas, com certeza, abrirão suas portas para os estudantes-estagiários. Poucas são as organizações que se preocupam com os interesses das instituições de ensino ou com a formação de melhores quadros profissionais.

Elas têm como prioridade as sua necessidades. As necessidades dos estudantes e das instituições de ensino deverão se compatibilizar com as dela; caso contrário, não ocorrerá o estágio.

Na atual realidade, já existem muitos dirigentes organizacionais que vivenciaram o processo de estágio, que foram ou são professores. Esse fator tem contribuído para uma ligeira melhoria da qualidade do estágio. Um fator que tem permitido uma maior aceleração quantitativa é a ação dos agentes de integração. Apesar de não serem bem vistos pelas instituições de ensino, eles muito têm feito pelo impulsionamento do estágio.

A maioria deles desenvolve ações que reduz a exploração do estudante, divulga o papel das instituições de ensino e proporciona segurança legal às organizações.

Muitos são os trabalhos científicos feitos em parceria com os agentes de integração, as empresas e as instituições de ensino. O número de estudantes cadastrados nos órgãos que trabalham com estágio, aguardando uma oportunidade para serem encaminhados a uma empresa para realizar um estágio, revela a grande defasagem entre a oferta de estágio e a procura do ensino, caracterizando assim a importância do papel exercido pelo agente de integração que, diga-se aqui, não se resume apenas a recrutar e encaminhar estudantes.

No entanto, esses órgãos jamais poderão exercer o papel da instituição de ensino. O acompanhamento pedagógico do estágio compete à escola. É ela que tem capacidade para avaliar se o estágio está contribuindo para o desenvolvimento da aprendizagem ou não.

A avaliação dessa aprendizagem deve abranger todo o contexto social do estudante. Na análise desse contexto existe um aspecto muito questionável: a dificuldade financeira da manutenção do jovem na instituição de ensino. Todos nós sabemos das grandes dificuldades vividas por grande parte da população brasileira. Diante desse quadro, o estágio remunerado passa a ser procurado como uma forma de complementar a renda familiar, contribuindo assim para que o estudante possa concluir seus estudos. Esse é um aspecto que muitas vezes vai de encontro ao acompanhamento pedagógico, mas que poderia ser trabalhado junto às partes envolvidas, encontrando soluções que permitissem a valorização do estágio.

O desconhecimento dos campos de atuação que podem ser explorados pelas organizações impede que muitos estudantes realizem estágios. As empresas deixam de receber estagiários por não terem conhecimento das áreas que podem ser aproveitadas.

O estudante, por sua vez, sente-se sem qualquer compromisso com a escola. Desenvolve seu estágio de acordo com as regras das organizações, fugindo, muitas vezes, do objetivo principal do estágio, atendendo apenas aos motivos pessoais que lhe fizeram buscar essa experiência.

O estágio permite o desenvolvimento global do estudante. Aprender a conviver com as diferenças, controlar suas emoções, perceber o que existe além do seu horizonte e ter espírito de grupo muito contribuirá para sua realização pessoal e profissional. Aproveitar as oportunidades que surgem em sua frente faz parte do aprendizado de vida.

Isso ele também poderá obter por intermédio do estágio.

Iracilda Portella Ferreira Gomes – Psicóloga com especialização em administração de Recursos Humanos, MBA em Planejamento e Gestão Organizacional. Professora da disciplina Estágio Supervisionado I na FCAP, professora das disciplinas Administração de Recursos Humanos I e II da Faculdade de Olinda. Sócia-diretora do NUDEP (Núcleo de Desenvolvimento Profissional - Estágio e Capacitação). Ex-sócia-diretora do UNIGAPE. (iracildaportella@hotmail.com)

Grafologia:
Seus Fundamentos e Aplicação em Recursos Humanos

> *"Agimos de acordo com o nosso passado, isto é, como a nossa organização cerebral manda. Por esta razão, estamos sujeitos a nos expor na sociedade, exatamente da mesma maneira como fazemos com a nossa própria escrita."*
>
> Carl Jung

Introdução

Tão antiga quanto o primeiro escrito realizado pela mão do homem, a grafologia é uma ciência humanista e uma técnica de observação e interpretação que estuda o caráter, o temperamento e a personalidade, pela análise e interpretação dos aspectos de "movimento", "espaço" e "forma" na escrita.

O grafólogo considera a escrita não somente como uma linguagem, mas também como uma série de atos, como um registro gráfico de nossos gestos, nossos movimentos, quer dizer, como um filme em que o próprio indivíduo plasma, graficamente, seu tipo de inteligência, sua sensibilidade, seus impulsos, suas tendências, suas reações etc.

Etimologicamente, a palavra é formada pelos vocábulos gregos *grafus* (escrita) ou *graphei* (escrever) e *logos* (tratado). Através da grafologia e, mediante as alterações pessoais que se registram na caligrafia, descobre-se a maneira de ser do autor, seu temperamento, caráter, saúde, sexo, prestando serviços à Psicologia, Medicina, Pedagogia, Psicanálise e ao Direito.

Mais de uma pessoa tentou negar a veracidade dessa ciência, alegando que o ato de escrever obedece à destreza da mão e, assim sendo, as pessoas só se diferenciam por seu grau de habilidade manual. Isso foi negado e ficou comprovado que é o cérebro que escreve e não a mão ou o braço. Preyer demonstrou, fazendo com que uma pessoa escrevesse com a mão, em seguida com a boca e com o pé. Todos os tipos de escrita foram realizados com os mesmos traços e as mesmas características, evidenciando que era o cérebro que fazia refletir os traços.

Justificativa

A grafologia põe ao nosso alcance recursos que ajudam na abordagem da questão. A análise da grafia, desse modo, torna-se meio subsidiário de valia, podendo auxiliar efetivamente médicos, psicólogos, juristas, peritos criminais, empresários, homens de vendas, professores, pedagogos, mães de família e outros e, inclusive, o próprio indivíduo diretamente no caso dele estar em busca de saber mais sobre si mesmo. Sendo assim, cada vez mais cresce o número de pesquisas voltadas para a aplicação desta ciência.

História da Grafologia

Como precursores da grafologia temos:

- **Camillo Baldi** (1622), médico de Bolonha, o qual escreveu um "Tratado sobre como, através de uma carta, chega-se ao conhecimento da natureza e das qualidades de seu autor".

- **Jean Hippolite Michon**, padre francês, apresentou seu primeiro trabalho publicamente em 1875, *Système de Graphologie*. Para Michon, cada sinal gráfico deveria ter a sua significação definida. A ele devemos o termo grafologia.

- **Jean-Jacques Crepieux Jamin** (1845-1940), médico francês seguidor de Michon, fundador da escola francesa de grafologia. Destacam-se como suas obras mais importantes: *Traité Pratique de Graphologie*, *Les Eléments de l'Écriture de Canailles* e *ABC de la Graphologie*. Para ele, o traço grafológico estava relacionado com a energia de um movimento psicológico correspondente. Salientou aspectos da escrita, como: forma, dimensão, direção, ordem, pressão e velocidade. Mesmo considerando os traços isoladamente, formulou a teoria das resultantes de vários sinais. Segundo ele, todo sinal gráfico sofre nuances por influência de outro sinal.

- **Ludwig Klages** (1890-1930), filósofo e psicólogo alemão, é visto por muitos como o pai da grafologia de nossos dias. Cabe a ele o conceito de gesto na grafologia. Até então existiam apenas duas correntes: a intuitiva (avaliação do todo, de um modo geral) e a dos sinais isolados analítica (avaliação das partes). Para Klages, o ato de executar o traço (gesto) é mais importante do que o traço que o indivíduo deixa no papel.

- **Max Pulver** (1931), filósofo suíço, influenciado por Klages através da psicanálise, elabora a teoria da simbologia do espaço gráfico. O "gesto" gráfico é mais do que analogia, corresponde à vida interior. Segundo Pulver, tudo é ambíguo e polivalente. Para ele todo indivíduo é ambivalente, geralmente dividido entre tendências opostas, muitas vezes mesmo, dilacerado contra si próprio. Suas principais obras: *Impulso e Crime na Escrita* e *O Simbolismo da Escrita*.

- **Rudolf Pophal** (1939-1967), psiquiatra e neurologista, foi professor de grafologia na Universidade de Hamburgo. Deteve-se no estudo da grafia sob o aspecto de resultante da atividade motora.

A Espanha contribui para o estudo da grafologia de um modo efetivo por meio dos estudiosos e pesquisadores como Maurício Xandró, Augusto Vels, Silvia Ras, entre outros. No Brasil, a partir de 1900, surgiu a primeira publicação do médico José da Costa Pinto, *Grafologia em Medicina Legal*. Frederico Kosin escreveu, em 1957, *Noções de Grafologia*. Podemos indicar Bettina K. Schoenfeldt com seu livro *Grafologia*, em 1964.

Em 1979, foi fundada em São Paulo a Sociedade Brasileira de Grafologia.

Edson Belinttini, em 1980, publicou *Análise Grafo-Espiritual*, e, em 1987, Odete Serpa Loevy e Dra. Cacilda Cuba dos Santos publicaram o livro *Grafologia*.

Atualmente, a grafologia é ensinada nas grandes universidades européias; nos países mais avançados, os estudos grafológicos recebem o apoio de órgãos estatais. Podemos citar a França, a Alemanha, a Suíça, a Bélgica, a Itália e outros.

Fundamentos da Grafologia

A grafologia fundamenta-se exclusivamente no exame minucioso da letra, no seu estudo, na sua decomposição em partes constitutivas.

A base do trabalho grafológico consiste em: olhar, examinar com muita atenção, notar as particularidades que devem fixar-se, estudar estas particularidades em função do clima geral do texto escrito, reunir os significados, seriá-los, selecioná-los e hierarquizá-los, de modo a obter os traços dominantes e secundários de uma personalidade. Estabelecer, por fim, a síntese do indivíduo.

O grafólogo procura compreender os comportamentos e as motivações que permitem prever suas reações perante determinados estímulos. Eis o retrato do grafólogo consultor:

- Perspicácia psicológica.
- Empatia.
- Honestidade intelectual.
- Objetividade.
- Atividade mental.
- Decisão.
- Vivacidade de espírito.
- Clareza

Condições da Análise

Dissemos que a grafologia se baseia unicamente no exame da escrita. O que não quer dizer que ela se considere uma ciência em si. Recorre a outras disciplinas. Em todo caso, tem com ela relações estreitas.

É preciso também a assinatura. Os textos devem ser espontâneos: nada de cópias e também nada de lápis.

É possível dizer que quanto mais o grafólogo avança em experiência, mais se torna prudente.

O grafólogo não é um adivinho e é indispensável os seguintes elementos:

- Idade.
- Sexo.
- Escolaridade.
- Profissão.
- Particularidades eventuais, como deficiência visual, acidente com a mão que escreve etc.

Informar o grafólogo não é influenciá-lo. Se o analisado tem algum problema é bom expô-lo com clareza. O seu objetivo real é compreender e ajudar a compreender. Exige-se do grafólogo não apenas um conhecimento aprofundado de sua profissão, mas também uma experiência, um sentido psicológico real, um enorme tato e ainda prudência.

Os Mecanismos da Escrita

Como escrevemos? O que é que comanda e realiza o gesto de escrever?

Sem dúvida, muitos dirão: "É muito simples, escreve-se com a mão, com a direita quem é destro e com a esquerda, quem é canhoto".

A verdade é que o mecanismo da escrita é infinitamente complexo e põe em jogo uma série de comandos, execuções e controles. Para se poder escrever é preciso um cérebro que pense e comande o gesto de escrever, um sistema nervoso equilibrado e músculos para realizar o texto escrito.

As lesões orgânicas do cérebro e da medula, a constituição, o temperamento hipocrático, o equilíbrio glandular influenciam a escrita, tal como o sistema nervoso, as diversas particularidades da mão e a própria posição de quem escreve.

Na escrita dos canhotos, algumas das letras são fortemente inclinadas para a esquerda, outras "em espelho". Algumas são rápidas, não denunciando qualquer embaraço de escrever da esquerda para a direita. Nos verdadeiros canhotos é o hemisfério direito do cérebro que comanda a escrita, ao passo que nos destros é o hemisfério esquerdo.

Nos deficientes privados dos braços e/ou das pernas, seus cérebros estão intactos e conseguem estudar, pintar, ganhar a vida, escrevendo ou pintando com a boca ou os pés. Não esqueçamos que a escrita é, antes de mais nada, um gesto. Uma expressão muscular dos nossos centros psíquicos, sejam quais forem os músculos que atuam, visto que se pode escrever com a mão, com o pé ou a boca.

As condições fisiológicas necessárias a um traçado normal são:
- Acuidade visual;
- Boa postura;
- Maneira de segurar a caneta.

O comando da escrita dá-se através do tálamo, que desempenha papel essencial na coordenação dos movimentos; do pallidum, que intervém na coordenação da motricidade; e do cerebelo, que preside a orientação geral do corpo, controlando o tônus muscular, tornando-se indispensável à manutenção do equilíbrio e assegurando a precisão dos movimentos.

Aplicação da Grafologia em Recursos Humanos

Embora a grafologia dê uma excelente contribuição nas áreas médica, criminalista e pedagógica, dentre outras, o enfoque que será dado é o da área de Recursos Humanos pois o uso da grafologia nas empresas vem crescendo vertiginosamente nos últimos anos. Por exemplo:

Seleção de Pessoal

Atualmente a grafologia é um dos meios mais utilizado, internacionalmente, na seleção de pessoal.

Isto se deve à rapidez, à comodidade e à amplitude de resultados no diagnóstico do caráter e das aptidões.

A vantagem de seu uso sobre outros testes de exploração da personalidade não só se apóia sobre a abundância e a rapidez dos resultados, como também no fato de que recolhe diretamente, do próprio analisado, sem intermediários, o material que serve para análise, sem que, por outro lado, se necessite da presença do sujeito para a realização deste estudo.

Promoção – muitas vezes um excelente colaborador é promovido para um cargo de liderança por questão de qualificação técnica, mas deixa a desejar com relação às competências que envolvem um cargo de liderança.

O levantamento do perfil grafológico permite que se efetue uma comparação entre as características psicológicas do indivíduo e as competências exigidas no cargo atual e o pretendido.

Acompanhamento evolutivo – uma das limitações dos testes psicológicos, em detrimento do uso da grafologia, é que aqueles, normalmente não devem ser repetidos, pelo menos a curto prazo, na mesma pessoa. Já o grafológico oferece a vantagem de uma pessoa voltar a submeter-se a ele, sem com isso comprometer o seu resultado.

É, portanto, enriquecedor e seguro poder acompanhar a evolução de um colaborador, ao longo do tempo, através do mesmo instrumento.

Orientação profissional – o perfil grafológico ajuda as pessoas a conhecerem suas competências e limitações profissionais. Este conhecimento lhes permite nortear, com mais segurança, sua carreira profissional.

Saúde do trabalhador – através da escrita é possível investigar se existe algum tipo de problema com o trabalhador, relacionado ao uso contínuo do álcool ou drogas. A letra, nestes casos, fica visivelmente comprometida.

Valer-se da avaliação grafológica, com esta finalidade, permite à empresa adotar intervenções eficazes, na tentativa de recuperar o trabalhador.

Conclusão

O homem, como ser individual, possui peculiaridades próprias que o distinguem de todos os demais seres vivos, apesar de seus muitos pontos em comum. A tarefa que o grafólogo vai enfrentar em cada análise é a de ser um "detetive" da psique humana.

O estudo profundo e constante da grafologia sempre traz novas descobertas psicológicas, reveladas pela letra.

A escrita pode revelar os segredos mais escondidos da alma. Por trás de letras desenhadas, rabiscos e garranchos pode-se chegar a conclusões muito mais interessantes que o mero ato de ler, porque a escrita é, sem dúvida alguma, uma das vazões do comportamento humano.

Em recursos humanos, cabe aos grafólogos que utilizam a grafologia como instrumento de diagnóstico não restringir o seu uso apenas à seleção de pessoal já que, comprovadamente, este instrumento pode dar uma contribuição muito maior.

Lena Santos – Psicóloga, grafóloga com formação em Grafologia pela Sociedad Española del Grafología, sob a orientação do Prof. Maurício Xandró. Cursos de: Grafología profunda y la seleción de personal, grafopatologia, grafoterapia, perícia grafológica. Atual diretora-presidente da Sociedade Brasileira de Grafologia, Sócia-diretora da Estilo Profissional-PE.
(contato@estiloprofissional.com.br)

Referências Bibliográficas

COBBAERT, Anne-Marie. *Os Segredos da Grafologia*. Lisboa: Editorial Presença, 1975.

ENCICLOPÉDIA BARSA. São Paulo SP: Ed. Melhoramentos, 1993.

ENCICLOPÉDIA DELTA UNIVERSAL. São Paulo, SP: Ed. Guanabara Koogan, 1991.

ENCICLOPÉDIA MIRADOR INTERNACIONAL. São Paulo, SP: Ed. Melhoramentos, 1993.

McNICHOL, Andrea. *Handwriting Analysis Put It to Work for You*. Chicago: Contemporary Books, 1991.

MINICUCCI, Agostinho. *Grafoanálise: Teoria e Sistemas*. São Paulo, SP: Ed. Atlas, 1991.

RAS, Matilde. *Historia de La Escritura y Grafología*. Madrid: Editorial Plus Ultra, 1951.

SANTOLI, Ornella. *How to Read Handwriting*. Chicago: Contemporary Books, 1991.

VELS, Augusto. *Dicionário de Grafologia e Termos Afins*. Barcelona: Casa do Psicólogo, 1996.

_____. *Escrita e Personalidade – As Bases Científicas da Grafologia*. São Paulo, SP: Ed. Pensamento, 1997.

_____. *La Seleción de Personal y Problema. El Problema Humano En Las Empresas*. Barcelona: Ed. Herber, 1982.

XANDRÓ, Maurício. *Grafologia Elementar*. Barcelona: Ed. Pensamento, 1989.

_____. *La Seleción de Personal Problema de Las Empresas*. Madrid: Ediciones Xandró, 1999.

Integrando o RH da Empresa Com o Uso da Tecnologia

> *"se o homem errado usar o meio correto,*
> *o meio correto atuará de modo errado"*
> Provérbio chinês

O Desafio das Mudanças

O processo de mudança faz parte da história do homem e de sua sociedade. Não fosse assim, o termo **evolução** não teria sentido. Entretanto, mesmo sendo natural, o processo ocorre de maneira intempestiva. É que as mudanças trazem em seu bojo alterações de conceitos, inversão de valores, perdas e ganhos para diferentes pessoas, novas formas de vermos e atuarmos sobre as mesmas coisas.

Contudo, se até as pedras mudam, como é o caso do diamante que era apenas um carvão mineral há milhões de anos, o que impede que encaremos as mudanças em nossas vidas e em nossas organizações como um benefício?

Quando tratamos de tecnologia, verificamos que as exigências de mudanças assustam muita gente, tanto pelos impactos brutais que acarretam quanto pela velocidade com que ocorrem. Numa visão macro, isso vem criando, na sociedade moderna, um fenômeno que pode ser demonstrado num **gráfico de curvas inversas**.

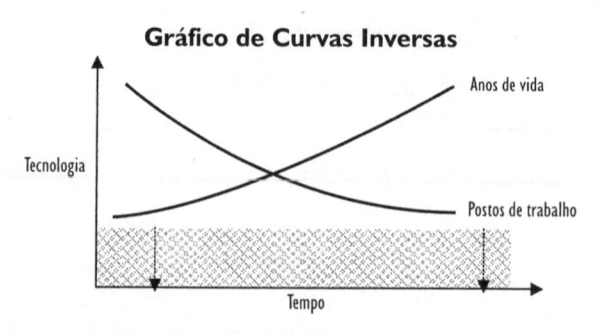

Gráfico de Curvas Inversas

É que, ao se processar o avanço tecnológico, surge uma curva crescente que descreve a implantação de supermáquinas que operam produtos e serviços com mínimas necessidades da intervenção humana. A vida das pessoas vê-se desobrigada de atividades repetitivas, ao mesmo tempo que sua expectativa de vida se amplia para mais de 80 anos. A outra curva é decrescente e demonstra o impacto das máquinas maravilhosas sobre a massa de empregos antes criados.

Com isso não se afirma que a tecnologia apenas elimine empregos ou deixe de criar novos. O fato é que sua aplicação requer um aprendizado mais específico e aprimorado ao qual grande parte da população não tem acesso. Cria-se, então, a classe dos excluídos pela tecnologia. As pessoas que desenvolviam atividades mais simples são as que mais sofrem pela falta de condições gerais de opções, e principalmente pelo seu desconhecimento quanto às formas de se beneficiarem dessas mudanças tecnológicas.

Do lado dos incluídos pela tecnologia, vemos que ser criativo, inovador e estar antenado com o que acontece no mundo e principalmente com as inovações tecnológicas é arma rotineira para o enfrentamento da concorrência feroz. O uso hoje quase imprescindível dos computadores cada vez mais potentes e cheios de recursos, interligados a redes de comunicação (Internet), sejam elas fixas ou móveis, tem atingido todos os segmentos e as empresas como um todo. A tecnologia da informação vem, sem dúvida, ampliando a produtividade dos empregados, gerando praticidade, maior controle nos processos, democratizando a informação e facilitando em muito a vida dos profissionais autônomos. Mas podemos questionar esse grupo de privilegiados sobre sua satisfação frente aos ditames da tecnologia, ao grau de desempenho obtido e principalmente à sua qualidade de vida.

Pelo que nos mostram estudos e pesquisas nesse campo, parte significativa desse grupo não está satisfeita. O ritmo alucinante que tomou a vida das pessoas em razão das vantagens tecnológicas, a busca do sucesso, as tensões decorrentes e vários outros fatores determinaram o surgimento da **síndrome do estresse**, que ocorre em todos os escalões da organização, acentuando-se à medida que se sobe na estrutura. Não obstante a importância do fenômeno, inúmeras pessoas desconhecem seu envolvimento. Elas não sabem como e por que têm que se adaptar. Perderam a capacidade de opção porque se viram despossuídas de suas referências de habilidades e realidades. É preciso reverter esse processo, colocando-as diante de suas potencialidades pessoais e das necessidades organizacionais. Assim elas estarão abertas para a aprendizagem.

O Papel dos Recursos Humanos

Todo esse questionamento sobre mudança e tecnologia leva naturalmente a indagações sobre o papel do Setor de Recursos Humanos nas organizações. Num cenário como o descrito, a ótica é determinada pelas novas tecnologias ou a atividade foi simplesmente atropelada pelo processo acelerado de produção? O setor preocupa-se em agregar valor à produção ou funciona como um departamento de controles burocráticos, alienando-se e afastando-se do papel de agente dessa mesma produção?

Até pouco tempo e mesmo hoje, em determinadas empresas, o Setor de Recursos Humanos dedica-se sobretudo a prover treinamentos solicitados pelas gerências que sempre têm questionado sobre os motivos de se treinar tanto e se conseguir tão baixa performance dos treinandos, quando do seu regresso à atividade. Por outro lado, cabia ao setor atender à penosa missão de dispensar funcionários baseando-se apenas em informações obtidas através das gerências das áreas ou realizar seleção para vagas abertas tendo como parâmetro apenas as competências técnicas do cargo.

O que hoje se exige ou ao menos se preconiza é que o papel de RH se realize como consultoria interna, trabalhando ao lado do setor produtivo, dentro de uma ótica de apoio estratégico e multidisciplinar, atuando como elemento de ligação entre o homem e o processo de busca dos objetivos específicos de cada área para culminar com o objetivo maior da organização. Técnicos e gerentes devem partir do princípio de que o homem só realiza bem o seu trabalho se aprender o melhor modo de fazê-lo; só aprende se for levado a optar por isso; só opta se entender o que é, como é e no que ele está envolvido. Se ao homem for negada a possibilidade de escolher seus caminhos, dificilmente ele se integrará positivamente com a sua realidade.

Conta-se que um rapaz então desconhecido e que praticava o tênis desde os seis anos de idade, quebrou um recorde mundial aos 14 anos, tornando-se o mais jovem tenista a figurar no ranking da ATP (Associação dos Tenistas Profissionais), fato registrado no Guiness Book e não superado por nenhum atleta. Ele obteve resultados brilhantes em sua curta carreira, sendo comparado a ícones do tênis mundial como o legendário Jimmy Connors. Ao fechar o último set de uma partida, vencendo o décimo segundo jogador do mundo, afirmou: "Se eu pisar novamente em uma quadra de tênis, irei passar mal". Depois esclareceu que jamais lhe haviam perguntado se ele gostava de jogar tênis ou se isso lhe trazia prazer. Agora sabia que desejava mesmo ser um jovem comum e não mais sucumbir a uma disciplina insana. E abandonou a competição nas quadras.

RH como consultoria interna é a forma contemporânea de aliar os avanços tecnológicos e o próprio homem, seja o gerente, o operador de máquina ou o porteiro, num processo de aprendizagem que seja contínuo, rápido e efetivo. Quando o interessado participa integralmente do processo, passa a pensar não mais no emprego de hoje como seu futuro, mas na pessoa que ele é e no profissional que ele pode ser. Com a auto-estima elevada, ele se dedica a buscar o conhecimento por necessidade própria e não por determinação pura e simples da empresa, ou qualquer outro método de recompensa traduzida em status ou ganhos financeiros. Fácil concluir que, quando se quer, se aprende; aprendendo se faz cada vez melhor. Nesse processo se dá a produtividade e a esta se conjuga a empregabilidade.

Uma Ferramenta para o RH

Neste contexto o uso de uma ferramenta que norteie o conhecimento do comportamento humano e que esteja suportada pela mais alta tecnologia, pode vir a ser uma grande ajuda para o setor de RH das empresas. Uma vez que entender o homem é fazê-lo entender a si próprio, integrá-lo com o meio organizacional e, particularmente, potencializar seus talentos, é o grande desafio de quem tem como missão maior zelar pela mais complexa e maravilhosa criação que é o *ser humano*.

Na Antigüidade os gregos associavam o corpo humano aos quatro elementos fundamentais necessários ao homem; o fogo, a água, a terra e o ar. Acreditavam que a saúde de uma pessoa estaria diretamente ligada à sua forma de se comportar e que seu temperamento poderia ser pautado com a predominância de um desses elementos, como podemos observar no quadro abaixo:

Elemento	Temperamento
Fogo	Eram pessoas mais enérgicas, impulsivas, muitas vezes agressivas e dominadoras, agiam de forma rápida e intempestiva.
Água	Eram pessoas mais emocionáveis, donas de grande empatia, envolviam e influenciavam quem as rodeavam, adaptavam-se e moldavam-se facilmente.
Terra	Eram pessoas resistentes a mudanças, que gostavam muito de lugares estruturados e defendiam com unhas e dentes suas coisas e seus espaços.
Ar	Eram pessoas mais questionadoras, pesquisadoras e pensativas, voltadas para o intelecto, baseavam-se em provas.

Material colhido do livro ***Talento Para a Vida*** *dos autores Jorge Matos e Vânia Portela.*

Na verdade os primeiros estudos de que se tem notícia são os de Hipócrates (460 anos a.C.). Em sua concepção o equilíbrio saudável de uma pessoa dependia de quatro humores corporais: a fleuma, o sangue, a bílis (amarela) e a atrabílis (preta). Essas interpretações foram transmitidas através da Idade Média e vieram a influenciar os estudos do psicólogo suíço Carl Gustav Jung e do neuropsiquiatra austríaco Alfred Adler sobre o comportamento e o temperamento do homem.

O psicólogo norte-americano William Moulton Marston, nos anos 1920, observou que os estudos existentes até então estavam restritos às pessoas mentalmente doentes. Assim, desenvolveu um teste baseado também na eleição de quatro fatores. Por intermédio dele podem-se avaliar e mensurar as personalidades dos indivíduos comuns.

W. M. Marston descreve esses fatores como: **D**ominância, **I**nfluência, **E**stabilidade (**S**tabilit) e **C**onformidade, dando origem assim aos estudos iniciais da metodologia **DISC**, a qual é descrita, em 1928, no seu livro *As Emoções de Pessoas Normais*. Buscando fazer uma correlação entre os estudiosos acima e os fatores por eles criados, temos:

Gregos	Hipócrates	Carl Jung	DISC (Marston)
Fogo	Colérico	Produtor	Dominância
Água	Sangüíneo	Sensitivo	Influência
Terra	Melancólico	Intuitivo	Estabilidade
Ar	Fleumático	Analítico	Conformidade

A metodologia DISC, desenvolvida por Marston, foi usada pela primeira vez no processo de recrutamento do Exército dos EUA durante a Segunda Guerra Mundial. Seu uso, bastante precário na época, necessitava de inúmeras perícias o que a tornava muito cara e complexa. Esse problema, no entanto, foi sanado quando de sua informatização. Hoje os seus resultados podem ser digitados e interpretados automaticamente. A redução de seus custos, conjuntamente com a praticidade do computador, fez provavelmente com que se tornasse a ferramenta de identificação de comportamento mais utilizada no mundo, estimando-se hoje que mais de 50 milhões de pessoas já tenham feito o diagnóstico, embora poucas tenham tido a chance de ter acesso a seus próprios resultados e uma parcela ainda menor de ter trabalhado as suas características pessoais que definem seu comportamento.

Ao longo dos tempos, pequenos grupos de empresas criaram novas roupagens para essa metodologia. No Brasil a **HLCA** – *Human Learning Consultores Associados* transcreveu e adaptou a versão da empresa inglesa **AXION** *Software Ltd.*, e vem desenvolvendo trabalhos que têm ajudado as pessoas a identificar suas habilidades e a desenvolver seus próprios talentos, proporcionando-lhes uma maior produtividade e sucesso em suas vidas e carreiras profissionais.

Estudos de Uma das Ferramentas de Análise Comportamental

Para abreviar nossas considerações e tornar mais objetivas e pertinentes nossas análises, resolvemos eleger apenas uma das variadas ferramentas disponíveis no mercado para emprego pelas empresas e seus técnicos. E uma das ferramentas reconhecidas mundialmente e de larga utilização, totalmente informatizada, é exatamente o DISCUS® que tem redirecionado a vida de muitas pessoas e organizações. Partindo de um formulário que deve ser preenchido pela pessoa avaliada, esse instrumento realiza, de forma automática, dois estudos básicos e mais um terceiro decorrente da correlação entre os dois primeiros.

O primeiro estudo consiste em definir o perfil pessoal do indivíduo, indicando para quais funções este possui um talento específico, além de descrever de várias maneiras os diversos aspectos comportamentais do analisado. O estudo ainda abrange as questões de relacionamento, maneira pela qual a pessoa se motiva diante da vida, seu comportamento sob pressão, se está ou não vivendo momentos de estresse no seu dia-a-dia e, ainda, que função ou cargo seria mais apropriado para ela.

No segundo estudo a ferramenta sugere o perfil ideal de um cargo ou função, através da montagem e análise das habilidades necessárias para exercê-lo. Já o terceiro estudo é originado pela comparação dos dois primeiros, permitindo identificar os possíveis níveis de compatibilidades das habilidades pessoais de uma determinada pessoa e as requeridas por uma função ou cargo. Esta análise ainda permite definir quais pontos do seu comportamento o indivíduo necessita desenvolver e alerta para outros que são requeridos para a função.

Trata-se, portanto, do surgimento de uma ferramenta que analisa o comportamento tanto das pessoas quanto dos cargos e que se apropria dos recursos da informática (banco de dados), permitindo que o RH possa efetuar estudos e simulações de forma rápida e prática. Na verdade nenhuma ferramenta, por mais apropriada que seja, descarta a contribuição pertinente e a experiência pessoal do técnico que vive o dia-a-dia dessa área. Com essa participação será possível definir:

- Qual funcionário possui o perfil mais indicado para ocupar determinado cargo ou função;

- Qual atividade ou cargo é a mais indicada para uma determinada pessoa;

- Qual o grau de esforço ou mudança que um dado funcionário estará desenvolvendo em seu comportamento nato para adaptar-se a determinada função. Isto gera tensão (estresse);

- O que motiva uma determinada pessoa. Quais são suas reais habilidades e de que forma o indivíduo poderá potencializá-las;

- Qual o perfil ideal de uma função ou cargo. Quem pode ocupá-la(o) com maior facilidade ou irá necessitar de menor tempo de adaptação.

Estas são questões com as quais, no dia-a-dia, o setor de RH vem se deparando na organização. Por não dispor de uma ferramenta prática e objetiva, pode não estar sendo muito eficiente no tempo de suas respostas, fato que o tem afastado da interação com as demais áreas produtivas da organização e, principalmente, do indivíduo. Deste mesmo indivíduo que necessita saber de seus reais talentos, suas habilidades fortes e fracas, do esforço que deve desenvolver para se adaptar a um novo cargo ou função. Saber que a empresa está ciente do grau de suas dificuldades e monitora e acompanha os esforços por ele desenvolvidos na mudança.

O profissional de RH das empresas modernas vem mudando radicalmente de postura. Através de uma atitude mais participativa, ele passa a ser o elemento vital no relacionamento entre o funcionário e a organização. Para o funcionário, o RH atua como orientador repassando as informações do seu teste, para que ele tenha a oportunidade de se conhecer melhor, aprimorar seus talentos e resultados. Do lado da organização, o RH atua como consultor que, em conjunto com as demais áreas, define, fundado nas estratégias da organização, quais as habilidades são requeridas para cargos, funções, atividades e tarefas da organização.

Por fim, essas empresas estão cada vez mais conscientes de que o prazer é o combustível da produtividade, e ter a pessoa certa no lugar certo não só gera produtividade mas, sim, satisfação profissional. Esta, por sua vez, motiva o indivíduo a crescer como pessoa, melhorando assim sua qualidade de vida.

É inegável que a tecnologia gera mudanças em nossas vidas e organizações. Também é certo que os postos de serviços eliminados jamais voltam. Contudo, se formos pró-ativos e a usarmos para melhorar o relacionamento entre as pessoas, para fazê-las mais felizes e produtivas e para termos organizações mais eficientes e duradouras, estaremos no caminho certo.

> *"Se eu não for por mim mesmo, quem o será?*
> *E se eu for por mim somente, o que serei?*
> *E se não agora, quando? "*
> Rabi Hilel, Mishná

Alguns Depoimentos:

"Desde que iniciamos sua utilização, o Discus tem otimizado sobremaneira nossos processos de seleção, tanto em sondagens no mercado, como nas avaliações para aproveitamento interno, pois nos permite, de forma ágil e confiável, conhecer previamente o perfil de comportamento de cada candidato."

Romero Cavalcanti Gonçalves Jr. – Gerente Recursos Humanos

"...os cargos hoje em dia estão bastante dinâmicos, a ferramenta DISCUS tem nos ajudado muito em definir as habilidades requeridas por eles. Tendo o perfil do funcionário, fica fácil saber quem está mais apto para ocupá-lo e assim ter rapidamente a pessoa certa no lugar certo..."

Nelson Marques – Empresário

"A alegria e a satisfação estampadas no rosto de quem faz o que gosta contagiam os demais". É isso que o Sistema DISCUS nos proporciona: identificar em um processo seletivo uma pessoa com habilidade natural para desempenho de uma função, em outras palavras achar a pessoa certa para o lugar certo."

Marcos Raposo – Gerente de Recursos Humanos

Marcos Aurélio de Souza Meira – Administrador de empresas pela UPE/FCAP, com especialização em Informática pela UNICAP; mestre em Planejamento e Gestão Organizacional pela UAM – Universidade Autônoma de Madrid; professor da Universidade de Pernambuco UPE/FCAP; diretor de Cooperação Técnica do ADM&TEC Instituto de Administração e Tecnologia; diretor-presidente da TEC&CAP – Tecnologia e Capacitação. (meira@admtec.com.br)

Referências Bibliográficas

MATOS, J., PORTELA, V. *Talento Para a Vida*. Rio de Janeiro, RJ: Human Learning, 2001.

MOSCOVICI, F. *Renascença Organizacional*. 9ª ed. Rio de Janeiro, RJ: Ed. José Olympio, 2002.

O Jogo como Recurso Pedagógico nas Empresas

"Vivendo e aprendendo a jogar, nem sempre ganhando, nem sempre perdendo, mas aprendendo a jogar."
Guilherme Arantes

O jogo sempre exerceu e exerce um grande fascínio sobre as pessoas, pois ele faz parte da vida, é movimento de liberdade e aprendizagem, onde nos permitimos ser. É cercado de regras e procedimentos, onde o fazer proporciona um aprendizado dinâmico, pois a melhor forma de aprender é experienciar, ser sujeito da própria ação.

A vida é um jogo do qual todos nós participamos direta ou indiretamente, conscientes ou não, nem sempre conhecido, mas cheio de regras e artifícios, aos quais juntamos nossa inocência ou malícia, coragem ou covardia, nossas possibilidades de crescer ou estagnar.

Observando a empresa, identificamos, dentre os diversos elementos que a compõem, sua estrutura hierárquica, sua filosofia, políticas, regras e normas, bem como as diferentes relações e inter-relações existentes, que determinam sua dinâmica funcional interna e externa. Esta dinâmica é permeada de jogos, cuja base dominante é o poder – seu acesso ou manutenção. Nas relações entre gestores, pessoas e grupos e no sistema como um todo, a utilização de jogos, nem sempre saudáveis, está presente nos processos de comunicação, nas negociações, nas alianças, nas camuflagens e nas intimidações, entre outros, promovendo encontros, desencontros, desencantos, crescimento ou estagnação das empresas.

O mundo dos negócios é o espaço onde prosperam e transitam livre e permanentemente os mais diversos jogos de sobrevivência, manutenção e crescimento.

Annette Simmons (1998, págs. 8 e 195), usa a expressão "Jogos Territoriais" como sendo os jogos existentes na dinâmica das organizações, e os define como sendo as tentativas de invadir um território, que são rechaçadas usando jogos, nem sempre construtivos, para a dinâmica e bom funcionamento da empresa. Considera a questão da territorialidade muito mais ampla do que apenas espaço geográfico ou físico, compreendendo informações, relacionamentos e autoridade. Afirma que existem jogos meus, teus e nossos e que podemos vê-los como irracionais e sem visão de futuro e, nesta perspectiva, ou aprendemos a jogar, ou tentamos mudar as regras do jogo. Entre outros jogos, cita os de ocupação, a parede invisível, o descumprimento estratégico e o descrédito, todos tendo como base o domínio sobre um território. Ter necessidade de possuir, controlar e proteger um território é uma motivação natural do ser humano; o problema está em como o fazemos, que jogo jogamos. A pesquisa realizada pela autora é extraordinária e traz excelentes contribuições ao estudo dos jogos e das organizações.

Na vida estamos sempre jogando, ganhando ou perdendo, mas com a possibilidade de aprender com o jogo e a jogar um jogo "limpo", que nos permita crescer juntos.

Do Jogo e da Aprendizagem

Existem inúmeras definições do que seja jogo. Sem pretender esgotar o assunto, referenciamos aqui a de Chris Elgood (1987, pág. 1) que define o **Jogo** como "um exercício que atende quatro condições: tenha uma estrutura clara, de modo a ser reconhecido sempre que for utilizado; confronte os participantes com uma situação de mudança, resultante parcial ou totalmente, de suas próprias ações; permita, se desejável, algum critério segundo o qual se ganhe ou se perca; exija para sua operação, dados, documentos, regras ou materiais de qualquer ordem".

Precisamos definir também, para melhor compreensão da nossa abordagem, os conceitos que se seguem, clarificando que, neste artigo, usaremos apenas a expressão "jogo" de um modo geral:

- **Simulação** – é a representação de uma situação da vida real, cujos componentes da situação e seus inter-relacionamentos são organizados de tal forma que possam ser trabalhados dinamicamente com grupos.
- **Jogo de Simulação** – é uma fusão do jogo com a simulação, à medida em que procura criar situações semelhantes às encontradas na vida

real e estão presentes elementos lúdicos, inclusive com ganhadores e perdedores.

- **Jogo de Empresa** – é um Jogo de Simulação voltado para o mundo dos negócios.
- **Jogos Comportamentais** – são aqueles estruturados para trabalhar os aspectos humanos presentes na dinâmica relacional entre pessoas e grupos, como se comportam e como este comportamento é interpretado e afeta os outros.
- **Vitalizadores** – são vivências de curta duração, que são utilizadas para energizar, aquecer e descontrair os grupos, preparando-os para a ação.

Qualquer um destes recursos permite ao indivíduo se colocar numa relação com o outro e nesta troca dinâmica, desaprender, reaprender e aprender sobre si e como se posicionar nas suas relações pessoais, sociais e de trabalho; enfim, agregar, no mínimo, uma nova experiência relacional.

Frente a esta constatação da realidade, o jogo é um excelente recurso pedagógico para clarificar e modificar as relações entre pessoas e grupos, visto que pode ser trabalhado nas situações de ensino-aprendizagem, de forma vivenciada e dinâmica.

De uma forma simplista, o objetivo de um Jogo de Empresa é ampliar a experiência e a capacidade de adaptação das pessoas. Permite que se aprenda jogando, ao lidar com situações-problema onde o jogador é desafiado a encontrar e a produzir, dentro dos limites das regras e condições estabelecidas, resultados mais favoráveis, exercitando o "ganhar" e "perder" e possibilitando que ele transfira "lá para fora" o que verdadeiramente construiu e aprendeu "aqui dentro".

Na dinâmica de jogos e simulações analisamos os meios que as pessoas e os grupos utilizam para jogar, através da experiência, seus erros e acertos, ataque e defesa, articulações, estratégias adotadas, enfim o seu estilo, seu padrão de comportamento.

Na realidade, o objetivo de um jogo não é repetir um padrão de comportamento, mas conscientizar da variedade de condições que a pessoa poderá encontrar na sua vida, enriquecendo seu arsenal de estratégias possíveis.

Na maioria dos jogos é possível observar as decisões individuais por um lado, e o processo decisório grupal, por outro. Permite que se reflita enquanto indivíduo e grupo, de suma importância para a compreensão das relações nas empresas.

Neste aspecto, proporciona condições para avaliação de competências no processo seletivo, visto que permite que se observe e analise os padrões de comportamento do indivíduo no processo de interação dinâmica com o grupo. Permite que complementemos o aferido pelos testes de forma estática, na interação com o grupo. É recurso complementar no processo. Para fins de Seleção ou Avaliação de Potencial, precisam ser adaptados em seus procedimentos, visto que o objetivo não é desenvolver novas formas de se relacionar e resolver problemas, mas, analisar as pessoas na perspectiva de um cargo, numa empresa específica. Uma das vantagens é possibilitar a participação da empresa no processo, tendo o cuidado de orientar os seus representantes para este trabalho. Nem sempre sabem como e o que observar e avaliar nos processos vivenciados pelo grupo.

Os jogos e simulações oferecem recursos de análise altamente privilegiados, tanto do ponto de vista afetivo, como social e cognitivo.

Do ponto de vista afetivo, temos todo um universo relacional: cooperar ou competir para alcançar um objetivo, chegar a um resultado favorável; controlar a raiva, a frustração, a inveja; superar os medos; subordinar-se as regras; ser confrontado; viver, expressar e analisar sentimentos.

Do ponto de vista social, existe a necessidade de cooperar numa situação em que é apenas uma das partes e em que o seu comportamento é essencial para o outro e vice-versa. É inevitável a solidariedade, a troca, o pensar e agir juntos, discutindo divergências e abrindo possibilidades para se relacionar melhor.

Do ponto de vista cognitivo, existe a necessidade de buscar novos procedimentos para fazer e compreender, de descobrir erros e procurar alternativas de superação, tomando consciência do que os determina. Estes aspectos estão sempre presentes no jogo, simultaneamente ou com mais ênfase em algum deles.

O Jogo é um meio, mesmo como lazer ou passatempo, que oportuniza o desenvolvimento de uma percepção mais clara da competição existente em nós e na empresa; incentiva a imaginação, a exploração de idéias, a criatividade e a ousadia; fornece referenciais vivenciais sobre conceitos; estimula o *feedback* constante; agrega os conhecimentos de todos para um resultado comum; facilita a busca de soluções de forma rápida e imediata, sem receio de sanções frente ao erro; proporciona situações que trabalham a frustração e a tolerância; facilita a aprendizagem e o conhecimento, pela possibilidade de fazer, sentir, avaliar e prospectar mudanças na vida real. É pedagógico à medida que permite aprender, sociabilizar e satisfazer as diversas necessidades do homem.

Nesta relação pedagógica com o jogo, é de fundamental importância a figura do facilitador. Ele precisa conhecer as teorias que abordam o funcionamento e o desenvolvimento de grupos e as relações que associam esses conteúdos à prática, além do conhecimento e domínio do jogo, suas técnicas de aplicação, intervenções e conclusões. Ele é o responsável pela condução ética e competente da dinâmica, precisando de sensibilidade e habilidade nas relações com pessoas e grupos. É imprescindível cuidar do próprio autoconhecimento e autodesenvolvimento, para minimizar os efeitos transferenciais que venham a conflitar com suas próprias dificuldades. É presença motivadora, menos impositiva e com disposição para aprender. É preciso saber lidar com a alta motivação, presente de um modo geral quando utilizamos os jogos, para que não derive para a brincadeira e o descompromisso, com prejuízos para os resultados. Cabe ao facilitador intervir, reconduzindo o grupo para a atividade, clarificando mais uma vez os objetivos do jogo.

Nas empresas trabalhamos com adultos. Neste particular, temos que contextualizar a Andragogia, Metodologia de Ensino para adultos, que vem do grego, ANDROS – adulto e GOGOS – educar. A aprendizagem de adultos tem suas características próprias que devem ser consideradas no momento em que nos propomos a trabalhar com eles, seja em Treinamento ou em Seleção, nas empresas. Magda Vila e Marli Santander (2004, pág. 44), relacionam as seguintes:

- **Experiência** – o adulto tem uma sabedoria acumulada, toda uma história pessoal e uma perspectiva mais realista do mundo, que precisamos considerar e resgatar.

- **Participação** – o adulto precisa fazer parte do processo de ensino, ser atuante, trocar experiências e conhecimentos com o outro.

- **Praticidade/Utilidade** – é fundamental que ele possa fazer uma relação entre o que está sendo ensinado e a vida real e imediata. Para que me serve?

- **Reflexão** – é essencial que se utilizem técnicas que favoreçam o "desequilíbrio" nos conhecimentos já existentes, provocando discussões e abrindo espaço para novas informações – desaprender para reaprender.

- **Desafio** – adoção de atividades, de experiências que contenham certo grau de dificuldade e exijam a solução de problemas práticos.

- **Ritmo** – respeito às características individuais no que se refere ao tempo de assimilação, resguardadas as condições e os limites de trabalho.

- **Reconhecimento** – o adulto gosta de ter seus conhecimentos e talentos utilizados e valorizados nas situações de ensino.

- **Vivência** – aprendizagem através de experiências novas, da possibilidade de fazer, de construir, se posicionar na relação com outras pessoas, dinamizando seu potencial para refletir e acessar novos conhecimentos.

A idade adulta traz independência e é uma fase da vida onde somos capazes de perceber nossos próprios erros, aprender com eles, ter consciência do que sabemos e do que nos falta, buscar interagir e traçar novos caminhos.

Fazendo uma analogia entre as características de aprendizagem do adulto e a seqüência para aplicação dos Jogos e Simulações, constatamos que eles atendem a todas as condições exigidas para se trabalhar com adultos em situações de ensino-aprendizagem, como podemos verificar na sua aplicação, através do "Ciclo de Aprendizagem Vivencial", como é denominado por Maria Rita Gramigna (1993, pág. 20): "Vivência, Relato, Processamento, Generalização, Aplicação."

O processo tem início com a vivência do jogo, onde as pessoas vão fazer, construir, participar da experiência, viver o jogo. É importante que seja acompanhado pelo facilitador como o grupo está trabalhando, como se dão as relações, quem faz o que e como, procedendo intervenções quando necessário. Nesta fase serão produzidos os dados e informações para as fases seguintes. É um momento de muita riqueza de material para os grupos e para o facilitador.

Concluída a vivência, através de uma discussão, livre ou dirigida, os participantes vão refletir sobre os sentimentos, emoções e reações vivenciados, bem como analisar como trabalharam facilidades e dificuldades, acertos e erros e fazer comparações e analogias com a realidade empresarial, analisando e definindo novos rumos, se comprometendo com a mudança a fim de conseguir os resultados desejáveis. É o momento de troca, reflexões e aprendizagem mútua.

Na minha experiência, trabalho análise, reflexão e aplicação num único momento, sem fragmentar a experiência em situações afetivas, processuais e de aplicação à prática. Considero o momento em que se discute e reflete toda a experiência vivenciada, generalizando e fazendo proposições de mudança.

Concluído este processo, os grupos apresentarão suas reflexões e conclusões em plenária, coletivizando experiências, sentimentos, conhecimentos e propostas de mudança, para todos, num processo dinâmico de troca e aprendizagem. O compromisso com a mudança é maior, porque são as pessoas, numa interação dinâmica com o grupo, que as definem como necessárias para o alcance de resultados mais favoráveis em sua vida pessoal e profissional.

A partir do que foi apresentado pelos grupos e das observações do facilitador, este fará a sistematização dos conteúdos trabalhados no jogo.

O uso de jogos não prescinde de um referencial teórico, que pode ser proporcionado por meio de textos a serem lidos, discutidos e consolidados pelo grupo e sistematizados ao final pelo facilitador. É essencial dar uma base conceitual do que foi vivenciado e que era objetivo do jogo. Quando estamos trabalhando relações de poder, devemos proporcionar um referencial teórico sobre este conteúdo.

O crescimento na busca e utilização de jogos é resultado, em parte, das vantagens de se usar o jogo como um recurso disponível ao processo de ensino-aprendizagem. Dentre as vantagens, destacamos: permite o resgate das concepções e experiências dos grupos; menor formalismo; proporciona melhores possibilidades de se desenvolver habilidades técnicas, conceituais e interpessoais, num espaço de tempo mais curto e sem prejuízo da qualidade; oferece mais material didático do que qualquer outra técnica; possibilita avaliações comparativas com a realidade; favorece uma maior relação entre o facilitador e os grupos; oportuniza um maior compromisso com as mudanças, visto que estas foram trabalhadas e definidas pelas pessoas e grupos; é altamente motivador porque resgata o lúdico, o prazer de jogar.

Cabe registrar que a alta motivação pode gerar descompromisso do grupo, exigindo a intervenção do facilitador. As desvantagens, de um modo geral quando analisadas, estão relacionadas com o papel e a postura do facilitador.

Usos e Abusos

A utilização de jogos em processos de Treinamento e Seleção vem se intensificando a cada dia. Entretanto o seu uso tem que ser definido pela necessidade efetiva de se trabalhar um determinado conteúdo ou situação e estar de acordo com as características e necessidades do grupo. É essencial e imprescindível que seja utilizado como um meio e não como um fim em si mesmo. Sua escolha tem que ser criteriosa e adequada à situação. Observamos que os modismos inconseqüentes, como o uso excessivo e a inadequação às situações, vulnerabilizam sua função pedagógica, desgastando sua validade e credibilidade como recurso de aprendizagem e crescimento.

Sabemos que se "criam e usam" jogos que ridicularizam, desrespeitam e expõem as pessoas. Alguns têm sua aplicação mais pertinente para fins terapêuticos, onde as relações são buscadas por quem voluntariamente a eles se submete, e estão sendo usados nas empresas, onde a participação é obrigatória, sem qualquer respeito pelas pessoas, desencadeando processos e situações críticas, cuja intervenção ou solução não cabem e não são compatíveis no espaço e no tempo de um Treinamento ou Seleção.

O uso de técnicas físicas agressivas, o toque forçado, a catarse inapropriada, o infantilismo e os artificialismos ferem o respeito que se deve ter ao outro, enquanto sujeito-pedagógico e não sujeito-objeto, que não pode ficar à mercê dos desejos, incompetências e inabilidades de quem tem o papel de ser "facilitador".

Em cursos fechados, é extremamente perigoso o uso de jogos que possam vir a ter resultados que estigmatizam, rotulam e criam animosidade entre colegas, provocando quebras e dificuldades nas relações entre pessoas e grupos, com conseqüências desastrosas sobre a dinâmica relacional na empresa.

A ética deve nortear a postura do facilitador, onde o respeito, a solidariedade, a fraternidade e a liberdade sejam valores intrínsecos ao nosso "**SER**", sendo éticos conosco para podermos ser nas relações com o outro.

Constatações

Utilizando Jogos e Simulações há mais de vinte anos, tenho percebido ao longo dessa trajetória, o quão vasto é o seu campo de aplicação e as repercussões positivas sobre a vida das pessoas, grupos e empresas.

Inicialmente, tive a preocupação de dispor de uma grande variedade de jogos e simulações para, depois, ter a clareza de que o mais importante era saber como aplicar e extrair da sua dinâmica resultados que fossem passíveis de oportunizar uma mudança nas relações entre as pessoas, grupos e empresas, em especial, para os processos de gestão.

Neste percurso, pude descobrir a extraordinária possibilidade de "criar" novos jogos, modificar os disponíveis, potencializando para uma multiplicidade de novas aplicações e abrangências de conteúdos e situações. Enriquecer seus objetivos, ampliar seu campo de aplicação, descobrir novos materiais e mudar processos, sempre se mostrou uma experiência fantástica de sentir que mudar, é sempre possível.

Muitos acertos e erros, mas procurando sempre usar os acertos como trampolim para fazer melhor e os erros como a possibilidade de refazer caminhos incessantemente até acertar. Neste jogo de desaprender, reaprender e aprender, somente contabilizei ganhos. Estou maior e melhor nessa busca incessante de ser sempre mais eficaz.

Não esquecer nunca que lido com "gente", que tem o direito de ser respeitada nas suas diferenças e nos seus ritmos para apropriação da vida.

Aprender que me munir de todas as "seguranças" da técnica e do meu papel enquanto facilitadora não garante que situações imprevistas aconteçam. Importante é saber como enfrentar e resolver.

Enfim, ter a consciência de que o Jogo é um recurso de múltiplas possibilidades no campo do ensino-aprendizagem e das minhas responsabilidades no seu uso e com as pessoas com quem interajo.

Maria Cristina Araújo de Carvalho – Psicóloga, Pós-Graduada em Planejamento e Administração de Recursos Humanos e consultora de Recursos Humanos.
(contato@elisioempreendimentos.com.br)

Referências Bibliográficas

ELGOOD, Chris. *Manual de Jogos de Treinamento*. São Paulo, SP: Ed. Siamar, 1987.

GRAMIGNA, Maria Rita Miranda. *Jogos de Empresa*. São Paulo, SP: Ed. Makron Books, 1993.

SIMMONS, Annette. *Jogos Territoriais*. São Paulo, SP: Ed. Futura, 1998.

VILA, Magda & FALCÃO, Paula. *Focalização de Jogos em T&D*. Rio de Janeiro, RJ, Qualitymark Editora, 2002.

Qualidade de Vida no Trabalho:
Desafios do RH

"Eles não são empregados, são pessoas."
Peter Drucker

Nossa intenção, com este texto, é oferecer uma visão de barreiras que se antepõem ao desenvolvimento da Promoção de Saúde e Qualidade de Vida (PSQV) no ambiente corporativo. Paralelamente, apresentamos alguns caminhos que podem ser seguidos no sentido de incrementar a aplicação desse valioso recurso. Com isso, esperamos contribuir para que se estabeleça uma cultura de PSQV no contexto empresarial, beneficiando indivíduos e empresas e valorizando a área de RH como indutora que deve ser desse processo.

Uma breve análise do "mapa" nacional da PSQV evidencia que as corporações que já vão colhendo os bons resultados de sua visão e de sua iniciativa – traduzidas na prática em ações estruturadas e efetivas – estão concentradas, em quase sua totalidade, no Sudeste e no Sul do país. Nesse eixo, o trabalho de profissionais desbravadores e competentes vem, com suporte da sua determinação e paciência, há cerca de duas décadas disseminando idéias, conscientizando gestores, desenvolvendo mercados, oferecendo soluções e, inegavelmente, alcançando resultados muito positivos para colaboradores e empresas. Fora dessas regiões, porém, quase tudo está por fazer.

No Nordeste, é senso comum que a relação empregador-empregado, ancorada em uma visão empresarial cujo foco em geral não recai sobre o fator humano, é um obstáculo à aplicação da PSQV nos ambientes corporativos. Há honrosas exceções, é verdade, mas a norma é essa. Trata-se de uma questão cultural, histórica, por isso mesmo de uma grande complexidade de abordagem. E, enquanto persiste essa visão, vão-se gerando, a cada dia, legiões de colaboradores insatisfeitos e pouco saudáveis, ao mesmo tempo em que as empresas vão perdendo oportunidades de alcançar melhores resultados, como uma maior produtividade e um maior retorno do investimento.

Diante desse quadro, esboçamos um conjunto de desafios que se precisa superar, para que a PSQV aumente sua área de abrangência e contribua para o desenvolvimento das corporações.

Conhecimento do Conceito

É a base do problema. Como conseguir que haja práticas de PSQV no mercado quando ainda mal se conhece o que realmente significa Qualidade de Vida no Trabalho?

Diante da falta da uma consolidação do conceito no mercado, a cada dia a essência da expressão *Qualidade de Vida* (QV) sofre dilapidações as mais diversas. De um momento para outro, parece que cada segmento do mercado tem uma aplicação própria para o termo. Banalizou-se o uso e isso traz o perigo do desgaste. Para se entender esse problema, basta observar peças de campanhas publicitárias. Para o mercado imobiliário, por exemplo, qualidade de vida é sinônimo de casa nova; para as academias de ginástica, é ter um corpo sarado; para a rede hoteleira, é deitar-se em uma rede numa varanda à beira-mar e deixar o vento cuidar da nossa vida... e assim por diante. Alguns desses aspectos de certa forma até podem contribuir para a qualidade de vida de alguém. Mas ocorre que as pequenas partes são mostradas como se cada uma delas significasse o todo. Assim, corre-se o risco de se entender que QV se concentra exclusivamente nesses benefícios que estão sendo mostrados individualmente. Enfim, há uma exploração de aspectos do conceito preciso, ao bel-prazer de quem precisa aproveitar cada um desses aspectos para suas intenções mercadológicas.

Assim, o primeiro passo é orientar o mercado no sentido do conceito amplo, abrangente e capaz de servir de base para o entendimento dos benefícios que a sua aplicação pode viabilizar. O conceito que adotamos considera que QV é o estado que resulta da interação das diversas dimensões da saúde em cada indivíduo. Essas dimensões são de natureza física, emocional, espiritual, profissional, intelectual e social.

A saúde física leva em conta o estado clínico da pessoa, a necessidade de hábitos saudáveis (relativos a alimentação, atividade física, abstinência de fumo e drogas, abstinência/uso controlado do álcool, sono reparador, entre outras) e de práticas seguras, como as que se relacionam com sexo, exposição ao sol, o ato de dirigir, cuidados no lar e na rua. A saúde emocional se vincula à auto-estima, ao gerenciamento do estresse, à motivação e ao entusiasmo em relação à vida. A saúde espiritual se baseia na presença de valores, crenças e princípios éticos que norteiam a pessoa, no encontro de significado em relação à vida e como tudo isso ajuda a construir a relação com o próximo e com o mundo. A saúde intelectual tem base em aspectos como a utilização da capacidade criativa, a possibilidade de expandir conhecimentos e também de compartilhá-los. A saúde profissional relaciona-se com a satisfação com o trabalho, as oportunidades de desenvolvimento da carreira, os reconhecimentos e recompensas pelo sucesso. A saúde social enfoca os relacionamentos com a família, com os colegas e amigos, com a comunidade, expandindo-se até a relação do indivíduo com a Natureza (saúde ambiental).

Saúde é, portanto, um complexo formado por essas dimensões. Um baixo nível de realização em qualquer dessas dimensões pode afetar todo o complexo-saúde do indivíduo, provocando-lhe desequilíbrio e, via de regra, gerando doenças de manifestação física e/ou emocional. Para a empresa, esse estado de desequilíbrio do indivíduo colaborador é, com certeza, causa de prejuízos os mais diversos.

Dessa forma, sendo QV o resultado da interação das dimensões da saúde em cada indivíduo, há de se entender que cada um deles tem o seu próprio "nível" de QV, resultante das circunstâncias que cercam sua existência e do estilo de vida que cada um deles desenvolve e adota, conscientemente ou não. Será sobre o estilo de vida que a PSQV irá atuar mais intensamente. *Promoção de saúde* é, portanto, o processo que "capacita as pessoas a aumentar o controle sobre sua saúde e melhorá-la". Desenvolve-se por meio da abordagem multidimensional da saúde (como visto anteriormente), abrangendo políticas e programas, com ações educativas e preventivas multidisciplinares, estímulo à mudança de estilo de vida e à aquisição de hábitos saudáveis permanentes. É um processo proativo, que se antecipa à doença, objetivando evitar ou retardar o seu aparecimento. Ao resultar em maior bem-estar, satisfação e motivação do indivíduo, descortina-lhe a oportunidade de uma melhor qualidade de vida.

Ao RH cabe o papel de multiplicador desses conceitos, dentro dos limites que as políticas da corporação permitirem: apresentá-los aos colaboradores, incentivar a discussão inclusive no ambiente familiar, levá-los a associações de classe e até mesmo tentar dar o exemplo, promovendo mudanças em seu próprio estilo, para servir de referência em futuras ações.

Aplicabilidade

O desafio seguinte é fazer o mercado compreender como o conceito pode ser aplicado no ambiente de trabalho e que instrumentos podem ser utilizados.

Um ponto de partida pode ser a visualização e evidenciação dos problemas vinculados às dimensões da saúde que são encontrados no o dia-a-dia da força de trabalho. Estamos falando de questões como doenças diversas, casos de dependência química, problemas de relacionamento, insatisfação profissional e/ou intelectual, desmotivação, baixa auto-estima, elevados níveis de estresse, depressão. Para a corporação, as conseqüências desses problemas são óbvias: absenteísmo, presenteísmo (trabalhador presente, porém improdutivo), falhas, desperdícios, acidentes, aumento dos custos de assistência médica, prejuízos à imagem da empresa. Tudo isso, sem a menor sombra de dúvida, se refletirá nos resultados da corporação, reduzindo-lhe a produtividade, a competitividade e os lucros.

A cada dia, mais estudiosos do campo da administração, do comportamento, das relações humanas explicitam sua preocupação com essa relação saúde-produtividade. Drucker, por exemplo, enxerga nesse binômio uma fonte de vantagem competitiva: "De fato, hoje em dia, mais do que há 50 anos, é importante que as organizações prestem muita atenção na saúde e no bem-estar dos trabalhadores. (...) Em uma organização baseada no conhecimento, (...) é a produtividade do trabalhador individual que torna todo o sistema bem-sucedido."

Nesse contexto, ao falarmos de aplicabilidade, queremos dizer que, se de um lado existem essas dificuldades, por outro lado há uma ferramenta eficaz para a redução de problemas da força de trabalho e para incremento dos resultados: PSQV no ambiente corporativo. A ação efetiva sobre a saúde e qualidade de vida dos colaboradores se concretiza por meio de *programas de promoção de saúde e qualidade de vida* (ou simplesmente programas de qualidade de vida). Esses programas resultam em mais saúde e bem-estar para os colaboradores, tornando-os mais capazes de alcançar maior produtividade e melhores padrões de qualidade em produtos e serviços.

Mais um aspecto a favor da aplicabilidade é a viabilidade de apresentar a PSQV como um recurso importante para o desenvolvimento de um projeto de responsabilidade social interna na empresa. É um outro enfoque da mesma questão, que resultará nos mesmos benefícios. Tantas são hoje as empresas que se voltam para projetos de responsabilidade social externa, atuando na comunidade, inclusive promovendo voluntariado para atuar em creches, escolas, ONGs, mas quantas são as que estão fazendo o "dever de casa", observando as necessidades de seu público interno? Não seria o caso de valorizar os colaboradores e, tendo-os satisfeitos e motivados, convocá-los para o trabalho externo que a empresa quer desenvolver?

Essas idéias já podem servir de base para uma ação planejada do RH com vistas ao trabalho de conscientização da alta gestão, que comentaremos a seguir.

Conscientização da Alta Gestão

É impossível adotar programas de QV nas empresas sem que os diversos níveis da hierarquia organizacional estejam conscientes do valor que esse trabalho pode agregar às pessoas e à corporação.

De um modo geral, podemos dizer que em qualquer dos níveis há uma quase total falta de conhecimento sobre as ferramentas de PSQV e os benefícios que podem ser gerados. Mas vamos focar primeiramente a alta gestão. A quantos desses administradores já chegaram informações sobre os vínculos entre as perdas empresariais e o mau gerenciamento que seus colaboradores têm sobre a saúde e o estilo de vida? Quantos conhecem dados como causas de absenteísmo ou *turnover* excessivos de suas empresas? Quantos já entraram em contato com conceitos, possibilidades e vantagens da PSQV no ambiente de trabalho? Sem esses conhecimentos, é totalmente improvável que os gestores cheguem a um nível razoável de conscientização sobre a necessidade de promover saúde e qualidade de vida em suas empresas e parem de pensar que a questão de saúde da força de trabalho cabe exclusivamente ao plano de saúde contratado pela empresa.

A conscientização se inicia pela sensibilização. E, para a maior eficácia, é preciso haver suporte de dados consistentes para uma forte argumentação e canais internos de comunicação por onde fluam informações sobre os efeitos altamente construtivos que a PSQV pode gerar na empresa. Nisso é importante uma articulação entre as áreas de RH, de benefícios e a área médica da empresa. A matéria básica desse trabalho é *informação*: sobre os problemas que existem na empresa vinculados às dimensões da saúde, sobre os prejuízos decorrentes disso, sobre as soluções viáveis, sobre o que o mercado anda fazendo a respeito e tudo o mais que cerque o assunto.

Ações de *benchmarking* também se mostram muito úteis nesses casos. Sugerimos conhecer e divulgar exemplos de empresas que têm programas bem-sucedidos e de várias cujos programas e ações já foram premiados pela ABQV (Associação Brasileira de Qualidade de Vida). A Internet é outra boa fonte de informações. Em alguns sites de RH já se pode encontrar textos que abordam o tema e apresentam casos bem-sucedidos. E muitos outros dados podem ser coletados em sites que abordam saúde, bem-estar e qualidade de vida.

A imprensa também fornece bons argumentos. Por exemplo, a publicação anual "Guia Exame – As melhores empresas para você trabalhar" permite uma boa visualização dos efeitos de tratar bem os colaboradores. Apesar de não pesquisar especificamente a existência de programas de QV, entre seus critérios de julgamento inclui o equilíbrio que as empresas proporcionam entre trabalho e vida pessoal do empregado. Várias das vencedoras na edição 2003 do Guia possuem programas de QV – Nestlé, Bank Boston, Pão de Açúcar, Natura, Givaudan, Alcoa, Embratel, Marcopolo, por exemplo – e coincidentemente (ou não?) muitas dessas já receberam o Prêmio Nacional de QV, conferido pela ABQV. A revista Você S.A. cita resultados de um estudo da Fundação Instituto de Pesquisas Contábeis, Atuariais e Financeiras (Fipecafi), da USP. O estudo comparou a média da rentabilidade do patrimônio líquido (em 2002) das 500 empresas do Guia Melhores e Maiores, anuário da revista Exame, com a média das 100 melhores empresas para trabalhar. Resultado das 500: 3,2%. Resultado das 100: 6,2%. A matéria reforça que a mesma relação também apareceu em 2001.

O processo de conscientização também passa pela demonstração de que existe viabilidade financeira para o projeto. A alegação de que o programa traz novos custos é inevitável. Em relação a isso, deve-se ponderar que não é imperativo que os custos de um programa de PSQV em geral sejam assumidos integralmente pela empresa. Pode haver, sim, valores bancados por ela, mas também custos compartilhados com os colaboradores e outros assumidos integralmente pelos colaboradores (nesse caso, a empresa usa o seu poder de barganha para obter descontos em fornecedores de produtos e serviços). Sem falar na participação de fornecedores da empresa (entre eles, o plano de saúde), de instituições que podem ceder material e conhecimentos sem qualquer ônus e de voluntários recrutados entre pessoas conhecidas pelos participantes. Em qualquer caso, se a empresa se der ao trabalho de verificar o quanto fará de investimento *per capita*, ao longo de um exercício (12 meses), chegará à conclusão de que são valores muito reduzidos se comparados com as vantagens decorrentes do programa e até mesmo se comparados com os benefícios gerados por outros tipos de iniciativa.

Outro argumento favorável à análise custo-benefício é a apresentação de exemplos do tipo "o que custa mais: uma vacina contra gripe ou 5 dias de falta do trabalhador?". Qualquer que seja o recurso a ser utilizado no trabalho de conscientização, há um princípio fundamental: não é aceitável afirmar que um programa é caro, antes mesmo de saber o quanto ele custa ou vale (essa alegação precipitada é mais comum do que se possa pensar). Também se deve reforçar o fato de que um programa de QV representa um investimento, portanto não pode ser caracterizado como uma simples fonte de custos.

O RH deve encarar esse desafio como uma grande oportunidade de apresentar aos superiores uma postura de alinhamento com o crescimento da organização. É um caminho novo, talvez um pouco audacioso para os padrões empresariais comuns. Por isso, o RH pode achar que essa "audácia" vai ser motivo para rejeição à sua iniciativa. Mas pode ser exatamente dessa atitude que surja a oportunidade de mudança. Assim, não se pode esmorecer antes mesmo de tentar.

Conscientização dos Colaboradores

Se a alta gestão normalmente desconhece a existência da PSQV, que dizer dos colaboradores em geral? Nesse sentido, é necessário gerar clima favorável à introdução da novidade.

Essa situação requer um trabalho que podemos chamar de pedagógico. Essa tarefa deve caber a um grupo de colaboradores que sejam líderes, formadores de opinião em diversos setores da corporação. Com essas pessoas, forma-se um comitê de qualidade de vida, que receberá conhecimentos sobre PSQV. Esses conceitos serão repassados para os demais colaboradores. Trata-se de um trabalho de conscientização dos benefícios que o programa vai lhes proporcionar em termos de saúde, bem-estar, melhor relacionamento, motivação para a vida. O processo requer um intensivo processo de comunicação e preparação para mudanças. Deve-se mostrar que, independentemente do que a empresa vá proporcionar, todos devem e podem corrigir hábitos, ajustar seus estilos de vida e gozá-la com mais qualidade.

Nesse cenário, um instrumento poderosíssimo de conscientização é a avaliação de saúde e estilo de vida, que na verdade é a etapa básica do programa. Esse trabalho consiste em apresentar ao colaborador um questionário que vai abordar diversos aspectos da sua vida vinculados às dimensões da saúde: incidência de doenças, atitudes preventivas em saúde, práticas seguras, uso de cigarro, álcool e drogas, atividade física, nutrição, aspectos do trabalho, estresse, suporte social. O simples ato de leitura do questionário funciona como um alerta para a pessoa, que se vê diante de uma "revisão" de seus hábitos e, em geral, é levada a parar e refletir sobre mudanças que necessita fazer para alcançar mais saúde e bem-estar.

Com os dados desse questionário, cria-se um perfil individual de saúde e estilo de vida e um guia de orientações para a mudança de hábitos. Assim, o colaborador estará diante de um quadro de suas necessidades e já poderá enxergar os primeiros caminhos no sentido da mudança. Importante frisar que é indispensável a confidencialidade nesse sistema de avaliação.

Os passos seguintes exigem um permanente trabalho de informação e estimulação, motivação, durante todas as fases do programa de QV. Numa situação ideal, um programa bem-sucedido chega a se integrar à cultura da empresa e fica continuamente gerando resultados para as pessoas e para a corporação. Bem, aí já se terá chegado ao Nirvana.

Além de tudo isso, é preciso que os colaboradores acreditem que a empresa será sua grande parceira no desafio da mudança, como veremos a seguir.

O RH terá um papel fundamental nesse processo, contribuindo para a seleção dos membros do comitê, colaborando com o processo de comunicação sobre os benefícios do programa, com ações de incentivo, motivando o grupo a participar da avaliação de saúde e estilo de vida, entre outras iniciativas.

Comprometimento da Alta Gestão

Não podemos ocultar o fato de que, historicamente, nossas empresas não têm como característica dispensar maiores atenções e cuidados em relação ao bem-estar dos colaboradores. Os tempos mudam, os hábitos, costumes e normas vão modificando o cenário cultural das organizações, mas o fato é que no campo do suporte à qualidade de vida da força de trabalho pouco foi realizado até hoje, em termos gerais.

Não é de se espantar, portanto, que habituados a conviver com esse contexto, aos colaboradores falte credibilidade em relação à possibilidade de melhorias no ambiente de trabalho e cause surpresa o fato de iniciativas de PSQV serem anunciadas na empresa. "Que é que eles estão querendo com isso?" "Qual a verdadeira intenção por trás dessa preocupação conosco?"

O trabalho de conscientização realizado pelo comitê de qualidade de vida perante os colaboradores, conforme referido na seção anterior, já deve conter indícios de que haverá alguma mudança nesse "tratamento histórico". Mas esse trabalho funciona muito mais como o pulmão do programa. Falta o coração. E quem vai dar o coração ao projeto? A alta gestão da empresa, preferencialmente representada pelo seu presidente, CEO, diretor-geral ou quem quer que seja o líder de peso da organização. Dele é que deve emanar o compromisso maior com a mudança. De sua postura em relação ao programa é que se perceberá o real comprometimento da empresa com os objetivos da iniciativa e o sentimento de que não se trata de um mero cometimento de marketing interno. De sua presença no processo e de seu discurso – não apenas no lançamento, mas no dia-a-dia – é que se receberá a energia capaz de construir, perante a força de trabalho, a necessária credibilidade em relação às intenções da empresa.

É claro que a ação de outros participantes, como os profissionais de RH e os membros do comitê gestor do programa, tem grande importância no desenvolvimento do projeto. Mas o fato é que, como afirma Maria Amália Bernardi, "sem o comprometimento da principal pessoa da organização com o esforço de melhorar o ambiente, as lideranças que estão abaixo também tenderão a não se envolver realmente no projeto. Nisso serão acompanhadas pelas chefias que se reportam a elas, e assim sucessivamente. O resultado é que as transformações práticas que deveriam resultar do projeto acabam não sendo implementadas na vida real da empresa, são implementadas apenas em parte ou, ainda, são implementadas de forma precária, deficiente e ineficaz".

Outro aspecto a considerar quanto ao comprometimento é a absoluta necessidade de coerência entre o discurso da alta gestão e as práticas do dia-a-dia da organização. É impossível alcançar bons resultados se, ao mesmo tempo em que a empresa pratica um discurso de mudanças e melhorias através de um programa de QV, adota práticas administrativas e ambientais nocivas ao bem-estar do colaborador e ao clima necessário para as mudanças: por exemplo, adotar um programa de ginástica laboral e não corrigir as condições antiergonômicas existentes; oferecer programas antiestresse e manter uma carga de trabalho excessiva ou má distribuição de tarefas ou coibir o gozo de férias; constituir um comitê gestor do programa de QV e não liberar tempo para os membros do comitê atuarem eficazmente; e assim por diante...

Esse comprometimento é um grande desafio. O caminho para alcançá-lo pode se iniciar com o processo de conscientização de que já tratamos. A essa estratégia devemos acrescentar muita criatividade, persistência e determinação, elementos necessários para canalizar argumentos transformadores e promover aberturas nas pesadas portas da alta gestão. O profissional de RH que se sair vitorioso nesse trabalho terá pavimentado a estrada que não só conduz o programa ao sucesso, mas também leva à própria valorização do profissional no contexto da empresa.

Profissionalismo

Uma das ameaças ao bom desenvolvimento da PSQV no ambiente corporativo é o empirismo com que várias empresas encaram a questão. São muitas as que afirmam possuir programas de qualidade de vida. Mas quantas são as que realmente estão adotando iniciativas apropriadas? Quantas apenas conferem o rótulo de "programa" a ações isoladas e/ou dirigidas a pequena parcela da equipe e/ou adotadas sem qualquer critério? Pior ainda: quantas estão apenas agregando ao seu discurso a expressão "Qualidade de Vida" com objetivo exclusivo de obter resultados de imagem, deixando em segundo plano a essência desse trabalho transformador?

Há um evidente amadorismo nesses casos e ausência de um entendimento básico: um programa de PSQV na empresa não é um evento, é um processo.

Um programa só terá sucesso se for baseado em evidências sobre as condições da força de trabalho e estruturado em função de prioridades reais, relacionadas com as necessidades e interesses dos colaboradores. Isso significa dizer que é indispensável promover uma ampla avaliação da saúde e estilo de vida da população a ser atendida (conforme já comentamos), levantar dados sobre os problemas existentes e construir um quadro das reais necessidades e interesses dos colaboradores. É preciso uma equipe capacitada (o comitê) que trabalhe esses dados e defina as prioridades. É preciso construir um verdadeiro projeto, que contemple ações, objetivos, recursos, métodos. É preciso desenvolver uma comunicação que motive os colaboradores a participar do programa. É preciso criar um sistema de avaliação que possibilite uma crítica do processo, ajustes e aprofundamentos.

Ao propor a realização de um programa de QV, o RH deve ter em mente a existência de todas essas necessidades. Disso decorrerá a conclusão de que dificilmente um programa verdadeiro poderá ser realizado sem um embasamento e suporte profissional.

Assistência Médica

Já que estamos falando de saúde do ambiente corporativo, não podemos esquecer um importante grupo de atores desse cenário: as Operadoras de Planos de Saúde (OPS), sejam planos, seguradoras, cooperativas ou autogestões. A grande maioria dos beneficiários dessas operadoras está vinculada a contratos coletivos, ou seja, é através das empresas ou instituições empregadoras que a maioria deles obtém o acesso à assistência à saúde fornecida pelo setor privado. Nada mais natural, portanto, entender que essas operadoras podem exercer um papel fundamental na elevação do nível de qualidade de vida dos trabalhadores. Desde que entendam que papel é esse.

Pressionadas pelos mecanismos regulatórios criados a partir de 1998, as OPS necessitaram passar por transformações profundas, um verdadeiro caso de luta pela sobrevivência. A grande maioria desse esforço, contudo, foi despendida em mudanças de natureza administrativa, legal, financeira, contábil e atuarial. Quase a totalidade das operadoras esqueceu-se de repensar a essência de sua atividade-fim: a assistência médica, hospitalar e odontológica. E, assim, não enxergaram que um dos seus problemas fundamentais está no fato de continuarem assumindo o papel de planos de doença, ou seja, o foco principal de sua atividade continua sendo a doença, atendida pelo ciclo consulta-exame-tratamento. Apenas algumas poucas operadoras perceberam que um outro foco pode apontar na direção de resultados consistentes e duradouros: a promoção de saúde, tal como se conceituou no presente texto. É nesse sentido que propomos a esse mercado que adote suplementarmente um outro modelo de assistência.

As OPS devem incentivar suas empresas clientes a desenvolver programas de promoção de saúde e qualidade de vida. Nesse caso, elas (operadoras) podem e devem contribuir decisivamente para os clientes, com várias iniciativas: familiarizando-os com os conceitos de saúde, promoção de saúde e qualidade de vida; patrocinando apoio técnico tanto na avaliação de estilo de vida dos colaboradores como na modelagem de programas e, principalmente, oferecendo suporte em ações em saúde física a serem aplicadas nos programas. Exemplos desse suporte: levantamento e controle de beneficiários em situação de risco (hipertensos, diabéticos, dislipidêmicos, obesos, sedentários, cardiopatas, tabagistas, pneumopatas etc.), orientação nutricional, prevenção em saúde oral, palestras educativas sobre os mais diversos temas e campanhas de prevenção, entre outras ações.

Resultados dessas práticas: para os beneficiários dos planos empresariais, melhores níveis de saúde e bem-estar, portanto melhor qualidade de vida; para as empresas clientes das OPS, melhor clima organizacional, menor sinistralidadade (apontando para uma redução dos custos médicos), maior produtividade, melhores resultados operacionais, maior competitividade, entre outros ganhos; para as OPS, redução dos seus custos assistenciais, fidelização dos clientes, melhor imagem no mercado, entre outros. É um interessante processo *ganha-ganha-ganha*. A partir disso, poderá até mesmo nascer um novo modelo de relação negocial no mercado de assistência à saúde corporativa

Enfim, aplicada paralelamente à abordagem tradicional da doença, a promoção de saúde contribuirá para uma verdadeira transformação do conceito de assistência médica a indivíduos e organizações.

Cabe ao RH incluir entre os critérios de escolha da operadora que atende a sua empresa o oferecimento de serviços vinculados à PSQV e a participação da operadora nas atividades do programa de QV da empresa. Tudo poderia começar com uma simples pergunta: "Vocês são um plano de saúde ou apenas um plano de doença?"...

O Desafio do RH

"O sucesso do RH como agente da mudança depende de que ele consiga substituir a resistência pela resolução, o planejamento pelos resultados e o medo da mudança pelo entusiasmo em relação às suas possibilidades."

No ambiente corporativo, a área de Recursos Humanos é uma "porta de entrada" natural para os conceitos da PSQV. Afinal, estamos falando de ferramentas que dão um extraordinário suporte ao processo de gestão de pessoas. Em geral há um verdadeiro encantamento dos profissionais de RH quando entram em contato com esses conceitos. A área, contudo, padece de dois problemas fundamentais. O primeiro é a necessidade de ocupar um espaço mais valorizado no contexto corporativo, o que a faz debater-se entre a sua tradicional realidade operacional e a almejada condição de componente estratégico da organização. A outra questão é a falta de confiança em que seja possível fazer a alta gestão da empresa entender os benefícios da PSQV e, num plano mais evoluído, aceitar movimentos internos a favor de melhorias efetivas na saúde e bem-estar da força de trabalho.

Acreditamos que a discussão em torno dos desafios aqui propostos pode ser um bom caminho para se chegar a estratégias bem-sucedidas que abram as portas para uma maior penetração da PSQV no ambiente corporativo. E insistimos em que PSQV é um dos mais poderosos instrumentos de transformação e valorização do papel da área de RH no ambiente corporativo, porque agrega valor à empresa e ao próprio RH. Para a empresa, porque gera clima favorável a mudanças, otimiza a utilização do capital humano, atrai e retém talentos, cumpre função de responsabilidade social, contribui para fidelizar clientes, eleva o status da corporação e incrementa os resultados empresariais. Para o RH, porque revela capacidade de inovação e avanço, atribui-lhe novos e decisivos papéis, desperta novas perspectivas para a área, gera respeito e credibilidade e vincula-o aos resultados da corporação.

Abraçando a bandeira da PSQV, o RH estará dando um passo importante para que a área consiga alcançar a sua condição estratégica. Não é fácil, porque se trata de mudança. Não é impossível, porque dá resultados efetivos, o que se encaixa nos objetivos empresariais. No entanto é preciso dar tempo para que aconteça. Tudo isso pede que o RH atue determinadamente: com ciência, boa consciência e muita, muita paciência. Assim podem nascer grandes vitórias.

Paulo Erlich – Entre as diversas funções que desempenhou nas áreas privada e pública, foi diretor de Planejamento do Grupo Educacional Contato, diretor de Planejamento da Aporte Comunicação e diretor-superintendente da operadora de planos Grupo Saúde, empresas sediadas em Recife. Curso de extensão em Promoção de Saúde e Qualidade de Vida, pela American University. Com base em sua experiência múltipla nas áreas de educação, comunicação e saúde, atua como consultor em Programas de Qualidade de Vida no Ambiente Corporativo. Diretor da Lumina Consultoria (perlich@luminaonline.com.br).

Referências Bibliográficas

WORLD HEALTH ORGANIZATION. *The Ottawa Charter for Health Promotion,* 1986. Disponível em http://www.euro.who.int/AboutWHO/Policy/20010827_2. Acesso em 20/08/2002.

DRUCKER, P. F. *Eles não São Empregados, São Pessoas.* Exame Harvard Business Review, São Paulo, abril/2002. Edição Especial.

DALEN, J. *As Piores Empresas para Trabalhar.* Você S.A., nº 63, setembro/2003.

BERNARDI, M. A. *A Melhor Empresa: Como as Empresas de Sucesso Atraem e Mantêm os que Fazem a Diferença.* Rio de Janeiro, RJ: Elsevier, 2003.

ULRICH, D. *Os Campeões de Recursos Humanos.* São Paulo, SP: Futura, 2001.

Mercado e Terceiro Setor
Rumo ao Melhor dos dois Mundos

Tendo formação em Engenharia Mecânica e atuado no "mundo corporativo", passando por uma consultoria considerada uma das *"Big 10"* e também por uma empresa desenvolvedora de softwares no Vale do Silício, sinto-me até hoje atravessando várias paredes até chegar às profundidades do Terceiro Setor e entendê-lo cada vez melhor. Quando ainda no mundo das empresas escutava falar em "Terceiro Setor", eram diversas as idéias, positivas e negativas, que ressoavam na minha cabeça: de um lado, alternativas, pessoas em torno de ideais, causas que afetam a todos; por outro, assistencialismo, soluções paliativas, falta de estrutura e organização.

Durante a transição de "mundos", atuei como voluntária e educadora de oficinas de empregabilidade e de informática, confirmando muitos dos pontos positivos e, infelizmente, também os negativos. Porém, o que enxergava antes era fruto da conclusão tirada de uma amostragem muito pequena, fazendo um trabalho nem sempre integrado com a visão da organização e demais profissionais. Felizmente, vim a ter uma visão global e mais precisa na experiência como coordenadora de um programa com um trabalho mais integrado entre seus participantes e organizações parceiras.

O Programa para o Futuro é um piloto financiado pela USAID/Brasil[1] (Agência Norte-Americana para o Desenvolvimento Internacional), administrado e implementado pela AED (Academia para o Desenvolvimento da Educação) e realizado pelas parceiras locais Casa de Passagem, CDI-PE, LTNet-Brasil e Porto Digital. Trata-se de um piloto para empregabilidade de 50 jovens desfavorecidos que, pela natureza inovadora e sua complexidade, teve Recife

---

[1] O Programa para o Futuro é financiado pela Missão da Agência Norte-Americana para o Desenvolvimento Internacional (USAID) e administrado pela Academia para o Desenvolvimento da Educação (AED) e Projeto do dot-Org sob o Acordo de Cooperação nº 512-A-00-02-00017-00.

como o ponto de partida nacional, após a avaliação das Organizações Não-Governamentais do Recife e de Salvador. Como parceiros patrocinadores, o projeto conta com ABA, Banco do Brasil, Governo do Estado de Pernambuco, IBM, IBRATEC, Microsoft e Secretaria Especial de Direitos Humanos. Como aprendizado deste piloto, podemos analisar três grandes áreas de atuação deste projeto, onde verificam-se pontos de inovação que derrubam alguns dos mitos levantados anteriormente:

- Capacitação;
- Trabalho Social;
- Interação com o Mercado.

Antes da análise de cada uma destas áreas, encontram-se a seguir alguns exemplos de resultados obtidos deste trabalho integrado:

Exemplo de Resultado da Capacitação nas Áreas Comportamental e Profissional

A seguir, trecho do artigo da Folha de Pernambuco, publicado em 24/03/04, por Jacques Waller:

> Dos 13 jovens empregados através do projeto, dois estão trabalhando no Cesar, outro na Secretaria de Educação e o restante em empresas do Porto Digital e parceiros. O último a ser empregado, no entanto, merece uma atenção especial. Alex Guedes, de 18 anos, foi contratado como estagiário de uma empresa de Curitiba. Alex será o único funcionário e representante da empresa no Nordeste. "Coloquei meu curriculum na Internet e eles gostaram muito, apesar de eu ser o candidato mais novo. Disseram que gostaram da minha iniciativa e depois de um mês de conversações, eu vou começar", diz Alex, que fará a manutenção dos micros da empresa, mas não pretende parar aí. Para o aluno, falta tempo e interesse para que seus colegas consigam emprego. "Empregar todos é só uma questão de tempo, mas as empresas têm que ser menos rigorosas e não exigir dois anos de experiência como têm feito. Têm que dar oportunidade e confiança", exclama. Apesar dos números, o programa é um sucesso. Em menos de um ano os 50 alunos saíram de uma condição de leigos para o status de programadores, técnicos em Rede, superando até mesmo os seus tutores.

Exemplo de Resultado da Capacitação Técnica Baseada em Projetos Interdisciplinares

> Esta semana, um grupo de cinco jovens comemorou a sua primeira obra-prima, fruto dos próprios esforços: colocaram no ar a Intranet Programa para o Futuro. Após realizar reuniões, traçar metas, definir prazos e criar frentes de trabalho, o grupo formado por Janaína, Natanael, Aline, Robson e Valdir concluiu, em 4 dias de trabalho intensivo e "horas extras", a primeira versão da Intranet PPF. A equipe de jovens lançou a página, apresentando-a aos colegas, professores, coordenadores e também a profissionais da IBM que visitavam o Programa na ocasião. Na Intranet PPF, irá circular toda a comunicação interna do Programa, desde assuntos relacionados à empregabilidade até artigos técnicos e curiosidades sobre os colegas. A equipe desenvolvedora do ambiente não se contentou com o acesso local via rede interna e já descobriu um site na Internet, por meio do qual o público também terá acesso a algumas informações específicas da Intranet PPF (www.programaparaofuturo.cjb.net). Para sugestões e opiniões, o site também dispõe de um canal onde o público poderá dar o seu feedback.

Capacitação

A capacitação é feita com aulas baseadas em projetos práticos, interdisciplinares e voltados à resolução de problemas. São atividades práticas de Tecnologia de Informação (TI) integradas à educação suplementar em Matemática, Português, Inglês, Desenvolvimento Profissional e Gênero, além de atividades de *E-mentoring*. A seguir, trecho do informe semanal Nov. 2003) para ilustrar uma atividade interdisciplinar, envolvendo competências em matemática e software, o projeto da Torre de Hanói:

> O projeto da Torre de Hanói surgiu a partir do olhar observador dos professores e da flexibilidade da metodologia para criar novos projetos, suprindo dificuldades apresentadas pelos jovens. Levando em consideração o interesse a ser gerado nos jovens e realizando-se pesquisas, discussões com o colega de disciplina e buscando a orientação dos coordenadores pedagógicos, os professores de matemática do Programa, Sandro e Josélio, chegaram a um jogo que tem origem na Índia (um trecho do enunciado do projeto, com a história da torre, encontra-se anexo ao final deste documento).

Sobre este projeto, os professores documentaram os seguintes relatos:

"... A idéia de elaboração desse projeto surgiu após a realização da avaliação de matemática, onde constatamos que havia uma deficiência por parte da maioria dos jovens em registrar o processo de resolução de problemas, bem como de encontrar estratégias e utilizar expressões matemáticas para solucionar situações problemas. Como em outros momentos já havíamos discutido e também visitado alguns sites do jogo, a idéia foi sendo amadurecida. Voltamos a realizar uma pesquisa em outros sites de busca, como o Google. A partir desse momento, demos início à elaboração do projeto intitulado Torre de Hanói..."

"... O objetivo fundamental do projeto Torre de Hanói era de atingirmos as competências e habilidades como: ler e interpretar as regras do jogo; fazer previsões e levantar hipóteses para cada jogada; registrar de forma clara os movimentos do jogo; selecionar e utilizar diferentes procedimentos de cálculo para descobrir o número total de movimentos; utilizar expressões matemáticas na resolução do problema que envolve o jogo; construir tabela para organizar os dados calculando o número mínimo de movimentos usando as fórmulas do Excel..."

Trabalho Social

O trabalho de suporte e sustentação da área social mostrou-se crítica e de importância fundamental para a realização efetiva das atividades, além do envolvimento dos jovens e dos familiares para que o Programa atingisse seus objetivos.

Questões do Grupo

Após o início da capacitação em maio de 2003, o Programa passou por vários "pontos de dificuldades" com os jovens, onde estes atribuíam ao Programa a responsabilidade de fornecer mais recursos financeiros ou de encaminhá-los ao emprego. Durante o progresso das atividades, pôde-se notar vários estágios de desenvolvimento do jovem, na seguinte ordem:

Motivação inicial;

Alto grau de aprendizado;

Estabilidade do aprendizado;

Exigência de bolsas;

Exigência do "encaminhamento ao emprego";

Envolvimento nas atividades de empregabilidade;

Início dos empregos;

Início do curso técnico de especialização;

Autonomia nos projetos e nas atividades de empregabilidade.

Questões:

• *Exigência de Bolsas*

O Programa para o Futuro ofereceu, desde o início de suas atividades, transporte, almoço e lanche e uniforme a todos os 50 jovens, além da capacitação que é oferecida gratuitamente. Porém, os jovens ainda exigiam a existência de uma ajuda de custo (bolsa) para que pudessem continuar a frequentar o curso, uma vez que estariam ocupando o tempo em que poderiam estar trabalhando e ganhando renda para ajudar o sustento da família. Por outro lado, conhecido como um "X da questão", sabe-se que a bolsa em recursos financeiros pode tornar-se uma das ou a única fonte de renda da família e a única motivação do jovem de estar fazendo a capacitação.

• *Exigência do "Encaminhamento ao Emprego"*

Numa fase posterior ao da exigência das bolsas, surgiu também a exigência do "Encaminhamento ao Emprego", ou seja, os jovens passaram a questionar o Programa onde estaria o Estágio para o qual seriam encaminhados.

Soluções:

Tais questões não são endereçáveis com uma só ação, muito menos de um dia para o outro. Parar a questão das bolsas, foi necessária uma série de ações conjuntas de conscientização e atividades envolvendo os jovens e seus familiares. Um ponto importante nesta conscientização foi a de, junto com os jovens e familiares, mensurar todos os recursos e benefícios que o Programa vem oferecendo, e fazendo-os perceber que já ganham uma bolsa, muitas vezes mais significativa do que a bolsa em dinheiro. Para a questão do "emprego garantido", realizou-se um exercício de identificar o que o Programa ofereceu até agora, a transformação que isso causou e o questionamento se isso é suficiente para que o jovem consiga entrar no mercado de trabalho.

No mesmo sentido, a família também foi convidada, durante as reuniões familiares bimestrais, a refletir e se conscientizar sobre os papéis e responsabilidades de cada parte envolvida: jovem, família e Programa.

Questões Individuais

Paralelamente às questões do grupo, cada jovem também apresenta seus problemas individuais. Vivendo num meio com renda familiar extremamente baixa, histórico familiar com grau baixo de instrução, estrutura afetiva e laços familiares abalados, os jovens vêm ao Programa com uma baixíssimas perspectivas de vida, expectativas a curto prazo e, consequentemente, a necessidade de ter e ver resultados imediatos. Em outras palavras, a qualquer dificuldade ou barreira encontrada no processo, o jovem tende a desistir da capacitação e ir à procura de algo mais rentável e palpável.

A existência de atividades onde o jovem tinha voz, além do ambiente extremamente livre com a presença de vários docentes trabalhando em conjunto, possibilitaram a proximidade do Programa aos jovens, de modo a poder detectar rapidamente suas inseguranças e ansiedades, permitindo aos profissionais da área social tomarem medidas proativas antes da desistência. Neste processo, professores e coordenadores que trabalham com os jovens, presencialmente ou via ferramenta de comunicação instantânea, servem como detectores de possíveis problemas. Estes levam as questões à Assistente Social, que por sua vez, encaminha a questão individualmente. Os encaminhamentos podem variar desde uma simples conversa, dando um simples conforto e segurança ao jovem, até uma visita para conversar com o jovem e o familiar responsável, ou, ainda, o envolvimento de outros profissionais ou organizações.

As atividades de conscientização dos jovens, o envolvimento da família nas mesmas, o alto nível de integração e comprometimento dos profissionais que estão em contato com o jovem, combinado com a experiência e o tato de identificar casos críticos e necessidade de encaminhamentos urgentes, obtiveram resultados efetivos, com grau de permanência de 98% dos jovens, a um mês do término do Programa. Sem este trabalho minucioso e de bastidores, o Programa teria perdido todo o sustento necessário – a presença física e psicológica do jovem, sua motivação e o apoio da família – para concretizar os objetivos finais do processo de capacitação e preparar o jovem para a empregabilidade.

Interação com o Mercado

Na capacitação, provou-se que não é suficiente falar sobre o assunto; é necessário praticar, fazer, realizar o que está sendo estudado. Pois no preparo para a entrada ao mercado de trabalho, viu-se a importância do envolvimento e contato do jovem com profissionais do mercado, desde o início da fase da capacitação.

E-Mentoring

E-Mentoring consiste na comunicação e interação via Web entre mentores, profissionais da área de TIC, e os jovens participantes do Programa para o Futuro, tendo como objetivos:

- Acesso a informações sobre o mercado de trabalho;
- Familiarização com o ambiente profissional;
- Estímulo a discussões sobre objetivos profissionais;
- Criação de rede de contatos na área de TIC;
- Uso de diferentes ferramentas de comunicação;
- Melhora das habilidades de escrita e comunicação.

A estratégia da Coordenação de E-Mentoring foi localizar junto às empresas relacionadas à área de Tecnologia da Informação e Comunicação os cinqüenta prováveis mentores, profissionais de TIC, do Programa para o Futuro. Foram localizados aproximadamente 80 (oitenta) profissionais, em vários níveis hierárquicos, para que se iniciasse a conscientização e sensibilização dos mesmos, até a sua adesão à atividade. Os contatos foram feitos por telefone, pessoalmente, ou através da indicação de outros. A Coordenação iniciou e mantém um banco de dados destes profissionais, que poderão vir a ser mentores futuramente ou contribuir com seus conhecimentos e orientação. Seus objetivos são similares ao *mentoring* face a face, que são o de estabelecer uma relação de confiança, respeito e competência entre alguém mais experiente e um mais jovem.

Mutirão da Empregabilidade

A seguir, trecho do informe semanal (Jan/2004) para ilustrar as atividades feitas em sala de aula, direcionadas especificamente à procura de empregos.

Esta semana, nos dois últimos dias deste ciclo, os jovens viram na prática os passos necessários para se enfrentar uma entrevista. Tendo em vista as vagas que haviam identificado nas áreas administrativa e técnica no primeiro dia, listaram todas as perguntas que poderiam ser feitas pelo entrevistador, incluindo perguntas na área profissional e interpessoal. No quadro, todas as perguntas foram listadas e mais algumas, comumente feitas em entrevistas, foram adicionadas pelas coordenadoras. Alguns assuntos mais complexos de serem abordados, como por exemplo, salário, foram discutidos separadamente. Vestuário e pontualidade no dia da entrevista também foram discutidos. Em seguida, alguns jovens foram escolhidos para participar de simulação de entrevista. As coordenadoras listaram no quadro pontos que deveriam ser avaliados por todos durante a entrevista. Na entrevista, os jovens viram na prática o momento de chegada e cumprimento com o entrevistador, perguntas de confirmação das habilidades profissionais descritas no currículo, perguntas de aspecto interpessoal, perguntas de situação prática para avaliar habilidades como resolução de problemas, trabalho em equipe. Após a simulação, as coordenadoras faziam a avaliação da entrevista junto com os jovens.

Também durante estes dois dias, os jovens perceberam a importância de um acompanhamento proativo em vários momentos durante o processo de procura, como por exemplo, o acompanhamento após o envio do currículo ou após a realização de uma entrevista. Primeiro, identificaram qual o momento em que teriam que tomar uma ação proativa com uma ligação, por exemplo. Em seguida, avaliaram e listaram "quais pontos" que deveriam ser abordados e o "como abordar", durante a ligação. Finalmente, alguns jovens foram convidados a "ligar" para a pessoa responsável pela seleção na empresa, simulando a identificação desta pessoa na empresa ao ligar, a auto-identificação, a abordagem ao assunto e a definição de pontos importantes como datas, previsões etc.

Na avaliação desta atividade, os jovens destacaram a análise das vagas, a elaboração da planilha de acompanhamento, a simulação da entrevista e o acompanhamento como atividades muito importantes, onde puderam saber na prática o que esperar, planejar e como agir em cada uma das situações. Num segundo momento, os currículos que já estão sendo modificados pelos jovens com as orientações que tiveram durante o mutirão, serão fechados num acompanhamento mais individual. Os resultados já puderam ser observados em avaliação de currículos feita por empresa de TI que está fazendo a seleção para uma de suas vagas, quando o Diretor da área técnica deu o seguinte retorno: "estão ótimos, bem organizados e simplificados... muito melhores do que a maioria dos que recebo."

Palestras

A seguir, trecho do informe semanal (Dez/2003) para ilustrar o envolvimento dos jovens em palestras e reuniões com representantes do mercado.

Cada vez mais, a Coordenação do Programa funde-se com os jovens. Em todas as últimas reuniões com representantes de empresas sobre o assunto empregabilidade, os jovens do Programa atuaram junto com a coordenação para apresentar o Programa e, mais do que isso, representar o perfil e demonstrar o potencial de todos os jovens do Programa. Neste ciclo inicial, em que muitos jovens ainda estão na sua primeira vez frente a um público, trata-se de um esforço a mais dedicado pela equipe docente e pela coordenação, no preparo e acompanhamento dos jovens antes de cada reunião ou palestra. Os frutos, porém, compensam. Ao serem chamados para participar de uma reunião, os jovens têm-se mostrado comprometidos, respondido às exigências além do horário de aula e mostrado saltos em suas competências (apresentação, trabalho em equipe, confiança, profissionalismo). Dentro da sala de aula, docentes estão realizando um mutirão pela empregabiliade, que tem o intuito de orientar os jovens nos primeiros e críticos passos na busca pelo emprego.

Esta semana, a Coordenação do Programa, juntamente com os jovens Carla e Getúlio, deu uma apresentação aos representantes da Adlim Terceirização em Serviços, nas áreas de RH, TI e Auditoria. Os jovens Carla, Getúlio e as coordenadoras Josélia e Tania explicaram a estrutura do Programa, as atividades de capacitação nas áreas técnica, comportamental e profissional, além das possibilidades de se formalizar e regulamentar a empregabilidade dos jovens do Programa. Os representantes ficaram impressionados com a performance dos jovens na apresentação, além de se mostrarem muito receptivos às propostas do Programa.

Conclusão

É possível realizar um projeto de natureza social, de forma profissional, com um bom planejamento, uma estrutura com conteúdo e com resultados? A experiência do piloto mostra que sim. O que é preciso? Além das ações citadas acima envolvendo as três grandes áreas, e o envolvimento de cada profissional na sua área e em áreas de seu alcance, é preciso que os projetos admitam o que podem fazer e até onde. Este piloto não tinha como objetivo final a pura entrega de certificados ou o encaminhamento a qualquer custo de jovens a empregos pré-estabelecidos. O piloto teve o objetivo de desenvolver nos jovens a capacidade de resolver problemas e ir à procura de seus empregos, com todas as ferramentas, tecnólogicas ou não, disponíveis ao seu redor, agora e mesmo após o término do Programa. Porém, esta mudança radical causada em sua cultura já arraigada pelo histórico familiar de baixas perspectivas e da necessidade do imediato, só ocorre se ele(a) conseguir chegar à reta final, pelo menos, da capacitação. Obviamente, chegar por chegar não basta. Mas o que se quer mostrar aqui é que o trabalho com jovens é quase um "tudo ou nada", pois um trabalho "mais ou menos" pode indicar ao jovem a existência de um curso e das disciplinas oferecidas, mas não completar o ciclo de transformação de cultura. E isso significaria que o investimento feito naquela vaga foi em vão.

Por sua vez, o "tudo" tem o seu custo: planejamento, estrutura, conteúdo, profissionalismo, visão e experiência na tratativa de questões sociais, integração e comprometimento de cada profissional da equipe e integração e comprometimento das empresas parceiras envolvidas, além de recursos financeiros que permitam isso. O piloto optou por começar com um escopo pequeno, para que pudesse obter experiências e atingir suas metas com profundidade e efetividade. Agora, ele tem a oportunidade de compartilhar experiências com demais projetos, além de fazer ajustes necessários para ser aplicado, progressivamente, de forma ainda mais efetiva e em maiores escalas.

Felizmente, ele destrói os mitos que eu tinha nos meus tempos de "mundo corporativo", provando que é possível realizar projetos sociais sérios e efetivos, com elementos dos vários setores, aplicando o que há de melhor em cada mundo.

Tânia Ogasawara – Engenheira mecânica pela Escola Politécnica de São Paulo. Atua no planejamento, organização e coordenação de programas de capacitação e profissionalização de jovens desfavorecidos para empregabilidade.
(www.programaparaofuturo.org.br, www.arrastao.org.br, www.gotasdeflor.org.br)
Atuou como líder de treinamento na Savvion, USA e como analista de processos na Accenture, SP.
(www.savvion.com), (www.accenture.com)
(tania@programaparaofuturo.org.br)

Referências Bibliográficas

Artigo "Empresas Precisam Colaborar Mais" da Folha de Pernambuco, publicado em 24/3/2004, por Jacques Waller.

Intranet Programa para o Futuro, por Aline Nóbrega, Janaina Oliveira, Natanael dos Santos, Robson Lopes e Valdir Tenório.

Projeto Torre de Hanói, por Josélio Oliveira e Sandro Pereira.

Texto descritivo sobre E-Mentoring, por Aparecida Cavalcante.

Biodanza e Criatividade
Um Instrumento para a Avaliação de Competências

Na literatura sobre administração e negócios é difícil se falar em Tecnologia Humana. O que podemos utilizar nas organizações que estimule o potencial das pessoas e as suas competências? Abordo um tema desconhecido, fascinante e até rodeado de tabus dentro das instituições. Em 1991, quando comecei a trabalhar com *Biodanza* nas Organizações, além dos preconceitos, constatei medos e falta de abertura dos profissionais para experienciar o novo e principalmente uma abordagem que poderia revolucionar os treinamentos comportamentais. Então, comecei a fazer os treinamentos com metodologia convencional e durante as aulas utilizava alguns exercícios de *Biodanza* e os treinandos ficavam interessados em saber que dinâmica era aquela que facilitava a expressão genuína de cada um.

Não bastava os treinandos gostarem dos exercícios de *Biodanza*, fazia-se necessário os profissionais de Recursos Humanos entenderem a nova teoria, de forma científica. Então, matriculei-me numa cadeira de especialização em Metodologia científica na UFPE e um orientador achou interessante o tema da *Biodanza* para pesquisa. Vale salientar que na ocasião da pesquisa o CEFET realizou uma avaliação sobre o desempenho profissional dos seus alunos perante as empresas, onde foi constatado que estes eram excelentes a nível técnico, porém careciam de características como: iniciativa, criatividade, tomada de decisões, adaptação às situações novas, segurança, liderança, facilidade de comunicação nas relações interpessoais e intergrupais, entre outros. E para desenvolver tais características poderia ser utilizado o Sistema *Biodanza* por se tratar de uma técnica que trabalhava a expressão corporal e a cognitiva paralelamente.

Como foi constatado anteriormente que os profissionais careciam de um fator importante no seu desenvolvimento profissional que era a abertura para as inovações, componente essencial da Criatividade, então a pesquisa foi direcionada para este assunto, no ano de 1995.

Conceitos Essenciais sobre a *Biodanza*

Nos meados de 1965, o Professor Rolando Toro, antropólogo chileno, lecionava na universidade do Chile a disciplina sobre Antropologia Médica onde estudou os efeitos terapêuticos da dança e da música em pacientes psiquiátricos. Observou que determinadas músicas provocavam reações nos pacientes da seguinte forma: atendo-se em pacientes depressivos e outros com história delirante, verificou que as músicas lentas aplicadas para relaxamento aumentavam a sintomatologia depressiva e delirante, enquanto que as músicas com conteúdo alegre e eufórico devolviam a identidade às pessoas e elas saíam imediatamente da depressão e do quadro delirante. Foi diante destes resultados que constatou o lado terapêutico da música e da dança e desenvolveu uma técnica de desenvolvimento pessoal que pudesse servir à humanização da Medicina, a qual denominamos hoje de *Biodanza*.

A *Biodanza* é uma técnica que promove o bem-estar mental, emocional e físico. Desenvolve a saúde, a coragem, a alegria de viver e a capacidade de resolver conflitos na família e no trabalho. Utiliza música e exercícios que resultam em movimentos que renovam o organismo, aumentando a defesa do corpo contra doenças, tais como: asmas, alergias, hipertensão, problemas cardíacos, digestivos e respiratórios, úlceras, gastrites etc. Atua também sobre a insônia, agressividade, medos, fobias, vícios, ansiedades, angústias, entre outras doenças psicossomáticas, possibilitando o despertar dos sentimentos e da emoção, desenvolvendo os potenciais afetivo, criativo, energético e social, elevando assim, a auto-estima para um crescimento pessoal e profissional.

Aplicada à área educacional (crianças, adolescentes, adultos, grávidas, pessoas de terceira idade, casais etc.), à área de reabilitação (crianças cegas, surdos-mudos, mastectomizados, depressivos, portadores do mal de Parkinson, pacientes psiquiátricos etc.), à área de instituição (empresas, escolas, entidades filantrópicas, presídios, hospitais etc.), desenvolve os seguintes potenciais nas pessoas:

- **Vitalidade:** capacidade de iniciativa, força, rapidez de ação na execução das tarefas, alegria, senso de oportunidade, tomada de decisão, liderança, coragem etc.

- **Sexualidade:** capacidade de sentir prazer e alegria em desenvolver tarefas, diplomacia, habilidade em relacionar-se de modo flexível com as pessoas sem medo do contato.

- **Criatividade:** capacidade de descoberta, planejamento, imaginação, curiosidade, resolução de problemas, criação, organização, clareza e fluidez de idéias, adaptação às situações novas, flexibilidade, expressão criativa, juízo crítico etc.

- **Afetividade:** capacidade de dar e receber afeto, viver em grupo, participação, solidariedade, segurança, relacionamento interpessoal e intergrupal eficiente, auto-estima, autoconfiança etc.

- **Transcendência:** capacidade de harmonia, tranqüilidade e paz no trato com as pessoas, preservação da natureza, do patrimônio da empresa e o bem comum etc.

A *Biodanza* é um trabalho essencialmente grupal e progressivo que amplia e desenvolve a inteligência emocional das pessoas e conseqüentemente suas competências porque lida com aspectos saudáveis da personalidade. Quanto mais desenvolvermos os potenciais anteriormente citados nas organizações e prepararmos as pessoas sobre a importância das expressões das emoções nas relações interpessoais e intergrupais, visando a saúde psicológica e emocional, poderemos dizer que ultrapassamos um dos grandes desafios na habilidade de conduzir e desenvolver grupos.

Conceitos Essenciais sobre a Criatividade

A criatividade vem apresentando-se, muitas vezes, como modismo, mas também como um meio atraente de contato com o poder da transformação da sociedade. Como bem afirmou Taylor (1971) de um lado, existe uma desesperada necessidade de comportamentos criativos, para a sociedade enfrentar com êxito os desafios que lhe são impostos e para assegurar sua sobrevivência; por outro lado, a mesma sociedade não favorece o desenvolvimento criativo dos seus membros em geral, penalizando-os por serem talentosos, assumindo mais a função bloqueadora da criatividade do que sendo uma de suas fontes de estímulo

No auge desta contradição, a sociedade ao mesmo tempo em que inibe o desenvolvimento do potencial criativo dos seus membros, solicita e até mesmo cobra deles, nos momentos de crise, um desempenho criativo, exigindo que os indivíduos expressem plenamente suas potencialidades criativas nos projetos existenciais e na solução de problemas ligados à sociedade.

A abertura às inovações, a capacidade de solucionar problemas com rapidez e precisão, além da capacidade de aceitar desafios, propor diretrizes e tomar decisões são características procuradas nos indivíduos pelas organizações, em qualquer esfera de atuação a nível tecnológico, educacional e científico no mundo.

Inúmeras pesquisas apresentam-se tentando identificar melhor o que ocorre nos processos criativos, sua relação com a inteligência, os traços de personalidade, a influência do ambiente e de métodos de estimulação da criatividade, para o sucesso na vida acadêmica, profissional e pessoal do indivíduo.

Teorias Cognitivas da Criatividade

O enfoque maior no campo científico é a relação da criatividade com a inteligência tendo como um dos pioneiros Guilford (1950). Ele conclui que as capacidades produtivas são de duas espécies: convergentes e divergentes. O *pensamento convergente* ocorre onde se oferece o problema, onde há um método padrão para resolvê-lo, conhecido do pensador e onde se pode garantir uma solução dentro de um número finito de passos. O *pensamento divergente* tende a ocorrer onde o problema ainda está por descobrir e onde não existe ainda meio assentado de resolvê-lo. O pensamento convergente implica uma única solução correta, ao passo que o divergente pode produzir uma gama de soluções apropriadas.

As capacidades mentais criativas devem ser estimuladas pelo pensamento divergente, deixar que o indivíduo encontre várias alternativas de resolução de problemas. Este tipo de pensamento é avaliado por meio de quatro parâmetros: fluência (o número de respostas); flexibilidade espontânea (número de categorias, por exemplo: respostas na categoria alimentação, construção civil, transportes etc.) e originalidade (qualidade das respostas). Guilford acrescenta ainda, que a criatividade como função cognitiva correlaciona-se positivamente com a inteligência, porém é mais abrangente que esta.

Teóricos da atualidade como Virgolim e Alencar (1994) afirmam que a forma costumeira de pensar e agir são insuficiente e mesmo inadequada para lidar não só com a realidade, mas com nossas próprias idéias, num mundo marcado por constantes mudanças e inovações. Elas sugerem que se empreguem métodos educacionais que estimulem as pessoas a pensar independentemente, testando idéias e se envolvendo em atividades intelectuais que despertem sua curiosidade e seu potencial criativo, incentivando a fluência, a flexibilidade e a originalidade de idéias.

Rhodes (1961) aborda que a definição de criatividade pertence a quatro categorias:

1. Fisiologia e temperamento da pessoa criativa – atitudes pessoais, hábitos e valores;

2. Processos mentais – motivação, percepção, aprendizado, pensamento e comunicação que o ato de criar mobiliza;

3. Influências ambientais e culturais;

4. A criatividade em função de seus produtos – teoria, invenções, pinturas, esculturas e poemas.

Por tradição, o estudo da criatividade tem-se guiado pelos produtos observáveis e públicos como são assinalados nesta última abordagem.

Segundo Kneller (1994): "a pesquisa recentemente tem-se concentrado na criatividade como processo mental e emocional, abordagem sem dúvida mais exigente e sutil, porque muito de sua substância se encontra nos estados interiores da pessoa". (p. 16)

Acredita-se atualmente que os indivíduos são potencialmente criativos, o que difere é o grau de expressão da criatividade. Sendo assim, um outro enfoque a ser considerado é a abordagem psicológica que para estimular o potencial criativo, é necessário contar com suficiente conhecimento da personalidade, inclusive das aptidões individuais. (Rosas, 1978)

Teorias Psicológicas da Criatividade

A abordagem psicológica está intimamente relacionada com os processos interiores do indivíduo e com o desenvolvimento da sua identidade expressas na auto-estima e na sua auto-imagem interna e externamente. Dentre as teorias que abordam o estudo da criatividade selecionei as seguintes: Maslow (1959), Rogers (1970) e Toro (1982).

MASLOW – O estudo da criatividade partiu de trabalhos que realizou com pessoas consideradas positivamente criativas, maduras e auto-realizadas (1959).

Ele distingue cinco tipos de criatividade:

1. **Talento Especial** – refere-se a uma capacidade inata, um dom, um talento que algumas pessoas seriam dotadas, como os artistas, inventores, poetas e compositores, sem levar em consideração a saúde psicológica.

2. **Auto-atualizante** – capacidade potencial e geral em todas as pessoas. Cada indivíduo demonstra de um modo ou de outro a originalidade, a flexibilidade, a inventividade. Ele salienta que é necessário propiciar condições de saúde psicológica à criação, tais como: ser aceito, respeitado pelos outros e por si próprio. Esta criatividade brota da personalidade e pode manifestar-se nos comportamentos, mesmo nos afazeres diários dos indivíduos, e tem diferenças quanto à expressão.

3. **Primária** – é uma fase de inspiração, o sujeito utiliza seus "processos primários", que são constituídos por modos de pensar mais primitivos. Expressa-se nas criações infantis, nos flashes de inspiração dos indivíduos que acordam à noite. Nessa fase o indivíduo se detém no momento presente e "perde o referencial de passado e de futuro – isto se chama de *Peark experience*, algo onde o êxtase e a exaltação são experienciados juntos".

4. **Secundária** – a criatividade se baseia nos "processos secundários" do pensamento e representa árduo trabalho, requer disciplina, experiência e conhecimento acumulado durante a vida do sujeito, como os materiais e ferramentas necessários à criação. São exemplos desta criatividade os trabalhos científicos.

5. **Integrada** – é uma fusão e sucessão de ambos os processos primários e secundários. As obras-primas da humanidade, na arte, na ciência, na filosofia são expressões desse tipo de criatividade.

Nesta abordagem, observa-se que já se evidenciava a preocupação com os aspectos da personalidade, porém não menciona quais são os responsáveis pela criatividade. Sua teoria é um constructo que sofreu modificações. À medida que avançou no seu trabalho, ampliando seus conceitos, antes restrito a áreas comuns do desempenho humano, tais como: arte, ciência, poesia, enfatizando a criatividade como talento especial, concluindo posteriormente como fusão dos processos primários e secundários. Admite a existência de um fator importante como a saúde psicológica para que a criação possa manifestar-se no indivíduo.

ROGERS – Partindo de sua experiência como terapeuta, Rogers (1961) observou que existe uma necessidade social desesperada de um comportamento original por parte dos indivíduos criativos. No lazer, nas ciências, na empresa, na vida familiar e individual a criatividade pode estar reservada a poucos ou a nenhum indivíduo, visto que se instala um conformismo social e uma adaptação a métodos e regras conhecidos que colocam a sociedade em perigo. Uma sociedade sem indivíduos criativos é um agrupamento estático, estereotipado e de robôs que executam um programa já definido previamente.

Para se criar existe uma tendência a nível profundo, que se organiza em meio à mesma força curativa da psicoterapia. É chamada de Motivação Primária da Criatividade onde o homem tende a autorealização e a expressão das suas potencialidades, fortalecendo a sua identidade como pessoa por meio de novas formas relacionais com o ambiente.

Rogers afirma: "a criatividade tem sempre a marca do indivíduo sobre o produto, mas o produto não é o indivíduo, nem os seus materiais, mas o resultado da sua relação" (p. 309). A criatividade conduz a um resultado observável como um poema, uma invenção, uma pintura; não ocorrendo isto, são apenas fantasias, mesmo sendo originais.

Um aspecto importante na teoria rogeriana é que na criatividade se produza um produto novo. A novidade provém das qualidades pessoais desenvolvidas pela experiência e interação do indivíduo, e também com os materiais fornecidos.

Rogers define dois tipos de criatividade: *"a boa"* e *"a má"* dependendo da saúde mental do indivíduo e também dos objetivos e do valor social do produto criado. Se um indivíduo nega a sua consciência, e o encontro consigo mesmo, utilizando camadas psicológicas defensivas que impedem o verdadeiro acesso ao seu eu real, então a criatividade torna-se destrutiva, como por exemplo, a bomba atômica. Ao contrário, quando o indivíduo desenvolve o senso de aceitação e amizade pelos outros, contribuindo também, para a sua própria valorização pessoal, a criatividade torna-se construtiva.

Existem *três características básicas internas* expressas pelas pessoas construtivamente criativas:

1. **Abertura à experiência** – quanto mais o indivíduo estiver aberto às suas experiências pessoais, encarando com tranqüilidade os impulsos hostis, o desejo de compreensão, amizade e aceitação, o que se espera dele, e o que define como seus objetivos pessoais, mais o fluxo de qualquer estímulo transitará livremente e a criatividade se fará presente. São indivíduos capazes, corajosos e enfrentam bem seu modo de ser e de se comportar no mundo, enquanto que outros utilizam defesas psicológicas gerando rigidez, inflexibilidade e intolerância frente aos fatos e compartilham de categorias preestabelecidas.

2. **Critério interior de avaliação** – o indivíduo avalia a si próprio e a sua obra a partir de uma crescente confiança em si mesmo e na sua própria "reação organísmica" em relação à obra produzida. A consciência de suas potencialidades leva o indivíduo a: "uma fonte ou lugar dos juízos de valor interior, a sua obra não adquire valor a partir do apreço ou da crítica dos outros e sim a partir de si mesmo, do seu eu em ação". (Rogers, 1961).

3. **Capacidade para lidar com elementos e conceitos** – é a destreza em manejar espontaneamente idéias, cores, formas, relações, dando uma visão criativa da vida, levantando hipóteses, justapondo elementos impossíveis, exprimindo o ridículo, criando alternativas para fatos improváveis, transformando erros em novos constructos criativos.

Rogers afirma que existem condições externas de desenvolvimento para uma criatividade construtiva, são elas:

Segurança Psicológica

a) A aceitação incondicional do indivíduo como ele mesmo, pode facilitar o crescimento consigo mesmo. Sabendo que é aceito como é, o indivíduo adquirirá segurança psicológica.

b) Criar um clima de ausência de uma avaliação exterior. A apreciação pelos outros de uma obra impede que a pessoa estabeleça os seus próprios critérios de juízo de valor e não permite que a criatividade se expresse com liberdade. Por exemplo, na criação de um poema, o que está expresso é o seu sentimento independente da avaliação dos outros.

c) Compreensão empática – compreender os sentimentos e atos do indivíduo sabendo porque ele age de determinada maneira, aceitando-o como ele é; então o indivíduo sente-se seguro e exprime o seu eu real e cria novas formas de relação com o mundo, favorecendo a criatividade.

Liberdade Psicológica

Para qualquer pessoa que tenha uma função de facilitar o crescimento pessoal do indivíduo, seja ela responsável, amigo, terapeuta, líder, se faz necessário a permissão para uma completa liberdade de expressão simbólica, ou seja, a liberdade para construir ou destruir uma representação simbólica, recear uma nova experiência ou aceitar outra, sentindo-se livre para suportar seus erros e reconstruir sua criação ou obra com esforço positivo. Quando a pessoa é livre, torna-se responsável por si, sente-se segura e isto favorece a criatividade construtiva.

A referência à saúde psicológica é também considerada por Rogers. Porém, as idéias básicas de sua teoria residem nas condições internas e externas que facilitam a expressão do potencial criativo. Ele se detém mais nos aspectos afetivos-psicológicos e no valor social da obra produzida, mas não desconsidera os aspectos cognitivos. Criar um ambiente favorável à expressão da criatividade ou trabalhos que a desenvolva, necessita de estudá-la em todos os seus aspectos de expressão.

ROLANDO TORO – Sendo o universo biologicamente organizado e em permanente "criação atual", a criatividade humana é uma extensão das forças biocósmicas que compõem o ato de viver.

"Nós somos a mensagem, a criatura e o criador ao mesmo tempo." (Toro, 1982; p. 388).

A criatividade humana é a expressão de uma criatividade universal imanente a tudo que existe. A capacidade de criar-se a si mesmo, transformar suas emoções, a coragem de expressar sentimentos novos e antigos faz parte do processo criador da própria vida. A conexão profunda existente dentro de si mesmo possibilita um salto quântico evolutivo da própria espécie humana, algo transcendente em que aquele ser teve a coragem de transpor suas próprias barreiras. Esse mesmo processo acontece com o artista e a sua obra, em que num instante as tendências artísticas do potencial genético afloram e dão origem à "Criatura", expressando o sentimento sobre si mesmo e sobre o mundo que o cerca. Neste momento, o criador se vê na sua obra, pelo menos ao ser expresso tudo aquilo que antes fazia parte de si e ao ser externado provoca a transmutação do que foi vivido. Então, a criatividade é o próprio instante da incubação, iluminação e expressão tanto da obra quanto de si mesmo.

Toro (1982) afirma que: "o ato criativo possui muito de grito, de orgasmo, de dança e de gestação. É parir-se a si mesmo, é a vida abrindo-se, como uma viagem do caos ao cosmo". (p. 390)

Somos seres superabundantes pois a função criativa é um impulso inato que expressa a riqueza interior, a sua grandeza e a particularidade, através de gestos e do jeito de ser, que afirmam a existência de cada um. "Assim a criatividade pode exercer-se em uma conversação, em uma dança espontânea, no ato sexual, na celebração do desjejum, tanto como nas formas mais ativas e majestosas da arte universal." (Toro, 1982; p. 392)

Todo ser humano é criativo, mas a institucionalização e a sociedade inibem a criatividade. A mecanização se instala e o homem se veste de movimentos repetidos, estereotipados, padronizados em papéis sociais e com sua identidade fragmentada e a auto-estima (sentimento por si mesmo) torna-se uma construção de um fracasso existencial.

Resgatar os impulsos inatos da criatividade, é resgatar o sentimento por si mesmo, sua própria identidade. A criatividade é o resultado de uma profunda conexão consigo mesmo, de um profundo amor pela vida intrínseca em sua pele. "Se o homem é um animal poético, um poema inconcluso, cada indivíduo está desenvolvendo, através de sua existência, o poema de sua identidade." (Toro, 1982; p. 394)

A criatividade está além da obra. É uma fusão cósmica no homem. Esta visão é mais ampla que a de Maslow e de Rogers; e enfatiza a criatividade como a criação de si e da própria vida, caracterizada pelas expressões das emoções, transformação existencial, criação científica e artística.

Toro propõe em sua teoria, exercícios de criatividade que estimulem o potencial criativo; operacionalizando assim, o seu modelo teórico e facilitando a construção de uma auto-estima positiva e o reforço da identidade. Os aspectos psicológicos não são enfatizados, aborda que cada indivíduo tem uma identidade própria e uma vez desenvolvido o potencial criativo, este se expressa independentemente de qualquer fator, basta que os canais de repressão sejam desbloqueados pelas vivências integradoras, pela música e pelo contato entre as pessoas.

Competências que Todos Precisam Desenvolver

- **Autocontrole Emocional:** importante para que se mantenha um clima organizacional saudável. Devendo ser desenvolvidos a virtude da paciência, a compreensão e a racionalização de causas e efeitos.

- **Empatia:** é a capacidade de se colocar no lugar do outro, do interlocutor, de interação e relacionamento entre as pessoas. Pessoas empáticas possuem maiores condições de serem compreensivas, de saberem avaliar melhor os motivos dos outros, de serem aceitas e respeitadas. E isso as ajudará a se tornarem mais competentes.

- **Comunicação:** esse é o processo mais vivenciado pelas pessoas, sua falha constitui o maior problema dentro das organizações. Devendo-se desta forma ser desenvolvida e constantemente aperfeiçoada vá-rias competências de comunicação, tais como: saber fazer-se entender; saber persuadir e convencer; saber entender e decodificar mensagens; saber ouvir e dar *feedback*; saber orientar, ensinar e dialogar; saber fazer apresentações em público e redigir clara e objetivamente.

- **Flexibilidade Mental:** desenvolver a capacidade de flexibilizar idéias, conceitos, hábitos e posturas para poder se adaptar aos novos tempos. Eis algumas atitudes: capacidade de adaptar-se às mudanças, capacidade de aprender e desaprender; "jogo de cintura", diplomacia nas relações; e capacidade de negociar.

- **Ser Voltado para Resultados:** o desenvolvimento desta competência implica: desenvolver o sentido da vontade e de objetividade; aprender a definir ou identificar (lidar com) padrões de resultados; ter persistência para buscar e alcançar os objetivos traçados e desenvolver o espírito empreendedor.

Resultados da Pesquisa para Avaliação das Competências

Os resultados da pesquisa mostraram que os exercícios de *Biodanza* promovem um aumento da auto-estima e também da capacidade criativa das pessoas quando é considerado o desenvolvimento dos cinco potenciais (vitalidade, sexualidade, criatividade, afetividade e transcendência). Porém, vale salientar que se dando maior ênfase à criatividade não se garante uma mudança efetiva na auto-estima, existe um outro fator como a afetividade que interfere na expressão das competências.

Os estudos da literatura bem como os resultados da pesquisa confirmam que existe uma relação entre auto-estima e criatividade para desenvolver as competências mencionadas acima. Mas a que nível? Entende-se que se faz necessário um estudo empírico com maior profundidade para responder a essa questão.

A criatividade é facilmente expressa quando já existem condições internas favoráveis nas pessoas. As condições externas, por exemplo o ambiente organizacional, podem favorecer ou bloquear a expressão da criatividade e das competências.

As pessoas que não têm as competências desenvolvidas necessitam tanto de ambientes favoráveis à criatividade quanto de um tempo relativamente longo para estimular as características necessárias.

Em síntese, pode-se concluir que a *Biodanza* eleva a auto-estima e conseqüentemente reforça a identidade e estimula as competências pessoais. A transformação existencial ocorre de forma progressiva, segundo a história de vida das pessoas. E a expressão do potencial criativo aparece ante uma profunda conexão consigo mesmo, quando vivências negativas são transformadas em positivas.

Conclusão

Sabendo-se que a criatividade é um instrumento de inovação da humanidade, onde o cotidiano é um construir constante desde o preparo de um jantar até um vestir de uma roupa apesar dos momentos serem cíclicos e aparentemente repetidos, observa-se que os gestos são únicos, singulares, espontâneos, originais e flexíveis. Sendo assim, este trabalho visou desvendar ainda mais, o fascinante potencial criativo e ser uma contribuição científica para a *Biodanza* nas organizações, como uma tentativa de avaliar e desenvolver as competências essenciais ao progresso de cada pessoa.

Vera Lúcia da Conceição Neto – Diretora da Ímpar – Assessoria em Recursos Humanos e *Biodanza*. Especialista em Psicologia Organizacional e Clínica CRP: 02/4706. Pós-Graduada em Recursos Humanos pela UNICAP, especialista em Metodologia Científica e Processos Cognitivos pela UFPE. Facilitadora-didata de *Biodanza* pela International Biocentric Foundation – Londres. Facilitadora-didata em *Biodanza* Organizacional. Formação em Brasília-DF para Desafios e Medos existenciais aplicados a Líderes e Executivos. Aperfeiçoamento em Expansão de Consciência e Transe para trabalhar a espiritualidade nas empresas. Professora convidada do UNIVERÃO – UNICAP (vera.neto@uol.com.br).

Referências Bibliográficas

ALENCAR, E. M. L. S. A study of creativity training in elementary grades in Brazilian schools. Dissertação de Mestrado, Universidade de Brasília, Brasília, 1974.

ALENCAR, E. M. L. S., VIRGOLIM, A. M. R. *Criatividade – Expressão e Desenvolvimento*. Petrópolis, RJ: Editora Vozes, 1994.

_____ Habilidades de pensamento criativo entre alunos de escolas abertas, intermediárias e tradicionais. *Psicologia: teoria e pesquisa*, nº 3, pp. 601-610, 1993.

CAMPOS, D. M. S., WEBER, M. G. *Criatividade*. Rio de Janeiro, RJ: Sprint, 1987.

GLOVER, J. A. et al.: *Handbook of Creativity*. New York e Londres. Plenus Press, 1989.

JUNG, C. G. *O Homem e seus Símbolos*. Rio de Janeiro, RJ: Editora Nova Fronteira.

NOVAES, M. H. *Psicologia da Criatividade*. Rio de Janeiro, RJ: Editora Vozes, 1980.

NOVAES, M. H. Processos criativos no ensino-aprendizagem: uma contribuição da psicologia escolar. *Arquivo Brasileiro de Psicologia*. set./nov., pp. 46-65, 1989.

ROAZZI, A., SOUZA, B. C. *Criatividade e Desenvolvimento*. Recife, PE: publicação do Mestrado, 1994.

ROGERS, C. R. *Tornar-se Pessoa*, 4ª edição brasileira, São Paulo, SP: Livraria Martins Fontes, 1961.

ROSAS, A. C. S. Construção do teste de aptidão criativa – TAC – forma experimental. Dissertação de Mestrado, Fundação Getúlio Vargas, Rio de Janeiro, RJ: 1987.

TORO, R. A. *Teoria de Biodanza* – coletânea de textos. Vols. I e II. Associação Latino-Americana de *Biodanza*, 1991.

Programas *Trainees*
O que Não Vi e Gostaria de Ver

A Questão

É cada vez maior o número de empresas que desenvolvem programas de *Trainees*, no objetivo de "moldar" profissionais recrutados entre jovens de grande potencial, de acordo com os planos de carreira e cultura da organização.

Ao longo da minha vida profissional tive a oportunidade de participar de diversos programas desse tipo, em organizações industriais, comerciais, de serviços e de outros ramos.

Neste depoimento gostaria de colocar uma questão que me parece relevante e que tratarei mais à frente: em todos os projetos, dos quais participei, como coordenador ou não, percebi por parte dos gestores diferentes graus de investimento no processo de formação, não se dando a mesma atenção para o desenvolvimento do lado humano e cultural ao que se oferece à aprendizagem técnica.

O *Trainee*

O *Trainee* é, em geral, um recém-formado de terceiro grau, com domínio de uma língua estrangeira e habilidades em microinformática, facilidade de comunicação e inovação, além de alto potencial de desenvolvimento, que passará por um processo de aceleração de aprendizagem.

A empresa visa ao suprimento de oportunidades futuras. Em geral os programas duram de um a três anos. Têm preferência os candidatos mais propensos a aceitar e incentivar mudanças.

Buscam-se pessoas que reproduzam o modelo da empresa, sendo criativas até o limite esperado na cultura da organização.

O sucesso dos programas de *Trainees* é indiscutível. A AmBev, por exemplo, já formou mais de 500 profissionais, dos quais seis são diretores da empresa hoje, 60% são gerentes e 40% ocupam cargos seniores. O último processo seletivo atraiu 20.000 candidatos para menos de 100 vagas.

Devido à escassez de profissionais qualificados no mercado, as grandes empresas têm procurado pessoas que possam desenvolver e gerenciar os seus negócios, cabeças pensantes e não meros especialistas.

Assim é que o grande diferencial exigido dos candidatos se refere às suas características pessoais. Nos anúncios de recrutamento e divulgação se fala em garra, capacidade de análise e síntese, facilidade de trabalhar em grupo, liderança, rapidez de raciocínio e capacidade de planejamento. É necessário ainda se ter um excelente histórico escolar e, ao mesmo tempo, uma grande capacidade de relacionamento.

É importante destacar que a idade média dos candidatos é de 23 anos e o recém-formado geralmente não tem maturidade suficiente para ocupar cargos de chefia ou de alto nível na estrutura da empresa, devendo o programa suprir essa lacuna.

Processo

Habitualmente o *Trainee* passa por seis fases no processo de formação:
- Integração com as unidades de negócios da organização;
- Desenvolvimento de projeto de melhoria individual ou coletivo;
- Participação em treinamentos em sala e *on-the-job* para formação generalista do negócio;
- Aprofundamento em cursos específicos na área escolhida;
- Conhecimento ou estágio em áreas ou unidades de negócio;
- Estudo de livros e publicações técnicas.

Depoimento

Como gerente de Recursos Humanos participei de programas de *Trainees* em duas grandes empresas multinacionais e em três de capital nacional, familiares ou não.

Embora os programas tenham recebido este nome, no Brasil, há cerca de 15 anos, desde a década de 80 há projetos semelhantes. Iniciei minha carreira, por exemplo, como "estagiário administrativo" na Brahma, chegando a gerente de RH no final do programa.

Desde essa época percebo que há uma falha comum a todas as empresas: um enfoque fortíssimo na aprendizagem técnica e pouca ênfase no crescimento como ser humano. Há inúmeros treinamentos e estágios em áreas do conhecimento explícito. Todos os *Trainees*, por exemplo, sabem explicar o andamento dos resultados financeiros, das vendas, da logística e das compras, do marketing, do processo produtivo ou dos serviços, uma vez que são submetidos a intensa "aculturação" durante o processo. Porém, raramente sabem o que acontece à sua volta, em relação à comunidade ou à cultura.

Estudei o plano de desenvolvimento dos programas de *Trainees* de dez grandes empresas e notei que somente em duas há alguma referência a trabalhos voluntários, sociais ou culturais. Esse tipo de ação é fundamental no amadurecimento do conceito de cidadania entre os *Trainees*, facilitando-lhes o melhor entendimento da realidade que os cerca. Não é possível que um futuro gerente não saiba onde moram os trabalhadores da sua empresa e quais as necessidades da comunidade onde a mesma se insere. Também não se entende como um gerente não tem o hábito de ir a peças teatrais, filmes ou eventos culturais.

Numa das empresas onde atuamos foi definido que pelo menos 20% do tempo do projeto seriam dedicados a:

- Leitura de um livro de caráter não técnico por mês. Lembro que um dos adotados foi "Raízes do Brasil", de Darcy Ribeiro;
- Participação em programas sociais ou de gestão ambiental da comunidade;
- Presença em uma peça de teatro a cada mês, obviamente se houver, ou em concertos musicais de primeira linha;
- Participação em congressos e palestras afins à área de aprendizagem e ao terceiro setor.

Constatamos uma enorme evolução no processo de amadurecimento dos nossos *Trainees* no aspecto técnico e, principalmente, como seres humanos, com influência direta na forma de gestão empregada pelos mesmos quando posicionados em cargos gerenciais.

Conclusão

Se os gestores dos programas de *Trainees* não se conscientizarem da importância que há em se desenvolver a visão social dos seus treinandos, com certeza as empresas continuarão a fabricar gerentes sem visão crítica da sociedade, sem capacidade de entender os porquês dos seus liderados e sem visão de futuro, porque não há futuro promissor sem a convivência com as questões sociais. Além do que, para se entender o social é necessário se viver as expressões culturais da comunidade.

Wellington Maciel – Gerente de RH da Coca-Cola Nordeste, professor universitário e mestre em Planejamento e Gestão Organizacional (well@rce.neoline.com.br).

RH Positivo

Capítulo 5
Gestão

"A definição certa de um gerente é alguém responsável pela aplicação e pela execução do conhecimento."

Peter Drucker

Dilema, talento, lealdade põem toda a carga sobre os ombros dos líderes (gestores). Talvez os indivíduos tenham medo de estender sua lealdade à organização, mas ainda confiam nos líderes. "As melhores empresas para se trabalhar", segundo *Executive Excellence* (2004, nº 1), estão distribuídas por diferentes setores e possuem culturas muito diferentes, mas todas têm algo em comum: contam com líderes que conduzem seu pessoal com sua paixão e integridade. Demonstram livremente suas emoções. Dizem a verdade sobre a situação da empresa, sem deixar porém de apontar sempre um futuro positivo. É isso que faz nascer a esperança, fonte de motivação, diz Ed Gubman.

Estes líderes também são versáteis em seus estilos. Sabem ser duros ou delicados, conforme a situação. Alguns são orientadores mais rígidos, mas também sabem quando ouvir e ceder. Outros são realizadores mais pacientes, mas sabem quando intensificar a pressão por resultados. Conhecem a si mesmos, seu modo de agir, e sabem quando adotar uma abordagem mais flexível para atingir todos os seus liderados, continua o artigo.

Estudos feitos pela Hewitt Associates demonstram que estes líderes sedutores:

- Investem em seus locais de trabalho, para produzir resultados melhores. Alcançam resultados por meio de relacionamentos – o que traz um retorno melhor do que apenas administrar o resultado final.

- Insistem em que as pessoas aprendam com os erros, em vez de castigá-las – assim o medo fica longe do ambiente de trabalho.

- Mantêm uma visão coerente, em longo prazo, de sua cultura e ambiente profissional.

- Comunicam-se pessoalmente e com freqüência, mostrando-se acessíveis aos empregados.

- Falam direta, honesta e francamente.

- Oferecem orientação clara sobre o que precisa ser feito.

Na verdade, os melhores gestores, diz Deepack Chopra, precisam sentir com os olhos da mente e os olhos da alma. "A alma é o observador que cada um de nós tem dentro de si. (...) É ela que *interpreta* e faz *escolhas*." Muitos gestores têm dificuldades de perceber a consciência porque se limitam a ver o mundo usando os olhos da carne para ver a realidade objetiva.

O conceito de que "o líder é melhor quando as pessoas mal sabem que ele existe" reflete-se na nova gestão. "O melhor líder fala pouco e, quando conclui seu trabalho, as pessoas dizem: Nós o fizemos." Esta é a dinâmica da nova gestão, onde o fenômeno do "fazer com" acontece. O sentimento do conjunto enriquece processos e resultados. Não é o líder que realiza a tarefa, todos compartilham a missão e a direção. Inclui a maestria do ensinar, treinar, pactuar, motivar, instigar, coordenar, negociar, obter resultados. Como na liderança democrática, conduz o grupo ao atingimento de objetivos predefinidos em consenso, o que leva à formação de equipes. Porque uma organização rica em massa cinzenta, como diz De Geus, não pode ser dirigida com o velho estilo orientada para a disponibilidade de ativos.

Na nova gestão a verdadeira função do líder é visualizar o futuro, gerar energia e entusiasmo pelo que virá. Cativar o coração (emoção), a mente (conhecimento) dos colaboradores. Esta gestão é bastante visível e serve de exemplo. Ela nunca se concretiza numa só pessoa, o líder. Porém nas equipes, grupos, coletividade. Embora estes gestores existam, não são fáceis de encontrar. Desenvolvem-se através de um conhecimento profundo da democracia, do autoconhecimento, da simplicidade, empatia, valores corretos, trabalho e muito amor à causa. Seu desenvolvimento é mais rápido quando o gestor se coloca na qualidade de aprendiz. Aprendiz da vida, aprendiz de relações, na longa caminhada para o "tornar-se pessoa" e gestor. "As pessoas, nestas empresas são eternas portadoras do conhecimento e, em conseqüência, a fonte de todas a suas vantagens competitivas, expressa De Geus.

Empresas morrem, diz De Geus, porque seus gerentes se concentram na atividade econômica de produzir bens e serviços, e se esquecem de que a verdadeira natureza de suas organizações é aquela de uma comunidade de seres humanos. Entretanto, "o desafio para os chefes do futuro é o de controlar uma empresa que não se encaixe em nenhum padrão que estamos acostumados a ver" – diz Charles Handy.

Os líderes emocionalmente competentes, diz Goleman, constituem ímãs que atraem naturalmente as pessoas para a sua órbita. A condição emocional e as atitudes do líder afetam de fato o estado de espírito de seus liderados, e portanto seu desempenho. "As emoções, diz-nos agora a ciência, são parte da racionalidade, não opostas a ela. O que, em última instância, o ato de responsabilidade mais significativo do líder é controlar seu próprio estado de espírito." A função básica dos líderes, continua, consiste em imprimir em seus liderados um sentimento positivo. Isso acontece quando o líder cria ressonância – um reservatório de positividade que liberta o melhor que há em cada um. Em sua essência, pois, a missão básica da liderança é de cunho emocional.

Quando os gestores adotam esse comportamento, funcionam como ímãs emocionais, atraindo as pessoas para a sua órbita, construindo um clima propício para a harmonia, a criatividade e a produção. O clima em si determina os resultados. Goleman evidencia, "que no geral, o clima – como as pessoas se sentem trabalhando em certa empresa – pode responder por 20% a 30% dos resultados".

Einstein, em uma de suas expressões mais inteligentes, dizia: "temos que tomar cuidado de não fazer do intelecto nosso deus. Ele tem, sem dúvida, músculos fortes, mas nenhuma personalidade. Não é capaz de liderar. Só de servir".

CAPÍTULO 5 – GESTÃO

Este capítulo é composto pelos seguintes temas:

- O RH e a escolha adequada do plano de saúde
  Alberto Cherpak
- Líderes perversos e assédio moral nas empresas
  Ana Olímpia Gurgel
- Trabalho, empresa e RH: uma soma positiva é possível e necessária
  Bruno Ribeiro
- A gestão de RH como um negócio. Para além do discurso da "Valorização do ser humano"
  Carmem Cardoso e Francisco Cunha
- Gestão estratégica. A órbita do número 1
  Edilson Ronaldo
- Qualidade nos serviços
  Fernando Trigueiro
- Repensando os papéis de recursos humanos no SENAI-PE
  Glória Maria Perez
- Os novos paradigmas organizacionais: reflexões sobre a formação para a gestão de pessoas
  Hermes Dorta Pessoa Filho
- Estratégia empresarial para um novo mundo do trabalho
  João Fernando de Melo
- Gestão de talentos
  Larissa Araújo
- Empreendedorismo corporativo: por que e como desenvolvê-lo
  Lilia Barbosa Cozer
- Mudança, inovação e criatividade nas empresas
  Luiza de Marillac
- Gestão por competências – uma visão conceitual e prática
  Romeu Huczok
- As múltiplas faces da liderança na empresa
  Sérgio Alves e Paulo Gomes

O RH e a Escolha Adequada do Plano de Saúde

A assistência médica complementar vem se tornando um benefício quase natural de muitas empresas preocupadas com o bem-estar e a produtividade de seus funcionários. Parece haver consenso em torno da idéia de que garantir assistência médica ao funcionário e seus dependentes é, mais do que um gasto, um investimento com retorno garantido. Além de assegurar muito mais tranqüilidade e segurança aos funcionários, a assistência médica privada é a garantia de que ele será bem assistido no caso de qualquer necessidade. Mais que isso. Como muitos planos, hoje, investem na Medicina Preventiva, ter um plano de saúde está se tornando, na prática, a maneira mais simples e econômica de manter os funcionários saudáveis e produtivos.

Uma pesquisa publicada pela Deloitte Touche Tohmatsu em dezembro de 2003 mostra que as empresas que cuidam bem de sua força de trabalho, adotando benefícios e estimulando uma boa qualidade de vida, apresentam ganhos sensíveis em produtividade. O levantamento foi feito junto a 201 empresas dos mais variados segmentos econômicos de todas as regiões do Brasil, com um faturamento global de US$ 61 bilhões (11% do PIB brasileiro), e geradoras de 500 mil empregos. Uma das principais conclusões do estudo de 500 páginas é que vale a pena as empresas cuidarem de sua força de trabalho. Do lado empresarial, há um ganho de produtividade da ordem de 30%.

Não por acaso a pesquisa revela que 99% das empresas concedem algum tipo de plano de assistência médica aos funcionários e seus familiares. É o benefício que aparece em primeiro lugar, em todas as empresas, independente de seu tamanho, área de atuação ou faturamento.

Dentro dessa realidade, o RH tem um papel fundamental nas empresas. Cabe a ele coordenar essas políticas de benefícios que vão garantir o bem-estar do funcionário e atuar de forma determinante na sua satisfação e, conseqüentemente, na sua produtividade. Como especialista em gente, ele deve também ser capaz de distinguir, entre as dezenas de opções de assistência médica existentes hoje no mercado, quais os produtos que podem, de fato, atuar como um parceiro estratégico da empresa na busca pela satisfação do seu colaborador.

Para que isso ocorra, é importante que o RH aprofunde seu conhecimento sobre os mecanismos de funcionamento dos planos de saúde. O primeiro ponto a ser compreendido é que a escolha de um plano é uma decisão que vai muito além de uma simples análise de custos. É preciso colocar na balança e avaliar cuidadosamente todos os serviços e diferenciais oferecidos pelos planos, como as ações na área de prevenção e promoção da saúde ou, ainda, os serviços na área de Medicina Ocupacional. O profissional deve avaliar se a empresa escolhida mantém programas nestas áreas, com práticas consistentes e resultados eficazes.

É importante também estar a par de um debate bastante atual: os custos do sistema. Todos sabemos que o custo do sistema de saúde aumenta a patamares bem superiores ao da inflação, devido a fatores como a incorporação de novas tecnologias e o aumento da expectativa de vida da população. Para manter esse sistema em funcionamento é necessário que todas as partes envolvidas – usuários, empresários, governo, médicos – comprometam-se com alguns princípios essenciais, como a utilização racional dos serviços, o combate ao desperdício e a ênfase na prevenção.

Isso exige dos profissionais de Recursos Humanos um esforço no sentido de buscar de forma permanente o equilíbrio no relacionamento com a operadora de plano de saúde. É importante compreender que operadoras e usuários não têm interesses conflitantes. Pelo contrário, estão todos no mesmo barco, em torno de um mesmo objetivo: a prestação de serviços de qualidade, com preços justos, visando a manter os usuários saudáveis e satisfeitos.

Por isso, é importante que o RH tenha uma postura solucionadora, buscando sempre a mediação e o equilíbrio. Nossa experiência mostra que as empresas que adotam essa postura têm um relacionamento muito mais tranqüilo e construtivo com a operadora, com melhores resultados para todos.

Hoje, os planos de saúde são responsáveis pela assistência integral a um universo estimado em 35 milhões de brasileiros – mais de 25% da população. Do total de usuários atendidos pelas empresas de assistência médica privada, 75% são de usuários de planos patrocinados por empresários para trabalhadores e seus dependentes.

Uma evidência que ganha cada vez mais força, principalmente entre as empresas que costumam inovar e antecipar as tendências do setor, é que não há mais sentido em tratar apenas a doença. Um bom plano de saúde deve ser radicalmente comprometido com a promoção da saúde e a qualidade de vida de seus usuários.

Hoje, as empresas de saúde devem ter como maior compromisso a promoção de ações que tornem a população mais saudável, com menos doenças e melhor qualidade de vida. A prevenção e a adoção de hábitos saudáveis é a melhor maneira de evitar doenças, como comprovam os dados estatísticos fornecidos pela Stanford University que mostram os principais fatores que levam o indivíduo a ultrapassar a barreira dos 65 anos de idade. Em primeiro lugar, com 53%, está o estilo de vida. Só depois aparecem outros quesitos, como meio ambiente (20%), hereditariedade (17%) e assistência médica (10%). Ou seja: o indivíduo tem muito mais chances de manter-se saudável se tiver informações e adotar cuidados básicos com a sua saúde.

As empresas de assistência médica, juntamente com outros setores da sociedade, podem investir em diversos tipos de ações. A prática vem mostrando que algumas alcançam excelentes resultados na promoção da saúde e melhoria da qualidade de vida dos pacientes.

Como por exemplo:

- Atividades educativas, como palestras nas empresas, com orientações sobre prevenção a males como hipertensão, diabetes, obesidade, entre outros.
- Cursos para gestantes, com dicas e informações sobre como ter uma gestação saudável, além de orientações sobre cuidados com o recém-nascido.
- Formação de Grupos de Apoio compostos por pacientes portadores da mesma patologia, com reuniões periódicas junto a uma equipe multidisciplinar, para orientação em grupo e individual.
- Diagnóstico da Saúde Coletiva da empresa com mapeamento do perfil epidemiológico dos funcionários visando à implantação de ações preventivas, de acordo com as suas necessidades.
- Efetivação de ações nas empresas para atender a demanda e cumprir o cronograma de ações estabelecido a partir do Diagnóstico da Saúde Coletiva.

- Acompanhamento individual dos pacientes crônicos por equipe multidisciplinar da área de saúde, cumprindo programa de atendimento de casos de alta complexidade.

Manter os funcionários saudáveis, investindo na sua qualidade de vida, é a melhor maneira de ter uma equipe satisfeita, motivada e muito mais produtiva. A adoção de algumas medidas básicas de prevenção pode reduzir, efetivamente, o número de faltas e licenças médicas, diminuindo os gastos da empresa e aumentando o rendimento da equipe. Além desses ganhos, empresas que adotam programas de prevenção demonstram preocupação com a qualidade de vida de seus funcionários, o que pode funcionar como um importante diferencial competitivo da organização no mercado.

Alberto Cherpak – Médico formado pela UFPE, estagiou na área de Cardiologia no Brompton Hospital – Londres. Fez especialização em Administração Hospitalar. Vice-Chairperson do Comitê de Saúde da Câmara Americana de Comércio – Pernambuco. (alberto@norclinicas.com.br)

Líderes Perversos e Assédio Moral nas Empresas

*"Eu não tenho idéia alguma sobre como ensinar alguém
a ser líder, mas eu sei que você jamais será um deles,
se não houver alguém disposto a segui-lo."*

W. Bennis
"On becoming a leader"

Desde a década de 90 as empresas sentem a necessidade de diminuir seus níveis hierárquicos, reduzindo o número de lideranças e aproximando a alta administração da base operacional, como forma de ganhar velocidade nas decisões e de obter melhores resultados na comunicação interna/externa institucional. Vimos, então, um achatamento da pirâmide organizacional provocado pela concorrência internacional, fenômeno decorrente do processo de Globalização forte e eficazmente conduzido pelos norte-americanos, pelo G-7 e pelos organismos multilaterais. A partir daí, iniciou-se a busca por melhores resultados empresariais e pela excelência no desenvolvimento dos processos, priorizando-se ações alinhadas com o mercado e cliente.

É importante lembrar alguns dados relativos às mudanças ocorridas, além da Globalização, e que de alguma forma impactaram a vida das organizações. Lembrar que em 1860 havia um bilhão de pessoas na Terra e que 75 anos depois passamos a ser dois bilhões. Hoje a estimativa é de seis bilhões e a previsão é de termos dez bilhões em 2040. Cerca de 80% do avanço tecnológico do mundo ocorreram a partir de 1900. Foi produzida mais informação em 30 anos – entre 1965 e 1995 – do que durante o período de 5.000 anos (de 3000 a.C. a 1965 d.C.). As informações disponíveis no mundo dobram a cada cinco anos. Mais de 85% das 100 empresas listadas na *Fortune* reduziram suas forças de trabalho nas áreas de *back-office* nos últimos 5 a 6 anos. Os resultados das empresas impulsionaram a maioria dos processos de reestruturação. Entre as empresas norte-americanas e inglesas, 75% dizem ter programas de Qualidade Total. Algo em torno de um terço destas empresas indicou ter alcançado os objetivos planejados com a implantação da Gestão pela Qualidade Total e a isto atribui a falta de liderança, sustentada na forma de "constância de objetivos" (ponto número 1 dos 14 pontos de Gestão, de Deming), para transformar suas organizações. Os investimentos com automação provaram ser os menos eficazes no aumento da produtividade. E haja mudanças. E com que velocidade!!!!!

As empresas foram desafiadas a atingir objetivos estratégicos e dinâmicos, a lidar com uma força de trabalho mais exigente, que espera receber novos conhecimentos, almeja novos valores corporativos e novos comportamentos, além de novas e eficientes competências.

O foco no relacionamento com o mercado passou a ser a condição prioritária para garantir a competitividade, o sucesso e a sobrevivência do negócio. A capacidade de se adaptar às mudanças globais e a flexibilidade para reagir com velocidade às exigências do mercado e a uma nova ordem da sociedade foram consideradas competências essenciais para o crescimento e sucesso da empresa.

Valores como co-responsabilidade, transparência, confiança, trabalho em equipe, autodesenvolvimento e desenvolvimento pessoal ganharam força dentro das empresas.

Neste cenário, as competências da liderança transformaram-se. Mudaram de formato, conteúdo e natureza. Estas competências incluem habilidades e conhecimentos alinhados com a nova ordem corporativa.

As competências de construção de relacionamentos duradouros, de empatizar (colocar-se no lugar do outro e sentir como ele diante dos fatos), de inspirar o outro para alcançar metas e resultados planejados com entusiasmo e determinação substituíram a dominação, a imposição e a centralização presente nas atitudes dos líderes em um passado próximo.

Vale lembrar a abordagem sobre liderança, trabalho e produtividade que encontramos genialmente representada no filme *Tempos Modernos*, do também genial Charles Chaplin. Abordagem mecanicista, "robotizante", dominadora e centralizadora tão presente nas organizações daqueles tempos e tão repudiada nas atuais.

As empresas passaram a desejar ardentemente líderes inspiradores, provedores de conhecimento, educadores, "desenvolvedores" de gente e de potencialidades. A procura passou a ser por exemplos a serem seguidos, formadores de times, transparentes nos seus propósitos, carismáticos, visionários. Flexíveis frente às mudanças tão constantes nestes tempos. Capazes de redirecionar suas metas, suas ações e seu time para atender aos novos objetivos estratégicos formulados pela organização.

Líderes capazes de integrar pessoas, facilitar processos e, principalmente, estabelecer condições e valores que garantam clima de satisfação no ambiente corporativo.

Líderes que possam entender e tratar erros como oportunidades de aprendizagem, de crescimento profissional e pessoal em lugar de se projetar como força e poder, atender suas ambições pessoais diminuindo a auto-estima e a perspectiva de futuro de seus liderados.

Líderes que aprendem a aprender num exercício de humildade. Líderes que disseminam o conhecimento sem se sentirem ameaçados e, sim, estimulados para contribuir com o crescimento do "Saber" na empresa. Líderes sintonizados com o mundo, com o que acontece nele, com as pessoas, com os impactos do novo nos resultados das corporações, no ambiente dessas corporações e nas pessoas.

Líderes com visão global e antenados com o futuro. Capazes de antecipar-se a ele e agir proativamente, sem medo de correr riscos, de errar. Líderes autoconfiantes.

Líderes que usam o poder para delegar poder e produzir resultados fantásticos em lugar de controlar processos e o tempo dos seus colaboradores. Que encorajam a tomada de risco e o pensamento independente.

Líderes com quadro mental empreendedor. Que têm visão clara de onde querem chegar, que usam a razão a serviço da intuição. Líderes que potencializam a força humana. Líderes de seguidores e não "chefes" de subordinados. Líderes que são modelos de conduta ética na relação com seu líder, seus pares, seus seguidores, fornecedores e clientes internos e externos. Que privilegiam a disseminação e prática dos valores presentes na cultura da empresa.

Essas exigências tornam-se ainda mais urgentes quando observamos as tendências de mudanças no mundo dos negócios a partir do estudo recente realizado pela ASTD, "Mapeando o futuro: Moldando um novo aprendizado no local de trabalho e desempenho de competências". Em resumo, eis as oito tendências atuais e emergentes responsáveis pelas mudanças no ambiente do trabalho.

Condições econômicas incertas estão fazendo as organizações repensarem em como crescer e tornarem-se lucrativas. Ênfase na inovação e na criatividade.

Mudanças nas estruturas organizacionais estão alterando a natureza do trabalho para empregados e especialistas do aprendizado. Estruturas mais enxutas, flexíveis, em rede, plana, diversa e virtual – uma incerteza entre trabalho e casa, onde e quando o trabalho acontece.

Mais produtos estão sendo consumidos fora de seus países de origem. Cada vez mais as organizações estão terceirizando suas produções com estrangeiros como forma de permanecerem competitivas e se favorecerem dos diversificados sistemas de impostos. A competição global está abrindo caminho para a cooperação global. Ao mesmo tempo, cresce significativamente a velocidade do processo de informação.

A preocupação com a segurança em decorrência dos ataques terroristas está alterando as expectativas de vida, bem como a função das organizações e governos. Resulta em formas alternativas de comunicação – teleconferência, videoconferência, seminários – para se evitar viagens e deslocamentos de altos executivos de grandes corporações. O medo é um sentimento preponderante para muitos. Espera-se um ambiente de trabalho mais seguro e melhor qualidade de vida.

Os avanços tecnológicos trazem decisivas contribuições para os resultados organizacionais. A tecnologia tornou-se uma ferramenta útil e tem apoiado muitas organizações a obter resultados fantásticos de eficiência no mercado. O uso da Internet, do e-mail, da tecnologia sem fio tem permitido comunicações ágeis e compartilhadas. Estes avanços estão influenciando sobremaneira a forma como, quando e onde o trabalho é feito e onde ocorre o aprendizado.

A valorização da ética entrou em cena de forma incisiva. Casos como os da Enron, Worldcom, Bolsa de Valores de Nova Iorque, dentre outros, têm sugerido a discussão sobre a responsabilidade da empresa com a comunidade e seus colaboradores. Recentemente, 75% de 1.600 líderes que participaram de um estudo sobre *Leardership Forecast*, feito pela DDI, disseram que estão mais atentos às éticas de seus gestores.

Considerando as novas exigências das empresas sobre a prática da liderança, podemos dizer que a Liderança educadora é realidade na maioria das empresas que conhecemos? Qual, de fato, o modelo de Liderança encontrado em grande parte de nossas organizações???

Não é tão difícil arriscar uma resposta se considerarmos, por exemplo, que no Brasil ainda encontramos muitas empresas de gestão familiar, gestão pouco profissionalizada, com ambientes áridos para a prática de liderança educadora. Onde não há líderes e sim, chefes. Nelas, o colaborador ainda é visto como "recurso" e descartável porque quase sempre não é especializado. As políticas de gestão de Recursos Humanos quase sempre se resumem a política de administração de pessoal, sendo atividade prioritária o pagamento de salários (Gestão da folha de pagamento).

Na minha experiência como gestora de RH e psicóloga do trabalho e clínica, reconheci em muitas empresas nacionais e multinacionais diversas lideranças dotadas das melhores qualidades e competências. Mas também encontrei líderes centrados nas suas ambições pessoais, narcisistas, determinados a realizarem os seus planos de carreira em detrimento dos valores éticos e do respeito pelo outro.

Líderes centralizadores, donos da verdade, que não ouvem e que são focados essencialmente nas metas e resultados lhes estabelecidos como desafios. Enfrentam séria dificuldade para delegar poderes ao seu time porque acreditam que somente eles, e ninguém mais, farão bem feito o serviço objetivado. Não confiam no outro. São, na essência, inseguros e se defendem, quase sempre, apresentando comportamento oposto, do tipo "POSSO TUDO".

Demitem sem o cuidado de serem transparentes quanto aos motivos da demissão ou sem a preocupação de acompanhar o desempenho do colaborador, fornecer *feedback* como forma de oportunizar melhorias no desempenho e, principalmente, não surpreender o outro com o desligamento.

Esse tipo de líder é especialista em se apropriar de idéias de outros e receber *imerecidamente* todos os méritos. Autoritário, não permite a discussão de idéias, principalmente porque acredita que as dele são as melhores. Ele acredita que é pago para pensar estrategicamente e ter grandes idéias enquanto o time é pago para obedecer e executar. Tende a ser invasivo. Toma conta facilmente da vida de seus colaboradores exigindo, mesmo que de forma manipuladora e/ou sedutora, obediência quase que absoluta e disponibilidade total de tempo para o trabalho.

Líderes que determinam na empresa um restaurante para uso próprio e outro para o "resto". Na verdade, o que parece é que não querem se misturar com a base operacional. Sentem-se, possivelmente, "seres superiores".

Não cumprimentam as pessoas quando as encontram no elevador, nos corredores ou mesmo em ambientes diferentes da empresa. Adotam uma postura "formal" e por demais distante e desqualificadora. São atitudes perversas!

Perverso, em nossa língua, significa malvado, de índole má. Perverter significa corromper, depravar, desmoralizar.

É importante entender que práticas dessa natureza e com essas características são patrocinadas pelas próprias empresas ou com o conhecimento e permissão do dono ou principal gestor.

Gestão perversa, segundo a dra. Marie-France Hirigoyen, notável pesquisadora francesa, psiquiatra e psicanalista, "se caracteriza pela falta de comunicação, em que não são ditas as coisas de forma clara" e ainda, que "na gestão perversa os trabalhadores são tratados como meros objetos enquanto são necessários ou enquanto são muito produtivos. Esses trabalhadores são utilizados ou mesmo sugados, extraindo tudo o que for possível deles, até esgotá-los. Quando não produzem o suficiente, a empresa procura encontrar um meio para livrar-se deles".

Ocorre o seguinte, por exemplo, neste tipo de gestão: os líderes não conseguem por alguma razão (??) informar claramente aos seus colaboradores que haverá reestruturação na empresa, que colaboradores serão demitidos, por exemplo. Preferem dizer que vão mexer em algumas áreas, porém não há a intenção de demitir ninguém. E então usam de duas alternativas: pressionam os colaboradores de tal forma que como conseqüência eles pedem demissão ou adoecem.

Gestão perversa supõe-se prática de liderança perversa. Diz ainda a dra. Marie-France: *"O que pude constatar é que o mundo do trabalho está se tornando cada vez mais penoso, que se exige cada vez mais das pessoas, que se trabalha cada vez mais e em condições que são psicologicamente cada vez mais duras. Talvez fisicamente o trabalho, hoje, seja mais leve, mas psicologicamente o trabalho é cada vez mais áspero e pesado".*

É neste ambiente, de gestão perversa, que se favorece o assédio moral. Segundo a dra. Marie-France *"o assédio moral trata-se de procedimentos que*

Capítulo 5 – Gestão

destroem a identidade e a auto-estima da pessoa. Este aspecto torna difícil a autodefesa, porque começa por destruir seus meios de defesa, atingindo a sua dignidade. A pessoa é isolada, perde a confiança em si própria, e não consegue mais se defender. Então, fica mais fácil destruí-la".

O assédio, na maioria das vezes, vem do líder imediato da vítima. Porém, pode vir dos pares, e pode ainda vir de ambos, estimulado pelas atitudes do líder. "Se uma empresa é vigilante, severa com relação a essas práticas, o assédio moral não prospera, mesmo quando há um indivíduo particularmente perverso na empresa." (Marie-France)

> *Vemos, então, uma grande contradição. De um lado, o que as empresas têm como crença relativa à prática de liderança para contrapor às mudanças globais e às expectativas de lucro e perenidade no mercado. De outro lado, o comportamento das lideranças nessas mesmas empresas.*

É importante salientar que as pessoas mais atingidas por estas práticas perversas são quase sempre as mais produtivas, motivadas, comprometidas com o trabalho, consideradas diferenciadas e eficientes demais. É possível que a rivalidade e o ciúme estejam por trás da questão e sejam estimulados pela própria empresa, na tentativa de isolar as pessoas e ter maior controle sobre elas. Isoladas, elas não conseguem se defender. Como conseqüência da prática perversa das lideranças, ocorre nas pessoas o comprometimento da saúde. São comuns casos de depressões, fobias, suicídios, distúrbios cardíacos, endócrinos e digestivos. Muitas vezes irreversíveis. Quanto maior o tempo de submissão às práticas, maior o dano à saúde.

Há conseqüências importantes para a empresa, pois pessoas desmotivadas pelas humilhações e desqualificações submetidas não sentem vontade de trabalhar, produzem menos, não investem o melhor de si próprias em fazer suas tarefas e, portanto, o trabalho é muito menos produtivo. É, de fato, péssimo negócio para a empresa, pois há perda de produtividade.

"O assédio moral custa caro para as empresas porque perdem produtividade e há aumento nos índices de absenteísmo; para as vítimas, porque precisam de tratamento médico e às vezes perdem seu emprego; e, para a sociedade, porque as pessoas ficam impedidas de trabalhar." (Marie-France)

> *Como Recursos Humanos pode contribuir para mudar a prática da liderança na empresa e promover clima organizacional que favoreça a qualidade de vida e produtividade????*

Recursos Humanos me parece que, por vezes, vivencia sério conflito. Por um lado, precisa atender às demandas da alta administração relativas à contratação e ao treinamento de lideranças quase sempre com perfil diferente daquele do líder educador, conceito tão bem explorado por Oscar Motomura, da AMANA-KEY. De outro lado, sente a necessidade e o compromisso de questionar, criticar, "brigar" pela mudança dos valores culturais presentes na empresa que podem estar favorecendo a prática da liderança perversa.

Se houver patrocinador para essas mudanças, e este for o dono ou principal gestor da empresa, e se houver, ainda, um Recursos Humanos forte, determinado a correr riscos, as mudanças poderão acontecer.

Propor política de punição para o agressor não basta, "é necessário mudar as políticas de gestão da empresa e não deixar se instaurar procedimentos de humilhação e de desqualificação das pessoas. Mais uma vez é algo que não tem sentido maltratar as pessoas para que elas trabalhem mais, que produzam mais ou que sejam mais conformes". (Marie-France)

Recursos Humanos poderá contribuir promovendo o desenvolvimento da auto-estima e de atitudes de autodefesa nos empregados. Como? Orientando-os a identificar quando estão sendo submetidos, manipulados, seduzidos, assediados moralmente, principalmente pela sua liderança direta. Obtendo a confiança desses empregados para que eles denunciem fatos. Suportá-los para que desenvolvam a capacidade de lidar melhor com as situações e evitar adoecer e se desmotivar para o trabalho até que solução mais efetiva possa ser adotada.

Líderes perversos, gestão perversa e assédio moral existem em toda parte, em muitas empresas e nós – gestores de Recursos Humanos principalmente – devemos rejeitar expressões do tipo "isto é uma bobagem", "não são muitos", "essas pessoas não são importantes" ou "isso não acontece na nossa empresa". Devemos, sim, confrontar com a questão, buscar ajuda de outros profissionais dentro e fora da empresa, para que idéias de mudanças dessas práticas possam ser pensadas, discutidas e implementadas no ambiente corporativo, tanto do ponto de vista corretivo como preventivo.

Ana Olímpia Canto Gurgel – Psicóloga do trabalho, especialista em Gestão de Recursos Humanos. Terapeuta organizacional e clínica com formação em Análise Bioenergética.
(aolimpia@jc.com.br)

Referências Bibliográficas

HIRIGOYEN, Marie-France. *Assédio Moral no Trabalho: Chega de Humilhação!* Artigo independente.

LARKIN, Carolyn. *Lidando com Mudanças Drásticas; A Necessidade de Liderança Estratégica*. Minneapolis, Minnesota, USA. (Ph.D. Human Perspectives International)

ORCIOLI. Cláudio. *Competência da Liderança: Ontem, Hoje, Amanhã*. Artigo apresentado no 30º Congresso Mundial de T&D.

Revista T&D, fevereiro de 2004, Edição 132.

Trabalho, Empresa e RH:
Uma Soma Positiva é Possível e Necessária

Há muitas formas e lugares de onde se pode olhar a empresa e o trabalho que se desenvolve dentro dela. Olhar do ponto de vista da Gestão de Recursos Humanos é um ângulo interessante, pois lhe cabe a difícil tarefa de buscar uma interação produtiva e civilizatória entre ambos, trabalhador e empresa, que são os personagens concretos e centrais da saga conflituosa e construtiva do capital e do trabalho na história recente.

O ângulo de visão do trabalhador também. É o ponto de vista que escolhi por advogar para trabalhadores, de forma coletiva, ora com mandatos procuratórios diretos, ora conferidos através de suas entidades representativas, os sindicatos e os movimentos sociais. Uma opção acima de tudo do cidadão, que antecedeu e definiu a do profissional.

Contas de Subtração e Divisão em Pernambuco

Há diversas coisas em comum entre o trabalhador da construção civil que está engajado na edificação de prédios na nossa capital e na pavimentação das estradas, com aquele trabalhador rural que está envolvido no plantio, colheita e industrialização da cana-de-açúcar na Zona da Mata ou das frutas no sertão do São Francisco. A existência dessa identidade é uma amostragem significativa, tendo em vista que são os segmentos formais que mais empregam mão-de-obra no Estado de Pernambuco.

Todos esses milhares de trabalhadores recebem em torno de um salário mínimo, que os cálculos especializados mostram constituir renda insuficiente para garantir o custeio sequer das necessidades mais básicas de uma família. Todos vivem relações de trabalho tensas e inseguras, com acentuada e crítica rotatividade de mão-de-obra.

Não se percebe dentre esses trabalhadores quem acredite, verdadeiramente, que possa crescer dentro das empresas onde trabalham, ser valorizado, ascender, conquistar uma justa troca entre produtividade e ganhos. Ser cidadão, enfim. Não se vê canavieiros, ou trabalhadores rurais da hortifruticultura, ou operários da construção civil em Pernambuco que desejem que os seus filhos ou filhas sigam o mesmo ofício. Não se pode identificar a indispensável autoestima profissional, portanto.

Em todas as empresas desses setores, são grandes e contínuos os contingentes de trabalhadores temporários, vindos de lugares distantes e mantendo com a empresa um laço fugaz de uma safra ou de uma etapa de um prédio, tempo curto demais para qualificar um trabalhador e para uma gestão de recursos humanos minimamente sólida.

É óbvio que, no mundo do trabalho nesses setores pernambucanos, lá na ponta, não são visíveis ações consistentes na área de recursos humanos. Os bons profissionais do estado devem perceber isso com mais clareza do que nós. Imagino até que devam perceber com uma certa angústia, porque verificam que ainda não há espaço, agenda e interlocução para que discutam e reflitam que uma empresa pode e necessita fazer muito mais pela qualidade de seu ambiente de trabalho, em conseqüência pela sua própria eficiência e lucratividade e pelo seu relevante papel social.

Todo ano, em três datas-base e em períodos distintos, se renovam as negociações coletivas nesses setores econômicos. Nesses momentos, sempre insistimos que seria importante para as empresas que os trabalhadores pudessem sentir a perspectiva de crescimento pessoal dentro delas; acreditar que poderiam obter "conquistas" em suas discussões. Mas não são muitos os empresários dispostos a assimilar que esses sentimentos são vitais à eficiência e à produtividade de suas empresas. Além, logicamente, de que assim elas poderiam realizar o seu papel de promotoras de direitos e de qualidade nas relações internas. Ao invés de conceder "conquistas", muitas vezes as negociações viram verdadeiras "quedas-de-braço", seja em torno de insignificantes dízimos percentuais nos índices oficiais de reposição inflacionária, para fins de reajustes salariais, seja da melhoria das condições de trabalho.

Em regra, pouco se avança diante do regime negociado no ano anterior. Alguns empresários funcionam como se a concessão de uma "conquista" salarial, ou nas condições de trabalho, fosse uma derrota, quando seria mais racional entender essa "conquista" como sendo uma vitória da empresa no nível de satisfação de seu trabalhador e na pedagogia do seu sentimento de ascensão e de melhoria, tão essenciais ao crescimento e à vida cotidiana da empresa. Todo ano se assinam convenções coletivas, o que é importante, mas sempre com vários pés no passado, com diversas cláusulas que ainda não são de todo cumpridas, disciplinando coisas como "água potável no local de trabalho", "proibição de armas no local de trabalho", "proibição de discriminação à mulher", ingredientes e exatas quantidades a serem colocados num pão do café, dentre outras pérolas.

É por demais provocante encontrar tantas coisas comuns em setores tão diferenciados entre si, como a construção civil urbana, segmento que cresce e se moderniza nas técnicas construtivas. Como a fruticultura sertaneja, que se expande visivelmente no comércio exterior e nas tecnologias de produção, numa bem-sucedida parceria com investimentos públicos em irrigação e infra-estrutura. Como o sucro-alcooleiro, que é bastante heterogêneo nos níveis de eficiência entre as suas várias empresas, mas bem homogêneo em não ter ainda conseguido resolver a crise socioeconômica inerente ao secular modelo agroindustrial exclusivista, extensivo e monocultor.

As Variáveis da Equação e suas Origens no Espaço e no Tempo

Essa identidade desafia algumas perguntas: que práticas, que empregos e que relações precisam ser construídas no mundo da empresa e do trabalho em Pernambuco? Qual o papel do setor de recursos humanos nessa construção? Que opções devem ser feitas para que empresa, trabalho e recursos humanos possam resultar em conta uma soma positiva?

Para responder a essas e a outras indagações é indispensável compreender melhor o que se vive e os fatores que determinaram a configuração do mundo da empresa, do trabalho e dos recursos humanos em nosso Estado. Ou seja, compreender o código genético das empresas pernambucanas que tanto aproxima setores tão diferentes.

Para isso, o bom senso nos leva a percorrer grandes distâncias no mundo e no Tempo, para compreender o "global", mas sem perder de vista a notável constatação de Charles Chaplin, o genial criador do universal Carlitos, quando repetia sempre que "a vida é um assunto local". É verdade, apesar de se alimentar em lugares e em tempos tão longínquos, ela (a vida) ocorre lá nas nossas casas, nas nossas famílias, nas cidades em que moramos, entre os amigos, em nossos empregos, nas empresas.

Todavia, não há como esquecer que boa parte da configuração da "localidade" das nossas vidas (e das empresas) é definida bem distante. Nas políticas públicas federais ou na omissão delas; nos centros financeiros globais; nos receituários prontos das agências internacionais de crédito; nas políticas monetárias e nas falas periódicas do presidente do FED, o banco central americano, dentre outros símbolos definidores da tão falada "globalização". Aliás, quase sem se dar conta, nos acostumamos a falar em "globalização" como se fosse uma característica exclusivamente contemporânea. Parecemos esquecer que a (inter)dependência econômica entre povos e sociedades, que o controle de economias por outras mais poderosas, que a circulação de riquezas entre as sociedades e a sua apropriação por algumas, são traços recorrentes na história humana. Esses mesmos traços estiveram presentes nos tempos dominados por persas, macedônios, egípcios, gregos, romanos, espanhóis, portugueses e ingleses, dentre outros. Mais recentemente, estavam presentes na bipolarização entre americanos e soviéticos e, ainda hoje e cada vez mais, nas megacorporações cosmopolitas. Ao longo do tempo, na verdade, o que mudou mesmo foi a exteriorização de um mesmo fenômeno. Ora utilizando bigas, ou cavalos, ou caravelas, ou telemática ou infovias. Ou seja, pensar sobre "globalização" é fundamental para compreender a "localidade" e não perder a clareza de que a nossa modernidade carrega desafios já muito antigos na história humana e ainda não resolvidos satisfatoriamente.

Além de definida em vários lugares do mundo contemporâneo, a formatação do trabalho e das empresas também foi balizada por eventos distribuídos no tempo. A respeito de que lapso de tempo vamos falar aqui? Culturalmente, nos habituamos a escolher alguns marcos temporais para as mudanças que desejamos promover ou que surgem para além de nossas vontades. As pessoas se sentem atraídas pelo ritual de planejar, na passagem de um ano para outro, as suas mudanças e as suas previsões pessoais. Nas empresas, regras fiscais e culturais forçam-nas a fazer balanços e a elaborar planejamentos também anualmente. Já as sociedades se auto-analisam em décadas e séculos. Na verdade, são marcadores irrisórios e irrelevantes se considerados no lapso dos mais de 10 mil anos de história escrita ou nos milhões de anos da vida neste planeta. Mas são esses os critérios temporais universalmente assimilados. Não é prudente fugir deles.

O Retrovisor e o DNA do Mundo do Trabalho e da Empresa

Desse modo, que opções podem ser feitas nas empresas e no trabalho logo após se transpor a fronteira de um novo século; de um novo milênio? Para arriscar uma resposta, é necessário olhar um pouco para trás, focando o retrovisor nas opções recentes que foram consumadas no mundo da empresa e do trabalho, para refletir a respeito e melhor especular sobre as opções que se colocam do pára-brisa para a frente.

Nos séculos XVIII e XIX foi delineado o ambiente do trabalho e da empresa, no qual vivemos: lançaram-se os alicerces da industrialização; da produção em escala; do trabalho assalariado; das sociedades urbanas; das democracias (mais conceituais que reais para a maioria); das repúblicas; das ideologias; dos direitos universais do homem; da ruptura – ainda não concretizada totalmente – com a aceitação histórica (até então) de que alguns povos tivessem o direito de escravizar outros, forçando-os ao trabalho e ao abandono desagregador de suas raízes familiares, culturais e de suas terras.

No século XX, precisamente por força do seu trabalho e por força de suas empresas, a humanidade agregou muitos traços históricos bem característicos e marcantes. Durante os grandes conflitos mundiais e regionais, e nos períodos entre eles, inventou a guerra total, na qual não mais bastavam os conflitos entre exércitos, escolhendo ampliá-los com o bombardeio maciço de cidades e de populações inteiras. A tecnologia proporcionou avanços nunca sonhados. O homem inaugurou no espaço uma nova e fascinante aventura de descobrimento. Depois de decifrar a estrutura do DNA, até agora não decidiu se resiste à perigosa tentação da divindade, querendo desafiar a criação da vida e a clonagem reprodutiva. Sobretudo, trabalho e empresa possibilitaram chegar ao perigoso e absurdo patamar de se descobrir que, pela primeira vez na História, a humanidade adquiriu o poder para destruir toda a vida e o próprio planeta em que vive. De uma só vez ao apertar alguns poucos botões nucleares, ou com um pouco menos de velocidade, mas com igual eficiência fatal, violando o meio-ambiente, desmatando e poluindo a atmosfera ao pilotar carros, tratores, ao usar geladeiras, condicionadores de ar e fábricas, como a natureza vem alertando aos gritos por meio de tantas calamidades naturais que se multiplicam por aqui e pelo mundo afora.

Nas décadas finais do século recém-concluído, foi encerrada uma guerra (nem tão) fria, com muros sendo derrubados e outros edificados em seu lugar, dando um novo balizamento ao trabalho e à empresa. O mundo perdeu uma bipolaridade simplificadora e com o seu sepultamento foram para a mesma cova o estado do bem-estar social, muitos direitos do trabalho e a preocupação dos poderosos em conquistar os mais pobres com promessas, ora de igualdade, ora de liberdade.

No mundo do trabalho e das empresas, o passo seguinte à quebra da bipolaridade foi o culto ao processo de produção, ou seja, como produzir cada vez mais quantidade, com melhor qualidade, com menor custo e com menos gente empregada, sem que a cidadania, a qualidade da vida em sociedade e os valores éticos fossem considerados como elementos relevantes. Foi conseqüência inevitável que a relação dentro das empresas adquirisse níveis de insegurança, de tensão e de nociva competitividade interna, em níveis nunca antes conhecidos.

Então, é imperativo concluir que, nesses três séculos, com as suas nuances e peculiaridades, a empresa e o trabalho foram os elementos de centralidade, verdadeiros operadores da História e fio condutor entre as épocas.

De fato, a conjunção entre trabalho braçal, trabalho intelectual e unidades empresariais eficientes e produtivas possibilitou o desenvolvimento de tecnologias fabulosas. Ensejou várias descobertas impensáveis, da energia do vapor à do átomo. Proporcionou a construção de armas letais e de destruição em massa; de hidrelétricas; usinas nucleares; espaçonaves; computadores; carros; aviões; bens de consumo duráveis. Promoveu a ampliação dos níveis de conhecimento e do acesso (relativamente) democratizado à informação, com a televisão e a Internet. Arquitetou engenhosas linhas de montagem. Implantou técnicas modernas de gestão e procedimentos extremamente ágeis de produção em escala.

Todavia, o mundo, assim construído em torno da empresa e do trabalho, fracassou globalmente em promover cidadania ampla, inclusão social, distribuição de riquezas, empregabilidade, ou seja, em construir sociedades minimamente justas, equilibradas, limpas e pacíficas. Enfim, vem fracassando em constituir sustentabilidade econômica, social e ambiental. Sustentabilidade sobre a qual o fascinante pensador itinerante Ignacy Sachs não cansa de repetir que representa uma nova forma de civilização que "não apenas é possível, mas essencial".

Nesse mundo contemporâneo das empresas e do trabalho, os valores do humanismo e da qualidade da vida social e coletiva foram um pouco esquecidos e tratados ou como ideais obsoletos, ou mesmo como obstáculos à perseguida eficiência. Por exemplo, foi na parte final do século recém-concluído que nos foi dito que o computador iria aumentar o tempo de lazer e que ficaríamos mais tempo em casa com a família. Na realidade, milhões e milhões acabaram descobrindo que foram de fato para casa, mas desempregados ou retornando diariamente para continuar a jornada de trabalho em seus micros domésticos. Em apenas uma geração, ouvimos na juventude que "a vida começava aos 40" e quando chegamos lá descobrimos que éramos velhos para as empresas e que a profissão liberal e autônoma era uma mera ficção, ou, conforme o caso, um artifício de "terceirização e precarização de direitos", ou um espaço de resistência para que desempregados permanentes tentassem gerar a renda indispensável para pagar as suas contas.

Nesse instante podemos concluir a identificação do DNA das empresas pernambucanas e brasileiras: a busca obsessiva pela competitividade, pela exuberância tecnológica e pela lucratividade. Sem priorizar o humano e a cidadania que tentam sobreviver e se construir em seus ambientes de trabalho. Empresas envolvidas apenas com parte das questões e dedicada apenas a uma parte de sua missão social. Como se fossem valores e metas excludentes entre si. Como se eficiência produtiva e social não fossem conceitos necessariamente complementares e que têm o imperativo ético de caminhar lado a lado.

Um Olhar Contemporâneo sobre a Empresa e o Trabalho

De fato, se quisermos aproximar o retrovisor para mirar a "nossa localidade" e o "nosso tempo", a visão permanece inquietante e desafiante para o trabalho, para a empresa e para os profissionais de recursos humanos. Estima-se em cerca de 50 milhões os brasileiros abaixo da linha de pobreza. Fora da cidadania, para quem prefere a dimensão dos direitos humanos. Fora do mercado de consumo, para quem prefere outra dimensão.

O trabalho escravo no campo retornou à agenda brasileira nos últimos anos, com um crescimento que vem chocando o país e o mundo. Estima-se em cerca de 5 milhões as crianças que continuam envolvidas no trabalho infantil que, infelizmente, ainda está longe de ser banido da agenda nacional. Empresas asfixiadas por falta de investimentos, de crédito e de mercado, com juros dentre as três maiores taxas do mundo. Em conseqüência direta, a insegurança e a violência dominam o cotidiano dos brasileiros. Ou seja, no cenário do trabalho e das empresas continuamos presentes como recordistas negativos no ambiente global. Com um crescimento econômico irrisório, o país permanece contabilizando décadas perdidas (já se foram duas, indicam os mais otimistas...).

Mas o mesmo retrovisor também mostra caminhos promissores, que necessitam ser adotados como referências para as opções que, de uma vez por todas, precisam ser consumadas e ampliadas: algumas empresas, ainda não são muitas, investem fortemente no conceito e na prática da responsabilidade social, assumindo o indeclinável papel de conciliar a sua missão de lucratividade, do que dependem para sobreviver, com a devolução de benefícios e investimentos à sociedade e aos indivíduos, através de ações concretas, sua outra missão nem sempre lembrada. Milhões de trabalhadores desempregados não se resignaram a ficar na prateleira aguardando anúncios de vaga e as filas de emprego. Montaram pequenos empreendimentos e negócios. Desenvolvem atividades autônomas, trabalham por "conta própria", formam cooperativas autogestionárias, se associam e vão gerar renda, novos postos de trabalho e novas pequenas empresas. Ex-trabalhadores rurais e/ou seus filhos despertaram da miragem da vida melhor na "cidade grande", e se organizaram para retornar à terra. Para produzir alimentos, para conquistar a cidadania e para adquirir as oportunidades que nunca lhes foram oferecidas, reivindicando o cumprimento da constitucional função social da grande propriedade rural e a realização de uma verdadeira reforma agrária, tão falada e ainda não iniciada no Brasil. Todos fazem parte de uma nova prática de atividade produtiva comprometida com a sustentabilidade e com novos conceitos, a "economia solidária", ainda órfã de políticas públicas consistentes e de crédito em nosso País.

As Opções Inadiáveis e a Missão de Recursos Humanos

A fusão dessas boas com as inquietantes imagens que são espelhadas nos retrovisores apontados para a nossa "localidade" estimula a ousadia de procurar respostas para as questões colocadas anteriormente. As opções a serem feitas estão por demais claras. As empresas não podem mais adiar o seu envolvimento ativo e concreto com a prática da responsabilidade social, que começa dentro de cada empresa, onde não se justifica que a busca pela eficiência e pela lucratividade prossiga sendo carrasco de um ambiente de trabalho democrático e cidadão, indispensável para estimular os trabalhadores a também se somarem efetivamente à luta pela realização das metas das empresas, porque se motivarão a se identificar com essas mesmas metas.

E há uma missão fundamental para os gestores de recursos humanos nessa opção que é inadiável nas empresas. Novo papel, que irá além de suas relevantes tarefas convencionais de selecionar, capacitar, de engendrar cargos e carreiras, de contribuir para a qualidade do convívio interno, de fomentar a produtividade, dentre outras prioridades de recursos humanos no sentido empresa/trabalho. Mas deveriam priorizar uma agenda no sentido dos trabalhadores em relação à empresa, funcionando como consciência crítica sobre as práticas e sobre a garantia do exercício da cidadania no ambiente de trabalho. Com autonomia para fazer críticas e apresentar sugestões aos dirigentes e proprietários das empresas, zelando pela criação e preservação de um ambiente de trabalho solidário, humanizado e produtivo. Para isso, as empresas precisam ter a coragem de assegurar independência e poder aos gestores de recursos humanos, concedendo espaço e estabilidade para que possam se sentir livres e seguros para propor mudanças de práticas e rumos, para criticar e atuar nos dois sentidos, amortizando o convívio conflituoso entre capital e trabalho e gerando uma soma positiva entre eficiência nos resultados econômicos e sociais. Logo, logo, e cada vez mais, as empresas descobrirão que só ganharão com isso. Mas não só elas. Outra opção que já está bem atrasada é pela distribuição da renda e pela inclusão social. Restabelecer níveis dignos aos salários é ferramenta essencial para isso. É assunto a ser resolvido dentro das empresas, que logo se defrontarão com o óbvio de que não há crescimento, desenvolvimento de negócios, acumulação de recursos se não há consumo vigoroso, horizontal e universalizado. É preciso ousar para perceber que não há outro caminho para que as empresas possam ter um futuro sustentável e liberto de contas miúdas a que são forçadas por receitas infinitamente inferiores aos níveis desejáveis.

Mas, nesse tempo difícil, a melhor opção a ser feita é pelo otimismo e pela confiança na capacidade de escolha dos caminhos. Afinal, o formidável poder de destruição que a humanidade acumulou e exerceu ao longo do século XX também significa um fabuloso e inédito acervo de conhecimento e de técnicas que conferem igual poder de promover mudanças estruturais profundas e positivas. Ou seja, no exato momento em que percebemos o quanto podemos destruir, também descobrimos o imenso poder de salvar. É só uma questão de escolha.

Uma Outra Ordem nos Fatores Pode Alterar o Produto

E não precisamos aguardar mudanças globais para começar a mudar o ambiente razoavelmente inóspito e socialmente hostil que deixamos predominar nas nossas empresas urbanas e rurais. A civilização entre os pernambucanos exige empresas e trabalhadores cidadãos. Essa caminhada depende sobretudo de nós e não só dos cenários e das imposições globais. Afinal, não precisamos aguardar, novamente, que portugueses escolham a hora de nossa independência, ou que ingleses exijam a abolição de nossos escravos, em função das exigências do mercado global de alguns produtos na época. Para ingressar de vez no atraente e "essencial" caminho do desenvolvimento sustentável não precisamos esperar, por exemplo, as sanções do protecionismo global, disfarçado em acusações de *dumping* social e ambiental.

Então, temos o desafio de, localmente, iniciar esse percurso que, por ser longo, precisa ser começado logo. Vamos necessitar de muita maturidade e de diálogo entre empresas e entidades dos empresários, dos trabalhadores e dos profissionais especializados. É lógico que vamos necessitar de políticas públicas que estimulem e viabilizem essa caminhada dentro das empresas. Vamos reivindicá-las, já que não se pode aguardar somente por forças de mercado, que nesses assuntos pouco têm a oferecer. Portanto, há muito por fazer e por conquistar no espaço do trabalho, da empresa e da cidadania, a partir da certeza de que nada de bom nos espera se ficarmos apenas aguardando. E não se cogita aqui de sonhos irrealizáveis, mas tão-somente de romper progressivamente com o ciclo de pesadelos em que se tornou a vida insegura nas cidades brasileiras e nos empregos. Enfim, de fazer o óbvio. Afinal, em nosso país faz alguns séculos que teimamos em confrontar o óbvio.

> **Bruno Ribeiro de Paiva** – Advogado de trabalhadores rurais, de operários da construção civil, de indígenas e de suas entidades FETAPE, CPT, Sindicato dos Trabalhadores na Construção Civil e CIMI. (brpaiva@uol.com.br)

A Gestão de RH Como Um Negócio
Para Além do Discurso da "Valorização do Ser Humano"

A Crise da Especialidade em RH

A modernização das relações capital-trabalho é fator decisivo na equação da competitividade, que induz as empresas e organizações a produzirem bens e serviços melhores, mais baratos e mais rapidamente do que seus concorrentes.

Para dar conta desta equação, os profissionais de RH têm sido desafiados a desenvolver novas alternativas técnicas (produtos e serviços da área) que possam funcionar como indutores do aperfeiçoamento da qualidade, da aquisição de diferenciais competitivos e do melhor desempenho organizacional, ampliando, ao mesmo tempo, as perspectivas de desenvolvimento das pessoas.

Infelizmente, porém, não é raro observar que as áreas e os profissionais de RH ainda não ocupam, institucionalmente, o lugar de poder que lhes cabe no processo de transformação pelos quais estão passando e devem passar as organizações, face a essas exigências da contemporaneidade.

Na avaliação das ações e das interações das áreas de RH com outros segmentos da organização, ouve-se, com freqüência, os profissionais afirmarem que a ação de RH tem que ser mais eficaz, mais efetiva e mais em sintonia com os processos de transformação pelos quais as organizações estão passando.

É interessante, inclusive, constatar que é comum encontrar, nessas avaliações, um paradoxo: os profissionais são considerados competentes, mas a organização não está satisfeita, esperando e pedindo, deles, um **algo mais**, que nem sempre tem tradução definida.

No contexto que se está analisando, é possível arriscar duas traduções para este "algo mais". Por um lado, é esperado das áreas de RH que possam ajudar nos processos de transformação e mudança das organizações e, por outro, cobra-se que apresentem alternativas viáveis para essa ajuda, com resultados mais efetivos e mais visíveis.

Para o profissional de RH, essas demandas também envolvem mudanças, desde a reorientação da sua identidade profissional (função e papel), até a invenção de um novo modo de trabalhar e a conquista de novos espaços de poder.

Dito de modo sintético, o profissional de RH enfrenta, pois, dois grandes desafios: *ajudar a mudar as organizações* e, ao mesmo tempo, *mudar a si mesmo*. O que esses dois desafios têm em comum é que ambos exigem uma ação e um papel de facilitar a ocorrência de mudanças.

O Especialista em RH como Agente Intermediário da Mudança

Qualquer mudança, por menor que seja, implica perdas, algum custo, algum risco. E, na dinâmica básica do psiquismo humano, por mais amadurecida e "forte" que seja a pessoa, há um mecanismo de defesa quase automático em relação, principalmente, a viver perdas, mas, também, em relação a pagar custos não desejados ou correr riscos e enfrentar o desconhecido.

Assim, mesmo querendo mudar, os sujeitos vivem receios e temores em relação aos processos de mudança que se expressam numa contradição: querem mudar e, ao mesmo tempo, também não o querem ou, então, não querem alguns aspectos da mudança que, porém, não podem ser separados dela.

É como se, num plano inconsciente, o desejo pudesse se expressar do seguinte modo: "quero mudar sem que mude nada do que é importante para mim" ou "quero mudar o ambiente sem ter que, eu mesmo, mudar".

Essa resistência à mudança pessoal é, inclusive, um dos aspectos mais importantes de serem administrados nos processos de mudança, por quem se propõe a ser, como o profissional de RH, agente de mudança.

Nas organizações, enquanto produções humanas, não há mudanças sem que algo mude nas pessoas: nos conhecimentos que têm, no modo como fazem as coisas, no jeito de ser ou na maneira de se relacionar.

Além de mobilizar as resistências, esta realidade tem uma outra conseqüência óbvia, embora nem sempre evidente: a mudança organizacional não é uma ação solitária ou auto-suficiente, mas interdependente. O agente de mudança sempre interage com um outro. Pensando em sentido mais rigoroso, pode-se dizer que, sempre, em algum nível, qualquer mudança só se faz com o outro.

No caso das ações de RH essa interdependência é por demais evidente, uma vez que as atividades desenvolvidas, embora tenham um conteúdo específico que diz respeito a especializações dos profissionais da área, são concretizadas em espaços e programas que dizem respeito a todos: dirigentes, gerentes e empregados.

O profissional de RH, enquanto agente de mudança, portanto, trabalha sempre em interfaces, em espaços que se situam entre outros agentes organizacionais: direção-empregados; gerentes-gerenciados; equipe-tarefa; grupo-grupo; etc.

Nesta condição há um aspecto na ação de um agente de mudança que é fundamental para o profissional de RH: ele não pode disputar espaço ou reconhecimento com aqueles de quem ele é parceiro no processo de mudança.

O agente de mudança é sempre um agente intermediário e não ator principal; uma espécie de ator coadjuvante ou de profissional do cenário, mas não do primeiro plano da cena.

As funções e papéis exercidos pelo agente de mudança (ouvir, analisar, interpretar, mobilizar, produzir soluções etc.) são postas, por ele, a serviço de catalisar a ação e a transformação do outro.

Basicamente, ele põe sua competência a serviço de ampliar a competência daqueles para quem se dirige sua ação.

Marcas de Uma Gestão Estratégica

Gestão Estratégica na concepção aqui utilizada é um "modo de gestão cuja finalidade principal é levar uma organização para um objetivo desejado no futuro" (referência de planejamento estratégico) e tem três marcas principais, decorrentes do exercício de três capacidades básicas, de acordo com o especialista em planejamento estratégico francês Michael Godet: a capacidade de *antecipação* em relação ao futuro, a partir da análise das forças e fraquezas do sujeito da ação e das oportunidades e problemas, existentes para que sua ação se concretize; a capacidade de *mobilização*, de pessoas e de recursos, para fazer acontecer a ação desejada; e a capacidade de *realização*, de fazer acontecer a ação desejada, produzindo resultados, com qualidade.

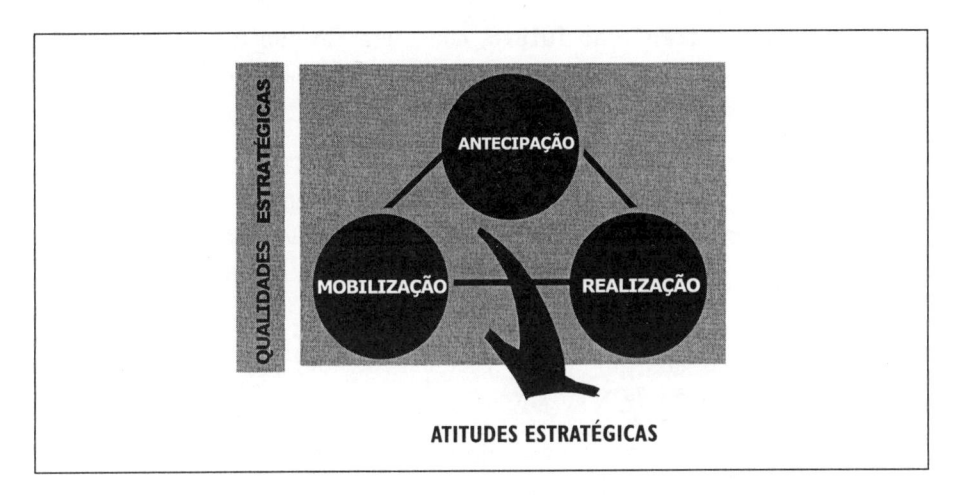

Essas três capacidades estratégicas permitem orientar os esforços de gestão para fazer uma análise crítica da realidade atual (interna e externa); para ajudar no ordenamento do presente em relação ao que precisa ser feito; para investir na construção do futuro, a partir do presente; para envolver as pessoas, grupos e unidades organizacionais, estabelecendo compromissos e acordos; para criar condições favoráveis ao crescimento simultâneo das pessoas, dos grupos e das unidades organizacionais; e para fazer o que precisa ser feito; com qualidade e na hora certa, produzindo resultados visíveis.

Além de um modelo global de gestão, o exercício dessas capacidades pode ser, também, a prática de uma *atitude estratégica*, necessária em qualquer nível hierárquico do funcionamento das organizações. Pode-se, mesmo, dizer que o desenvolvimento dessa atitude como estilo permanente de comportamento é condição indispensável para o desenvolvimento de qualquer grupo ou de qualquer profissional dentro da organização.

Essa atitude estratégica, que representa um esforço contínuo de transformar os projetos em realidade, é uma referência tanto para o conjunto das atividades da área de RH quanto para a ação de cada profissional.

Nessa perspectiva, a gestão estratégica de RH termina por ser, essencialmente, o exercício de uma atitude estratégica, praticada tanto coletiva quanto individualmente, pelos gerentes e pelos profissionais da área e as capacidades se manifestam através de atitudes estratégicas, como:

Posição ativa frente ao futuro, considerando que o futuro nem está assegurado, nem é uma fatalidade, mas, antes, que pode ser construído, sendo possível influenciar nesta construção.

Sintonia com a realidade e enfrentar essa realidade enquanto tal, nos seus aspectos positivos e negativos, considerando sempre seu potencial de transformação. Em princípio, qualquer aspecto negativo pode se transformar em força a favor da ação desejada, desde que adequadamente administrado.

Disposição permanente para *interagir* e construir vínculos. É, também, ter iniciativa na construção desses vínculos, considerando que toda relação humana é uma relação de "mão dupla".

Busca de resultados, significando não ficar à espera de que algo aconteça, nem ficar paralisado se alguém com quem interage não fez o que precisava ser feito. Ao contrário, tomar iniciativa, sugerir, propor, buscar as articulações necessárias e atuar no sentido de fazer as coisas acontecerem.

Ação Estratégica de RH como um Negócio

Num contexto como o abordado de compreensão da mudança e da gestão estratégica, uma "ação estratégica de RH" é o desenvolvimento das capacidades estratégicas e das marcas de uma gestão estratégica nas atividades e no estilo das áreas e dos profissionais de RH.

Nesta perspectiva, a ação de RH é vista e tratada como "um negócio da área de RH", em *estreita sintonia com o negócio ou missão da empresa*.

Como qualquer outro negócio, portanto, a área de RH precisa ter, dentro da organização, seu próprio "projeto de negócio", sendo que, para formulá-lo, é preciso, em princípio, ter claras quatro definições básicas, ou seja: qual é o *produto*, qual é o *mercado*, com que *tecnologia* as ações serão desenvolvidas e quais as características de *imagem* pelas quais quer ser reconhecido pelos clientes.

Elementos do Negócio	Conceituação Geral	Conceituação para o Negócio RH
Produto	É a ação a ser feita ou o serviço a ser prestado, inclusive os resultados que deve produzir.	É a prestação de serviços aos agentes organizacionais, para torná-los mais competentes, incluindo o apoio às ações de mudança para tornar as organizações mais competitivas e produtivas.
Mercado	É o conjunto dos agentes para quem se dirige a ação ou o serviço, suas necessidades e peculiaridades.	É, em princípio, toda a organização, delimitando, dentro dela, três principais grupos de agentes: os dirigentes, o corpo gerencial e os empregados (formando equipes).
Imagem	Define o conjunto dos traços, ou marcas, que diferenciam o comportamento dos profissionais e que devem ser percebidos e reconhecidos pela clientela.	É um mix das características básicas de uma gestão estratégica (antecipação, mobilização e realização) com os traços que distinguem os agentes de mudança (parceria, co-responsabilidade e disponibilidade). Aquilo que melhor define o estilo de trabalho da área e tem mais sintonia com a estratégia e a cultura da organização.
Tecnologia	É o instrumental conceitual e prático disponível para realização da ação ou prestação do serviço. O conjunto das técnicas e procedimentos sistematizados específicos e próprios daquela ação ou daquele tipo de serviço	Refere-se às ferramentas especializadas e aos conhecimentos (gerais e específicos), relativos a RH, além dos métodos e técnicas de atendimento.

No enquadramento da ação de RH como "um negócio da área de RH", o profissional tem três principais focos em direção aos quais deve orientar sua ação:

a) a própria organização, enquanto instituição, representada por seu corpo gerencial;

b) as pessoas que fazem a organização abordadas na perspectiva de fazerem parte de equipes e;

c) a própria área de RH.

Assim, considerando as três capacidades estratégicas fundamentais (antecipação, mobilização e realização), os elementos para definição do negócio e os três focos possíveis da ação de RH, é possível fazer uma matriz de articulações, onde se delimita o sentido da expressão "ação estratégica de RH".

Foco da Ação	Capacidades Estratégicas		
	Antecipação	Mobilização	Realização
A ORGANIZAÇÃO/ CORPO GERENCIAL	Sintonia com o projeto estratégico (futuro a ser construído).	Gestão de RH como responsabilidade coletiva; envolvimento dos dirigentes e gerentes, assessorando-os na missão de lidar bem com as equipes.	Competitividade Produtividade Qualidade (sobrevivência e consolidação) Liderança eficaz.
AS PESSOAS/AS EQUIPES	Conhecimento dos projetos individuais e coletivos.	Sujeitos ativos com iniciativa e conscientes do que é coletivo (a equipe, o projeto institucional). Co-responsabilidade pelo desenvolvimento de RH (mão dupla).	Competência Produtividade Auto-realização Espírito de time.
A ÁREA DE RH	Oportunidades de ação; Problemas a enfrentar; Conhecimento das potencialidades e dos limites.	Compromisso coletivo com o negócio. Cultura de prestação de serviço e adequada tecnologia de atendimento.	Resultados visíveis Poder efetivo e reconhecimento Capacidade de influenciar o projeto institucional.

Vista desse modo, é evidente, a ação de RH se torna muito diferente de como foi concebida e praticada desde que surgiu como função especializada nas organizações. Uma trajetória que vai de "administração de pessoal" à "gestão estratégica", tendo como objeto a organização enquanto projeto coletivo.

Como não poderia deixar de ser, as ações convencionalmente atribuídas à área (seleção, treinamento, administração da força de trabalho, planos de cargos e carreiras, sistemas de remuneração e benefícios etc.) não perderam sua finalidade. Também as competências adquiridas permanecem válidas. Pode-se dizer, até, que foi acontecendo, de modo sistemático, um processo de incorporação de novas competências, sem que fossem diminuídas ou perdidas as competências anteriores, mas com uma nítida exigência de reposicionamento dessas competências.

Assim, é possível interpretar o desafio atual como sendo, principalmente, a *exigência de ampliar as competências*, inventar o novo e exercer o convencional de um modo diferente, capaz de responder às exigências atuais, sob esta ótica de desenvolvimento de negócios, pensando-se a área de RH como uma empresa de prestação de serviços, cujo mercado é a organização em que está inserida.

ATRIBUIÇÃO FUNCIONAL	⇔	VISÃO DE NEGÓCIO
Atribuição Predefinida	⇔	Vinculação à Demanda
Responsabilidade Delegada	⇔	Responsabilidade Compartilhada
Público-Alvo Cativo	⇔	Mercado a Conquistar
Foco no Processo-Tarefa	⇔	Foco no Resultado
Depositário das Dificuldades	⇔	Parceiro na Solução
Transferência de Responsabilidade	⇔	Co-Responsabilidade
Visão Beneficente/Ótica Legislativa	⇔	Visão de Competitividade
Foco no RH	⇔	Foco no Negócio da Organização
PROFISSIONAL ESPECIALIZADO	⇔	**PRESTADOR DE SERVIÇOS** ESPECIALIZADO

Figura Ótica Estratégica da Função de RH

Uma Prática Não "Psicologizante" e de Apoio ao Gerente

Nesta perspectiva de negócio, as ações de RH devem estar interligadas, portanto, às prioridades da organização, das unidades, dos gerentes e dos empregados, ou seja, devem ser ações que dêem suporte, apoio, maior qualidade e consistência às ações das demais áreas.

Isto se faz com instrumentos, técnicas ou procedimentos que aperfeiçoem o funcionamento das relações internas – em particular das relações entre os gerentes e suas equipes – que estimulem a motivação e a produtividade, que ampliem as competências e capacidades dos profissionais e das equipes.

Todavia, uma prática assim integrada requer uma metodologia que não separe nem dissocie o comportamento emocional da ação profissional, nem o processo afetivo da tarefa produtiva.

Por isso, a marca de compromisso com resultados faz com que se vá caminhando, progressiva e rapidamente, para superar, decisivamente, o viés psicologizante de tratar a parte "comportamental" como domínio especializado de alguns profissionais, com espaço de tratamento segmentado e separado da ação gerencial.

Com isso, avança-se na abordagem das questões ditas "comportamentais" (percepções, emoções, sentimentos) como sendo, apenas, uma das dimensões dos fenômenos organizacionais não separável das outras (econômica, política, ideológica) mas, antes, estreitamente associada e cuja associação se concretiza no projeto coletivo, na tarefa sobre a qual uma equipe tem responsabilidade e na sua estratégia.

Indo nesta direção, consegue-se uma integração estreita entre a gestão dos recursos humanos e o gerenciamento cotidiano da organização. Só deste modo os projetos e programas começam a deixar de ser "coisa do pessoal de RH" e passam a dizer respeito aos diretores, aos gerentes, aos técnicos, à organização como um todo, ampliando seu potencial de efetividade.

Qualquer profissional de RH conhece, na própria pele, o efeito e a repercussão do papel dos gerentes (direção e corpo gerencial) sobre as ações e projetos específicos de RH.

Se, no exercício da sua função, o gerente se percebe e age como gestor de recursos humanos, ele vai patrocinar, estimular, consolidar e integrar, no seu cotidiano, através de práticas concretas, os conteúdos propostos pelo profissional de RH. Se, ao contrário, ele acha que sua função é "tocar o dia-a-dia" e entrega "ao pessoal de RH" a missão de "desenvolver e capacitar" sua equipe, o resultado é que os projetos serão boicotados, paralisados ou tornados inócuos.

É por demais evidente o potencial de influência dos gerentes, tanto na direção de resultados favoráveis, quanto na produção dos fatores de resistência. Por isso, embora o alvo final das ações de RH seja as pessoas (gerentes, inclusive) vai ficando cada vez mais nítido que o cliente prioritário é o *gerente*, de qualquer nível, com alguma diferenciação para os dirigentes que, com freqüência, são um misto de cliente e patrocinador das ações.

Freqüentemente, os gerentes não se reconhecem como clientes e até, ao contrário, acham que são os gerenciados ou os outros gerentes que precisam mudar. Daí, um misto de missão e desafio dos profissionais de RH, hoje: descobrir *em que, como e a partir do que* é possível construir uma aliança com os gerentes, de modo a desenvolver e consolidar uma relação de parceria nas ações a serem executadas.

Assim sendo, na concepção moderna, a gestão de RH é, simultaneamente, uma *atividade genérica* e uma *atividade de especialista*.

É uma *atividade genérica* enquanto tem que ser exercida pelos *gerentes*, os quais têm a responsabilidade, indelegável, de construir compromissos dos membros de sua equipe com resultados de qualidade. É também uma *atividade genérica* enquanto realizada pelos próprios gerenciados, à medida que têm papel importante na definição e execução da gestão de RH e na promoção do próprio desenvolvimento, seja individualmente ou em equipe.

Por outro lado, é uma *atividade de especialistas* enquanto mediada e assessorada pelos profissionais de RH. Nesta especialização está incluído o domínio de métodos, técnicas e ferramentas que são colocados à disposição dos gerentes e das demais pessoas na organização.

Numa gestão estratégica de RH, portanto, os profissionais da área não podem nem devem aparecer sozinhos, nem na frente, na condução das ações de RH, mas com os gerentes, tornando visíveis duas qualidades que marcam a gestão estratégica e a postura daqueles que trabalham com esta ótica: a *parceria* e a *autonomia*.

Parceria, porque conseguem que o sucesso e os bons resultados das ações de RH resultem de um esforço coletivo e co-responsável; e *autonomia*, porque não esperam que a organização lhes dê condições de trabalhar. Ao contrário, tomam iniciativas e buscam alianças para produzir condições de trabalho facilitadoras.

Para Além do Discurso de "Valorização do Ser Humano"

A verdade inquestionável é que, em poucos anos, a realidade competitiva e das organizações mudou muito, tornando-se bem mais exigente e desafiadora para seus dirigentes e para aqueles que têm a responsabilidade, como é o caso dos profissionais de RH, de apoiar a sua gestão.

Há, por exemplo, cada vez mais empregados que, embora não eliminando os salários de suas preocupações, desejam outras coisas além disso, como, por exemplo, *estímulo* ao seu desempenho, *reconhecimento* dos seus esforços e *valorização* das suas competências.

Podendo esses empregados, em programas diversos de qualidade e de produtividade, agir como "parceiros" dos empresários e trabalhar pelo crescimento e pela consolidação da empresa, ajudando a construir um futuro no qual se sentem incluídos. Isso leva qualquer profissional atento à compreensão do processo organizacional, a repensar o paradigma clássico capital × força de trabalho que focava, apenas, a inevitável contradição entre esses dois termos.

E há, por outro lado, cada vez mais empresários que consideram os empregados não apenas como a "força de trabalho", nem, tão-somente, como a parte "humana" dos seus recursos junto com os recursos financeiros e a tecnologia, mas, antes, como a força mais importante do "capital" produtivo da empresa, traduzido por conhecimento, competência e compromisso, em sintonia com a ação organizacional e dos seus resultados.

Muitos empresários já sabem que os empregados podem, até, ser "sócios-empreendedores", tão essenciais quanto os sócios no capital e, por isso, cada vez mais, admitem e começam a praticar a participação nos resultados da empresa, sem ser por obediência formal a decisões governamentais.

Esta pode ser uma visão bem heterodoxa da "clássica" relação capital-trabalho e da "velha" relação empregado-patrão, mas é assim que vem acontecendo.

De certo, não é com todos nem chega a ser, ainda, com a maioria. Em alguns casos o "avanço" na ação empresarial é começar a ter a convicção de que a qualidade final dos resultados da empresa depende do quanto os empregados sintam e percebam que têm, dos empresários e dirigentes, o reconhecimento da dignidade e do valor do trabalho, com expressão concreta nos salários e em formas diversas de remunerações variáveis e de incentivo financeiro à produtividade.

O papel dos profissionais de RH é fundamental para dar continuidade e reforçar este processo de mudança. E, exatamente porque importante, aumenta a exigência de ser um papel exercido com a máxima competência possível.

Além de caracterizada pelo desempenho da função de assessoria e de consultoria aos gerentes, essa competência requer tanto o conhecimento sobre as novas alternativas técnicas quanto uma aguda consciência dos profissionais da área no que diz respeito à questão da competitividade.

Esta consciência de como a competitividade se constitui numa questão importante e essencial para o desenvolvimento das organizações e das pessoas envolve a abordagem de conteúdos que são da ordem dos valores e dos componentes ideológicos que estruturam e dão sustentação à vida organizacional.

O primeiro desses conteúdos diz respeito à necessidade de *se conseguir uma tradução empresarial para a expressão "valorização do ser humano"*; expressão que foi perdendo o sentido e a vinculação com a realidade concreta à medida que, ao longo da história, não se conseguiu fazer uma ponte entre o discurso e a realidade do dia-a-dia e das ações organizacionais.

Para a eficácia da ação de RH de nada adianta repetir este discurso de "valorização do ser humano" como um clichê esvaziado de significação e carregado de um idealismo dissociado do possível. Sempre que se fez isso os empresários ou dirigentes apelidaram o discurso, ironicamente, de "romântico", quando não de "tolice". Para não cair nesta armadilha há que dar visibilidade ao sentido da expressão e alternativas viáveis de torná-la algo real.

Uma possibilidade para isso é usar "valorização do ser humano" essencialmente como sinônimo de uma atitude de respeito ao outro e de reciprocidade, fundamentos da prática sistemática do acordo e da negociação e da busca de relações marcadas pela autonomia das partes, cuja síntese pode ser denominada *ética do compromisso*.

A primeira conseqüência da associação entre a "valorização do ser humano" e a ética do compromisso é considerar que tanto a valorização das pessoas quanto o compromisso são uma via de mão dupla.

Da parte dos empresários e dirigentes significa o empenho na definição de políticas adequadas, o esforço de torná-las realidade concreta, o envolvimento contínuo e o patrocínio permanente das ações de aperfeiçoamento da organização.

Da parte dos empregados significa, principalmente, buscar autonomia, avançando da posição de acomodação passiva acompanhada, no máximo, de queixas e reivindicações, para um posicionamento mais ativo e engajado no processo de construção dos projetos coletivos e de concretização das mudanças.

No caminho de consolidar este compromisso mútuo, o profissional de RH tem papel fundamental: desde ajudar cada uma das partes a descobrir alternativas e superar as dificuldades que acontecem nesta construção; passando pela atitude de, sempre que possível, funcionar como mediador de interesses diferentes, favorecendo que não se cristalizem posições antagônicas; até praticar, ele mesmo, o exercício radical deste valor, inclusive através da capacidade de compreender e suportar que as pessoas são contraditórias e que conflitos fazem parte da condição humana, e da compreensão de que ter valor não é ser perfeito.

O segundo conteúdo se relaciona com a *apropriação*, não só pela organização, mas pela própria área de RH, da *lógica de resultados*, levando-a às devidas conseqüências.

Levar às devidas conseqüências a lógica de resultados significa muita coisa. Em princípio, valorizar mais os fatos do que as intenções; trabalhar com ideais que possam traduzir-se em emoções concretas e projetos viáveis e não com ideais abstratos, desconectados da realidade; avaliar as ações concretas e o que elas produziram como efeito e não o que intencionavam produzir.

Mas significa, também, dar visibilidade à relação entre a produção e os resultados financeiros, inclusive desmistificando os preconceitos relativos à questão dos lucros ou de outras formas de resultados financeiros, parte importante das condições que uma empresa precisa ter para crescer e para se consolidar.

Esta visão deve ter desdobramento específico para a área de RH no sentido de buscar resultados visíveis, mesmo que seja com indicadores próprios para a especificidade da sua ação; ter preocupação cuidadosa com custos e desenvolver a capacidade de discriminar os componentes da relação custo-benefício nas ações que propõe.

O terceiro e último conteúdo, refere-se à importância de uma *visão do futuro como uma construção coletiva e compartilhada*.

À medida que a competitividade se refere à capacidade relativa de uma organização de ocupar espaço no mercado e ter bom desempenho em relação a suas concorrentes, o modo de conquistá-la está intimamente ligado à visibilidade e concretude que se possa ter em relação a um projeto de futuro para a organização.

E se esse projeto de futuro for, apenas, uma percepção privada e reservada, na cabeça e nas intenções, dos empresários ou dirigentes, é mais difícil torná-lo realidade. A capacidade de sonhar de um empreendedor se complementa com a habilidade para tornar este sonho um projeto coletivo.

A história das organizações tem mostrado que quando o conjunto das pessoas que fazem uma organização partilha um projeto de futuro e, mais, quando consegue se ver neste futuro, há um engajamento e uma sinergia muito maiores para torná-lo possível e concreto.

É nesta direção que caminham as reflexões sobre a eficácia dos métodos e processos de gestão de Recursos Humanos e dos resultados que podem ser conseguidos. Fica deste conjunto a impressão forte de que é inevitável enfrentar todas essas questões e, como se disse anteriormente, desmontar velhos preconceitos e criar uma concepção diferente sobre as relações entre as pessoas e a organização e sobre as contradições que esta relação envolve.

No fim das contas, não há como não reconhecer esta "nova" visão como uma tendência irreversível na gestão empresarial, numa perspectiva estratégica e na direção da qualidade, da produtividade e da competitividade, o que representa um enorme potencial de mercado para os profissionais de RH.

Afinal, é com gente que se produz qualidade. É com gente que se faz, inclusive, redução de custos. É com gente que se fazem empresas produtivas e competitivas.

Carmen Cardoso – Psicanalista e consultora de empresas, sócia-fundadora da TGI Consultoria em Gestão (www.tgi.com.br), do INTG – Instituto da Gestão (www.intg.org.br) e da Agilis – Tecnologia em RH (www.agilis.com.br), autora de diversos livros sobre gestão estratégica, inclusive "Profissional de RH: Um Especialista em Gerente" pelas Edições INTG. (ccardoso@tgi.com.br)

Francisco Carneiro da Cunha – Arquiteto e consultor de empresas, sócio fundador da TGI Consultoria em Gestão (www.tgi.com.br), do INTG – Instituto da Gestão (www.intg.org.br) e da Agilis – Tecnologia em RH (www.agilis.com.br), editor da *newsletter Gestão Hoje* (www.gestaohoje.com.br), publicada semanalmente pela TGI, e da coluna dominical Desafio 21 (www.desafio21.com.br), publicada pelo *Jornal do Commercio*. (fcunha@tgi.com.br)

Gestão Estratégica:
A Órbita do Número 1

Logo no início da minha vida profissional, por sorte ou azar, tive que assumir funções gerenciais. Apesar das escolas onde me formei, como eletrotécnico e engenheiro, terem me proporcionado uma boa formação técnica, constatei que, para ser gerente, isso não era suficiente. Além de lidar com máquinas e ferramentas, o trabalho exigia de mim competências para lidar com pessoas, grupos, emoções, planejamento, resultados e outros "bichos" dessa natureza, coisas com as quais eu não tinha a menor intimidade. Acho que isso aconteceu e acontece com muita gente.

Como supervisor primeiro e como gerente um pouco depois, perguntava-me qual deveria ser o meu papel? Controlar, fiscalizar, cobrar? Só pude descobrir isso ao longo do tempo, experimentando e errando. Contei com a sorte e sobrevivi, mas vi muitas carreiras que poderiam ter sido brilhantes destroçadas pela falta de preparo para gerenciar. Assim, espero que esse texto possa ajudar, de alguma forma, aos profissionais que assumiram, ou pretendem assumir, posições de liderança, principalmente àqueles com formação eminentemente técnica e que também não lidaram com isso na academia, nem puderam aprender, ainda, pela prática.

Daqui por diante, vou chamar de *Número 1* todo aquele que for presidente da empresa, diretor financeiro, chefe do departamento de pessoal, gerente de logística, supervisor de manutenção ou mesmo aquele que esteja no "rodapé do organograma" e só tenha a "cachorrinha para chutar", mas que seja responsável por determinada atividade ou processo da organização.

O que deve fazer esse Número 1? O que a organização espera dele? Quais são as suas principais responsabilidades? Pelo que ele será cobrado? Entendo que as respostas a essas perguntas podem ser sintetizadas pela representação da Figura 1 e é o que vou explorar nesse trabalho.

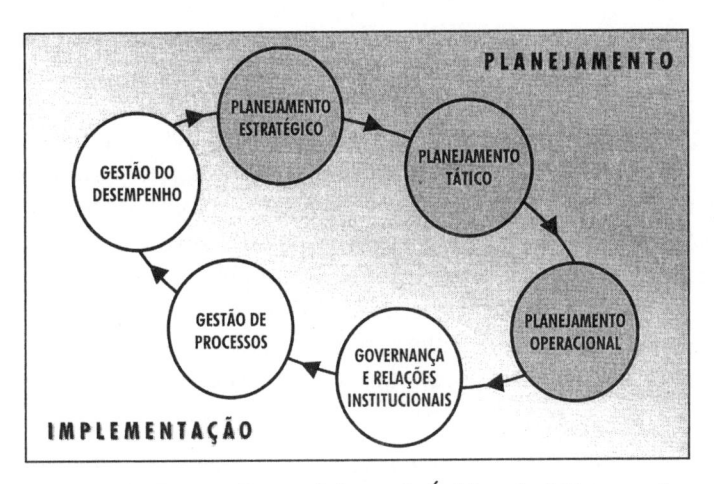

Figura 1: Gestão Estratégica – A Órbita do Número 1.

Considero que a principal responsabilidade do Número 1 é a gestão estratégica do "negócio", em suas duas grandes dimensões: a dimensão do planejamento e a dimensão da Implementação. Quero, desde já, ressaltar a necessidade do Número 1 dedicar, de forma equilibrada, esforço e atenção em ambas as dimensões. Conheci muitos líderes com grande competência em planejamento, mas que não se poderia dizer o mesmo da sua capacidade de implementação. Ficavam pelo caminho e, depois do "leite derramado", culpavam os subordinados pelo insucesso ou consideravam que o plano tinha sido ousado demais. Também de nada adianta ser um grande "tocador" sem ter planejamento. Dedicar-se mais a uma dessas dimensões, negligenciando a outra, pode ser fatal.

Dimensão do Planejamento

O planejamento deveria ser sempre o começo de tudo. Infelizmente – parece que é um traço cultural do brasileiro – somos muito operacionais. Queremos ver logo as coisas acontecendo. "Mão na massa." Aí, atropelamos a fase do planejamento e, muitas vezes, "quebramos a cara". Lembro daquela historinha do lenhador, sentado à sombra, embaixo da árvore, enquanto os demais cortavam lenha. Admoestado pelo feitor, argumentou que estava amolando o machado, sem o que não dava para cortar lenha. O tempo do planejamento é o tempo de amolar o machado. Tratarei aqui do planejamento nos níveis estratégico, tático e operacional.

Planejamento Estratégico

Planejamento estratégico exige pensar estrategicamente. E pensar estrategicamente exige a paciência do conceito, uma pausa para reflexão, a adoção de novos paradigmas. Segundo Gim Carse, não é possível pensar estrategicamente sem "desinvestir a pressa". Portanto, não dá para pensar estrategicamente assinando cheques para o pagamento da folha, conferindo o "ponto" do pessoal da fábrica ou tendo que correr para participar da reunião semanal. Não é possível pensar estrategicamente sendo escravo do "ao vivo", do "tempo real", do imediatismo. Somente desinvestindo a pressa, o Número 1 pode pensar e planejar estrategicamente a sua empresa, o seu departamento, a sua área, a sua atividade, o seu processo.

Tenho percebido um grande desgaste em relação à instituição do planejamento estratégico. Muitas organizações o têm utilizado, "espasmodicamente", por modismo, para ter "status", ou sei lá o quê. Acham que planejamento estratégico é construir belas frases com a declaração da missão, da visão e dos valores da empresa, e colocá-las em placas emolduradas, fixadas nas paredes, "pra inglês ver".

Acho que, se trocarem as placas com as de outra empresa, ninguém vai notar. Ficou tudo igual, pasteurizado, não distinguindo, como deveria, uma empresa das demais.

Planejamento estratégico é uma forma de pensar – ou repensar – o "negócio". Exige conhecer o ambiente e a própria empresa. É refletir sobre as ameaças e oportunidades existentes no ambiente, para antecipar-se. É identificar os seus pontos fortes e fracos para potencializá-los e neutralizá-los, respectivamente, e, assim, poder defender-se das ameaças e aproveitar as oportunidades. É, ainda, colocar um novo saber sobre um saber já posto e abandonar posturas incrementalistas quando esse não seja mais o caminho.

Estratégia é diferente de eficiência operacional. A eficiência operacional, normalmente tratada pelos programas de qualidade total, busca a melhoria e o aperfeiçoamento contínuos. A estratégia tem de vir antes. É algo como primeiro definir qual a montanha que vamos escalar para depois, aí sim, tratar de escalá-la da melhor maneira possível.

À medida que a empresa cresce é inevitável a sua subdivisão em departamentos ou setores, a chamada diferenciação organizacional, para fazer frente às diversas atividades e especializações, gerando, normalmente, o aparecimento de feudos ou "igrejinhas", que, em vez de ajudar, podem comprometer o desenvolvimento. O planejamento estratégico tem o poder de promover a integração da organização sem prescindir da necessária diferenciação. É o alinhamento dos vetores.

Por outro lado, a falta de estratégias pode comprometer empresas e governos. Veja-se, para citar apenas um exemplo, a questão dos alimentos transgênicos no Brasil. Divergências de valores pessoais, que são até naturais quando envolvem pessoas comuns, entre os ministros do Meio Ambiente e da Agricultura, que provocaram desgastes e atraso na regulamentação, com prejuízos para o país. O que deve ser privilegiado nesse caso? A segurança diante dos efeitos ainda não conhecidos sobre as pessoas e o meio ambiente, ou a maior competitividade na agricultura, para acabar com a fome e aumentar o superávit na balança comercial? Decisões estratégicas – de Governo ou mesmo de Estado – que deveriam ter sido tomadas antes de se entrar no nível operacional poderiam, inclusive, ter determinado a exoneração de um dos dois ministros.

Missão, visão, valores, objetivos, metas, políticas e diretrizes organizacionais, definidos no bojo do planejamento estratégico e que devem ser aceitos e seguidos por todos, funcionam como uma mãozinha invisível guiando as pessoas dentro da organização, garantindo uma atuação coerente e eficaz.

Lidar com estratégias exige escolha entre opções igualmente importantes e muitas vezes conflitantes. Exige ir por um caminho e abdicar do outro. Estratégia é fazer *tradeoff* – definir o que não se vai fazer, que necessidades não se vai satisfazer, que clientes não se deseja ter. Decidir sobre isso é muito difícil, pois a tendência é querer fazer tudo e atender a todos.

Cito, como exemplo disso, que eu não devo ser o tipo de cliente desejado pelo McDonalds. Pelo menos em relação a sorvetes. Há algum tempo ele lançou o *mini-sundae*. Menor que o *sundae* normal e no tamanho certo para alguém que, como eu, tem problemas com o peso mas não quer abdicar de certos prazeres. O mini tinha (ou tem) tudo que o outro tinha, menos o amendoim. Quando pedia ao atendente que colocasse amendoim no meu *mini-sundae*, a resposta era invariavelmente não. Muito cortês, mas sempre um não, pois fugia ao "padrão". Era preciso falar com o gerente ou conseguir isso, de forma clandestina, como se estivéssemos, eu e o meu cúmplice, o atendente, roubando alguma coisa. Eu era o *tradeoff* do McDonalds. Ele não me queria como cliente. As razões disso? Acrescentar o amendoim aumenta o custo e o tempo de atendimento e esses são elementos vitais na estratégia da empresa.

Se você não é o presidente da empresa, mas chefe de departamento ou supervisor de equipe, guardadas as devidas proporções e fazendo as necessárias correlações, também deve lidar com questões desse tipo e precisará trabalhar com os instrumentos do planejamento estratégico. Que tal pensar sobre isso?

Planejamento Tático

De nada adiantará um planejamento estratégico perfeito se não pensarmos nos recursos para a sua implementação. Mesmo que durante o planejamento estratégico tenhamos, de alguma forma, tratado disso, pois, do contrário, o plano seria meramente um sonho, é no planejamento tático que são especificados e detalhados os recursos, onde e como obtê-los e como reparti-los. São muitas as empresas que não têm um orçamento anual. Como é que o Número 1 pode gerir o seu negócio sem saber quanto, em quê, e quando gastará? E não falo apenas de recursos financeiros. É claro que tudo começa com o dinheiro. Mas é preciso planejar também os recursos humanos, materiais, a estrutura física, equipamentos, ferramentas, sistemas, e por aí vai.

É comum considerar, entre outras, as seguintes peças no planejamento tático:

a) orçamento de custeio – alocação de recursos para as operações de rotina da empresa;

b) orçamento de investimento – alocação de recursos para aquisições de outras empresas, prédios, máquinas, ferramentas, instrumentos e outros, visando o cumprimento das orientações estratégicas;

c) planejamento de Tecnologia da Informação (TI) – recursos para sistema de gestão da cadeia de suprimentos, relacionamento com clientes, relacionamento com parceiros etc.;

d) planejamento de marketing – recursos para implementação das estratégias de marketing institucional, consolidação de marca, lançamento de produtos etc.

e) planejamento de Recursos Humanos – para atração e manutenção dos talentos necessários à implementação das estratégias.

Como os recursos são sempre finitos, muitas vezes, na elaboração do plano tático, detecta-se a necessidade de rever decisões estratégicas, para adequar-se às disponibilidades. Não há problema algum em fazer isso. Pelo contrário, o processo não pode ser estritamente linear e, embora a seqüência natural seja ir do planejamento estratégico para o operacional, essas peças são interdependentes e os movimentos de vaivém, para fazer os ajustes são normais e necessários.

Em síntese, o planejamento tático trata, essencialmente, de equacionar os recursos para implementação das estratégias organizacionais e é um trabalho que também deve estar sob a responsabilidade do Número 1.

Planejamento Operacional

Essa é a última, mas não a menos importante, peça do planejamento da empresa. Ela faz o "fechamento" do processo de planejamento devendo contemplar todas as ações necessárias à implementação das estratégias. É aqui onde se garante que as ações do dia-a-dia estejam na direção do que foi estrategicamente planejado.

Muitos planos de ação pecam por estabelecer apenas "o que" deverá ser feito. É necessário definir também: quem?; quando?; por que?; onde?; como? e quanto custa? É o famoso 5W2H, com essas mesmas expressões em inglês – What?, Who?, When?, Why?, Where? How? e How Much?, que vêm da qualidade total.

É na instância do planejamento operacional que se definem ainda as metas, os indicadores gerenciais e as medidas e medições que serão utilizadas no processo de gerenciamento do desempenho. O Número 1 que não tem metas e indicadores para avaliação não gerencia nada. Está num barco à deriva. Qualquer que seja o seu nível na organização é necessário ter plano estratégico, plano tático, plano de ação, metas e indicadores gerenciais.

Dimensão da Implementação

Agora que já temos todos os planos de que precisamos, chegou a hora de empreender um grande esforço para conseguir transformá-los em realidade. Ao "cair na real", na rotina do dia-a-dia, se não tomarmos cuidado nada acontecerá. A tendência é "tudo ficar como dantes no quartel de Abrantes". Esse é o momento da implementação, quando a competência do Número 1 será posta à prova. É a hora de passar da teoria à prática.

Para isso é preciso cuidar da governança corporativa e das relações institucionais, dos macroprocessos e do gerenciamento do desempenho, sem o que não há plano que dê certo.

Governança Corporativa e Relações Institucionais

A sociedade está mudando de forma muito veloz e contundente, com exigências cada vez maiores pela ética, responsabilidade social e respeito ao meio ambiente. Cuidar de praticar e difundir os valores da empresa, que os fornecedores também tenham valores semelhantes, de tratar honesta e eticamente os clientes e que o discurso se transforme em prática são ações indispensáveis à sobrevivência e ao sucesso do negócio.

A empresa precisa cuidar bem dos *stakeholders* – agentes interessados ou afetados pela sua existência. O relacionamento saudável com empregados, clientes, fornecedores, acionistas, governos e com a comunidade onde atua é condição indispensável para o sucesso e a permanência no mercado. A desatenção com a governança corporativa e com as relações institucionais foi o que levou a desastres como os da Enron, WorldCom, Arthur Andersen e Parmalat.

O achatamento das estruturas organizacionais, a redução dos níveis funcionais, as fronteiras entre órgãos e até entre empresas ficando cada vez mais difusas, a ênfase saindo das "caixinhas" do organograma para os processos, ressaltam a importância das alianças, da cooperação e da comunicação intra e interorganizacional. Malgrado o seu compromisso com as demais atribuições, o Número 1 não pode abdicar da sua responsabilidade com a qualidade das relações institucionais.

Olhando para dentro da organização, cuidar da saúde dessas relações começa por conhecer e tratar da cultura e do clima organizacional. Isso é algo como "o cheiro do lugar" (Sumantra Ghoshal – revista *Exame* 08/02/2000). Como está o "cheiro do lugar" na sua empresa ou na sua equipe? A cultura e o clima são adequados aos grandes desafios do planejamento estratégico? O ambiente é de tranqüilidade, empolgação, ou é de medo ou apatia? Há criatividade, espírito empreendedor, ou conformismo e acomodação?

Para diagnosticar e trabalhar essas coisas, indispensáveis ao sucesso do plano, às vezes é necessária a ajuda de consultores externos. É que o Número 1, pelo "olhar acostumado", pode perder a capacidade de ver. Ficar contaminado pelo jeito como as coisas sempre foram feitas. Pode, ainda, não obter respostas sinceras dos subordinados por receio de retaliação, "puxa-saquismo" ou coisas desse tipo, comprometendo o diagnóstico.

O Número 1 deve alocar os recursos e comandar o tratamento das dessintonias identificadas o que poderá envolver a necessidade de treinamentos de desenvolvimento gerencial, trabalhos de desenvolvimento de equipes, reestruturações, remanejamentos, novas contratações, entre outras coisas.

Gestão de Processos

Muito provavelmente o planejamento estratégico terá determinado a necessidade de modificar alguns, senão muitos, dos processos organizacionais, para fazer face às novas exigências. Identificar os macroprocessos vitais da organização, aqueles que podem comprometer a implementação das estratégias, que têm a capacidade de provocar desastres, gerar prejuízos, levar à perda do cliente, ou ainda, de alavancar resultados e potencializar ganhos, está entre as responsabilidades do Número 1.

É preciso atentar, entretanto que, quando se começa um programa desse tipo, é comum a compulsão para padronizar tudo, todos os processos, inclusive o de fazer o cafezinho. Não se pode cair nessa tentação sob pena de gerar uma insana burocracia e perder o foco no que de fato interessa.

Alguns exemplos típicos de macroprocessos que podem clarear as idéias: atendimento a clientes; compras; contas a pagar; contas a receber; comunicação com o público; análise de crédito ou cadastro, auditoria de estoque; planejamento e controle da produção etc.

Uma vez padronizados os macroprocessos vitais poder-se-á implementar o gerenciamento dessas rotinas, para garantir a sua previsibilidade, e o gerenciamento das melhorias, que visa o aumento de performance.

Os conceitos e as ferramentas necessários à implementação dessas ações compõem os programas de qualidade total, havendo vasta literatura especializada no tema, razão pela qual não entro aqui em maiores detalhes.

Acredito que avaliar, redesenhar e padronizar os macroprocessos, envolvendo nesse trabalho as pessoas que participam da sua execução, inclusive o pessoal de nível operacional, é um instrumento importante para motivar e gerar comprometimento, requisitos indispensáveis ao sucesso na implementação dos planos.

Gestão de Desempenho

Normalmente, no final do ano, os gerentes de linha recebem da área de recursos humanos um calhamaço com formulários (e instruções de preenchimento), que devem ser preenchidos com a marcação de um "x", enquadrando os empregados em critérios como fraco, razoável, bom e excelente, ou coisas desse tipo, e devolvidos à mesma área de RH, até o dia 20 de dezembro (não me pergunte por que 20 de dezembro, talvez seja o Dia Nacional da Avaliação de Desempenho). As informações ali contidas, se é que têm algum valor, deveriam ser tratadas e trabalhadas por todos, mas, infelizmente, na maioria das vezes vão parar nos arquivos.

Depois de passar por vários processos desse tipo, descobri, no início dos anos 90, algo que ia numa direção diferente. Maria Diva Lucena, em seu livro *Avaliação de Desempenho*, Editora Atlas, 1995, leitura que recomendo aos interessados no tema, tratava de um processo que tinha na avaliação do desempenho apenas a parte final de algo maior, mais abrangente. Era a antítese daquele processo burro e injusto que avaliava sem nada ter discutido antes com os avaliados.

Sabendo disso, decidi não mais fazer aquela (com perdão da palavra) *sacanagem* – da avaliação tradicional – com meus subordinados. Mesmo gerando algum "calor" com a área de RH, aproveitei a concepção teórica geral, fiz as adaptações necessárias à prática e implantei o que passei a chamar de "Gerenciamento do Desempenho". Aliás, com todo o respeito, acho que esse deveria ter sido o título do livro da Maria Diva.

Em resumo, esse processo prevê a definição prévia das metas, dos resultados, de aspectos comportamentais esperados das pessoas, a determinação de indicadores gerenciais e dos instrumentos de medida que serão utilizados na avaliação, a negociação disso tudo com os responsáveis pelas diferentes áreas e processos da empresa, o acompanhamento ao longo do ano, com avaliações periódicas e sistemáticas a cada mês ou trimestre (por exemplo), a troca constante de *feedbacks*, a adoção de medidas corretivas ao longo do percurso, e, ao final, (quem sabe no mesmo dia 20 de dezembro), um "balanço" geral, para fechamento das avaliações. É um filme ao invés de uma fotografia.

Certa vez, ao concluir um dos primeiros ciclos anuais desse processo, com envolvimento do time de gerentes a mim subordinados, ouvi do grupo a afirmação de que era impossível tocar as rotinas de operação e manutenção da empresa e, "ainda por cima", cuidar do Gerenciamento do Desempenho, daquela maneira. Perguntei-lhes se preferiam retornar ao modelo antigo, mais simples. A resposta não poderia ter sido outra. Esse caminho não tem volta. É um caminho sólido com o qual os empregados e os gerentes se identificam e se comprometem porque participam da sua construção, porque é mais justo, porque é um processo negociado, porque todos conhecem antecipadamente as regras do jogo. Seguimos adiante com o novo processo, mesmo com a chiadeira que, alerto, sempre acontecerá.

Chamo a atenção para a importância de sistematizar as avaliações periódicas e de realizá-las, obstinadamente, cumprindo o cronograma.

É claro que isso dá muito mais trabalho, mas é uma ferramenta poderosa. Não é algo que deva ser utilizado pela área de RH, mas um instrumento do Número 1, que pode ser utilizado por ele, como suporte para a gestão do negócio.

Embora, no meu entendimento, não seja exatamente a mesma coisa, alguns podem achar mais charmoso chamar isso de *Balanced Scorecard*, o sistema da moda. Qualquer que seja o nome, esse é um instrumento para "amarrar as pontas" (no bom sentido e parodiando Oscar Motomura), fazendo o fechamento do circuito desde o planejamento até a implementação.

Finalizando, devo dizer que, cada uma das partes desse texto, quando vistas isoladamente, é tema de vasta literatura disponível no mercado. Assim, o meu propósito aqui foi mostrar uma visão desse conjunto, como pode ser visto na Figura 2 a seguir, considerando que essas partes constituem o sistema que considero ser – a Órbita do Número 1.

PLANEJAMENTO			IMPLEMENTAÇÃO		
PLANEJAMENTO ESTRATÉGICO	PLANEJAMENTO TÁTICO	PLANEJAMENTO OPERACIONAL	GOVERNANÇA E RELAÇÕES	GESTÃO DE PROCESSOS	GESTÃO DO DESEMPENHO
➢ Contexto ➢ Mercado ➢ Cenários ➢ Ameaças ➢ Oportunidades ➢ Pontos fortes ➢ Pontos fracos ➢ Missão ➢ Visão ➢ Valores ➢ Ojetivos	➢ Planejamento financeiro ➢ Orçamento de custeio ➢ Orçamento de investimento ➢ Planejamento de RH ➢ Planejamento de marketing ➢ Planejamento de tecnologia	➢ Plano de ação ➢ Plano de metas ➢ Definição de indicadores • O que? • Quando? • Quem? • Onde? • Como? • Porque? • Quanto?	➢ Gestão da cultura e do clima organizacional ➢ Gestão da comunicação empresarial ➢ Gestão das relações com empregados, cliente, fornecedores acionistas governo e comunidade	➢ Definição dos processos virtuais ➢ Identificação dos clientes dos processos ➢ Redesenho dos processos ➢ Padronização ➢ Treinamento ➢ Gestão da rotina ➢ Gestão das melhorias	➢ Avaliação das ações ➢ Avaliação das metas ➢ Avaliação dos resultados ➢ Avaliação dos processos ➢ Avaliação da cultura ➢ Avaliação do clima ➢ Feedbacks e ações corretivas

Figura 2: Síntese do Sistema.

Quero dizer também que, se você, Número 1, estiver só assinando cheques, controlando o ponto do pessoal, fiscalizando o cumprimento de tarefas ou "correndo atrás do prejuízo", talvez esteja na hora de rever os seus conceitos.

Ao Número 1 que esteja, efetivamente, no nível de diretoria, gostaria de lembrar que diretor não é para dirigir. É para dar a direção. Pode até dirigir, circunstancialmente, quando necessário, mas a maior parte do seu tempo deve ser dedicada a essas coisas tratadas aqui.

A todos os Números 1, gostaria de sugerir que façam, a si próprios, aquelas perguntinhas mágicas, muito comuns nos programas de administração do tempo: o que eu estou fazendo, que não precisaria ser feito?; o que eu estou fazendo, que outra pessoa poderia fazer?; o que eu estou fazendo, que só eu poderia fazer? e, o que eu "não" estou fazendo, que só eu posso fazer? Tudo o que está nesse texto são coisas que só você, Número 1, pode fazer.

Pense nisso e boa sorte.

Edilson Ronaldo L. Guimarães – Engenheiro eletricista, sócio, diretor e consultor da DIMENSÃO Consultoria Organizacional. (dimensão@dimensaocon.com.br)

Qualidade nos Serviços

Quando falamos em qualidade em serviços é necessário primeiro conhecer as características do mesmo.

Os serviços são experiências que o cliente vivencia enquanto que os produtos são coisas que podem ser possuídas. A qualidade de uma entidade intangível é mais difícil de ser avaliada do que de uma entidade tangível, como uma mesa. Boa parte do conhecimento de um objeto e da forma de se definir e avaliar sua qualidade depende do conhecimento que dele se obtém por meio dos sentidos. A intangibilidade dos serviços torna difícil para as pessoas avaliar o resultado e a qualidade dos mesmos. Como não se pode ver, tocar, provar ou cheirar um serviço do mesmo modo que um bem tangível, tanto o seu conhecimento quanto a qualidade que lhes são atribuídos dependem da consideração de fatores abstratos, antes mesmo dos fatores tangíveis eventualmente disponíveis. Assim, a definição e a avaliação da qualidade de um serviço tendem a ser mais complexas pela presença de conceitos abstratos.

As especificações de padrões, que constituem exigências comuns nos conceitos tradicionais de qualidade, exigem maior esforço mental para entendimento e especificações por causa das dimensões abstratas dos serviços. É mais fácil, por exemplo, especificar peso numa caixa de sabão em pó do que explicitar o nível de afabilidade para um vendedor. Isto se traduz não só na maior complexidade de definições de normas e padrões, como também na impossibilidade de elaboração de protótipos para testes prévios. Deste modo, quando se trata de serviços, o atendimento das exigências apresenta um desafio maior.

Nos serviços chamados profissionais, que são aqueles em que o cliente busca no fornecedor do serviço uma capacitação de que não dispõe, como é o caso de serviços médicos e de consultoria, o processo de prestação de serviços dá ênfase às pessoas, enquanto que os equipamentos são utilizados apenas como ferramentas de apoio. A utilização mais intensiva de equipamentos nos serviços profissionais está vinculada a sua flexibilidade, já que este processo visa à personalização do serviço a clientes específicos.

Nos serviços a característica simultaneidade faz com que o cliente seja um fator de produção, pois sua ausência impede a produção do serviço. Tanto a consulta médica como a produção de uma palestra salientam esta participação. Nos serviços com grande intensidade de mão-de-obra, a qualidade é criada durante o contato entre o cliente e o funcionário. Isso faz com que o pessoal de contato com o cliente, geralmente funcionários de nível médio ou baixo e muitas vezes mal-remunerados, tenha um papel-chave no sucesso das empresas, como é o caso das recepcionistas, vendedores, entre outros.

Homogeneidade de resultados, um dos pilares filosóficos da qualidade, significa obter consistentemente resultados de acordo com padrões preespecificados. Todavia, na maioria dos serviços, a heterogeneidade de resultados marca as operações, de maneira que cabe a pergunta: se os resultados não são iguais, qual deve ser o padrão? Serviços dependem em grande parte de PESSOAS e SITUAÇÕES. Pessoas causam heterogeneidade por não conseguirem produzir fielmente comportamentos passados e situações pelo fato de assimilarem variações ambientais e condições de prestação. Em serviços, a consistência relevante estabelece-se pela percepção dos clientes, em função de repetidas experiências com o serviço.

Um serviço é produzido em dois ambientes: PALCO (local onde o serviço é realizado) e BASTIDORES (retaguarda). É preciso que o pessoal de palco e de bastidores esteja bem entrosado. De que adianta um vendedor realizar um excelente negócio com o cliente, se o produto não é entregue no momento prometido e a nota fiscal está errada?

Em sondagem realizada no mercado brasileiro procuramos analisar os conceitos da qualidade dos serviços que as pessoas possuem e de que forma atuam no comportamento de compras de produtos e serviços.

Quando perguntado às pessoas o que as leva a comprar um produto, obtivemos os seguintes resultados:

Fatores	Importância %
Durabilidade	17,50
Garantia de Fábrica	14,2
Preço	12,00
Recomendações de Preço	9,80
Marca	9,40
Atendimento Local de Compra	9,00
Aparência do Produto	8,70
Inovação do Produto	8,40
Utilização para Teste	6,90
Propaganda	4,10

Ao serem perguntadas sobre o que as leva a escolherem uma empresa para realização de negócio o resultado foi:

Fatores	Importância %
Competência para Resolver Problemas	14,90
Velocidade no Atendimento	14,70
Preço	13,50
Condições de Pagamento	11,50
Facilidade de Acesso	11,40
Recomendações de Amigos	10,00
Nome no Mercado	8,50
Serviços Pessoais	8,50
Ambiente Físico	7,00

Como vemos, o que as pessoas querem é a solução dos seus problemas e com velocidade. É isso que faz um serviço ser diferenciado de outro.

Segundo Karl Albrecht, "Qualidade em Serviços" é a capacidade que uma experiência ou qualquer outro fator tenha para satisfazer uma necessidade, resolver um problema ou fornecer benefícios a alguém. No nosso entender serviços com qualidade são aqueles que são PERCEBIDOS pelo cliente como capazes de proporcionar-lhe satisfação. Como vemos, tudo depende da forma como o cliente compara a diferença entre percepções e suas expectativas. Vale salientar que a geração de expectativas e as percepções são geradas pelas PESSOAS.

Fernando Trigueiro – Mestre em Planejamento e Gestão Organizacional pela UAM-Espanha, autor do livro *Qualidade em Serviços e Atenção ao Cliente – Conceitos e Casos*, professor universitário e consultor de Gestão (focus@hotlink.com.br).

Referências Bibliográficas

ALBRECHT, Karl. *A Revolução nos Serviços*. São Paulo, SP: Ed. Pioneira, 1994.

CAMPOS, Eduardo Bueno. *Dirección Estratégica de la Empresa*. Madrid: Pirámide, 1996.

GIANESE, Irineu G. N., CORREA, Henrique Luiz. *Administração Estratégica de Serviços*. São Paulo, SP: Ed. Atlas, 1994.

TÉBOUL, James. *A Era dos Serviços: Uma Nova Abordagem de Gerenciamento*. Rio de Janeiro, RJ: Qualitymark Editora, 1999.

TRIGUEIRO, Fernando G. R. *Qualidade em Serviços e Atenção ao Cliente*. Olinda, PE: Focus Edições, 2001.

Repensando os Papéis de Recursos Humanos no Senai-PE*

Resumo

As transformações que vêm ocorrendo no mundo do trabalho demandam das áreas de RH notável esforço no sentido de repensarem suas funções, papéis e formas de atuar, vinculando suas ações aos objetivos estratégicos organizacionais e à gestão de mudanças.

Este trabalho tem como objetivo descrever e avaliar em até que ponto a área de Recursos Humanos do Senai-PE está desempenhando os quatro papéis apresentados por Ulrich (1998): de Parceiro Estratégico, Especialista Administrativo, Defensor dos Funcionários e Agente de Mudanças, na visão dos gestores e profissionais de RH.

Para atender o objetivo proposto utilizou-se uma pesquisa na instituição-foco do estudo, e foram analisados 30 questionários para a coleta de dados.

A análise dos dados permitiu identificar que a qualidade percebida pelos gestores e profissionais de RH em relação aos serviços prestados pela área de RH apresenta-se um pouco acima da média.

Introdução

As rápidas mudanças que estão ocorrendo no campo econômico, político e social interferem no mundo empresarial de tal forma que as empresas vêem a necessidade de constante atualização.

---

* Síntese da monografia apresentada ao Programa MBA – Executivo em Gestão do Comportamento Organizacional, realizado na UFPE, em fev./2003 a mai./2004. Promoveu ainda, no mesmo período, um novo modelo de Administração de Recursos Humanos compatível com os novos desafios institucionais e com os novos perfis requeridos pelo mercado e pela sociedade.

Num mundo marcado pela globalização, queda de fronteiras e busca de novos valores humanos, a sobrevivência da organização está diretamente relacionada a sua capacidade de incorporar rapidamente os novos conceitos e tecnologias e de buscar continuamente a qualidade de seus produtos e serviços, atuando competitivamente para conquistar espaços de mercados cada vez mais ampliados.

A competitividade estabelecida obriga as organizações à revisão dos seus conceitos de qualidade, produtividade, valores e comportamentos, imprimindo agilidade, flexibilidade e dinamismo diante da necessidade de respostas às demandas, buscando melhoria nas relações com seus fornecedores, clientes e comunidade.

Na nova economia, o capital intelectual é fator estratégico da organização, constituindo um diferencial competitivo, quando bem administrado. É através das pessoas que as organizações terão acesso à informação, ao conhecimento e à inovação para a obtenção dos melhores resultados. Reconhecer a importância e valorizar os talentos humanos possibilita a criação de valor para o negócio.

O Serviço Nacional de Aprendizagem Industrial (Senai), cuja missão é "contribuir para o fortalecimento da indústria e o desenvolvimento pleno e sustentável do país, promovendo a educação para o trabalho e a cidadania e serviços técnicos e tecnológicos", adotou em 1996 o Planejamento Estratégico como instrumento gerencial capaz de dar corpo e forma às ações de enfrentamento das mudanças dentro de um novo contexto Brasil e a Gestão pela Qualidade Total, como ferramenta capaz de promover a melhoria da qualidade de seus produtos e serviços, a partir do estabelecimento de padrões internos de qualidade.

Neste atual cenário de mudanças e avanços tecnológicos, a área de Recursos Humanos vem sofrendo constantes reformulações, exigindo dos profissionais de RH novas competências e um considerado grau de flexibilidade, buscando se adaptar a essas novas realidades.

Lidamos no cotidiano com questões relacionadas à mudança cultural, à qualidade de vida, à automotivação, à visão global e holística, ao desenvolvimento de equipes de trabalho etc. Os profissionais de RH buscam formas para auxiliar as organizações a manterem a competitividade por meio de processos que levem à humanização das organizações, à ampliação das capacidades e aos investimentos no potencial humano. Entretanto, convém refletir sobre a seguinte questão: qual a visão dos gestores e profissionais de Recursos Humanos sobre os papéis desempenhados pela área de RH?

Tal questão se justifica pela necessidade de diagnosticar de forma crítica como estão sendo desenvolvidas as atividades da Divisão de Recursos Humanos do Senai-PE.

Repensar o papel de RH no Senai-PE torna-se de fundamental importância nesse momento, pois durante muito tempo a área desempenhou funções administrativas, não participando, como na maioria das organizações, das formulações estratégicas, isto é, agindo como propulsora de ações que abrangem a trajetória profissional das pessoas na organização.

Portanto, levando-se em consideração essas reflexões aqui apresentadas, propõe-se realizar um diagnóstico com a intenção de avaliar em até que ponto a área de Recursos Humanos do Senai-PE está desempenhando os quatro papéis apresentados por Ulrich (1998): parceiro estratégico, especialista administrativo, defensor dos funcionários e agente de mudanças, na visão dos gestores e profissionais de RH.

A partir dos resultados obtidos com a realização do diagnóstico, serão sugeridas medidas e ajustes necessários, com o objetivo de melhor adequar os papéis da área de RH aos objetivos e metas estratégicas da instituição, bem como assegurar a sua eficácia.

Tal estudo poderá trazer grandes contribuições para:

- **A Instituição:** as práticas eficazes de RH podem favorecer a obtenção de melhores resultados, contribuindo para o atingimento dos objetivos e fortalecendo o alinhamento estratégico da área de RH.

- **Os profissionais de RH:** por gerarem um diagnóstico que subsidiará a avaliação das atividades por eles desempenhadas, apontando pontos fortes e fracos.

- **A área de RH:** poderá ajustar suas práticas às necessidades dos clientes, tornando-se mais respeitada e reconhecida pela sua importância em criar valor e produzir resultados para a instituição, a partir do diagnóstico.

- **O mercado e a comunidade acadêmica:** acredita-se que este estudo estimulará outras empresas a fazerem o mesmo, repensando os papéis da área de RH, ajustando-os à nova realidade e dando-lhe uma nova posição de destaque na instituição.

O Modelo de Múltiplos Papéis para a Administração de Recursos Humanos

Ulrich (1998) propõe um "Modelo de Múltiplos Papéis" para a gestão de RH. Conforme o autor, os profissionais de RH para criar valor e obter resultados na empresa precisam começar, não pelo foco nas atividades, mas pela definição das metas, as quais garantem os resultados de seu trabalho. Com as metas definidas, podem-se estipular os papéis e as atividades de parceiros empresariais.

A estrutura no Quadro 1 descreve as metas e os quatro papéis principais que esses profissionais devem desempenhar para converter sua parceria empresarial em realidade.

Quadro 1: Papéis de RH na Construção de uma Organização Competitiva

FUTURO/ESTRATÉGICO FOCO			
PROCESSOS	Administração de Estratégia de Recursos Humanos	Administração da Transformação da Mudança	PESSOAL
	Administração da Infra-estrutura da Empresa	Administração da Contribuição dos Funcionários	
COTIDIANO/OPERACIONAL FOCO			

Fonte: Ulrich, 1998.

Para este autor, os dois eixos representam o foco e as atividades do profissional de RH. O foco vai do estratégico de longo prazo ao operacional de curto prazo. Esses profissionais precisam aprender a ser ao mesmo tempo estratégicos e operacionais, concentrando-se no longo e no curto prazos. As atividades se estendem da administração de processos (ferramentas e sistemas de RH) à administração de pessoal. Esses dois eixos delineiam quatro papéis principais de RH:

1. Administração das estratégias de recursos humanos;

2. Administração da infra-estrutura da empresa;

3. Administração da contribuição dos funcionários; e

4. Administração da transformação e da mudança.

Para a compreensão dos papéis, devemos considerar os três pontos seguintes: os resultados a serem atingidos desempenhando cada papel, a metáfora característica ou imagem visual que acompanha cada papel e as atividades que o profissional de RH deve executar para desempenhar cada papel, que podemos entender e referenciar por meio do Quadro 2 que se segue:

Quadro 2: Definição dos Papéis de RH

Papel/Função	Resultado	Metáfora	Atividade
Administração de Estratégias de Recursos Humanos	Execução da estratégia	Parceiro Estratégico	Ajuste das estratégias de RH à estratégia empresarial: "Diagnóstico organizacional"
Administração da Infra-estrutura da Empresa	Construção de uma infra-estrutura eficiente	Especialista Administrativo	Reengenharia dos Processos da Organização: "Serviços em comum"
Administração da Contribuição dos Funcionários	Aumento do envolvimento e capacidade dos funcionários	Defensor dos Funcionários	Ouvir e responder aos funcionários: "Prover recursos aos funcionários"
Administração da Transformação e da Mudança	Criação de uma organização renovada	Agente da Mudança	Gerir a transformação e a mudança: "Assegurar capacidade para mudança"

Fonte: Modelo de Múltiplos Papéis para a Administração de Recursos Humanos, segundo Ulrich (1998).

- **Parceiro Estratégico** – porque alinham seus sistemas de RH à estratégia empresarial e estabelecem prioridades de RH para a organização;
- **Especialista Administrativo** – porque poupam gastos a suas empresas mediante a concepção e a obtenção de resultados mais eficientes de sistemas de RH;
- **Defensor dos Funcionários** – porque garantem que as contribuições dos funcionários à empresa permaneçam elevadas, tanto em termos de dedicação quanto de competência;
- **Agente de Mudança** – porque ajudam as empresas nas transformações e na adaptação as condições empresariais que se alteram.

Ser um parceiro empresarial significa, segundo o autor do modelo, exercer com habilidade e flexibilidade exigidas, conforme o estágio de maturidade e competitividade do negócio, os quatro múltiplos papéis de RH: parceiro estratégico, especialista administrativo, defensor dos funcionários e agente de mudança.

Planejamento da Pesquisa

Perfil da Organização Pesquisada

O Serviço Nacional de Aprendizagem Industrial (Senai) foi criado em 22 de janeiro de 1942, através do Decreto-lei 4.048, assinado pelo então presidente da República, Getúlio Vargas. É subordinado à Confederação Nacional da Indústria e às Federações de Indústrias Estaduais.

É uma instituição criada e mantida pela iniciativa privada, cuja estrutura está dividida em dois blocos. De um lado, os órgãos normativos: Conselhos Nacional e Regionais, que definem a política de funcionamento e atuação do Sistema. Do outro lado estão os órgãos de administração, compostos pelo Departamento Nacional e por 27 Departamentos Regionais.

Configura-se como a maior rede de ensino privado do país, em termos de formação, especialização e aperfeiçoamento de mão-de-obra.

Atua em diversas áreas, entre as quais se destacam: alimentos, confecção, construção civil, eletroeletrônica, informática, mecânica, refrigeração, têxtil e outras.

Os principais produtos e serviços do Senai são: educação profissional, serviços técnicos e tecnológicos e serviços laboratoriais.

Para oferecer os seus serviços, o Senai-PE conta com dez unidades de Educação e Tecnologia, uma Agência de Tecnologia e Desenvolvimento e duas Agências de Treinamento.

Metodologia

Esta pesquisa tem caráter qualitativo do tipo estudo de caso. Segundo Richardson (1989), os estudos que empregam uma metodologia qualitativa podem descrever a complexidade de determinado problema, analisar a interação de certas variáveis, compreender e classificar processos dinâmicos vividos por grupos sociais, contribuir no processo de mudança de determinado grupo e possibilitar, em maior nível de profundidade, o entendimento das particularidades do comportamento dos indivíduos.

Optou-se, como estratégia de pesquisa pelo estudo de caso, por permitir o estudo do fenômeno em profundidade dentro do seu contexto, conforme afirma Roesch (1999).

Para estudar a área de RH e avaliar suas funções no Senai-PE foi utilizada a pesquisa de avaliação dos papéis de recursos humanos apresentada pelo autor Ulrich (1998), cujo instrumento de coleta de dados encontra-se no anexo do livro (ver bibliografia).

A população total foi composta por 30 colaboradores do Senai-PE, dos quais 24 eram gestores e 6 profissionais de RH. Esta classificação gerou a estratificação da amostra por estes dois segmentos: gestores de linha e profissionais de RH.

Os questionários foram enviados para a totalidade da amostra. A taxa de retorno foi de 100% para os profissionais de RH e de 75% para os gestores de linha, o que se configurou como satisfatórias para os fins deste estudo.

Os questionários da pesquisa eram constituídos de 40 questões e foram utilizados como instrumento para coleta dos dados. Foram aplicados durante uma reunião realizada em unidade de trabalho do Senai. Para aqueles gestores que não compareceram à reunião, os questionários foram enviados via malote.

Para a análise dos dados utilizou-se de estatística descritiva visando a apresentar percentuais e freqüência das dimensões do modelo, na opinião dos pesquisados.

A pesquisa operacionaliza descritores específicos de conceitos, atividades e práticas de RH para cada papel e, na tabulação dos resultados, proporciona um perfil da qualidade de RH para cada um deles. A folha de registros, incluída na pesquisa, fornece dois tipos de informação: a nota total para os quatro papéis e a distribuição dos pontos entre os quatro papéis, indicando a percepção corrente da qualidade dos serviços de RH para cada um.

Para a análise, um aspecto relevante é possibilitar a comparação dos resultados das respostas dos gestores com as dos profissionais de RH, visando a verificar até que ponto as duas perspectivas se ajustam.

Análise dos Dados

Visando a uma melhor interpretação dos resultados obtidos, decidiu-se por apresentar a análise separada dos quatro papéis avaliados da área de recursos humanos: parceiro estratégico, especialista administrativo, defensor dos funcionários e agente de mudanças.

Parceiro Estratégico

De acordo com o que mostra o Gráfico 1, tanto os gestores quanto os profissionais de RH avaliaram a área de Recursos Humanos desempenhando o papel de parceiro estratégico na média (3,3 pontos e 3,2 pontos). Os resultados indicam que gestores e profissionais consideram mediana a performance da divisão de recursos humanos no papel de parceiro estratégico.

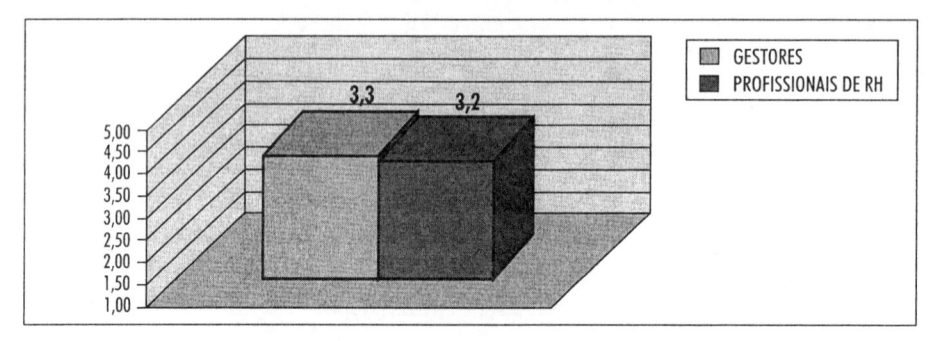

Gráfico 1: Pesquisa – Parceiro Estratégico

Conforme Ulrich (1998), quando surge o empate nas expectativas significa que os profissionais de RH e os gestores consideraram a função da mesma maneira. A coincidência entre as expectativas pode ser entendida de forma positiva, desde que isso represente um acordo quanto aos papéis e à liberação de serviços de RH.

Por outro lado, a coincidência pode ser percebida de forma negativa, quando as expectativas são baixas. Isto significa que nem os profissionais de RH nem os gestores possuem uma visão elástica para o setor de RH.

Corroborando o pensamento do autor, que revela que atualmente, na maioria das empresas, a responsabilidade pela execução de estratégias é dividida entre os profissionais de RH e os gestores. Como parceiros, cada um traz para a discussão das estratégias suas próprias habilidades e talentos, e em conjunto, agrupam-se em equipes para realizar metas empresariais.

Um dos grandes desafios, segundo Ulrich (1998), é tornar as práticas de RH parte integrante do processo de planejamento empresarial. É necessário que os profissionais da área de RH atuem com os gestores de linha de modo que as práticas de RH realizem a estratégia empresarial.

Especialista Administrativo

O Gráfico 2 apresenta os resultados obtidos quanto ao papel de especialista administrativo.

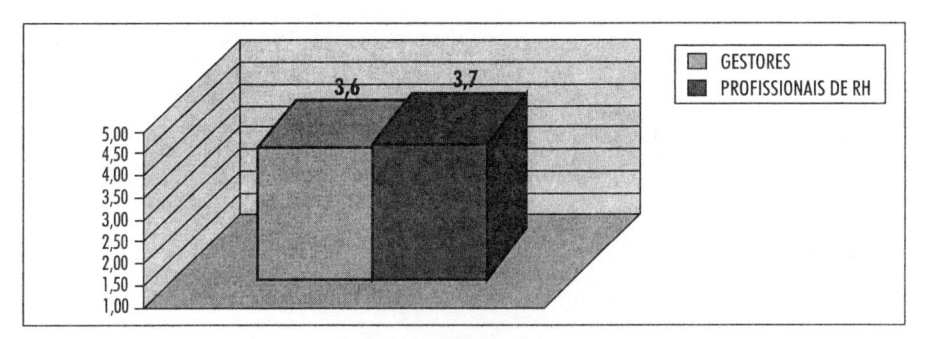

Gráfico 2: Especialista Administrativo

(Gestores: 3,6; Profissionais de RH: 3,7)

Neste papel, os dados mostram que tanto os profissionais de RH quanto os gestores percebem a área de RH um pouco superior à média. Este resultado demonstra um direcionamento das atividades de RH nas questões administrativas da área.

Conforme o Gráfico 2, tanto os profissionais de RH quanto os gestores atribuíram pontuações muito próximas (3,7 e 3,6) à divisão de RH no tocante ao desempenho do papel de especialista administrativo, denotando uma grande aproximação nas percepções de ambos.

A média dos pontos alcançada pela área de RH no desempenho do papel de especialista administrativo, quando comparada com as outras médias obtidas no desempenho dos outros papéis apresentados por Ulrich, é a de maior pontuação. Tal resultado reforça a atuação da área de RH do Senai no papel tradicional de concepção e desenvolvimento de processos para aquisição, desenvolvimento e manutenção dos talentos humanos na organização.

Conforme Ulrich (1998), embora esse papel tenha sido minimizado e até repudiado com a passagem para um foco estratégico, sua realização bem-sucedida continua a adicionar valor à empresa.

Segundo o autor, os profissionais de RH podem alcançar a eficiência administrativa de duas maneiras diferentes. A primeira é garantindo a eficiência dos processos de RH e a segunda é mediante a contratação, treinamento e premiação de gerentes que aumentem a produtividade e reduzam as perdas.

Defensor dos Funcionários

No Gráfico 3, podemos observar a mesma média obtida (3,0) tanto na percepção dos profissionais de RH como dos gestores no tocante ao papel da área de RH como defensor dos funcionários. Quando comparado com os outros papéis desempenhados pela área de RH, este apresenta a menor pontuação.

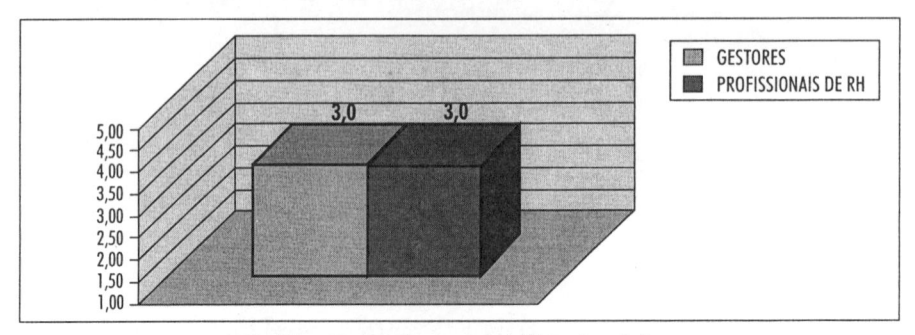

Gráfico 3: Defensor dos Funcionários

Segundo Ulrich, o foco na contribuição dos funcionários decresceu na maioria das empresas nessas últimas duas décadas. Em anos recentes, as empresas adotaram iniciativas de produtividade, o que demanda que os profissionais de RH focalizem a infra-estrutura e seu papel de especialistas administrativos.

Entretanto, no atual contexto caracterizado pela necessidade constante do conhecimento, o profissional de RH no papel de defensor dos funcionários deve buscar constantemente a melhoria da competência, do desempenho e do compromisso dos colaboradores, considerando que as pessoas poderão trazer para as organizações valiosas contribuições, conforme enfatiza o autor.

Agente de Mudanças

Os resultados relativos ao papel de agente de mudanças são apresentados no Gráfico 4, exposto a seguir.

Conforme mostra o gráfico, tanto os gestores quanto os profissionais de RH avaliaram a Divisão de Recursos Humanos desempenhando o papel de agente de mudanças na média (3,5 pontos e 3,3 pontos).

Neste papel, os resultados indicam que tanto os gestores quanto os profissionais de RH consideram mediana a participação da área de RH nos processos de mudança da organização.

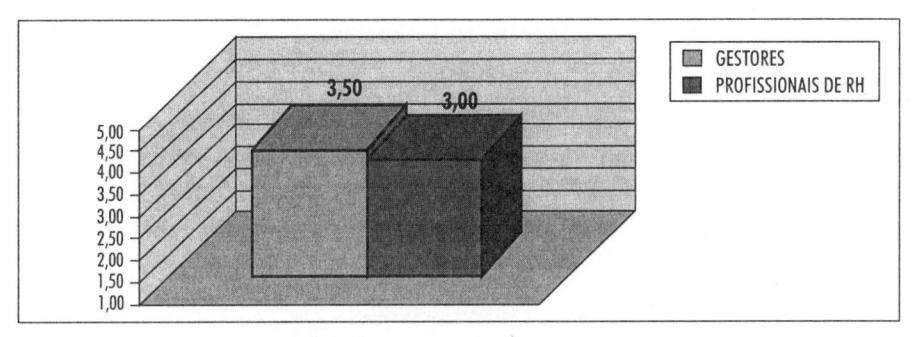

Gráfico 4: Agente de Mudanças

Segundo Ulrich (1998), os profissionais de RH precisam enfrentar o paradoxo inerente a qualquer processo de mudança organizacional. Devem lidar e valorizar as tradições e história da organização e, ao mesmo tempo, focar e conduzir as pessoas em direção ao futuro planejado.

A nota total dos pontos para os quatro papéis constitui uma avaliação geral da qualidade global dos serviços de RH. No caso em questão, a área de RH do Senai alcançou um escore de 13,4 na percepção dos gestores e 13,2 na percepção dos profissionais de RH.

Conforme Ulrich, notas globais acima de 16,0 podem ser consideradas elevadas, indicando uma percepção de alta qualidade na execução de serviços. Notas globais abaixo de 9,0 indicam serviços percebidos como de baixa qualidade geral. Portanto, a média alcançada pelo Senai apresenta-se um pouco superior ao ponto médio.

Considerações Finais

O objetivo principal desse estudo foi avaliar em até que ponto a área de RH do Senai-PE, está desempenhando os quatro papéis apresentados por Ulrich (1998) de parceiro estratégico, especialista administrativo, defensor dos funcionários e agente de mudanças, na visão dos gestores e profissionais de Recursos Humanos.

O fato deveu-se às grandes transformações que estão ocorrendo no mundo do trabalho, demandando das organizações novas formas de gestão, visando a atingir resultados e se manterem competitivas no mercado. Repensar os papéis de RH no Senai-PE, neste momento, torna-se de grande importância.

Utilizando-se o modelo conceitual criado pelo professor Dave Ulrich, foi possível avaliar os quatro papéis exercidos pela área de RH.

Diante dos resultados apresentados, pode-se concluir que os gestores e profissionais de RH consideram um pouco acima da média a qualidade dos serviços prestados pela divisão de recursos humanos no desempenho dos quatro papéis, com variações muito próximas, como já descrito anteriormente na interpretação dos dados da pesquisa.

É oportuno ressaltar que foi observado que os gestores e os profissionais de RH percebiam a área de RH em uma dimensão menor do que a apresentada pelo autor, no modelo de múltiplos papéis de RH.

Segundo Ulrich (1998) o novo papel de RH não se limita a mudar de foco operacional para o estratégico, mas identificar, aprender e dominar os papéis múltiplos e complexos que o RH deve executar na organização, tanto em nível operacional quanto estratégico, bem como nas dimensões de processo e pessoas.

Acredita-se que este trabalho proporcionou uma visão mais detalhada sobre o papel da área de RH, contribuindo para a instituição pesquisada, pelo fato de que se percebe que o Senai-PE está passando por um momento de transformação, revendo sua forma de atuar com referência à gestão de pessoas, de modo a evoluir ainda mais no seu desenvolvimento e crescimento, contribuindo também para dar suporte inicial para outras empresas que estão ainda em busca da melhoria em suas áreas de RH.

Glória Maria Perez de Moura – Psicóloga, com Pós-Graduação em Gestão de RH pela FCAP, Gestão de Qualidade e Produtividade na Politécnica de Pernambuco, MBA em Gestão de Comportamento Organizacional pela UFPE. Analista de Administração em Talentos Humanos. Trabalhou em empresas como Bompreço, Lojas Americanas e Borborema (gperez@pe.senai.br).*

Referências Bibliográficas

GUBMAN, Edward. *Talento: Desenvolvendo Pessoas e Estratégias para Obter Resultados Extraordinários*. Rio de Janeiro, RJ: Ed. Campus, 1999.

MILKOVICH, George T. *Administração de Recursos Humanos*. São Paulo, SP: Ed. Atlas, 2000.

PFEFFER, Jeffrey. *Vantagem Competitiva Através de Pessoas*. São Paulo, SP: Ed. Makron Books, 1994.

PORTO, Cláudio. Gestão Estratégica do Desempenho e do Desenvolvimento de Pessoas. *In: Especialização para Gestores de Instituições de Ensino Técnico*. Florianópolis, Universidade Federal de Santa Catarina, 1997. (Planejamento Estratégico e Sistemas, módulo 2.)

RICHARDSON, Roberto J. *Pesquisa Social: Métodos e Técnicas*. São Paulo, SP: Ed. Vozes, 1989.

ROESCH, Silvia M. *Projetos de Estágio do Curso de Administração*. São Paulo, SP: Ed. Atlas, 1996.

SILVA, Uaci Edvaldo Matias da. *O SENAI*. Brasília, SENAI/DN, (Série SENAI Formação de Formadores), 1999.

ULRICH, Dave. *Os Campeões de Recursos Humanos: Inovando para Obter os Melhores Resultados*. São Paulo, SP: Ed. Futura, 1998.

Os Novos Paradigmas Organizacionais
Reflexões sobre a Formação para a Gestão de Pessoas

Os conceitos administrativos sobre a gestão de pessoas têm evoluído na mesma velocidade das transformações organizacionais. Percebida inicialmente como área da Administração Geral, gestão de pessoas é hoje um tema central no desenho conceitual dos empreendimentos modernos. Cresce por parte dos formuladores a percepção sobre o caráter nuclear do assunto, assim como a consciência dos responsáveis por resultados sobre a universalidade do tema para todas as áreas de negócios.

Os discursos sobre a nova *administração de recursos humanos* têm desafiado o paradigma tradicional da Administração, que regulou por décadas o pensamento e a prática dos gestores. Constrói-se à unanimidade o argumento de que o modelo tradicional já não se mostra suficiente nem para explicar a complexidade do trabalho humano nas organizações atuais nem para prover políticas de gestão adequadas às novas demandas dos cidadãos nelas envolvidos.

O novo ambiente de trabalho, com o relato das constatações sobre as mudanças na força de trabalho, nas expectativas dos indivíduos (colaboradores, clientes internos, cidadãos), nas carreiras profissionais, na demanda de novos perfis gerenciais (chefe, líder, instrutor), no contexto sociocultural e histórico, e seu desdobramento na fisionomia organizacional, povoam os textos e as salas de aula, alicerçando a necessidade de construção de um modelo de RH com foco na agregação de valor, tal como exigido de outros subsistemas organizacionais.

Embora as qualificações técnicas sejam obviamente necessárias, é urgente preparar programas capazes de gerar conhecimentos de cunho essencialmente metodológico e teórico. Um modelo de formação em gestão de pessoas precisa ultrapassar a visão instrucional e construir uma visão formativa. A análise da realidade, em contínua mudança, com ferramentas metodológicas adequadas, passa a fazer parte das exigências profissionais e das tarefas habituais no campo da gestão de pessoas, verdadeiro ambiente de "trabalhadores do conhecimento", voltados à idéia de agregar valor ao binômio indivíduo-organização.

A análise da trajetória da Teoria da Administração já demonstra a direção desse movimento, da organização racional para o trabalho coletivo, da especialização para o rodízio funcional, dos incentivos materiais para a consideração sobre moral e atitude.

São do conhecimento geral as críticas sobre o caráter mecanicista da abordagem primacial da administração. A divisão atomista do trabalho e a conseqüente necessidade de superespecialização, a ênfase no desenho estático de cargos e tarefas, uma acentuada miopia acerca do caráter social do desempenho humano e da importância do lado informal da organização figuram em qualquer apreciação crítica da Administração Científica. Faz-se necessário explicitar que no mesmo âmbito crítico evidencia-se o reconhecimento de que a nascente ciência equivalia, para a época, a *uma variedade de mudanças, a uma grande revolução mental*, na forma de organizar os locais de trabalho. A incansável obstinação contra a ineficiência no desempenho das tarefas levou à formulação da *gestão sistemática*, e à convicção de que à gerência cabia a tarefa de desenhar o fluxo de trabalho, "porque os trabalhadores não têm tempo de pensar no melhor sistema de trabalho e também de trabalhar" (Wrege,1991).

Mesmo desdobramentos conceituais e tentativas operacionais subseqüentes parecem também não responder totalmente aos desafios do quadro mais recente. À abordagem clássica, não obstante a ampliação do enfoque de tarefa para o de inserção do trabalho na estrutura organizacional, debita-se uma ingênua simplificação, "simplória e reducionista" (Chiavenato,1993), da organização formal, decorrente de concepção racionalista, indiferente à natureza diversa de variáveis organizacionais como o comportamento humano.

A referência às soluções trazidas pela escola de relações humanas esbarra na constatação, reincidente, de inadequadas com referência à questão da integração do indivíduo ao trabalho, em parte pelo caráter reativo que lhe conferiu o momento histórico da elaboração, em parte por ausência de maior espaço conceitual no que diz respeito ao modelo de comportamento humano. Ressalta-se, todavia, a reconceptualização da Administração, percebida a partir de então como ciência social aplicada, mais do que como engenharia do fator humano.

A utilização de conceitos provenientes da teoria geral dos sistemas trouxe ao raciocínio administrativo a ampliação na consideração de variáveis significantes da situação total. A compreensão do funcionamento da organização, considerada como sistema aberto, implica a consideração das exigências e restrições impostas pelo meio ambiente.

A reflexão sobre a formação de gestores de pessoas abrange, de forma desafiadora, a necessidade de incorporação de conceitos clássicos e tradicionais e, simultaneamente, um esforço de reconceituação.

A gestão da capacidade humana nas organizações implica hoje necessariamente a adoção de paradigma transdisciplinar. Mais do que funções de administração de recursos, urge entender, de forma compreensiva e abrangente, a complexa realidade composta pelo indivíduo, seu grupo de trabalho, o ambiente organizacional e o contexto social circundante, cada um em dimensões múltiplas e variáveis.

A elaboração de um modelo de compreensão do processo de gestão caracteriza-se, primeiramente, pela evidência da expansão da área de abrangência do que tradicionalmente se percebeu como campo da administração de recursos humanos. Do conhecido "departamento de pessoal", passando pela área de *relações industriais* e pelo consagrado "recursos humanos" até os mais atuais "gestão de pessoas, gestão da capacidade humana", a terminologia, mais do que mudanças estruturais, denuncia uma revolução conceitual. Modelo de gestão de pessoas significa a elaboração e implementação de novas formas de conduzir interesses, pessoais e organizacionais, de forma coerente com a transição da organização voltada para os recursos para a organização voltada para a demanda.

Nessa linha há de se constatar a ampliação do conceito de desempenho como dramático e cultural, no sentido da interação entre gerentes e outros membros da organização no processo de construir o sentido da identidade organizacional (Corvellec, 1997). Ou, ainda, como resultado de atividades, quantificável através de medidas, sendo sinônimo de eficiência ou de atingimento de objetivos formais. O sistema de gestão de desempenho, em tempos de sociedade do conhecimento, pós-moderna, reflete a associação de objetivos estratégicos e competências coletivas.

As habilidades e os conhecimentos individuais constituem a base da competência coletiva, havendo elementos críticos necessários ao trabalho eficaz. Como expressão de uma determinada percepção do mundo e de normas socioculturais, os elementos críticos individuais refletem um conjunto de traços e características hoje demandadas, em que se aproxima o conceito de desempenho eficaz ao de desempenho criativo. Conforme lembra Alencar (1998) "há um reconhecimento crescente de que a criatividade é um fator-chave para a inovação e o sucesso em longo prazo das organizações. Devido à globalização, à competição no ambiente de negócios e ao ritmo acelerado da mudança, as organizações têm sido pressionadas a fazer um melhor uso de seus recursos disponíveis, e aqui incluiríamos a criatividade de seus recursos humanos". Esse conjunto inclui traços e características como aspectos de personalidade, automotivação, capacidade de empreendedorismo e de assumir riscos. No dizer de Alencar (1998), combinam-se dois conjuntos de aspectos:

- **Habilidades cognitivas:** estas incluem tanto a fluência, a flexibilidade e a originalidade de idéias, que caracterizam o pensamento divergente, como o raciocínio analítico e crítico.

- **Expertise na área:** embora uma preparação sólida não seja uma garantia para a criatividade, é indubitável que quanto maior a bagagem de conhecimento e experiência, maiores as chances de se produzirem idéias que sejam inovadoras e de valor.

As exigências de características individuais conduzem à análise das condições de desempenho no nível da organização. Variáveis como estrutura, desenho de tarefas, cultura e estilo de gerência. Trata-se de visualizar o capital humano, os talentos, a competência em um contexto que lhe dá base, condições de operar, infra-estutura física e social.

A tendência de se conceber o desempenho como um fenômeno de natureza intrapsíquica, centrada no indivíduo e dependente de fatores como estilos de pensamento, características de personalidade, valores e motivação pessoais, parece ter criado um espaço estreito para a conceituação e a prática da gestão de pessoas. Essa visão lógica *cargo-requisito* do desempenho tem sido questionada e o papel vital de fatores do contexto interno e das forças sociais, inclusive externas ao âmbito organizacional, tem sido posto em relevo.

Trata-se, então, do processo de construção de estrutura organizacional capaz de buscar os objetivos definidos. Trata-se de um processo interativo, com influências recíprocas, de aspectos internos e externos. Exercita-se uma dupla dependência, externamente, da estratégia ante os impactos, sociais, econômicos, jurídicos, de negócios, dos interesses grupais, e internamente, da tecnologia utilizada, do ambiente de gestão, dos produtos sociais das interações humanas.

Nessa instância, são críticos, conforme referido, os conceitos de cultura, estilo gerencial e aprendizagem organizacional. A cultura organizacional inclui os valores predominantes no ambiente de trabalho e a compreensão de sua interferência no desempenho individual e dos grupos de trabalho enseja, mais do que a construção de instrumentos de detecção, a formação de prontidão perceptual acurada. Sabe-se que decisões tomadas sem consciência das forças culturais operantes podem ter conseqüências imprevistas ou indesejáveis. Seu reconhecimento viabiliza o entendimento de práticas e políticas administrativas, e, sobretudo, cria referências para o estabelecimento de significados das lógicas programáticas à luz de sua dimensão simbólica. Os processos administrativos e as práticas de gestão, em suma, revestem ritos de iniciação, de passagem, de exclusão, mecanismos de identificação, normas e regras de convívio. Uma compreensão do conceito de cultura aponta para o "conjunto de pressupostos básicos que um grupo inventou, descobriu ou desenvolveu ao aprender como lidar com os problemas de adaptação externa e integração interna e que funcionaram bem o suficiente para serem considerados válidos e ensinados a novos membros como a forma correta de perceber, pensar e sentir, em relação a esses problemas" (Schein).

O enfrentamento da complexidade e da mudança aproxima gerência e liderança. Likert (1971) trabalhando com variáveis comparativas, como o processo de tomada de decisões, as comunicações, os sistemas de interação e de influenciação entre os participantes, a fixação de objetivos, o controle organizacional sobre o desempenho, o relacionamento interpessoal, os sistemas de recompensas e de punições, já assinalava, de toda forma, que a ação administrativa pode assumir diferentes características dependendo de certas condições internas e externas da organização. Pode-se identificar esforço permanente na Teoria da Administração em estabelecer a ligação entre a tecnologia utilizada pela empresa, as características das pessoas envolvidas e os sistemas administrativos. A gerência de processos e sistemas há de pressupor a liderança de pessoas, o envolvimento das pessoas. O esforço, gerencial, para a obtenção de resultados dentro de padrões de eficiência congrega, no contexto dos desafios atuais, a liderança com habilidade para definir e expressar valores, para a construção conjunta de visões e objetivos, para a construção de relações e de flexibilidade cognitiva, emocional e comportamental.

O desenvolvimento de cultura voltado para novos paradigmas de aprendizagem, calcado na idéia de "aprender-a-aprender", parece representar a superação de equivocadas concepções em que qualificação instrumental e formação conceitual estão desenhadas em termos opostos. Interpretar e atualizar de forma constante e abrangente a experiência e os conhecimentos adquiridos constitui a estratégia para compreensão e atuação sobre realidades progressivamente complexas e permanentemente mutáveis. Desenvolver capacidade de adaptação e de mudança contínua passa pela criação de cultura de visão compartilhada e pela visualização do sistema de inter-relações que envolvem os processos, as funções e as interações organizacionais.

Um modelo constitui, por definição, uma simplificação da realidade, visando demonstrar relações complexas. Definiu-se, neste artigo, um esforço de formulação de modelo de formação para a gestão de pessoas, focado em seus conteúdos, considerando como base consistente para elaboração a descrição dos objetos aos quais está voltada a moderna teoria da administração. O estudo de funções e métodos de Administração ganha sentido quando permeado de abrangente abordagem acerca de variáveis significantes como o indivíduo, o grupo de trabalho, o ambiente organizacional e o contexto sociocultural.

Hermes Dorta Pessoa Filho – Mestre em Administração, Professor Universitário, Coordenador do curso de Pós-Graduação em Gestão da Capacidade Humana nas Organizações – FCAP. (hermes@hotlink.com.br)

Referências Bibliográficas

ALENCAR, Eunice Soriano. Promovendo um Ambiente Favorável à Criatividade nas Organizações. *Revista de Administração de Empresas*. São Paulo, v. 38, nº 2, abr./jun., 1998.

CHIAVENATO, Idalberto. *Comportamento Organizacional*. São Paulo, SP: Ed. Pioneira Thomson Learning, 2004.

CORVELLEC, H. *Stories of Achievement*. Londres: Transactions Publishers, 1997.

LIKERT, R. *Novos Padrões de Administração*. São Paulo, SP: Ed. Pioneira. 1971.

SCHEIN, Edgar H. *Guia de Sobrevivência da Cultura Corporativa*. Rio de Janeiro, RJ: Ed. José Olympio, 2001.

WREGE, C. Frederick W. Taylor. The Father of Scientific Management. *In: RSP*, Rio de Janeiro, ano 49, out./dez., 1998.

ZABOT, João Batista, SILVA, Luiz. *Gestão do Conhecimento*. São Paulo, SP: Ed. Atlas, 2002.

Estratégia Empresarial para um Novo Mundo do Trabalho

Introdução

Visão Mundial de um Ambiente Globalizado

Barbosa Lima Sobrinho, jornalista, escritor e intelectual, que tanta falta nos faz refletida pela imensa saudade deixada, sintetizou: "... globalização nada mais é do que um simples intercâmbio maior e mais acelerado entre os países".

A globalização se caracteriza pelo complexo sistema de troca de bens e serviços produzidos, distribuídos e entregues por e entre diversos países. Tal processo encontra-se em pleno funcionamento em nível mundial desde os primórdios dos transportes entre localidades, tendo como ponto de partida a invenção da canoa para escoar o excedente agrícola. Foi dessa forma muito simples, segundo o historiador Edward Mcnall, que há 27.000 anos tiveram início as trocas realizadas com as comunidades vizinhas e conseqüente expansão do mercado.

O que está em curso no momento presente é a aceleração deste intercâmbio. Os economistas acreditam que até 2010 tal processo estará consolidado e operando na velocidade desejada e requerida pelo ambiente mundial, o qual se apresentará definitivamente globalizado.

Neste contexto de consolidação do processo de globalização da economia, empresários, dirigentes e executivos precisam captar, gerar e transformar informações em conhecimentos sobre mercados e clientes. O mundo dos negócios gira em torno do mercado e do cliente agora globalizados.

O grande desafio a ser superado pelas empresas durante a primeira década do terceiro milênio, 2001-2011, certamente é desenvolver uma capacidade estratégica que promova pleno domínio do mercado local, mas que, ao mesmo tempo, contemple uma visão globalizada da cada vez mais complexa realidade do mundo dos negócios.

Dominar completamente a realidade do mercado local, incorporando uma visão global, significa desenvolver as capacidades empresariais de pesquisa e estudos para gerar informações seletivas, adequadas, confiáveis e, principalmente, oportunas. O recurso patrimonial informação – é assim que este importante elemento de gestão vem sendo tratado há algumas décadas – é utilizado pelas empresas para ser transformado em conhecimento.

O conhecimento empresarial alimenta o processo de tomada de decisão, o qual deve incorporar três perspectivas:

- **Perspectiva 1** – incorporar uma prática de gestão estratégica para promoção de mudanças e ajustes instantâneos, visando a efetivar transformações tanto empresariais nas linhas de negócios, quanto organizacionais no que se refere ao funcionamento interno. O grande objetivo é garantir a permanência da empresa no mundo dos negócios. Tal prática requer identificação e caracterização de ameaças – variáveis externas que podem atrapalhar e até inviabilizar a manutenção da empresa, bem como oportunidades – variáveis externas que podem ajudar e contribuir de forma significativa com o desenvolvimento e a ampliação do volume de negócios.

- **Perspectiva 2** – incorporar na gestão dos negócios da empresa uma visão globalizada centrada em conhecimento e experiência. Significa dizer que os empresários e executivos devem assumir uma atitude corajosa de investir tempo e dinheiro para realizar, continuamente, viagens de negócios, tendo como perspectiva circular intensivamente no ambiente externo para captar informações estratégicas sobre mercado e clientes.

- **Perspectiva 3** – desenvolver e implantar uma nova cultura empresarial. O grande desafio que se apresenta para ser enfrentado e superado é identificar e caracterizar o novo mundo do trabalho que está sendo desenhado e redesenhado a cada novo instante. Este novo mundo requer novos empresários, novos executivos e novos colaboradores. Estamos definitivamente na era do conhecimento. Daqui para a frente não mais haverá espaço para pessoas e profissionais que não trabalhem sua intelectualidade e o desenvolvimento de habilidades com relação a áreas estratégicas e emergentes do conhecimento humano. O mercado e o cliente estão mudando em uma velocidade nunca vista. Para acompanhar este ritmo alucinante, as empresas e as pessoas estão sendo desafiadas a gerar informações e conhecimentos no mais curto espaço de tempo possível. Tais elementos estratégicos são utilizados para alimentar os processos de tomadas de decisão sobre o que é preciso fazer e em que lapso de tempo, com a perspectiva de garantir a sobrevivência da empresa neste novo contexto do trabalho humano.

Cultura de Inovação e Agenda de Compromissos

Significativos avanços foram conquistados nos últimos tempos no nosso ambiente de negócios. Mas, infelizmente, tenho que escrever: são insuficientes. O enfrentamento mais estratégico de um mercado que se apresenta, a cada dia que passa, mais competitivo e com uma concorrência cada vez mais acirrada, exige muito mais por parte de empresários e executivos. Michael Porter escreveu recentemente em seu artigo "Estratégia para o Brasil" para a revista *Exame* (809/38-1 – Jan/04): "Há um nível de criatividade, um impulso empreendedor, um sentimento de não se deixar abater por limites e restrições. Há um nível de energia que considero muito característico deste país. Logo há pontos fortes consideráveis, mas há também pontos fracos substanciais, que continuarão atrasando o tão esperado milagre econômico do Brasil". Conclui Porter "Há um monte de coisas boas a respeito do Brasil, mas, em termos de inovação, o Brasil não vai bem nem em comparação com outros países da América Latina. No Relatório de Competitividade Global de 2003, do Fórum Econômico Mundial, o Brasil está em 34º lugar". Existe hoje no Brasil um grande conflito: O país Brasil não consegue acompanhar nem o pensamento nem o desejo da classe empresarial.

As empresas precisam desenvolver uma cultura de inovação e estabelecer uma agenda de compromissos para implantação e consolidação de duas atividades estratégicas que dão vida ao domínio de mercado e ao conhecimento antecipado sobre desejos e necessidades dos clientes. Estou me referindo à necessidade de se incorporar uma visão estratégica sobre Pesquisa & Desenvolvimento e Administração e Gestão Profissional de Empresas.

Os empresários e os executivos precisam continuar a trabalhar os seus modelos mentais. Dentro de um contexto de inovação as empresas precisam da sua relação, interação e influência sobre o Estado. Porter foi claro quando afirmou: "os empresários são mais sofisticados do que o país". No entanto faz-se necessário mudar radicalmente a forma de pensar e agir com relação à influência dos governos federal, estaduais e municipais sobre o desenvolvimento econômico do mercado e, principalmente, no que se refere ao relacionamento que envolve empresários contribuintes, clientes contribuintes com o Estado – nos três níveis – arrecadador de impostos. A carga tributária subiu muito nos últimos dez anos e encontra-se em patamares insuportáveis. Sem renda não há mercado por falta de clientes com dinheiro no bolso para suprimento de suas necessidades. Acuados pela perda de poder aquisitivo e pressionados por tal situação, os clientes estão se tornando extremamente exigentes. Uma outra marca recente é que mudam de desejo com muita rapidez e freqüência. A fidelização mudou de lado. Estes agora estão fidelizados aos seus próprios interesses. Todos agora são fiéis defensores do preço baixo e da qualidade superior na hora de decidir por aquisição de bens e contratação de serviços.

Essas duas variáveis de mercado – preço e qualidade – são as causas que estão dando origem a um gravíssimo problema enfrentado pela maioria das empresas em nível mundial: diminuição continuada das margens de lucro.

Existe um novo mundo de trabalho dentro da área de empreendedorismo a ser explorada por empresários e executivos – presidentes, diretores, gerentes e assessores. Estes precisam ter como trabalho o hábito de circular mais intensivamente no ambiente externo. É preciso planejar, organizar e realizar viagens de negócios com a finalidade de identificar e caracterizar, para poder agir o mais rapidamente possível no que se refere à árdua tarefa de enfrentar ameaças e a estratégica ação de aproveitar oportunidades. Tais elementos do Planejamento Estratégico agora estão cada vez mais surgindo de forma contínua e desestruturada em diferentes e longínquas partes da economia globalizada.

A grande maioria de nossos empresários e executivos não gosta de participar de encontros, seminários, congressos e cursos em níveis local, regional, nacional e internacional. Esta é uma questão cultural. Uma parte acredita tratar-se de absoluta perda de tempo. Uma outra parte defende que os custos com treinamento e viagens são elevados, principalmente no que se refere aos eventos realizados no exterior. Na realidade eles precisam descobrir e passar a acreditar neste novo mundo de trabalho. Precisam entender que o tempo empregado e as despesas com viagens de negócios são investimentos com retorno garantido. Possibilitam uma percepção antecipada sobre as condições do mercado tanto no presente quanto no futuro, definindo a permanência ou a saída da empresa do seleto e concorrido mundo dos negócios.

Empresários e executivos enfrentam dificuldades para decidir favoravelmente por investimentos em Pesquisa e Desenvolvimento – P&D. Também demoram excessivamente a decidir sobre a contratação de serviços de consultoria relacionados com instrumentos de Administração e Gestão de Empresas – Planejamento Estratégico, Estrutura de Organização, como também Simplificação e Racionalização de Processos de Trabalho – apenas para citar alguns serviços organizacionais. Como consultor tenho vivenciado esta realidade há pelo menos 15 anos. Na atualidade seleciono minhas intervenções como consultor a partir da aplicação de um simples e objetivo questionário que identifica e caracteriza o perfil da empresa e do empresário. Mas o principal fator que tem determinado minha motivação e aceitação de desafios para realização de trabalhos de consultoria tem sido, realisticamente, minha fidelidade à minha decisão profissional de só trabalhar com empresários ou executivos que estejam vinculados a processos de pesquisa e estudo. Seletiva e especificamente só trabalho com empreendedores que estejam freqüentando salas de aprendizagem, participando de algum curso de Pós-graduação na área de Gestão Empresarial ou MBA.

Tão difícil realidade decorre, naturalmente, da perda de contato dos empresários e executivos com o mundo acadêmico/científico. Conseqüentemente tem-se ainda a prática de uma administração empírica, centrada em informações, conhecimentos e paradigmas desatualizados, quando não completamente ultrapassados.

Dificilmente, na condição de animador de processo de aprendizagem nos cursos de Pós-graduação e MBA da Faculdade de Ciências da Administração de Pernambuco – FCAP, tenho recebido em sala de aprendizagem empresários buscando se reciclar e adquirir inovadores conhecimentos sobre a Ciência de Administração de Empresas. Uma pequena minoria tem procedido assim, o que se tem constituído em motivo de muita alegria e euforia no meio acadêmico. Os participantes – normalmente colaboradores de empresas e profissionais autônomos – ficam felizes por poderem se relacionar e beber nestas inesgotáveis fontes de sabedoria e experiências empresariais. Por outro lado, esta pequena minoria de empresários, que incorpora um modelo mental inovativo, deslumbra-se com a nova realidade empresarial estudada, debatida e simulada em plena sala de aprendizagem.

O Universo dos Princípios, Métodos e Técnicas Administrativas

É muito amplo o universo de pesquisa, estudo e aplicação dos princípios, técnicas e métodos da *Ciência da Administração de Empresas*. Valho-me de uma ótima contribuição advinda da complexa, dinâmica e mutante área da tecnologia da informação. Encontrei nas linhas que se seguem os fundamentos necessários para estimular transformações em modelos mentais de empresários e executivos, notadamente os envolvidos e comprometidos com inovações organizacionais e tecnológicas no âmbito de seus empreendimentos.

A edição especial da *Computerworld* de setembro de 2003 publicou uma relação contendo os 13 executivos que mais se destacaram na aplicação da Tecnologia da Informação/Informática como ferramenta de negócios.

Nesta perspectiva, escreve Cassio Dreyfuss, vice-presidente da Gartner para a América Latina, sobre os executivos de TI: "Cada vez mais (os CIOs) dão as costas à tecnologia, voltando-se diretamente aos objetivos de negócios". Ele acredita que existem seis aspectos considerados essenciais para garantia de sucesso dos executivos da área de Tecnologia da Informação:

1. perceber o futuro e criar uma estratégia unida e articulada com a de negócios;

2. implementar uma governança moderna, através de uma área enxuta e ágil, mantendo internamente apenas os papéis estratégicos;

3. implementar uma gestão por portfólio de projetos, balanceando características de custo, prazo, complexidade e impacto;

4. desenvolver a gestão estratégica de recursos ("sourcing"), trazendo à empresa em cada momento a combinação adequada de conhecimento e habilidades;

5. desenvolver a gestão estratégica da arquitetura de TI, visando à flexibilidade e à interconexão às redes de processos de negócios; e

6. desenvolvimento da liderança, a qual começa pela compreensão de que as pessoas e seu conhecimento – não a tecnologia – são de fato os recur-

sos estratégicos. Significa, externamente envolver-se com as áreas de negócios, entender suas demandas e atender suas expectativas. Significa (uma mudança radical de postura) abandonar "comando e controle" em favor de uma nova (postura) "confiança e delegação". Enfim, gerir a área de TI como um negócio (que tem que dar lucro/resultado).

Com base em tais reflexões sobre a complexa e extremamente sensível área de Tecnologia da Informação, é possível, através de um exercício de extrapolação, elegermos seis valores fundamentais relacionados com a gestão de negócios e empreendimentos:

1. visão de futuro e estratégia para condução dos negócios;
2. estrutura de organização ágil e flexível centrada em processos integrados;
3. gestão de custos, prazos, complexidade e impactos de investimentos financeiros;
4. combinação e valorização de conhecimentos e habilidades das pessoas da organização;
5. racionalização para flexibilidade e interconexão de processos de negócios; e
6. a liderança e pessoas com seus conhecimentos compreendidas e valorizadas como recursos estratégicos.

Apresento a seguir simples reflexões e pontuais considerações sobre as três grandes áreas de minha atuação profissional. Direciono minha abordagem para alcançar e destacar a importância estratégica pensada por Cassio Dreyfuss, quando escreve sobre a importância do "desenvolvimento da liderança, a qual começa pela compreensão de que as pessoas e seu conhecimento são de fato os recursos estratégicos". Acredito que tal assertiva se aplica a todo e qualquer empreendimento, seja na produção de bens ou na prestação de serviços.

Como contribuição para este livro da ABRH-PE, exploro os seguintes temas:

- direção estratégica;
- planejamento estratégico como instrumento de gestão; e
- estrutura de organização relacional, ágil e flexível.

Quando sentei diante do computador para elaborar este artigo eu pensei em homenagear a comunidade de empresários e executivos. Dedico este trabalho de pesquisa e elaboração a todos aqueles que têm a grande responsabilidade de aplicar de forma racional, inteligente e econômica os escassos recursos materiais e financeiros, bem como desenvolver e aplicar capacidades e talentos humanos para criação de um novo mundo do trabalho para si e seus colaboradores. O grande objetivo que pretendo alcançar é beneficiar esta comunidade, uma vez que esta idéia está sendo apresentada e publicada em um contexto e ambiente específicos de valorização do conhecimento, da capacidade, da habilidade e do talento humano.

Direção Estratégica

Antecedentes da Estratégia Empresarial

A origem do termo estratégia vem do grego *strategos*, estando relacionado com práticas de guerra. A passagem do conteúdo deste termo para o mundo dos negócios deu-se a partir de manuais de estratégia militar.

A prática de adoção de estratégia foi introduzida no mundo dos negócios após a Segunda Guerra Mundial. Intensamente utilizada como instrumento eficaz para definição de estratégias e táticas de combate ao inimigo, esta experiência foi cuidadosamente transferida para o mundo dos negócios, mais especificamente para o campo de administração de empresas.

Essa passagem de práticas estratégicas do campo militar para o campo da administração foi claramente interpretada pelo consultor americano Ewing W. Reilley, em seu artigo "Planejando a Estratégia da Empresa" quando afirma: "Os desafios de nossa economia dinâmica requerem um planejamento estratégico preparado de maneira similar ao que o Alto Comando das Forças Armadas... Cada vez mais, o sucesso duradouro das empresas na adaptação às mudanças ambientais e a rentabilidade e o crescimento dessas empresas dependem de um cuidadoso planejamento estratégico... Parece inevitável que o planejamento estratégico, o qual integra todos os aspectos da empresa e é baseado em uma análise dos ambientes interno, externo e futuro, irá representar um papel de crescente importância diante dos desafios e problemas da nossa dinâmica economia".

A fundamentação teórica, aliada à adoção prática da estratégia no mundo dos negócios, tem origem em um momento muito especial, porque admite a coincidência histórica de duas grandes variáveis:

- situações de acirramento da concorrência entre empresas; e
- existência de conflitos de interesses entre os concorrentes.

Mais recentemente, todas as empresas passaram a ter que conviver com três problemas básicos, os quais exigem soluções complexas:

- crescimento e expansão da economia/mercado mundial;
- ciclos de crises para ajustes sistemáticos através de recessões programadas; e
- processo de mudança amplo, complexo e em alta velocidade.

Justificativas para Adoção do Enfoque Estratégico

Mediante as freqüentes alterações nas condições do ambiente externo com amplos reflexos nos ambiente interno das empresas, essas corporações do mundo dos negócios, pressionadas pelas acirrada concorrência, lançaram mão desse eficaz instrumento de guerra: a direção estratégica, para enfrentar e combater seus maiores concorrentes, buscando sua sobrevivência e desenvolvimento contínuo.

O nascimento do pensamento estratégico em muito favoreceu a adoção do um novo enfoque para direção das empresas. Mais recentemente a realidade do mercado mundial tornou-se muito mais complexa, principalmente em função de novos e emergentes mecanismos de competitividade.

A conclusão do processo de globalização da economia, já fundamentado na introdução, vem sendo alimentada por um conjunto muito amplo de complexas variáveis. Todas as empresas estão estudando, analisando e buscando a forma mais racional para sua inserção nesta nova conjuntura econômica mundial. Tais fatores estão contribuindo para fazer surgir o pensamento estratégico no âmbito das empresas. Todas precisam aprender a pensar grande e em longo prazo. Esta é a essencialidade da nova forma de pensar, estrategicamente, como conduzir os negócios no âmbito das empresas.

A seguir é apresentado um quadro de referência (Figura 1) sobre esta realidade que tem afetado tanto as estratégias quanto o planejamento estratégico das empresas.

```
                    DESREGULA-      MUDANÇAS      EXCESSO DE
                    MENTAÇÃO      ESTRUTURAIS     PRODUÇÃO

        CAPACIDADE                                              FUSÕES E
         DE AÇÃO                                              AQUISIÇÕES
          GLOBAL
                          VARIÁVEIS EXTERNAS QUE PRESSIONAM
                             AS EMPRESAS A ADOTAREM
          BLOCOS              O PENSAMENTO ESTRATÉGICO          FATORES
        ECONÔMICOS                                              DO MEIO-
         REGIONAIS                                              AMBIENTE

                    DESCON-      MUDANÇAS DE        MENOR
                   TINUIDADE   EXPECTATIVAS DOS  PROTECIONISMO
                  TECNOLÓGICA    CONSUMIDORES      ECONÔMICO
```

Figura 1: Fatores de Transformação Econômica

Arie de Geus (1998) estabeleceu um ponto de partida para a aplicação prática do pensamento estratégico: "Não é possível saber, e não importa muito saber qual será o futuro. A única pergunta relevante é: o que faremos se tal cenário acontecer?" Assim ele transfere da pesquisadora e técnica área de construção de cenários para a dinâmica e prática área da direção estratégica, a responsabilidade pela aplicação do pensamento estratégico.

Desenvolvimento Conceitual sobre Estratégia

A estratégia é um "plano de vôo" da organização, rumo ao futuro. É um caminho a ser seguido admitindo avanços, pausas e recuos. Exige habilidade diretiva e gerencial para a prática da "Pilotagem Estratégica" a qual é direcionada para administração das "capacidades" e do "comportamento estratégico" na organização.

Administração Estratégica é um processo de ação gerencial sistemático e contínuo, que visa assegurar à organização, simultaneamente: senso de direção e continuidade em longo prazo e flexibilidade e agilidade no dia-a-dia.

A administração estratégica admite como escopo à implantação e o controle do plano estratégico, bem como a gestão das resistências às mudanças estratégicas. Trata-se de um estilo de administração que qualifica a alta direção da empresa para perceber e se inserir no novo mundo do trabalho.

O grande desafio é promover uma fina sintonia da cultura, das relações de poder e dos sistemas organizacionais com a estratégia da empresa. É garantir o "alinhamento" organizacional com as intenções estratégicas corporativas.

Daryl R. Conner, em sua obra *Leading at the Edge of Caos*, estabeleceu cinco regras básicas para se navegar em "ambientes imprevisíveis e acelerados":

1. marcar o ritmo dos acontecimentos;
2. gerenciar com muita informação em tempo real;
3. operar a empresa com estrutura flexível através de núcleos e redes de trabalho;
4. olhar sistematicamente o futuro, construindo cenários e estratégias compactas; e
5. aproveitar lições do passado.

Peter F. Drucker conceitua: "Direção estratégica é um processo sistemático e constante de tomada de decisão, cujos efeitos e conseqüências deverão ocorrer em futuro período de tempo".

As Cinco Tarefas da Direção Estratégica

O desenvolvimento da atividade Direção Estratégica no âmbito das empresas dá-se através de cinco tarefas básicas:

1. **Direção Estratégica** – desenvolver um conceito de negócio inovador, centrado em competência-chave para formar uma visão de futuro que indique para onde é necessário dirigir a organização. Na realidade, trata-se de infundir na organização um sentido de finalidade, proporcionando uma direção de longo prazo e estabelecendo uma missão a ser cumprida.

2. **Missão e Objetivos** – transformar a missão empresarial em objetivos específicos, estabelecendo situações futuras desejadas a serem perseguidas, conquistadas e mantidas.

3. **Estratégia de Resultados** – elaborar uma estratégia que desdobre os objetivos em metas, estabelecendo claramente um caminho que leve aos resultados planejados.

4. **Implantação da Estratégia** – elaborar planos de trabalho para cada meta estabelecida, especificando resultados concretos a serem produzidos, assegurando a implantação da estratégia selecionada composta por: visão de futuro, missão empresarial, objetivos e metas, da forma mais simples, objetiva e direta possível.

5. **Avaliação de Resultados** – avaliar sistemática e continuamente os resultados, revisando as situações inicialmente pensadas, implementando a prática de ajustes corretivos na missão empresarial, nos objetivos, nas metas e nos planos de trabalho por resultados. Neste sentido deve-se considerar a experiência real, as mudanças das condições do ambiente, novas idéias e novas oportunidades.

A prática da direção estratégica é centrada em três elementos básicos: decisões, ações e resultados. Vamos supor que uma empresa no momento atual tenha uma atuação restrita ao mercado local. A partir de viagens, estrategicamente planejadas, seus dirigentes descobriram grandes oportunidades de negócios em nível mundial. Tal empresa precisa instalar um Processo de Direção Estratégica para traçar um caminho que lhe leve a migrar de uma atuação local para uma abordagem de mercado global. A essência da direção estratégica é decidir, agir e acumular resultados com perspectiva de longo prazo. É tomar decisões hoje, 2004, cujos resultados finais só aparecerão completamente em 2014. É o que fundamenta a Figura 2 apresentada a seguir.

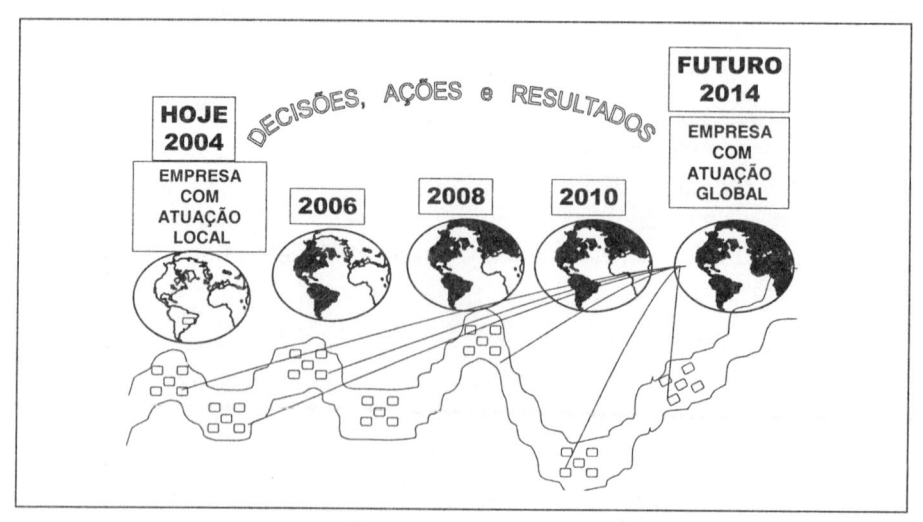

Figura 2: Prática de Direção Estratégica

A direção estratégica é uma extrapolação da prática do Planejamento Estratégico, ampliando significativamente a visão e a dimensão da ação dos executivos envolvidos com os trabalhos diretivos e gerenciais relacionados com a estratégia empresarial de longo prazo.

Planejamento Estratégico como Instrumento de Gestão

Conceitos Fundamentais

O Planejamento Estratégico é um eficaz instrumento de gestão cujo principal objetivo é ajustar instantaneamente a empresa ao ambiente ou mercado onde esta opera e atua realizando negócios. Tecnicamente é organizado em três níveis básicos de tomadas de decisão:

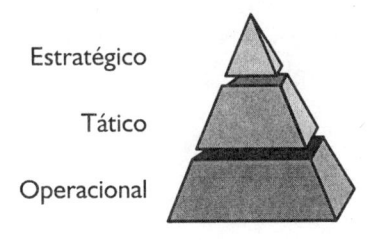

- Estratégico
- Tático
- Operacional

O Processo de Planejamento Estratégico é desenvolvido através desses três níveis básicos de tomada de decisão. Para tanto, admite o desempenho de papéis específicos dentro desta estratificação organizacional:

- O **nível estratégico**, localizado no topo da pirâmide hierárquica, tem como principal desafio desempenhar o papel de visionário – aquele que tem mais experiência, é estrategista, consegue enxergar o mais abrangente, o mais nitidamente e o mais longe possível, convertendo-se na pessoa que mais entende de mercado e clientes. Tal papel de liderança é de competência do principal executivo da empresa, a quem cabe trabalhar para viabilizar a conquista de sonhos empresariais, expressos através da visão de futuro. É estratégico o papel de trabalhar o cumprimento integral da missão da empresa, a qual estabelece a competência-chave, o mercado a ser explorado e dominado, bem como a clientela a ser atendida e plenamente satisfeita. Reside na essencialidade deste papel a necessidade contínua de incursões no ambiente externo através de viagens de negócios. É este o novo mundo do trabalho dos sócios, dos empresários e dos principais executivos de empreendimentos.

- O **nível tático**, localizado no meio da pirâmide hierárquica, tem como principal papel a ser desempenhando o de interpretador – aquele que compartilha as percepções do principal executivo da empresa com relação à competência-chave, ao mercado e ao comportamento dos clientes. Procura enxergar, igualmente, de forma abrangente dentro de sua área de negócio e o mais longe possível, observando o horizonte temporal clara e estrategicamente definido. Procura interpretar e transmitir para a base operacional as visões estratégicas desdobradas através de definições táticas específicas por área. Tais desdobramentos configuram-se através da definição de objetivos, que alcancem e sejam específicos pelas áreas que formam a empresa como um todo, tais como industrial, comercial, infra-estrutura, logística, tecnologia da informação ou desenvolvimento de pessoas e talentos. Este papel é de competência do corpo diretivo da empresa. Sua essencialidade também admite a necessidade de incursões sistemáticas junto ao ambiente externo através de viagens de negócios e visitas técnicas. Tais incursões "in loco" visam a promover uma nítida percepção e pleno domínio sobre o que realmente está acontecendo com relação à realidade presente. Serve também para captar dados, informações e projeções de tendências para o futuro. É este o novo mundo de trabalho do corpo diretivo da empresa, formado por executivos, técnicos e assessores.

- O **nível operacional**, localizado na base da pirâmide, tem como principal papel o gerenciamento da produção de resultados – aquele que trabalha na perspectiva de mobilizar, estabelecer relacionamentos e liderar pessoas para produzir resultados derivados das metas estabelecidas. Os resultados operacionais são produzidos em fina sintonia com o pensamento estratégico do principal executivo e com base na interpretação do corpo diretivo da empresa. A essencialidade deste papel consiste na necessidade de se montar uma equipe capacitada, energizada e motivada para o trabalho, obedecendo aos prazos negociados e acordados entre todos os níveis envolvidos – estratégico, tático e operacional. É este o novo mundo do trabalho do corpo gerencial e de suas respectivas equipes de colaboradores.

É de fundamental importância destacar que o Processo de Planejamento Estratégico admite e requer, como pré-requisito, a implantação de um estilo de gestão absolutamente participativo. Todos da organização devem ser capacitados em duas áreas do conhecimento organizacional: Gestão Participativa e Planejamento Estratégico. Tenho defendido em minhas atuações como consultor que "a participação no Planejamento Estratégico é um excelente mecanismo de desenvolvimento gerencial e de identificação de talentos".

Apresento, a seguir, uma síntese de como se deve desenvolver um Processo de Planejamento Estratégico. Tomo como referência a Metodologia para Prestação de Serviço de Planejamento Estratégico, a qual venho desenvolvendo, utilizando, consolidando e inovando ao longo dos últimos 15 anos. Tal método de trabalho está sendo cuidadosamente transformado em um livro técnico a ser publicado no futuro.

Diagnóstico Estratégico

Preliminarmente é preciso estabelecer um claro entendimento de que este processo deve ser instalado na empresa como um todo, alcançando todas as áreas.

O Processo de Planejamento Estratégico é instalado a partir de uma capacitação em "Planejamento Estratégico como Instrumento de Gestão", trabalho este realizado durante 30 horas envolvendo empresários, executivos, dirigentes, gerentes e colaboradores. Além de capacitar esta prática favorece a criação de uma cultura mínima em planejamento. Leva a empresa a exercitar o parar, o refletir para depois, então, tomar decisões coerentes e racionais.

No ato do encerramento da capacitação, com a entrega dos certificados, são distribuídos a todos os participantes dois instrumentos para coleta de informações. Um é direcionado para o ambiente interno e outro para o ambiente externo. Estes assumem o compromisso de, juntamente com os seus colegas de trabalho em nível estratégico, tático e operacional, começarem a elaborar o diagnóstico estratégico da empresa como um todo.

O diagnóstico estratégico é formado por registros pontuais pertinentes ao ambiente interno – pontos fracos e pontos fortes, bem como por informações relacionadas com o ambiente externo – ameaças e oportunidades. Representa uma fotografia instantânea que tem por finalidade revelar duas realidades: o nível de "saúde" e o nível de "doença" interna da organização como um todo. Da mesma forma, busca identificar e caracterizar as variáveis externas que podem atrapalhar e inviabilizar os negócios da empresa podendo levar esta à falência. O ambiente de negócio, agora globalizado, tornou-se muito amplo e, conseqüentemente, bastante complexo. Tal realidade tem-se refletido tanto na realidade interna – no que se refere aos aspectos diretivos, gerenciais e organizacionais – quanto na externa – nas relações estabelecidas com o mercado e os clientes. Este fato decorre da elevada quantidade de variáveis que precisam ser, continuamente, monitoradas e captadas em função do acelerado processo de mudança que se encontra instalado e em pleno desenvolvimento em nível mundial.

O trabalho de elaboração do diagnóstico estratégico é concluído dentro de um processo participativo. É realizado um seminário durante o qual as contribuições individuais são apresentadas e tratadas em pequenos grupos de trabalho. Estes grupos geram uma síntese das contribuições individuais. Os debates, as discussões e as críticas realizados nos pequenos grupos são direcionados para dar mais consistência às elaborações e às contribuições individuais. Finalmente tais contribuições, agora coletivas, são apresentadas em plenárias para novas críticas, novos debates e novas sugestões para aprimoramento e consistência técnica final.

A partir das contribuições apresentadas e trabalhadas durante o seminário é gerado um documento denominado "Diagnóstico Estratégico", a partir do qual são elaborados os planos.

Elaboração dos Planos

O Processo de Planejamento Estratégico tem prosseguimento a partir da validação do documento "Diagnóstico Estratégico" da empresa como um todo. Nesta oportunidade todos têm a possibilidade de incorporar novas visões e novas informações sobre os dois ambientes.

É importante destacar e reforçar o entendimento de que a empresa está sendo planejada estrategicamente incorporando uma visão sistêmica. Neste sentido, todas as partes do sistema empresa são objeto de ações de diagnóstico e conseqüente elaboração de planos.

O primeiro passo para a elaboração do planejamento da empresa como um todo é definir o conteúdo do Plano Estratégico. Este, por definição, é um

"Conjunto coerente de grandes prioridades e decisões que orientam o gerenciamento do presente e a construção do futuro de uma organização, num horizonte de longo prazo, sob condições de incerteza". Neste sentido são definidos dois elementos fundamentais: visão de futuro – um conjunto de frases que indicam as intenções estratégicas da empresa, as quais devem representar complexos sonhos a serem perseguidos, conquistados e materializados no futuro, portanto em longo prazo – entre 5 e 10 anos.

Complementando a elaboração do plano estratégico, temos a definição da missão da empresa. Este elemento cumpre a finalidade de especificar qual é a competência-chave, estabelecendo o principal negócio desenvolvido, o universo de clientes a ser atendido bem como o território de atuação ou mercado a ser explorado pela empresa.

O segundo passo do processo de elaboração do planejamento é definir o conteúdo do Plano Tático da empresa, segmentado por área. É nesta fase do Processo de Planejamento Estratégico que todas as áreas são desafiadas a elaborar os seus planos táticos compostos por objetivos e metas.

Conceitualmente tem-se que um objetivo é uma situação futura desejada a longo ou médio prazo. O que determina o prazo é a complexidade do que se pretende realizar. Todo objetivo é definido para ser perseguido, conquistado e mantido. É de fundamental importância que tais situações estejam em fina sintonia com a visão de futuro e com a missão a ser cumprida pela empresa.

Segundo os critérios estabelecidos pela Fundação Getúlio Vargas – FGV, "um objetivo para ser considerado consistente do ponto de vista técnico, precisa incorporar as seguintes características":

a) ser estratégico ou que promova grande impacto;

b) ser muito desafiador incorporando um certo grau de complexidade;

c) muito bem definido com redação clara e precisa;

d) ser possível de ser alcançado não se constituindo em uma utopia; e

e) ter um horizonte temporal claramente definido em função da sua complexidade.

Decorrem do objetivo as metas, as quais devem ser entendidas como resultados parciais e que devem cumprir a finalidade de funcionar como verdadeiros pontos de controle. A quantidade de metas varia de acordo com a complexidade do objetivo. Eis os critérios para estabelecimento de meta. Segundo a FGV, tecnicamente uma meta precisa:

a) ser específica, versando apenas sobre uma única situação;

b) ser desafiadora e possível de ser alcançada dentro do prazo estabelecido;

c) ter redação simples, clara e precisa;

d) quando possível deve ser quantificada;

e) prazo definido no formato dd/mm/aa; e

f) ter um único responsável claramente definido, o qual deve coordenar a consecução dos resultados.

O trabalho de elaboração do planejamento é concluído com a elaboração dos Planos de Resultados por Meta. Houve uma grande evolução neste elemento do planejamento. A prática de se planejar por atividades foi substituída por planejar por resultados. O salto qualitativo em termos de prática foi muito grande. Com esta evolução consegue-se definir, documentar e ver com maior nitidez os resultados concretos esperados. Em termos de monitoramento, avaliação e replanejamento tudo fica muito mais fácil. O foco é a produção de resultados.

O Processo de Planejamento Estratégico precisa ser simples, objetivo e direto. Deve promover intensa participação visando a garantir o envolvimento e o comprometimento de todos com a elaboração do diagnóstico, do planejamento e com a execução das ações necessárias à produção de resultados. O processo participativo é muito importante porque alcança em nível estratégico o principal executivo da empresa. No nível tático estabelece-se uma parceria com todas as demais áreas em nível de diretoria, eliminando-se conflitos através da integração dos planos táticos. Em nível operacional consegue-se um bom nível de sinergia de pensamentos e ações tendo como foco a produção de resultados que interessam à empresa como um todo.

Em síntese, um Processo de Planejamento Estratégico que incorpore marcas de simplicidade e objetividade é desenvolvido para estabelecer um conjunto de definições estratégicas, táticas e operacionais, levando sempre em consideração a realidade dos ambientes interno e externo da organização, revelada pelo diagnóstico estratégico, conforme Figura 3 a seguir:

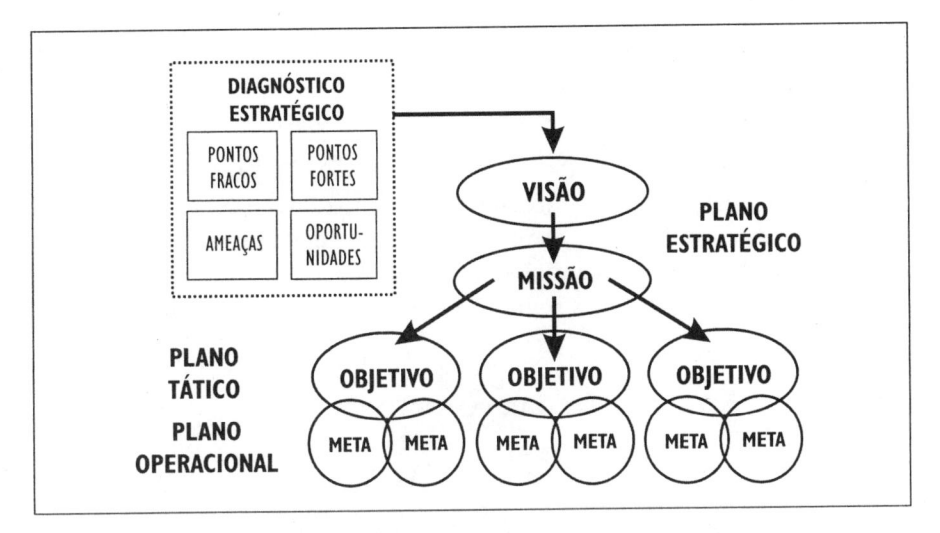

Figura 3: Definições Estratégicas com Base no Diagnóstico

Estrutura de Organização Relacional, Ágil e Flexível

Estrutura Organizacional Clássica

O processo de estruturação organizacional está passando por uma grande transformação. Durante cerca de 100 anos prevaleceu este modelo de organização centrado na teoria e na prática mecanicista, desenvolvido pelos precursores da administração científica, o americano Taylor e o francês Fayol. Este modelo começa e dar claros sinais de esgotamento.

Logo após concluir na Espanha o curso de mestrado em Planejamento e Gestão Organizacional, procurei colocar em prática os conhecimentos adquiridos. Eu queria verificar a minha percepção teórica de que o modelo de estrutura organizacional clássica estava realmente esgotado. Após algumas simulações e tentativas de aplicação prática deste novo modelo de organização, fui obrigado a admitir que a antiga forma de organizar e fazer funcionar as empresas ainda perduraria por um bom tempo. Obtive êxito junto a empresas que não tinham estruturas organizacionais nem organogramas para serem desmontados. Normalmente pequenas e médias empresas cujo ambiente organizacional incorporava marcas de inovação, decorrentes dos modelos mentais de seus principais executivos.

Mediante a limitação de espaço, natural e pertinente a elaborações como esta, eu decidi privilegiar uma reflexão mais pontual sobre a nova forma de organizar empresa que está emergindo mundialmente.

Sem me aprofundar em tão complexa questão, limito-me a acreditar e defender que a estrutura organizacional clássica, a qual é centrada na cultura e na prática de definição da finalidade, estabelecimentos dos níveis hierárquicos, descrição das atribuições de cada órgão e no cuidadoso desenho do organograma – ilustrado a seguir – está com os anos contados.

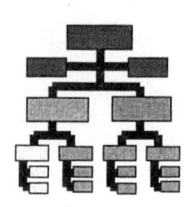

Este tipo de estrutura vem cumprindo sua finalidade junto a um mercado que incorporava marcas de limitações culturais em termos organizacionais e que vinha convivendo com a escassez de produtos e serviços. Tínhamos um ambiente de negócios que admitia e aceitava como normal que o cliente fosse tratado como um simples detalhe.

Tudo que se produzia se vendia para clientes sedentos que consumiam sem maiores exigências e reclamações. Todo o foco empresarial era o ambiente interno, mais especificamente todos os esforços eram direcionados para a produção e a comercialização de bens e serviços. A abordagem mercadológica centrada em marketing e a busca da satisfação do cliente não se constituíam em nenhuma prioridade.

A nova realidade decorrente da globalização da economia vem estabelecendo uma nova perspectiva para a prática de organização de empresas. Existe hoje o fenômeno econômico da sobreoferta de bens e serviços. O mercado e o cliente, na atualidade, exigem agilidade e flexibilidade por parte das estruturas das empresas. Tal mudança está fazendo com que o poder formal e o exercício hierárquico percam força e sejam, naturalmente, substituídos pelo exercício da liderança e pelo poder do relacionamento entre as pessoas.

A evolução intelectual do ser humano, o processo de educação para o trabalho, juntamente com os significativos avanços tecnológicos – tecnologia aqui entendida no sentido mais amplo possível, mais especificamente como toda atividade ou trabalho humano, vem contribuindo ao longo dos últimos anos para o surgimento de um novo modelo de organização de empresas.

Estrutura Relacional Inovadora

Estamos mergulhados em um amplo e complexo processo de mudança de conceitos e práticas pertinentes à organização de empresas. Abaixo, apresentamos a representação gráfica do novo arranjo organizacional pensado para tornar as empresas mais ágeis e muito mais flexíveis.

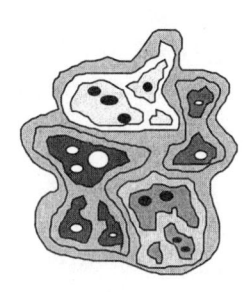

Se visualmente o impacto é considerável quando comparado com o organograma da estrutura clássica, sua aplicação prática tem desafiado os modelos mentais de empresários e executivos.

O grande e complexo desafio a ser enfrentado e superado – e que já vem sendo feito por uma boa parte das empresas inovadoras, é desaprender tudo que se sabe sobre a estrutura organizacional clássica – centrada no poder e na hierarquia – e buscar aprender tudo sobre a estrutura relacional inovadora – centrada em liderança e relacionamentos.

O principal objetivo desta nova forma de organizar empresas é tornar o organismo empresarial ágil e flexível para atender, encantar e deslumbrar 100% dos seus clientes. É uma estrutura muito mais direcionada para o ambiente externo do que para o ambiente interno.

Trata-se, efetivamente, de uma grande revolução na forma de conceber, desenvolver, implantar e consolidar novas estruturas de organização e funcionamento de empresas. Um novo mundo de trabalho está realmente surgindo.

O modelo inovador tem como ponto de partida o emergente conceito competência-chave, o qual significa a identificação e caracterização da principal atividade da empresa, sua razão primária de ser e existir.

Estudos preliminares foram realizados pelo consultor francês Marc Giget sobre o conceito de competência-chave. Posteriormente tais estudos foram aprofundados em termos de experimentos e aplicação prática pelo também francês Patricio Morcillo, excepcional professor que atua na Espanha junto à Univesidad Autonoma de Madrid, de quem guardo ótimas recordações como professor e orientador de minha tese de mestrado.

Mais recentemente diversos estudiosos da Ciência da Administração e da Tecnologia da Informação aportaram suas contribuições: Gary Hamel e C. K. Prahalad em *Competindo pelo Futuro*; Bill Gates em sua nova obra *A Empresa na Velocidade do Pensamento*; James Brian Quinn em *Empresas Muito Mais Inteligentes*; Peter Senge no seu magnífico livro *A Quinta Disciplina: Arte, Teoria e Prática de Aprendizagem*; Robert Howard em sua ótima coletânea de casos reais de inovações empresariais reunidas no excelente livro *Aprendizado Organizacional: Gestão de Pessoas para Inovação Contínua*; e por último Thomas J. Neff na inovadora obra *Lições de Sucesso: A Busca pelos Melhores Líderes Empresariais dos Estados Unidos*. Todos estes renomados autores pesquisaram, estudaram e aceitaram como universal o conceito competência-chave. Reconhecem, sugerem e oferecem exemplos práticos de aplicação deste novo conceito organizacional.

O interessante e recomendável seria empresários e executivos decidirem investir parte de seu escasso e precioso tempo em leitura, estudo e domínio de tão inovadores conhecimentos e exemplos práticos relacionados com a gestão de empresas. Certamente em muito facilitaria o diálogo e o entendimento entre empresários, executivos, consultores e colaboradores. Estes últimos reclamam muito que participam de cursos de Pós-graduação e MBA, mas não têm tido a oportunidade de aplicar na prática e em suas empresas as inovações organizacionais apreendidas em sala de aprendizagem. Tal fato vem ocorrendo, normalmente, em função da resistência por parte de empresários e executivos que ainda não tiveram a oportunidade de despertar e buscar entender este novo mundo do trabalho que está sendo construído já há algum tempo.

A partir deste novo conceito, fica evidente que as empresas que continuarão a competir no futuro são aquelas que, através de um ato de coragem e determinação, conseguirem terceirizar todas as competências secundárias. Estas, entendidas como toda atividade que terceiros podem fazer melhor do que a própria empresa. Exemplo: em um hospital, a competência-chave é prestação de serviços de saúde. Na Honda, a competência-chave é a fabricação de motor. Em ambas as empresas podem ser consideradas competências secundárias: marketing e vendas, logística, segurança empresarial como também a tecnologia da informação.

Tomar a decisão estratégica de implantar este conceito exige pleno domínio sobre sua aplicação prática. Trata-se de uma inovação organizacional que visa a levar a empresa a conquistar a condição de se livrar de um conjunto de atividades secundárias, para poder se concentrar em sua competência-chave, ou seja, terceirizar tudo o que puder para ter condições objetivas de se dedicar exclusivamente àquilo que somente ela tem pleno domínio e sabe fazer melhor do que qualquer uma outra empresa no mercado.

Neste contexto, a única atividade não tercerizável é a competência-chave. Tudo o mais dever ser repensado e cuidadosamente repassado para terceiros. É importante dedicar especial atenção ao processo de terceirização, uma vez que não temos tradição e ainda estamos aprendendo a estabelecer e formalizar adequadamente tais parcerias.

Quando a empresa faz uma boa terceirização, ela se libera para concentrar todo o seu poder criativo e competitivo na abordagem de mercado e para atender, encantar e deslumbrar clientes atuais, potenciais e futuros. Este comportamento estratégico visa a levar a empresa a pensar e a fazer as coisas de forma diferente da concorrência. Neste sentido, desenvolve capacidades e habilidades estratégicas relacionadas com o mercado globalizado e com os clientes que agora se apresentam cada vez mais extremamente exigentes.

Os clientes, especificamente, se constituem em um complexo desafio, uma vez que estes mudam rapidamente de comportamento, trocam radicalmente de hábito ao mesmo tempo que desejam e querem ser satisfeitos em suas necessidades de forma mais personalizada possível.

Foram estas pressões advindas do mercado e do cliente que fizeram surgir este novo modelo de organização e funcionamento de empresas.

Dentro deste novo contexto inovador, primeiro é definido o universo empresa a partir da competência-chave. Este elemento passou a se constituir no ponto de partida ou origem da empresa. O universo empresa deve ser entendido como a base na qual se assenta o sistema empresa e que decorre da competência-chave.

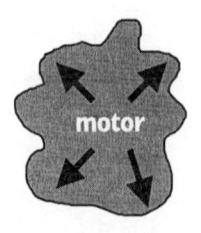

No Universo Empresarial Honda a Competência-Chave é o Motor

A partir do universo empresa, concebido com base na competência-chave, é pensado e projetado um conjunto de unidades estratégicas de negócios, células de negócios e equipes de trabalho.

A Unidade Estratégica de Negócios – UEN – deve ser concebida e organizada para funcionar com total autonomia como se fosse uma "pequena empresa". Apenas o recurso financeiro ainda não se constitui objeto de total autonomia. Tal unidade requer que a sua gestão seja realizada por um profissional que domine plenamente a competência-chave da empresa e que seja ótimo em liderança. Deve ser remunerado através de um salário fixo acrescido de participação nos lucros. É de fundamental importância que este profissional incorpore um perfil de empreendedor: que goste de correr riscos, goste muito e saiba lidar profundamente com dinheiro, seja focado em lucratividade, adore produtividade, seja inovador e saiba praticar competitividade – buscar fazer negócios de forma inovadora e bem diferente da forma praticada pela concorrência. Finalmente, precisa ser ético e entender profundamente de gente.

Observe como é exigente e complexo este novo mundo do trabalho centrado em competência-chave. Um detalhe muito importante merece destaque. Este modelo somente é aplicável em empresas inteligentes. Segundo James Quinn "a empresa inteligente é formada em sua totalidade por colaboradores extremamente capacitado", portanto "todos são dotados de inteligência superior desenvolvida".

A representação gráfica apresentada a seguir visa a apresentar uma visão dinâmica sobre a configuração de um conjunto de Unidades Estratégicas de Negócios. Tal representação, que pode ser chamada de relacionograma – em substituição ao organograma – tem como conteúdo: a base preta representa o universo empresa, as partes brancas que representam as Unidades Estratégicas de Negócios – UEN's, caracterizam a existência das "pequenas empresas" A, B, C e D, as quais são planejadas e organizadas para funcionarem com autonomia de forma mais ágil e flexível possível. O que se pretende é maior velocidade sem perder a visão sistêmica sobre o universo empresarial.

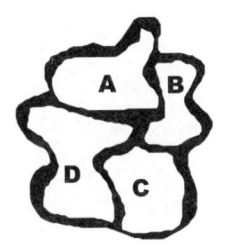

Cada Unidade Estratégica de Negócio – UEN – é formada por Células de Negócio – CN's. Estas devem ser concebidas, organizadas e funcionarem como se fosse uma pequena célula de um organismo vivo. Na condição de célula viva deve incorporar como principais características flexibilidade e mutabilidade.

Deve possibilitar rapidez nas ações de ajustes organizacionais para criar, expandir, retrair ou extinguir na perspectiva de se adequar sobre a necessidade e o tamanho com relação ao volume de trabalho e a alocação de recursos. Tais ajustes devem sempre ser materializados de acordo com as necessidades da empresa em função da realidade e dinâmica do mercado e do comportamento dos clientes. Requer a figura de um líder cujo perfil profissional incorpore conhecimento de técnicas de liderança e negociação, marcas de bom relacionamento e, principalmente, disposição e capacidade para atuar como um verdadeiro educador e formador de novos líderes.

Graficamente tem-se a seguinte representação: a base preta representa o universo empresa, as partes brancas representam as Unidades Estratégicas de Negócios – UEN's, e as pequenas partes pretas representam as Células de Negócios – CN's.

A Equipe de Trabalho é a unidade elementar deste novo processo organizador. É constituída por profissionais educados para o trabalho de forma a garantir um elevado desempenho que culmine com um alto índice de produtividade. Um conjunto de Equipes de Trabalho forma uma Célula de Negócio – CN.

Graficamente tem-se a seguinte representação: as partes brancas representam as Unidades Estratégicas de Negócios – UEN, as pequenas partes pretas representam as Células de Negócios e os pontos brancos representam as Equipes de Trabalho – ET.

É importante destacar que esta nova forma de organizar empresas elimina por completo o exercício do poder formal e as relações hierárquicas centradas em subordinação. Assim a estrutura organizacional clássica tende a desaparecer dando lugar a esta nova forma de organizar empresas.

O que passa a existir é uma estrutura de organização que depende, fundamentalmente, de liderança, de relacionamentos e da capacidade de realizar o trabalho de forma ágil e flexível. Estamos, efetivamente, diante de três grandiosos desafios empresariais:

1. desmontar estrutura organizacional clássica e desfazer organograma;

2. montar estrutura relacional inovadora e construir relacionograma; e

3. pôr em funcionamento um novo mundo do trabalho centrado na intelectualidade e capacidade do ser humano.

Esta estrutura relacional foi concebida, desenvolvida, apresentada e aceita na tese por meu orientador Patricio Morcillo, quando estive na Espanha, na Universidad Autonoma de Madrid, em novembro de 1997.

Observe uma aplicação prática do novo modelo de organização de empresa.

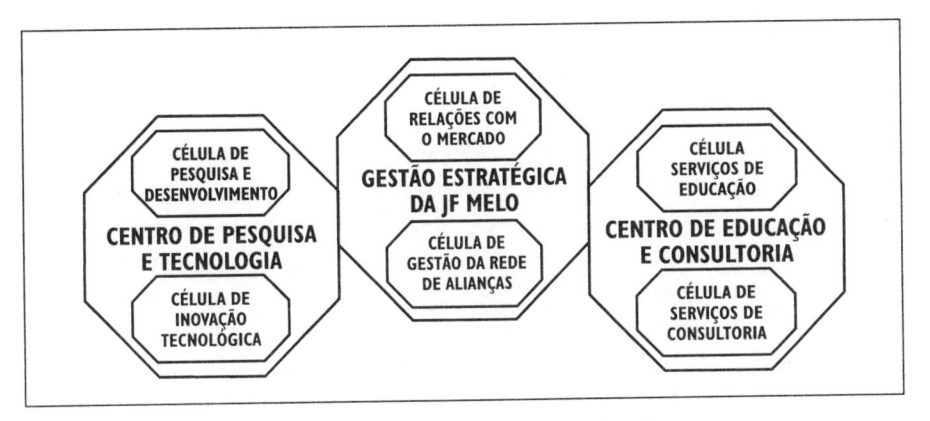

```
┌─────────────────────────────────────────────────────────────┐
│                    ╱CÉLULA DE╲                              │
│                   ╱ RELAÇÕES COM╲                           │
│    ╱CÉLULA DE╲   │  O MERCADO  │   ╱  CÉLULA  ╲             │
│   ╱ PESQUISA E╲  │             │  ╱ SERVIÇOS DE╲            │
│  │DESENVOLVIMENTO│ GESTÃO ESTRATÉGICA│ EDUCAÇÃO │           │
│  │               │   DA JF MELO      │          │           │
│  │CENTRO DE PESQUISA│ ╱CÉLULA DE╲    │CENTRO DE EDUCAÇÃO│   │
│  │ E TECNOLOGIA    ╱ GESTÃO DA REDE╲  │ E CONSULTORIA │     │
│   ╲CÉLULA DE ╱    │ DE ALIANÇAS  │    ╲CÉLULA DE ╱          │
│    ╲INOVAÇÃO╱      ╲            ╱      ╲SERVIÇOS DE╱        │
│    ╱TECNOLÓGICA╲                        ╲CONSULTORIA╱       │
└─────────────────────────────────────────────────────────────┘
```

Figura 4: Estrutura de Organização

Conclusão

O propósito deste trabalho foi desenvolver uma abordagem direcionada para enfatizar conceitos fundamentais e demonstrar, com exemplos práticos, a necessidade crescente de estudarmos novas formas de desenvolvimento do trabalho do ser humano. Precisamos agir assim para ingressarmos no terceiro milênio conscientes dos desafios diretivos, gerenciais, operacionais e técnicos que certamente teremos que enfrentar e superar durante esta primeira década dessa nova era.

É preciso recontextualizar todos os sistemas e aplicações organizacionais, tendo como perspectiva o tão sonhado reconhecimento e a real valorização do ser humano, destacando-o, definitivamente, como a figura central de todo e qualquer processo produtivo em qualquer seguimento econômico.

Conclusivamente temos que admitir uma verdade: que tudo vem de Deus, inclusive o novo mundo do trabalho que começa a ser desenhado. Não fosse assim não teríamos:

- profissionais que se sacrificam dias e noites, com extrema dedicação e zelo, na realização sistemática de pesquisa, estudo e criação de novidades tecnológicas tão fantásticas, como por exemplo, o microcomputador, seus sistemas aplicativos e a viabilização da Internet;

- profissionais que insistem em contribuir de alguma forma para com a sociedade e comunidades acadêmicas na condição de professores, instrutores e animadores de processos de aprendizagem, mesmo tendo que se doar tanto em troca de tão pouco, considerando a recompensa material; e

- profissionais que, carregados de emoção e sensibilidade, buscam se realizar através do ato de oferecer consultas e construir em conjunto soluções para os mais diversos problemas – pessoais e organizacionais. Esses, especialmente, têm que criar e implantar em si mecanismos de controle emocional que os possibilitem continuar na árdua e complexa tarefa de influenciar pessoas e empresas. Prestar serviço de consultoria proporciona uma grande satisfação profissional em função da complexidade do trabalho, porém não se constitui em atividade de fácil desenvolvimento, principalmente em um país que não investe, séria e corretamente, em educação, pesquisa científica e desenvolvimento tecnológico.

Finalizo convicto que todos nós – do mais ignorante ao mais intelectualizado –, somos simples instrumentos para materialização da vontade de Deus. Acredito que nosso Pai Criador de todas as coisas está inspirando e orientando estudiosos e pesquisadores na criação, implantação e consolidação de um novo mundo do trabalho, mais humano, mais fraterno e, principalmente, mais espiritualizado.

Considerando esta perspectiva espiritual, todos nós devemos assumir um compromisso com a construção de um mundo de trabalho melhor. Precisamos recontextualizar e aplicar corretamente o conhecimento, a tecnologia, a educação e a consultoria para criação, implantação e consolidação de um novo mundo do trabalho. Se procedermos assim, aumentam as chances de construirmos esse novo mundo mais justo, formado por empresas racionalmente mais produtivas, lucrativas, oferecendo às pessoas um ótimo ambiente de trabalho cujas marcas principais sejam a felicidade e a fraternidade entre todos, indistintamente.

Às pessoas de pouca fé recomendo o sábio conselho de Aristóteles: "Somos o que repetidamente fazemos. Portanto, a excelência não é um feito, mas um hábito".

Um novo mundo do trabalho mais humanizado é possível se empresários, executivos e colaboradores decidirem conjuntamente incorporar o hábito de continuamente reinventar a si próprios e as suas próprias organizações.

Agradeço à minha filha Marina Melo e ao meu filho Diogo Melo, futuros administradores, por terem se envolvido e se comprometido com a elaboração e o refino deste trabalho.

João Fernando de Melo – Administrador de empresas, mestre em Planejamento e Gestão Organizacional, consultor de Empresas, escritor e professor de Pós-Graduação e MBA da Faculdade de Ciências da Administração de Pernambuco – FCAP. Diretor-presidente da JFMelo – Educação e Consultoria em Administração (jfmelo@hotmail.com).

Referências Bibliográficas

ALBRECHT, Karl. *Programando o Futuro*. São Paulo, SP: Ed. Makron Books, 1994. 199 p.

AYAN, Jordan. *Aha! 10 Maneiras de Libertar seu Espírito Criativo e Encontrar Grandes Idéias*. São Paulo, SP: Negócios Editora, 1998, 285 p.

BURNS, Edward Mcnall. *História da Civilização Ocidental*. 23ª edição, volume I. Porto Alegre, RS: Editora Globo, 1979, 581 p.

FERNANDES, Mauri Cardoso. *Criatividade: Um Guia Prático Preparando-se para as Profissões do Futuro*. São Paulo, SP: Editora Futura, 1998, 174 p.

GATES, Bill. *A Empresa na Velocidade do Pensamento*. São Paulo, SP: Ed. Companhia das Letras, 1999, 444 p.

HAMEL, Gary. *Competindo pelo Futuro* – Rio de Janeiro, RJ: Ed. Campus, 1995, 377 p.

HOWARD, Robert (*et al.*) *Aprendizado Organizacional: Gestão de Pessoas para Inovação Contínua*. Rio de Janeiro, RJ: Ed. Campus, 2000, 322 p.

MOTTA, Paulo Roberto. *Planejamento Organizacional: Dimensões Sistêmico-gerenciais*. Porto Alegre, RS: Fundação para o Desenvolvimento de Recursos Humanos, 1979. 246 p.

NEFF, Thomas J. *Lições de Sucesso: A Busca Pelos Melhores Líderes Empresariais dos Estados Unidos*. São Paulo, SP: Negócio Editora, 2000, 448 p.

OLIVEIRA, Djalma Pinho Rebouças de. *Planejamento Estratégico: Conceitos, Metodologia e Práticas*. São Paulo, SP: Ed. Atlas, 1988. 267 p.

O Novo Testamento de Jesus Cristo.

QUINN, James Brian. *Empresas Muito Mais Inteligentes*. São Paulo, SP: Ed. Makron Books, 1996, 455 p.

SENGE, Peter M. *A Quinta Disciplina: Arte, Teoria e Prática de Aprendizagem*. 5ª edição. São Paulo, SP: Ed. Best-Seller, 1990, 352 p.

Gestão de Talentos

> "O sucesso, assim como a felicidade, não pode ser perseguido.
> Ele tem que ser conseqüência. E isso ocorre apenas como
> efeito colateral involuntário da dedicação pessoal de alguém
> a uma causa maior que ela mesma."
>
> Victor Frankl

Depois de mais de 16 anos trabalhando com diversos tipos de instituições, de segmentos e portes diferentes, distribuídas nas regiões do nosso país, em trabalhos de consultorias das mais diversas, verificamos que essas abordagens dificilmente alcançavam o êxito esperado, quando o segmento humano era excluído ou relegado das estratégias e dos planos de ação.

Gerir, que é o ato de gerenciar, administrar negócios, bens ou serviços, adquiriu vários adjetivos para as suas mais variadas aplicações: gestão da qualidade, informação, financeira, industrial, empresarial, corporativa, pública, ambiental, etc. Gestão de talentos.

Esta última, a que vamos focar, tem o poder da amplitude sobre todas as demais, pois toda gestão, independente da sua especificidade, precisa da gestão de talentos. Atrelando gestão ao talento (dom natural ou habilidade adquirida), recomendamos aos gestores de qualquer prática, a possuir, desenvolver, facilitar e incentivar sua equipe a trabalhar os seus dons naturais, ou adquiri-los, para exercerem de forma plena suas atividades, na busca dos resultados.

Para um gestor ser "gestor de talentos" ele deverá ser um líder. Os conceitos de gestor e líder são distintos, porém, quando aqui nos referirmos a ele, ao gestor de talentos, assim também o estamos qualificando.

Nosso tema é complexo, pois envolve a gestão e a habilidade de exercê-la, através das pessoas. Esse contexto é crucial para a compreensão da linha de raciocínio aqui utilizada. O tema "Gestão de Talentos" ou "Gestão de Pessoas" é tratado, normalmente, de forma restrita à área de recursos humanos, recaindo nos processos tradicionais de atração, retenção e desenvolvimento. Não que esses não estejam corretos, estão; porém, vistos isoladamente, são incompletos. Sendo a recíproca verdadeira, para o gestor que é estritamente técnico e não sabe identificar, reter e nem desenvolver os seus talentos.

O nosso gestor rompe as barreiras e paradigmas atuais, através da conexão das competências e da amplitude da sua ação.

Com o objetivo de dotar o nosso "Gestor de Talentos" de uma ferramenta que possibilite o pleno exercício do seu papel junto à equipe na busca de resultados quantitativos e qualitativos, pessoais e profissionais, desenvolvemos uma matriz, denominada MMGT – Matriz da Maturidade da Gestão de Talentos (vide Figura 1).

A MMGT é composta de três pilares – *um processo em cinco etapas, matriz das inteligências* e as *competências*, onde juntos se configuram numa base sustentável, para a promoção da gestão de talentos. Para que seja compreendida a profundidade de cada pilar se faz necessário um estudo aprofundado, pois existe uma dimensão que neste capítulo não será possível adentrar.

Figura 1: Pilares da MMGT.

1º Pilar – Um Processo em Cinco Etapas

"Tudo começa com uma visão audaciosa." *Clancy* e *Krieg*.

Um processo em cinco etapas (vide Figura 2) demonstra o ciclo vivo da gestão, desde a origem do pensamento criativo (visão × conhecimento × oportunidade), até a prática efetiva da liderança, mostrando o caminho a ser percorrido.

- **Visão**, ato ou efeito de ver, é um dos principais atributos do líder. Saber anteceder-se aos fatos, onde se quer chegar, recuar ou avançar, romper paradigmas e dogmas, ver no cotidiano oportunidades, conexões, ter a capacidade de sonhar. "O líder tem um sonho, expressa suas aspirações, motiva parceiros, investidores e funcionários, e a empresa toda abraça a causa. As estratégias empresariais muitas vezes são fruto de um desejo pessoal transformado em sonho coletivo" – cita César Souza no seu livro *Você é do Tamanho de seus Sonhos*.

- **Estratégia**, a capacidade de criar e gerar planos e ambientes que promovam o sucesso. Essa etapa qualifica e diferencia o gestor, devendo o mesmo ser um estrategista (perito em estratégia).

- **Planejamento** é justamente a demonstração da viabilidade das etapas anteriores, desde a descrição da visão, missão e objetivos, o conhecimento dos macroambientes (política, econômica, social, legal e tecnológica) e dos microambientes (mercado, concorrência e análise interna da empresa), os objetivos executivos, táticos e operacionais até a construção do plano de ação. Este deve responder de forma clara a essas perguntas: o que?, quem?, onde?, como?, quando? e por que? exercer cada atividade determinada.

- **Implementação** é a ação propriamente dita. Requer do gestor, mais do que qualquer outro momento, habilidades e atitudes para lidar com a equipe para manter o foco, a motivação e a determinação em prol dos resultados.

- **Parâmetros de Desempenho** é uma ferramenta essencial para ratificar ou retificar as diretrizes. Momento bastante delicado, pois temos que, por vezes, desaprender para buscarmos novos caminhos para continuarmos a crescer interna e externamente.

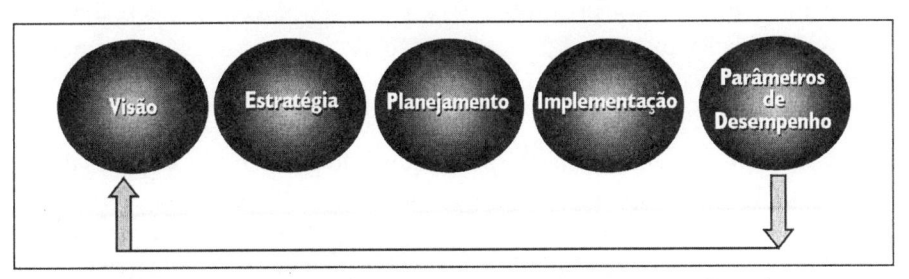

Figura 2: Um Processo em Cinco Etapas *(Kevin J. Clancy)*.

Essa gestão, para estar alinhada à gestão de talentos, tem que estar atrelada à gestão participativa. Criar uma visão compartilhada, pressentir e realizar futuros emergentes, trazer à tona e testar modelos mentais, reformular a força que mantém o *status quo*, ter um pensamento sistêmico, convocar e coordenar conversas estratégicas em grande escala são competências essenciais de aprendizado para construir empresas sustentáveis.

2º Pilar – Matriz das Inteligências

A fragmentação das nossas inteligências é o que considero "pecado capital da gestão". Enxergar e trabalhar o ser humano como partes isoladas ou desconectadas levam a erros sérios de educação e de gestão. A Matriz das Inteligências (vide Figura 3) é um composto da plenitude humana.

Gerir talentos também é promover o desenvolvimento pleno da capacidade humana. Para tanto, temos que trabalhar com o conjunto das inteligências: mental, espiritual, emocional e física.

A Inteligência Mental (QI), mais conhecida, divulgada e cultuada no processo educacional é a responsável pelos estudos, disciplina, autopercepção, aliada às experiências, cujo aprendizado é adquirido através do ensinar e do fazer. Quando considerada de forma isolada a QI limita o profissional, da sua possibilidade de crescimento, podendo o mesmo ser um ótimo técnico e um péssimo gestor e líder.

A Inteligência Espiritual (QS) traz na sua base a questão primária do ser humano, qual a sua razão de ser, qual o seu propósito e objetivo na vida. Ela é a responsável pelo significado de nossa existência. É ela que usamos para desenvolver valores éticos e crenças que vão nortear nossas ações diárias. Só com esse desenvolvimento é que podemos sonhar e lutar por nossos ideais, dando à nossa vida o rumo e a forma que desejamos.

"O indivíduo com alta inteligência espiritual será provavelmente um grande líder" – Pessoa capaz de trazer visão e valores mais altos aos demais e a lhes mostrar como usá-los – uma pessoa que inspira outras, cita *Danah Zohar & Dr. Ian Marshall*.

"A Inteligência Emocional (QE) é o equilíbrio das ações e atitudes de um indivíduo, através do qual ele aprende a manter o autocontrole, identificando com ponderação e justiça as diversas situações ocorridas no seu dia-a-dia", cita *Daniel Goleman*. A capacidade de fazer intencionalmente com que as emoções trabalhem a seu favor é uma habilidade preciosa, que destaca o gestor, entre outras questões, na gestão dos conflitos, relacionamentos interpessoais, negociações, comunicação, autodesenvolvimento, motivação e no encontro do equilíbrio pessoal. A grande diferença entre inteligência emocional e inteligência espiritual é o poder transformador. A inteligência emocional permite julgar em que situações e comportamentos adequados me encontro e como me comportar apropriadamente dentro dos limites desta situação.

A Inteligência Física (QF), ou a saúde mental e física, é a responsável por manter a energia, a competitividade, empregabilidade e promotabilidade com máximo potencial. Associado a todos estes conceitos, é importante evidenciar-se a nutrição, que, aliada a bons exercícios físicos, ajuda no controle do estresse, do humor, entre outros.

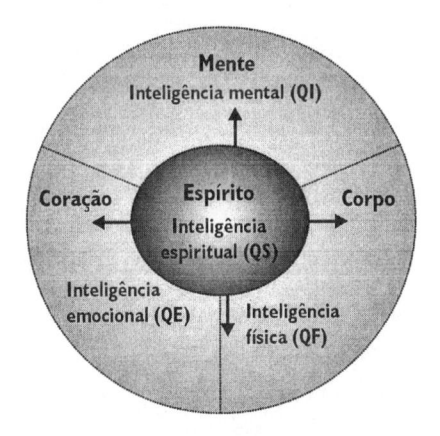

Figura 3: Matriz das Inteligências *(Stephen Covey)*.

3º Pilar – Competências

"Competências representam características possíveis de serem verificadas nas pessoas, incluindo conhecimentos, habilidades e atitudes que viabilizam uma performance superior", cita *Gerald E. Ledford Jr*.

A gestão por competências é hoje um instrumento poderoso de gestão, pois consegue convergir a cultura, a missão, os valores, a visão, o negócio e a estratégia da empresa na composição do perfil dos profissionais com conhecimentos, habilidades e atitudes específicos para o desenvolvimento dos talentos voltados para a necessidade da empresa. Todos os subsistemas de capital humano passam a trabalhar baseados nesse perfil: atração, retenção – desenvolvimento, avaliação, compensação e carreira, e desligamento. Dessa forma, o caminho a ser seguido pelos profissionais jamais será o inverso do negócio dos clientes, questão que acontecia com frequência nos formatos tradicionais de gestão.

Matriz da Maturidade da Gestão de Talentos – MMGT

Finalmente chegamos na nossa matriz. Analisando o processo de cinco etapas, com a matriz das inteligências à luz dos CHAs – Conhecimentos, Habilidades e Atitudes, desenvolvemos a Matriz da Maturidade da Gestão de Talentos – MMGT. A gestão só pode ser eficiente e eficaz, quando a visão é ampla, integrada e as pessoas são tratadas como únicas e completas.

Para que haja Gestão de Talentos, se faz necessário estar na MMGT:

- matriz das Cinco Etapas: visão completa do processo de criação, avaliação e o repensar da criação;
- matriz das inteligências: onde a plenitude humana está contemplada;
- competências: conhecimentos, habilidades e atitudes, necessárias para desenvolver a gestão no exercício do cotidiano e da sua transposição.

Demonstramos a matriz em dois formatos:

- gráfico (Figura 4): demonstra a conexão dos pilares;
- tabela (Figura 5): demonstra que conhecimentos, habilidades e atitudes essenciais são necessários para cada etapa e inteligência.

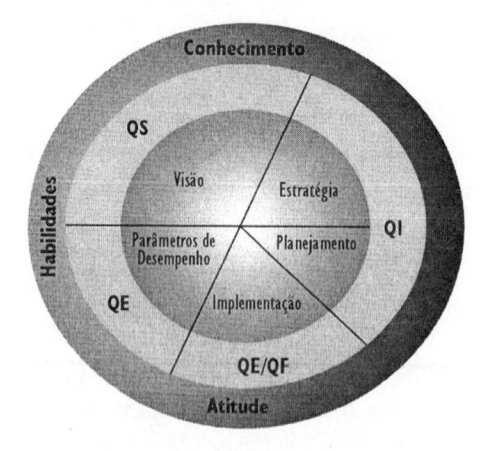

Figura 4: Matriz da Maturidade da Gestão de Talentos – MMGT (Gráfica).

Esses conceitos perpassam pelas diretrizes contempladas na tabela a seguir, bem como outras específicas a serem imputadas.

Matriz de Cinco Etapas	Inteligências				Competências		
	QS	QI	QF	QE	Conhecimento	Habilidade	Atitudes
Visão					Macro e micro-ambientes; Negócio; Culto; Liderança.	Flexível; Grau elevado de autopercepção; Inspirado por visão e valores; Espírito empreendedor; Tendência para ver as conexões entre coisas diversas; Tendência acentuada para fazer perguntas do tipo "por quê?" ou "o que aconteceria se..." e procurar respostas fundamentais; Possuir capacidade de trabalhar contra convenções; Ver o que ninguém consegue enxergar; Capacidade de transformar visão em estratégia; Contribuir na formação de valores e crenças dignificantes.	Integridade; Proatividade; Adaptabilidade; Demonstração de atitude aberta e receptiva às inovações; Busca permanente de desenvolvimento; Conexão aberta e ativa com o mundo globalizado; Coragem.
Estratégia					Estrategista; Gestor; Raciocínio lógico – capacidade de análise, compreensão e discernimento; Definição estratégica: baixo custo ou diferenciação (I)	Cultivar relacionamentos; Capacidade de decisão; Manter o foco; Criatividade; Habilidade de negociação; Articulador; Paciência; Direcionar adequadamente os esforços e os talentos; Manter a sua equipe em processo de aprendizado constante e crescente.	Compartilhar visão, missão, estratégias, objetivos e metas; Disponibilidade para ouvir; Senso de orientação para metas; Senso de honestidade e ética nos negócios; Sensibilidade interpessoal (qualidade nos contatos com pares, clientes e fornecedores internos e externos).
Planejamento					Conhecimento técnico; Integração/domínio: Foco, Pilares (estratégia, processos, indicadores de desempenho, organização, tecnologia e infra-estrutura) e Base (pessoas).	Facilitador; Saber delegar; Integrador; Objetivo; Multifuncional; Habilidade de negociação; Manter o foco.	Sensatez, bom senso; Agilidade; Orientar, acompanhar e cobrar; Compromisso com resultados.

Figura 5: Matriz da Maturidade da Gestão de Talentos – MMGT (Tabela).

Capítulo 5 – Gestão

Matriz de Cinco Etapas	Inteligências				Competências		
	QS	QI	QF	QE	Conhecimento	Habilidade	Atitudes
Implantação					Conhecimento técnico; Gestão de projetos; Gestão do conhecimento.	Administração do tempo; Habilidade de negociação; Organização; Comunicação; Perspicaz; Transformar a estratégia em ação; Motivação; Manter relações de qualidade e solidez com outros; Qualidade nos projetos; Trabalhar em equipe; Alianças verdadeiras; Didático.	Exemplo; Ética; Energia; Observador; Iniciativa; Bom humor; Tenacidade; Persistência; Respeito; Disciplina; Postura positiva/ dinamismo; Integridade e bom senso no trato com as pessoas; Disseminar o conhecimento. (2)
Parâmetros de Desempenho					Indicadores de desempenho; BI	Escolha dos indicadores adequados para análise; Orientação por resultado; Saber a hora de mudar a estratégia; Resiliente; Saber reconhecer; Monitorar o ambiente interno e externo	Disponibilidade para receber *feedback* (de pares, liderados e líderes); Justo; Humildade; Coragem para mudar; Busca do aprendizado contínuo

(1) A definição estratégica citada por Porter, demonstra que precisamos saber nitidamente o que queremos, para que a estratégia seja direcionada e acertada. Como exemplo, gosto de citar a estratégia das companhias aéreas Gol (baixo custo) e da Varig (diferenciação). O gestor precisa saber o que quer, senão se perde no contexto.

(2) Como se pode perceber, de todas as formas de aprendizado, disseminar o conhecimento através do ensino é a mais eficaz.

Figura 5: Cont. *(Larissa Araújo)*

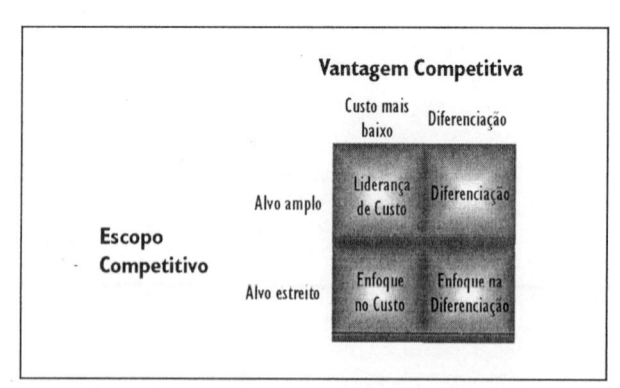

Figura 6: Estratégias Genéricas. *(Michael Porter)*

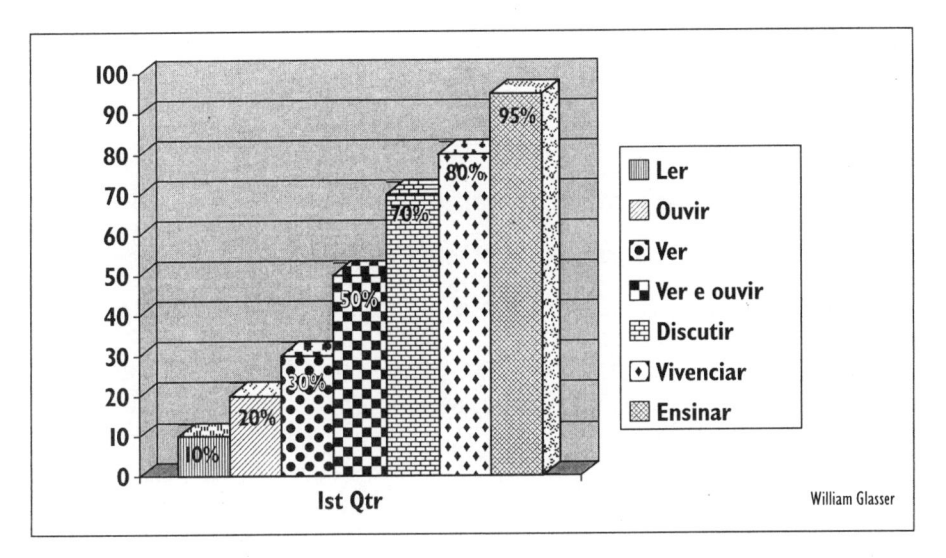

[Gráfico de barras com legendas: Ler 10%, Ouvir 20%, Ver 30%, Ver e ouvir 50%, Discutir 70%, Vivenciar 80%, Ensinar 95% — William Glasser]

É importante ressaltar, que não existem "receitas prontas", apenas indicativos, como a MMGT. Para cada organização, é necessário fazer uma imersão, conhecer profundamente negócio, estratégias, processos, indicadores de desempenho, tecnologia, infra-estrutura, pessoas, cultura, momento presente e onde se quer chegar, para que a gestão de talentos transcorra com sucesso.

Aplicando a tabela MMGT na sua empresa, nos seus gestores e em você mesmo, teremos uma visão clara e transparente da situação atual, *gaps* existentes, e necessidades declaradas:

Visão clara e transparente da situação atual:

- grau de maturidade atual × mercado × negócio;
- empregabilidade;
- competências existentes;
- impacto no negócio.

Gaps *existentes:*

- *gaps* existente do gestor, seja de qualquer área, para o gestor de talentos;
- grau de competitividade.

Necessidades declaradas:

- necessidade de desenvolvimento;
- necessidade de autodesenvolvimento;
- necessidade de mudança de perfil;
- necessidade de repensar a gestão da empresa;
- necessidade de repensar a gestão do capital humano na empresa;

Mapeado e diagnosticado todos os aspectos supracitados, o próximo passo será a implantação das ações. Você e/ou sua organização será diferenciado pela inteligência, competência, competitividade, produtividade e inovação.

Larissa Araújo – Diretora de Capital Humano da Deloitte Touche Tohmatsu. Bacharel em Ciências Contábeis, Pós-Graduada em Gestão da Produtividade e Qualidade, com especialização em Auditoria, Consultoria Organizacional e Capital Humano. Whole Scale pela Corporate Transitions International e a Dannemiller Tyson Associates – SP/99. Mais de quinze anos de experiência em empresa internacional de auditoria e consultoria, atuando nas áreas de Auditoria, Consultoria Empresarial, Marketing e Gestão de Capital Humano em diversas empresas de médio e grande portes. Instrutora dos cursos de Capital Humano oferecidos pela organização; editora responsável pela coluna Gestão de Talentos, no maior jornal de circulação de Recife (laraujo@deloitte.com.br).

Referências Bibliográficas

CAVALCANTI, Marcos, GOMES, Elisabeth, PEREIRA, André. *Gestão de Empresas na Sociedade do Conhecimento*. Rio de Janeiro, RJ: Editora Campus, 2001.

CHOPRA, Deepak. *As Sete Leis Espirituais do Sucesso*. São Paulo, SP: Editora Nova Cultural e Best Seller, 2002.

CHOPRA, D. (2002), "Liderança", material de trabalho da Expo Management, São Paulo, SP.

CLANCY, Kevin J. (2002), "Marketing", material de trabalho da Expo Management, São Paulo, SP.

COVEY, S. R. (2002). *Os Sete Hábitos das Pessoas Altamente Eficazes*. São Paulo, SP: Ed. Nova Cultural e Best-Seller.

COVEY, Stephen (2002), "Como Aumentar a Produtividade, Inovação e Satisfação do Cliente Através das Pessoas", material de trabalho do Seminário Internacional, São Paulo, SP.

GOLEMAN, Daniel (2003), "Inteligência Emocional", material de trabalho da Expo Management, São Paulo, SP.

MEANS, Grady (2002), "Estratégia", material de trabalho da Expo Management, São Paulo, SP.

PORTER, Michael (2003), "Estratégia", material de trabalho da Expo Management, São Paulo, SP.

PORTER, Michael (1990), *Vantagem Competitiva*. Rio de Janeiro, RJ: Ed. Campus.

SILVEIRA JÚNIOR, Aldery. *Planejamento Estratégico como Instrumento de Mudança Organizacional*. São Paulo, SP: Editora Atlas, 1999.

SOUZA, C. (2003). *Você é do Tamanho de seus Sonhos*. São Paulo, SP: Ed. Gente.

VON KROGH, George. *Facilitando a Criação do Conhecimento*. Rio de Janeiro, RJ: Editora Campus, 2001.

XAVIER, Ricardo de Almeida Prado. *Competência para o Sucesso*. São Paulo, SP: Editora STS, 2002.

ZOHAR, Danah. *QS: Inteligência Espiritual*. Rio de Janeiro, RJ: Editora Record, 2000.

Empreendedorismo Corporativo: Por que e como Desenvolvê-lo

O empreendedorismo é caracterizado pela capacidade de criação, foco e resultados. A criação advém do sonho ou da imagem mental inspirada pela crença. O foco origina-se na visão sistêmica que se destrincha na exata intenção de todos os atos do empreendedor. Os resultados surgem a partir da ação criativa focada e sabiamente persistente.

A aparente obviedade das assertivas acima nos leva a questionar por que as empresas nem sempre são empreendedoras e a afirmar que grande parte delas jamais alcançará o patamar desejado de empreendedorismo corporativo. Outras foram empreendedoras quando estavam em seu estágio de crescimento; na maturidade, existem apenas lampejos de empreendedorismo, quando há. O empreendedorismo corporativo ou intra-empreendedorismo é a administração marcada pela ousadia, crença, visionaridade e poder de ação. Transcende anos-luz o conceito preconizado por Henry Fayol, que limitava a administração ao planejamento, ao controle e à direção.

A visão cartesiana que ainda assola as empresas, seus modelos de gestão e seus respectivos profissionais os torna frios, excessivamente mecanicistas em suas ações e criações, perdendo a sua capacidade de antever o que a maioria não vê: as oportunidades, o grande trunfo tanto do empreendedorismo interno como do empreendedorismo direcionado para a criação de uma empresa. Podemos fazer um paralelo da organização formalizada e uniforme com o que Fritjot Kapra escreveu sobre a crise e transformação das civilizações: "Depois de atingirem o apogeu de vitalidade, as civilizações tendem a perder o seu vigor cultural e declinam. Um elemento essencial nesse colapso cultural é a perda de flexibilidade. (...) Quando estruturas sociais e padrões de comportamento tornam-se tão rígidos que a sociedade não pode mais adaptar-se a situações cambiantes, ela é incapaz de levar avante o processo criativo de evolução cultural. Entra em colapso e, finalmente, desintegra-se. Enquanto as civilizações em crescimento exibem uma variedade e uma versatilidade sem limites, as que estão em processo de desintegração mostram uniformidade e ausência de inventividade." O excesso de padrões e controles leva à inflexibilidade, ao comodismo e a fazer o que está escrito, formatado. As pessoas perdem o equilíbrio de lidar com o desequilíbrio natural e saudável dos acontecimentos, tornando-as escravas das receitas prontas.

Saramago disse: "Não se deixe enganar, o senso comum é demasiado comum para ser realmente senso, no fundo não passa de um capítulo de estatística, e o mais vulgarizado de todos". Esta passagem nos remete ao arcaico papel das empresas que pregam o demasiado apego às normas e assim formam profissionais que pensam como todos, agem como todos e como todos são tratados e, por este motivo, não se configuram empreendedores corporativos.

A necessidade, o porquê do empreendedorismo interno, advém das crescentes e rápidas mudanças em todos os ambientes em que as organizações estão inseridas, seja externamente (político, econômico, social e tecnológico), seja como ela está organizada internamente (a sua concepção de negócio).

O cerne dessas mudanças está na migração de valor, preconizada por Slywotzky, e conseqüente mudança das prioridades dos clientes. Para que as empresas se antecipem e encontrem novas concepções de negócios, produtos e serviços, sendo elas as responsáveis pela migração de valor e, assim, alcançarem a liderança do mercado, é preciso uma gestão visionária que crie produtos e serviços, despertem necessidades ainda latentes, vislumbrem nichos de mercado não-descobertos; ajam diferentemente de todos, sejam únicas na sua forma de atuar com os *stakeholders* e saibam como manter o espírito de criação dos seus primeiros anos de vida. Estas assertivas representam o que chamamos de empreendedorismo corporativo.

A administração empreendedora é uma reinterpretação da ênfase nas pessoas pelas pessoas, passando de uma perspectiva pontual e limitada como apenas mais um foco estratégico da empresa, para a ênfase nas pessoas para a geração de resultados do sistema, numa perspectiva holística e abrangente, partindo da premissa de que são as pessoas o núcleo de toda a criação, a base fundamental da estratégia. E todo o emaranhado de relações intrapessoais, interpessoais, e com a organização (os objetivos e estratégias empresariais, cultura, gestão e processos) tem papel determinante no grau de empreendedorismo corporativo e no quão inovadora e visionária é a atuação da empresa no mercado.

Toda a teia de relações organizacionais forma o comportamento organizacional e configura a sua cultura e o seu modo de ser empresa. Sendo assim, o empreendedorismo corporativo só poderá ser desenvolvido a partir da transformação cultural, paulatina e paciente da gestão e de seus profissionais em empreendedores. Reduzir o empreendedorismo a treinamentos é um erro incomensurável porque escoa os investimentos e o resultado é pífio, se comparado com a realidade.

Discorro a seguir sobre os principais aspectos para a transformação da empresa em uma organização empreendedora, através do Programa de Desenvolvimento Comportamental e Empresarial. A abordagem inicia na descoberta do espírito empresarial e descortina a mudança com a formação da identidade a partir da perspectiva pessoal, passa pelas relações e transações com os outros e com o ambiente organizacional e culmina na geração de resultados duradouros ao longo do tempo. Antes, enfatizo que não é uma fórmula mágica ou um pacote que é facilmente implantado nas organizações. É indubitavelmente uma transformação possível para aqueles que acreditam, no lugar de discursos inovadores, na mudança verdadeira. E só é aplicável para as organizações onde os gestores principais estejam dispostos a repensar e até mesmo mudar o seu modelo de gestão e, principalmente, estejam dispostos a investir continuamente na mudança como uma das bases fundamentais de suas estratégias.

Análise do Grau de Empreendedorismo e Formação da Identidade Empreendedora

A identificação do grau de empreendedorismo inicia-se pela cultura empresarial, retratada pelas ações conjuntas de líderes e liderados, pelas políticas proclamadas e efetivas, pelo modelo de gestão desejado e posto em prática, pelos valores existentes, pela correlação existente entre os objetivos pessoais e organizacionais. O primeiro passo é pontuar aspectos relacionados a inovação e criatividade, estratégias, expectativas, desejos e medos das pessoas, poder, cultura, investimentos em novos projetos, gestão, objetivos organizacionais *versus* objetivos pessoais, competências corporativas, entre outros. Esta análise tem como fatores preponderantes: o que a empresa faz, o que gera de resultados, a participação dos profissionais no resultado organizacional, os recursos disponibilizados e sua capacidade empreendedora ao logo do tempo, bem como o norte a ser seguido empresarialmente para alcançar o patamar desejado e conseguir mantê-lo, independentemente das intempéries do mercado. Somente a partir da análise do grau de empreendedorismo corporativo será possível saber o que precisa ser mudado, como e quando se processará a mudança ao longo do tempo.

A formação da identidade empreendedora é norteada pelo resultado da análise do grau de empreendedorismo corporativo. Através de um forte trabalho de *endomarketing* são estabelecidos os canais, mensagens e meios necessários para despertar o "novo modo de ser" da organização em todos os profissionais. É a personificação de quem a organização é ou deseja ser por meio de um programa que tem a sua linguagem própria, seu estilo em consonância com a linguagem do seu público interno. A formação da identidade subsidia a sinergia necessária para alavancar e perpetuar o empreendedorismo corporativo por todos que fazem parte da organização. Mas para que tenha efetividade a formação da identidade empreendedora deve vir acompanhada dos realinhamentos: intrapessoal, interpessoal e organizacional.

Realinhamento Intrapessoal

Compreensão da relação intrapessoal. Grau de consciência que a pessoa tem de si mesma: como ela se vê, como está a sua auto-estima, quais seus objetivos pessoais, motivação, o que a faz sorrir, o que a faz realizar, agir. Conhecer os seus modelos mentais. Uma das formas de despertar a consciência sobre si é através de experiências transpessoais – a meditação com foco em permitir que a mente individual acesse os modelos mentais coletivos, chamados por Jung de inconsciente coletivo (modelos mentais coletivos que influenciamos e pelos quais somos influenciados) e também em desmistificar sua forma de ver, agir e influenciar todo o sistema que o cerca. "Na concepção cartesiana tradicional supunha-se basicamente que todo indivíduo tinha basicamente o mesmo aparelho biológico e que cada um de nós, portanto, tinha acesso à mesma tela de percepção sensorial. (...) Recentes estudos neurofisiológicos desmentiram tudo isso. A modificação da percepção sensorial por experiências passadas, expectativas e propósitos ocorre não só na interpretação, mas começa logo na saída, nas portas da percepção. Numerosos experimentos indicaram que o registro dos dados pelos órgãos sensoriais será diferente para indivíduos diferentes antes de a percepção ser experimentada. Estes estudos mostram que os aspectos fisiológicos da percepção não podem ser separados dos aspectos psicológicos da interpretação." Isso significa que nossos pensamentos e ações não são influenciados diretamente pelo meio e sim mais fortemente pelas experiências vividas, valores, crenças que moldam a forma de as pessoas verem a realidade, bem como o quanto estas pessoas dominam o conhecimento de seus próprios modelos mentais: a autoconsciência. A identificação de um sentimento quando ele ocorre e a habilidade de moldá-lo às diversas situações é o que podemos chamar de inteligência emocional. A importância da emoção no empreendedorismo corporativo é de magna relevância porque em sua essência há mais sentimentos do que a frieza do pensamento cartesiano. São os sentimentos sadios que dão a força, o ímpeto da transformação sem enxergar os fatores limitantes. Enquanto o pensamento cartesiano poda, encaixa, sistematiza em demasia, traz o medo, enfraquecendo o poder de ação. Gardner disse: "E no dia-a-dia, nenhuma inteligência é mais importante do que a intrapessoal. Se não a temos, faremos escolhas errôneas sobre quem desposar, que emprego arranjar, e assim por diante".

Este entendimento é a base para a transmutação cultural porque toda mudança organizacional, para que seja verdadeira, começa no indivíduo, no autoconhecimento da sua percepção da realidade. É ele que sente e pratica os valores em que acredita e suas ações são provenientes do que permeia a sua mente, geralmente embasadas pelas suas crenças. O indivíduo faz parte do todo e o todo, este considerado organizacional, familiar, social e ambiental, convive dentro do indivíduo através das relações naturais do próprio sistema que vive. Não adianta mudar apenas o ambiente se o indivíduo não for despertado para a mudança de forma singular.

Esse despertar dificilmente ocorre em palestras, cursos ou sensibilizações. A singularidade parte de dar a oportunidade da pessoa de desenvolver uma nova visão de se ver, sentir e ser a mudança, dentro de suas perspectivas pessoais e não na perspectiva do facilitador.

Isso é possível através de vivências, que têm abordagem e aplicação completamente diferentes da arcaica dinâmica de grupos que conhecemos. Na vivência, há uma transformação física e de comportamento. A física, proporcionada pelo facilitador e a comportamental, pela própria pessoa quando imerge metafórica e realmente em histórias que são parte de sua própria vida, fazendo-a renascer, repensar, realinhar a si própria, antes de pensar em realinhar as relações externas também de suma importância, mas em uma segunda prioridade.

A partir da análise pessoal e de como a organização vê diferentemente pessoas diferentes, seus anseios, expectativas, medos e sonhos é possível fomentar um ambiente, um modelo de gestão que os auxilie a estabelecer vínculos sociais sadios, sentirem-se felizes, crentes e cientes da sua importância e contribuição para o contexto organizacional e assim terem a empresa como sua. A partir deste sentimento de pertinência e com a auto-estima vigorada, é mais fácil fomentar o desenvolvimento da visionaridade, da visão pessoal, ilimitada, sistêmica e altamente perceptiva de uma realidade ainda a ser construída: a antevisão. O historiador francês Fustel de Coulanges disse: "O vínculo social não é fácil de ser estabelecido entre seres humanos tão diversos, tão livres, tão inconstantes. Para lhes dar regras comuns, para instituir decretos e fazer aceitar a obediência, para obrigar a paixão a ceder à razão, e a razão individual à razão pública, é certamente indispensável que exista algo mais forte que a força material, mais respeitável que o interesse, mais seguro que a teoria filosófica, mais imutável que uma convenção; algo, enfim, que exista igualmente no fundo de todos os corações e nestes se imponha com autoridade. E isso é a crença. Nada mais poderoso existe sobre a alma. A crença é obra de nosso espírito, mas não encontramos neste a liberdade para modificá-la a seu gosto. A crença é de nossa criação, fato que o ignoramos. É humana, e julgamo-la sobrenatural. É efeito do nosso poder, e é mais forte do que nós. Está em nós, não nos deixa, e nos fala a cada instante. Se nos manda obedecer, obedecemos; se nos indica deveres, submetemo-nos. O homem pode dominar a natureza, mas está sempre sujeito ao seu próprio pensamento".

Para o empreendedorismo corporativo se concretizar é preciso descobrir quais são as crenças das pessoas e de que forma serão incitadas à ação. Grandes empresas perdem grandes profissionais por não terem a sensibilidade de saber como lidar com os empreendedores corporativos: pessoas assertivas, que têm visão, garra, transformam uma idéia em um produto ou serviço em um piscar de olhos, materializam o que sonham e geralmente sonham em mudar o *status quo* de onde quer que estejam. São pessoas que se envolvem tanto com o que fazem e com a organização que se esquecem de que são funcionários. São pessoas que amam a liberdade de pensar e agir e se, por acaso, tentam colocá-las numa redoma, elas a quebram, porque não suportam o comando asfixiante dos falsos líderes, que aparentemente os enaltecem, mas na realidade desejam castrá-los para que não os alcancem.

Descortinamos outro aspecto igualmente importante ao contexto: a crença dos líderes em seus profissionais. Os gestores também precisam acreditar no poder de transmutação de seus profissionais e, mais do que acreditar, findar com o medo de que os empreendedores corporativos ganhem o seu lugar. E, para esse medo ruir, é preciso que o gestor se transforme em um empreendedor. Todas as pessoas podem desenvolver o seu grau de empreendedorismo corporativo, basta querer e agir. A diferença é que alguns têm em seu âmago a mudança. É algo tão natural e espontâneo que impressiona aqueles que o observam. Outros precisam aprender a ser a mudança e para isso há necessidade de mais esforço, concentração, crença e leveza nos pensamentos. A maior dificuldade está nas próprias pessoas despertarem para a necessidade de mudança de atitude pessoal perante os problemas e oportunidades. Vale ressaltar também que nem todos os profissionais da organização são ou desejam ser empreendedores corporativos, porque temos uma diversidade de perfis, e, dentro dessa diversidade, há perfis que se contrapõem ao arrojo, à aventura, ao desbravamento, mas não deixam de ter a sua importância no contexto. É o que Sérgio Buarque de Holanda diz: "Nas formas de vida coletiva podem assinalar-se dois princípios que se combatem e regulam diversamente as atividades dos homens. Esses dois princípios encarnam-se nos tipos do aventureiro e do trabalhador. (...) Esse [aventureiro] tipo humano ignora as fronteiras. No mundo tudo se apresenta a ele em generosa amplitude e, onde quer que se erija um obstáculo a seus propósitos ambiciosos, sabe transformar esse obstáculo em trampolim. Vive de espaços ilimitados, dos projetos vastos, dos horizontes distantes. O trabalhador, ao contrário, é aquele que enxerga primeiro a dificuldade a vencer, não o triunfo a alcançar. O esforço lento, pouco compensador e persistente, que, no entanto, mede todas as possibilidades de desperdício e sabe tirar o máximo proveito do insignificante, tem sentido bem nítido para ele. Seu campo visual é naturalmente restrito. A parte maior do que o todo." Este trecho nos mostra claramente o quanto as diferenças nos perfis influenciam na conduta e na atitude das pessoas diante do trabalho. Na realidade, o primeiro tipo encara o trabalho como uma causa e o segundo tipo apenas como um trabalho a ser feito. A significância do entendimento de tais diferenças é crucial para saber lidar com as pessoas e extrair de cada uma o que há de melhor nelas.

Não é fácil conduzir uma mudança pessoal em todos os colaboradores de uma organização porque a mudança pessoal nasce da vontade individual. Por mais que a organização deseje, crie mecanismos e meios de desenvolvê-la, se o funcionário não quiser verdadeiramente, nada acontecerá. Por isso, se você deseja que sua empresa seja impregnada pelo empreendedorismo, comece a mudança pelas pessoas, observe-as, avalie-as, dê-lhes liberdade de criação e ação, dê-lhes a oportunidade de sonharem, de se apaixonarem pelo que fazem. Faça com que elas se sintam importantes e realmente comprove sua importância através do reconhecimento, da prática diária.

Realinhamento Interpessoal

As relações familiares afetam positiva ou negativamente nas atitudes das pessoas no trabalho, porque representam uma base de sustentação de valores, crenças, comportamentos, auto-estima, que influencia a formação da personalidade da criança, repercutindo fortemente em seu comportamento adulto. Essas relações foram muito bem dissecadas por Eric Berne na Análise Transacional, quando analisa os estados do ego: pai, criança e adulto e as posições existenciais a respeito de si e dos outros. Na concepção de Eric Berne: "1. As pessoas nascem Ok". Nesta concepção Berne defende a idéia de que os descontroles emocionais surgem da forma como os pais lidam com seus filhos e como eles reagem ao ambiente familiar. "2. Pessoas em dificuldades emocionais são, mesmo assim, seres humanos totais e inteligentes. São capazes de compreender seus problemas e processo que os libera deles (...) 3. Todas as dificuldades emocionais são curáveis, uma vez que se lhe propicie o conhecimento adequado e a abordagem apropriada."

A assimilação dos fundamentos da Análise Transacional é fundamental para entender e trabalhar a forma positiva ou predatória dos relacionamentos existentes nas organizações, tendo como base os *scripts* e as posições existenciais. "A teoria dos *scripts* se baseia na crença de que as pessoas fazem planos de vida conscientes na infância ou na primeira adolescência, que exercem influência e tornam previsível o resto de suas vidas. (...) Os *scripts* possuem uma causa, um curso e um desenlace." A análise dos *scripts* de vida pode ser realizada em grupo e individualmente, sem necessariamente ter o cunho terapêutico. A posição existencial Eu Estou OK, Você Está OK é a posição que as pessoas precisam ter no sentido de adquirir todo o seu potencial. (...) um ponto de vista a respeito das pessoas, independente das suas atitudes e da sua força; num ponto de vista exigido em relações próximas e íntimas, no sentido de tornar possível um bem-estar emocional e social. (...) Quando as pessoas, devido às circunstâncias em sua vida, se desviam desta posição central para outras três posições; 'Eu Estou OK, Você não Está OK', ou 'Eu não Estou OK, Você Está OK' ou 'Eu não Estou OK, Você não Está OK', tornam-se também cada vez mais infelizes, perturbadas, sua disfunções aumentam, e diminui sua capacidade de se comportarem de maneira adequada em agrupamentos sociais."

A análise dos *scripts* e das posições existenciais é muito rica porque identifica as causas que fazem com que as pessoas se repitam em atitudes, reconhecidamente nocivas a si próprias no ato de relacionar-se com os outros. O reconhecimento consciente das causas que levam a estes *scripts* é o primeiro passo para elas próprias traçarem o rumo da sua mudança em relação a si e aos outros.

Neste contexto podemos enfatizar o quanto a inteligência emocional é importante e decisiva no desenlace dos problemas pessoais e profissionais. A capacidade da pessoa em lidar com as suas emoções nas diversas situações e como ela encara a adversidade, a pressão por resultados, o seu grau de persistência, comprometimento, automotivação, empatia a faz protagonista ou antagonista da sua própria vida, nas relações intra e interpessoais na família, trabalho e socialmente. O empreendedorismo corporativo deriva e muito da inteligência emocional dos profissionais que compõem a organização, sendo imprescindível desenvolvê-la, independentemente do nível hierárquico. É cabível, pois, fazermos um paralelo entre os fundamentos da inteligência emocional e da análise transacional. Ambas partem do princípio de que as experiências vividas na infância junto aos seus familiares são um fator preponderante para um adulto feliz. Ambas tratam de sentimentos na perspectiva pessoal e nas relações com os outros que se traduzem em determinados comportamentos. Ambas tratam as inteligências intrapessoal e interpessoal como algo a ser descoberto, desenvolvido e aprendido para o ser humano alcançar a sua plenitude.

Realinhamento Organizacional

O realinhamento do ambiente organizacional deve estar em consonância com a identidade empreendedora desejada. Inicia-se pela reavaliação do modelo de gestão. É inútil tentar desenvolver uma cultura empreendedora se o modelo de gestão é controlador, rígido, burocrático e hierarquizado. Ou este modelo é reavaliado e são traçadas as premissas para a mudança ao longo do tempo, transformando-se em uma gestão mais flexível e incentivadora, ou jamais teremos uma empresa verdadeiramente empreendedora.

Antes de falarmos sobre a gestão por processos, faz-se necessário falar sobre o atual modelo de gestão. Gonçalves e Dreyfuss, disseram: "A empresa é a forma pela qual nós organizamos nossos recursos de todos os tipos para realizar o trabalho que nos propusemos a fazer. A estrutura de nossas organizações manteve-se basicamente a mesma durante várias décadas ao longo do século XX. Ela é a herança da Revolução Industrial inglesa e foi reformada durante o surto industrial americano no começo do século. Esse tipo de organização assenta-se sobre vários pressupostos que estão superados e que deram base ao surgimento de empresas voltadas para dentro, para suas próprias atividades, com estruturas hierárquicas pesadas e rígidas".

A estrutura verticalizada organizada por tarefas não suporta o modelo de gestão empreendedor porque engessa a capacidade de criação das pessoas, aumenta a concentração de poder e a especialização, além de enaltecer os bajuladores, os amigos, os protegidos e não aqueles que têm competência. Como teremos clientes com suas necessidades atendidas se sustentamos um modelo que está voltado para dentro? Como entenderemos quais são as necessidades se administramos as organizações sentados de costas para nossos clientes?

É por isso que precisamos mudar radicalmente e aos poucos o modelo de gerir as organizações se quisermos atender ao objetivo maior delas: a satisfação plena dos clientes, surpreendendo-os positivamente com novos produtos e serviços. Para tanto, faz-se necessária que a estrutura seja desenhada com vistas à horizontalização para proporcionar maior flexibilidade às pessoas e diminuir consideravelmente as castas de poder. Esta relação da estrutura organizacional com os processos não é direta e em algumas organizações pode não haver nenhuma correlação do desenho com o que existe na prática em termos de gestão. Porém, a importância da sua ligação com a prática facilita a visão sistêmica das pessoas que se inter-relacionam com a organização, favorece a transparência e a comunicação interna. Para que o empreendedorismo flua na organização e traga resultados é fundamental analisar e redimensionar os atuais processos organizacionais. Quanto mais horizontais eles forem, mais fluidez, foco e flexibilidade estarão presentes nas iniciativas empreendedoras. Quanto mais verticalizados, mais burocracia e ações distorcidas da realidade, isoladas do contexto.

Hammer disse: "A organização orientada por processos pressupõe que as pessoas trabalhem de forma diferente. Em lugar do trabalho individual e voltado a tarefas, a organização por processos valoriza o trabalho em equipe, a cooperação, a responsabilidade individual e a vontade de fazer um trabalho melhor. Ela projeta e mensura cuidadosamente seus processos e faz com que todos os funcionários os entendam e se responsabilizem por eles, possibilitando o desenvolvimento de um sentimento de 'propriedade do processo'. As pessoas cumprem tarefas, mas têm uma visão mais ampla e pensam a respeito dos processos".

A gestão por processos desenvolve os líderes dos processos que cuidam desde a geração do pedido ou proposta até a entrega dos serviços ao cliente, independentemente das áreas/setores que o processo percorre, no lugar de ter apenas chefes de áreas funcionais, em que cada um opera uma parte e, geralmente, não sabe, nem acompanha, a qualidade da entrega dos serviços na ponta. Diminuem-se a burocracia, o controle sobre as pessoas, o tempo de resolução dos gargalos e o atendimento às solicitações, porque as pessoas enxergam o todo e podem inferir no todo em prol da entrega do melhor serviço ou produto. À medida que aumenta a responsabilização das pessoas, é requerido que elas sejam mais do que meros funcionários, é requerido que sejam empreendedores corporativos.

Esta transformação cultural exige infinitamente mais habilidade de todos e, ao mesmo tempo, expõe naturalmente aqueles que não cumprem o seu papel em fazer acontecer.

É natural então que, por trás de uma gestão por processos, tenhamos um modelo de competências que gerencie, avalie e remunere as pessoas não por sua atividade mas pelo que ela entrega à organização, em termos de resultados. O empreendedorismo corporativo está diretamente vinculado ao conceito de resultados e por sua vez nasce a partir da estratégia empresarial. Não temos como identificar os diferenciais competitivos de uma organização, se não temos a caracterização estratégica. Somente a partir da estratégia é possível mapear as competências corporativas com sua respectiva referência conceitual e somente a partir das competências essenciais será possível desdobrar as competências funcionais e humanas, identificar seus níveis de complexidade e entrega para cada competência, tornando factível o desempenho das pessoas realizarem a estratégia empresarial com harmonia e foco.

A tecnologia exerce um papel transacional básico no desenvolvimento e na perpetuação do empreendedorismo. É preciso que tenhamos a tecnologia certa para não apenas suportar os processos, mas subsidiá-los gerencialmente. Isto não é diferencial competitivo, é uma questão de sobrevivência organizacional digna, proporcionando informações para que os empreendedores corporativos criem, ajam e transformem a sua permanência na empresa em resultados ascendentes. É preciso que tenhamos softwares que transcendam o transacional e sejam capazes de vincular a estratégia empresarial às competências corporativas e humanas, capazes de mensurar os ganhos organizacionais através de indicadores de desempenho que mostrem os *gaps* entre o estágio atual e o desejado organizacionalmente. Já existem algumas tecnologias no mercado, mas grande parte não tem a visão sistêmica das correlações necessárias entre questões não pragmáticas, detendo-se muito mais à visão cartesiana do que à empreendedora.

Mesmo com tudo isso, se as políticas organizacionais explícitas ou tácitas, que dão o norte, restringem ou aumentam a liberdade de ação, não forem revistas, a empresa corre o risco de dar a partida e estancar logo após a arrancada.

Manter o realinhamento organizacional uma constante é uma das bases consolidadoras da perpetuidade. Paradoxalmente, sabemos que a perpetuidade não é consolidada nunca. Por isso, não esqueçamos que a gestão, a tecnologia, os processos têm a sua importância, no entanto todos eles sempre serão influenciados e moldados pelo poder que as pessoas têm de fortalecer ou enfraquecer tudo o que tocam.

Conclusão

O empreendedorismo é uma necessidade e está longe de ser mais um modismo da administração porque, comprovadamente, as empresas líderes são aquelas que têm o poder de criação, adaptação às mudanças, transformando as ameaças em oportunidades infinitamente mais rápidas do que as empresas "mortais". Coincidentemente ou não, são elas que têm profissionais libertos para criar e assim gerar resultados, têm modelos de gestão compatíveis com o discurso e processos maleáveis. Outro fator corroborante é que estas organizações se preocupam em mudar a empresa, a cultura paralelamente às pessoas e não apenas impõem um pacote de desenvolvimento gerencial esquecendo que a essência do empreendedorismo é a junção do espírito empresarial ao espírito criador humano. Este sim é um dueto imbatível, que destrona com sutileza e rapidez os demais competidores do mercado, independentemente dos seus tamanho e *status*.

Não acredito em soluções únicas e definitivas nem para o empreendedorismo corporativo, nem para qualquer outro tema. A realidade de cada empresa determinará e moldará naturalmente novas metodologias que facilitem o transmutar do comportamento humano e conseqüentemente do organizacional.

Lília Barbosa Cozer – Administradora com Pós-Graduação em Engenharia da Qualidade. Sócia-fundadora e diretora da Cozer Consultoria. Ex-Professora da Universidade Federal de Pernambuco, ex-gerente de empresa multinacional de consultoria, ex-diretora da Reciprev-Autarquia Previdenciária do Município do Recife. É colaboradora de diversos sites e jornais. É palestrante convidada em diversos eventos. Possui trabalho publicado no Km Brasil 2002 sobre Metodologia de Implantação da Gestão do Conhecimento.
(liliabarbosa@cozer.com.br site: www.cozer.com.br)

Mudança, Inovação e Criatividade nas Empresas

"Todas as nossas tentativas são imperfeitas, mas cada uma dessas tentativas imperfeitas traz em si a oportunidade de desfrutar um prazer que não se iguala a nada neste mundo."
Stephen Nachmanovitch

Observando o comportamento e a relação entre as pessoas que, compondo uma equipe de trabalho, precisam dar sua melhor contribuição para atingir os objetivos, percebemos que poucos são os estímulos ao pensamento livre e criativo e rara a tolerância ao direito de errar. A chamada *performance* é associada apenas a desempenho, produtividade e qualidade.

Os líderes empresariais se deparam com desafios, frutos da complexidade destes organismos vivos e diferenciados. Perda de mercado, situações imprevistas, falta de memória do conhecimento empresarial entre outros fatores, são capazes de deixar os gestores em situações embaraçosas se estes considerarem apenas o repertório de instrumentos gerenciais disponíveis.

Normalmente, quanto mais complexo o problema, quanto maiores os seus efeitos nos resultados, mais de longe imagina-se que virá a solução. O que fazer será dito pelos gestores às equipes e, não muito raro, será fruto de uma solução contratada ou de um *benchmark*. Solução criativa vinda da equipe ainda pode ser considerada uma utopia nas empresas, não obstante já existir uma larga consciência de sua necessidade, mais incorporada aos discursos do que as práticas gerenciais. Poucas são as empresas realmente inovadoras, criativas e, quando o são, em alguma parte de sua cadeia produtiva, dentro ou fora da empresa, há uma quebra do processo criativo, desperdiçando ou atrasando a evolução.

Entretanto, a diversidade que interage no cotidiano social, através da comunicação, está multiplicando o potencial de mudança e ampliando sua velocidade de tal forma que a dinâmica nas organizações empresariais reproduz o que também acontece com as pessoas ou seja, ainda é comum a busca pela preservação do *status quo*, característica às vezes disfarçada da resistência à mudança, entretanto as empresas estão cada vez mais em constante processo de busca e transformação, "mantendo um pé no passado e outro no futuro" conforme Clemente Nóbrega, em sua obra, *Supermentes – do big bang à era digital*, gerando com isto um processo contínuo de aprendizagem focado e voltado para as expectativas do mercado.

Sob a predominância do mercado, do Estado, da religião ou de qualquer outra instância, qualquer modelo onde uma das instâncias predomina sobre as demais é colonizador, induzindo à crença de que o poder está fora do alcance do indivíduo submetido. As minorias, aquelas pessoas e organismos que ousam não se submeterem, são elas que fazem a transformação.

Com a globalização, proporcionada pela exacerbação das leis de mercado e pelos avanços tecnológicos na área da comunicação, estamos talvez vivendo o início de um novo paradigma social. Atores e figurantes, os cidadãos interagem formando redes, firmando acordos e constituindo associações que lhes assegurem um certo grau de conforto e um espaço para o exercício da cidadania. Neste movimento utilizam-se dos instrumentos do modelo predominante que vai aos poucos transformando-se. A Internet é atualmente a principal e mais transformadora de todas estas redes. Ela introduziu a diversidade na vida das pessoas apresentando-lhes uma enorme gama de possibilidades, porque é autônoma e não é seletiva. Ela absorve e abriga todas as culturas, amplia todas as possibilidades, induz em várias direções. Sem impor-se como uma instância predominante, esta rede está induzindo os indivíduos, organizações e sociedades a entender que para ser um ser global é preciso mudar constantemente e, conseqüentemente, compreender a mudança como um processo permanente.

Mal ensaiamos compreender a mudança como algo permanente e já seremos criativos? O que é a criatividade e quais os seus mitos? Como ser criativo? É possível criar coletivamente? A equipe de funcionários, a equipe de vendas que interage diretamente com os clientes pode ser criativa? Diante de tantas dúvidas, variáveis incontroláveis ou desconhecidas, o complexo ambiente organizacional torna-se muitas vezes caótico. Surgem conflitos e bifurcações, oportunidades de crescimento e de aprendizagem.

A velocidade com que estão ocorrendo os ciclos de adaptação, preservação, faz com que o equilíbrio dos sistemas, ou seja, suas auto-referências, ocorram em espaços de tempo cada vez mais curtos, seguidos de transformações e novas adaptações, e assim sucessivamente. Neste sentido "a mudança" passa a fazer parte da preservação dos sistemas não sendo mais esta considerada "o fenômeno evolutivo" e sim adaptativo. Para adaptar-se a um ambiente em transformação as empresas escolhem e reforçam suas características marcantes e promovem alterações periféricas com foco na adaptação ao meio, par e passo com a concorrência.

O ser humano, na condição de cliente, atua seguindo esta mesma lógica. Preserva os seus hábitos de consumo como forma de identificação e diferenciação auto-referente e altera-os para acompanhar a moda adaptando-se ao meio. O equilíbrio resultante destas duas tendências do consumidor estimula nas empresas a inovação, aqui entendida como sendo a mudança proposital. A inovação é perseguida pelas empresas, assim como pelos demais sistemas como forma de dar qualidade e sentido útil ao que já existe e que é produto de alguma mudança.

Assim, inovar, mudar propositadamente, é também uma forma evolutiva de buscar a preservação mas que pode, ou não, resultar em um salto evolutivo, dependendo das conseqüências, acontecimentos muitas vezes imprevistos. Segundo Ruben Bauer, em seu livro, *Gestão de Mudança*, "acontecimentos são eventos capazes de conferir sentido à evolução da qual são portadores, e vice-versa, de modo que todo processo evolutivo possa gerar, com base em um acontecimento específico, novas possibilidades de coerência".

A maioria das empresas em evolução ou na busca de evoluir persegue certas características como:

- reconhecimento por todos os seus membros da própria capacidade e da necessidade de mudar a si próprio e à empresa;
- foco no meio externo e a constante busca pela troca de conhecimentos e pela aprendizagem;
- ampla comunicação, transparente e veloz;
- estabelecimento de metas desafiadoras;
- reconhecimento pelas metas alcançadas;

Estas características que visam produzir mudanças e inovações estão mais ligadas ao equilíbrio e à adaptação à concorrência trazendo, portanto, menos relação com a entropia (instinto de preservação), fortemente presente nos sistemas empresariais. Por esta razão elas atraem resistências e representam esforços e investimentos em larga escala que nem sempre se traduzem em resultados equivalentes. Referenciando ainda Ruben Bauer, "o sistema procura interagir com o ambiente externo sempre seguindo uma lógica que procura facilitar sua autoprodução, ou seja, a preservação de sua identidade. Neste sentido, o ambiente é parte de si mesmo".

Não obstante, estes mecanismos adaptativos e evolutivos serem extremamente importantes para as organizações, e de estas terem incorporado novas práticas que buscam a mudança proposital, o que é mecanismo de adaptação e de conseqüente pertencimento ao sistema, paradoxalmente é também ameaçador. Entre outros, os mais freqüentes obstáculos, são:

- o fechamento à auto-referência, muito presente no momento de sucesso e dos bons resultados e,
- a não existência de massa crítica para assumir e incorporar o novo. Mesmo em muitas empresas que possuem as características ligadas à evolução, elencadas acima, não há espaço para a livre manifestação de idéias e projetos pela certa conformação existente entre os seus membros participantes resultado da exclusão dos diferentes.

A mudança, em seu estágio mais contundente não está na inovação, está na criação. Quando o ato de criar passar a ser naturalmente aceito pelos indivíduos e organizações e, não apenas entendido como um dom divino, todos serão capazes de produzir mudanças deliberadamente. Historicamente a criação é percebida como algo divino e a criatividade como um dom sendo este um dos mitos que impedem o desenvolvimento do potencial criativo de cada pessoa.

A capacidade humana de criar, a criatividade humana, quando usada para produzir mudanças deliberadamente, é um eficaz instrumento de inovação podendo significar a evolução ou apenas a preservação do sistema. Porém, certamente, usar a criatividade para mudar, transformar, renovar e inovar, significa ampliar a capacidade sistêmica de evoluir.

Eugene Von France, em sua obra *Criatividade Profissional*, nos sugere que a produção criativa não se torna universal pela falta de liberdade de pensamento ou *brainstorm* ali definido como agitação ou confusão temporária de espírito. O autor afirma que "raramente o nosso EGO ou o ambiente, nos deixa admitir publicamente que estamos, estivemos ou estaremos confusos". Outra reflexão a partir de sua obra é a de que por esta razão associamos a produção de uma idéia criativa como decorrência de tentativas e sorte sendo este um outro mito acerca da criatividade.

Focando no indivíduo, temos que dois importantes mitos da criatividade devem ser eliminados: a atribuição da criação ao divino ou ao acaso. O primeiro dá ao indivíduo a sensação de poder supremo "o dom" que lhe fora atribuído por Deus e, o segundo, a sensação de impotência, "a sorte" sobre a qual ele não tem nenhuma ingerência. Neste sentido, o indivíduo que não tenha a consciência de seu potencial criativo e se deixe levar por qualquer destes dois mitos dificilmente conseguirá encontrar um ambiente favorável ao desenvolvimento de suas idéias, tendendo ao isolamento ou à conformação.

A racionalidade do sistema empresarial, suas métricas e representações egóicas impactando e sendo impactadas pelas lideranças, dificultam, quando não impedem, a liberdade de pensamento (intuição) e a conseqüente liberdade de ação (criação). Segundo Fela Moscovici, "A liderança na equipe exige mais do que tecnologia – requer intuição, criatividade e amor".

Para Michael Michalco em seu livro *Thinkertoys* a criatividade está associada ao pensamento flexível capaz de produzir idéias originais, além de considerar a variedade como "essência de toda sensação" afirmando que quando o estímulo é repetitivo a sensação desaparece.

Liberdade de pensamento (*brainstorm*), ou pensamento flexível (associação de idéias díspares), confusão temporária de espírito ou sensação, estão no centro das concepções a respeito da mobilização interior que ocorre com o indivíduo no momento em que produz criativamente.

No entanto, muitas empresas, ao estabelecerem a área de criação ou a equipe de criação, deixam subentendido que seus demais componentes e áreas não gozam desta prerrogativa de pensar e expressar-se livremente, criativamente. Elimina-se a massa crítica. A acomodação em todas as demais instâncias dentro da organização, decorrente do instinto de preservação e manutenção do *status quo* é aceita e, mais do que isto, é institucionalizada. Põem-se os "livres pensadores" numa "ilha de criação" para a manutenção do equilíbrio do sistema.

Assim, podemos concluir que apesar de já fazer parte das reflexões dos estudiosos, dos compêndios sobre administração e de algumas experiências restritas, em raríssimas empresas o uso da intuição, da sensação e a associação de idéias díspares, como instrumentos para a produção de idéias criativas, ainda não permeiam as organizações como boas práticas, mesmos nas empresas consideradas avançadas, inovadoras e arrojadas sendo comum o "ataque às idéias" bem ilustrado por Antônio Carlos Teixeira da Silva. Silva colecionou e ilustrou frases freqüentes no dia-a-dia das organizações como por exemplo: "Temos coisas mais urgentes para pensar", "Nossos funcionários ainda não estão preparados para uma idéia como esta", "Isto não funciona em uma empresa em fase de transição como a nossa", "Acho uma mudança muito radical. Será um risco adotar esta idéia", "Esta é uma idéia para o marketing. São eles que devem discuti-la", "Com esta idéia vamos ter que mudar muitas outras coisas", "Vamos precisar fazer investimentos em tecnologia", "Você assume a responsabilidade que vai funcionar?", "Vamos cutucar nossos concorrentes com esta idéia. Como será a reação deles?", "Nossos advogados não aprovarão esta idéia", "Pessoal, vamos parar de voar e aterrissar aqui na nossa realidade".

Luiza de Marillac Kehrle Carvalho Santiago – Graduada em Ciências Contábeis e Pós-Graduada em Administração Bancária, Controladoria e Gestão de Equipes. Possui larga experiência em Consultoria Interna e Gestão Organizacional, especialmente no setor financeiro onde foi diretora de Recursos Humanos. Atualmente é vinculada ao Serviço Público Federal. Escreveu este artigo, baseando-se na sua dissertação. (luizamkc@rce.neoline.br)

Referências Bibliográficas

ALENCAR, Eunice M. L. Soriano de. *Criatividade*. Brasília, DF: Ed. Universidade de Brasília, 1995.

BAUER, Ruben. *Gestão da Mudança – Caos e Complexidade nas Organizações*. São Paulo, SP: Ed. Atlas, 1999.

DE BONO, Edward. *O Pensamento Lateral na Administração*. Tradução de Ricardo Gouveia. São Paulo, SP: Ed. Saraiva, 1994.

DE MASI, Domenico. *O Ócio Criativo. Entrevista a Maria Serena Palieri*. Tradução de Léa Manzi. Rio de Janeiro, RJ: Ed. Sextante, 2000.

ENRIQUEZ, Eugène. *A Organização em Análise*. Tradução de Francisco da Rocha Filho. Petrópolis, RJ: Ed. Vozes, 1997.

FANGE, Eugene K. Von. *Criatividade Profissional*. Tradução de Leônidas Contígio de Carvalho. São Paulo, SP: IBRASA, 1973.

JONASH, Ronald S. *O Valor da Inovação: Como as Empresas mais Avançadas Atingem Alto Desempenho e Lucratividade*. Tradução Flávia Beatriz Rossler. Rio de Janeiro, RJ: Ed. Campus, 2001.

KAO, John. *JAMMING – A Arte e a Disciplina da Criatividade na Empresa*. Tradução de Ana Beatriz Rodrigues e Priscila Martins Celeste. Rio de Janeiro, RJ: Ed. Campus, 1997.

MICHALCO, Michael. *Thinkertoys – Manual de Criatividade em Negócios*. Tradução de Jamir Martins. São Paulo, SP : Cultura Editores Associados, 1999.

NACHMANOVITCH, Stephen. *Ser Criativo – O Poder da Improvisação na Vida e na Arte*. São Paulo, SP: Ed. Summus, 1993.

NÓBREGA, Clemente. *Supermentes – do Big Bang à Era Digital*. São Paulo, SP: Negócio Editora, 2001.

ROBBINS, Lois B. *O Despertar na Era da Criatividade*. São Paulo, SP: Editora Gente, 1995.

SILVA, Antônio Carlos Teixeira. *O Ataque às Idéias – Como os Tubarões Podem Arrastar as Empresas para o Fundo Atacando as Idéias, as Inovações e as Pessoas Criativas*. São Paulo, SP: Madras Editora, 2000.

Gestão por Competências
Uma Visão Conceitual e Prática

Nesta época em que este artigo está sendo escrito, março de 2004, no Brasil este tema está sendo muito falado, e vai continuar por alguns anos, mas temos percebido que uma grande parte das pessoas da comunidade de RH e até alguns consultores ainda não sabem o que exatamente é isto. Ou como se aplica, quando se fala em competências e sua aplicação prática dentro dos diversos subsistemas de RH: seleção, avaliação, treinamento e desenvolvimento, remuneração, gestão de talentos, mas, principalmente, voltado para o negócio da empresa. Sabe-se também que ainda existe uma crítica por parte de presidentes de empresas sobre a falta de envolvimento ou pouco conhecimento da área de RH sobre o negócio. Um sistema de gestão por competências, genuinamente aplicado, deveria preencher esta lacuna

Também temos visto sistemas, ditos por competências, que visam desenvolvê-las nas pessoas, mas sem vínculo ao cumprimento de resultados, que neste caso podem até aumentar as competências, mas, à semelhança dos sistemas de remuneração por cargos, que privilegiavam senioridade, aumentam os custos da folha de pagamento sem agregar valor ao negócio ou sem melhorar resultados. Se você fosse empresário, aplicaria dinheiro nisso? Nossa intenção é dar uma visão de como pode ser feita a implantação de um genuíno sistema de gestão por competências, da forma ideal.

Quando falarmos em gestão do conhecimento, capital intelectual, capital intangível, capital humano, estaremos falando da mesma coisa, pois à medida que temos as competências mapeadas, avaliadas individualmente e sistemas de desenvolvimento destas sendo implementados, estaremos gerenciando o conhecimento dentro da empresa.

Falando de maneira simplista, o trabalho deveria consistir em: identificar as necessidades de um negócio, mapear as competências necessárias para que tenha sucesso, identificar/avaliar as competências das pessoas da organização, encontrar a diferença entre o que é necessário e o que existe, em termos de competências, e estabelecer planos de treinamento e desenvolvimento.

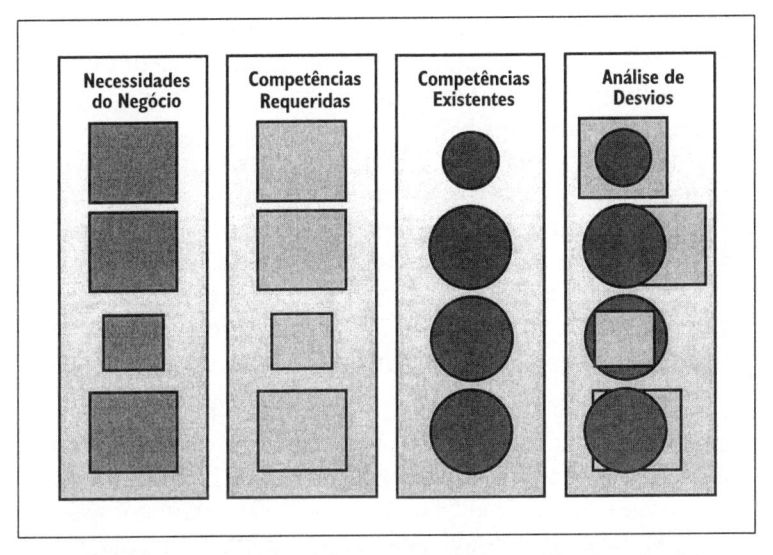

Figura 1: Processo de Gestão de RH por Competências

Dentre os conceitos de competência, um dos mais conhecidos e sintéticos seria: "a soma de conhecimentos, habilidades e atitudes". Evoluímos para o conceito de competência profissional: "Dispor de conhecimentos, habilidades, aptidões e valores necessários para exercer uma profissão, podendo resolver problemas de forma autônoma e flexível e estando capacitado para colaborar com seu próprio crescimento profissional e da organização onde atua".

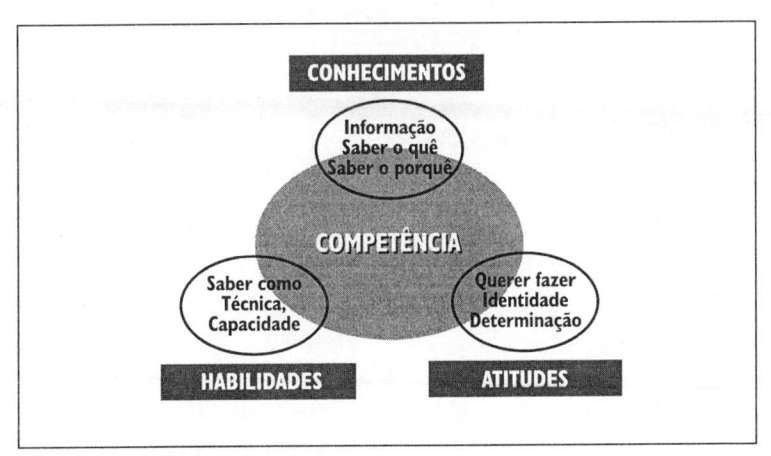

Figura 2: Conceitos de Competência

Capítulo 5 – Gestão

Não se pode iniciar um trabalho dessa natureza sem um planejamento estratégico para a empresa toda, ou querendo fazer o trabalho em "laboratório". O projeto precisa ser participativo, com envolvimento de todos os gestores. Também parte do princípio de que cada gestor é um gerente de RH, que precisa dedicar parcela de seu tempo às pessoas, sendo sua atribuição também ajudar a desenvolvê-las. Existem culturas que insistem que gerentes ditos "de linha", ou "de campo", devem se preocupar única e exclusivamente com a produção ou a venda, deixando os problemas de gente com o "pessoal de RH". Nessa cultura, não vai funcionar. Com um sistema aberto e participativo, acaba a "caixa-preta de RH" e as políticas e até implementação são descentralizadas, gerando comprometimento.

Um sistema de gestão por competências deve primeiramente saber os objetivos, os resultados que a empresa quer atingir. Do planejamento estratégico, definidas missão, visão, valores (identidade institucional) é que sairão essas metas, e posteriormente o plano de desenvolvimento só terá sentido se as competências forem aplicadas no atingimento dessas metas.

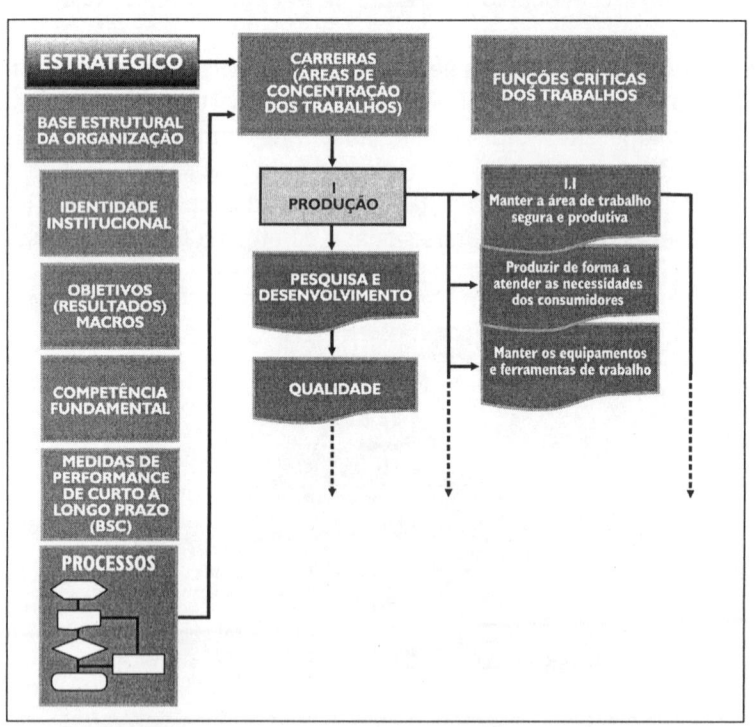

Figura 3: Alinhamento Estratégico/Operacional

Competência Fundamental

Um dos primeiros passos é definir a *core competence*, a competência fundamental ou essencial da empresa. Prahalad & Hamel definiram-na em 1990 como "conjunto de conhecimentos, habilidades e tecnologias derivado das necessidades do negócio para a empresa ser bem-sucedida no futuro." É um trabalho que leva certo tempo, e o conceito quase se confunde com o que já conhecemos como o diferencial competitivo na área de Marketing: "o que a empresa sabe fazer bem feito, que o mercado reconhece, mas que é muito difícil ser copiado pela concorrência".

O segundo passo é definir as competências estratégicas para o negócio. Essas normalmente não passam de dez. Como a maioria das empresas hoje tem sistemas de qualidade, para defini-las pode-se partir da política da qualidade, ou os objetivos de longo prazo, alguns autores chamam de objetivos permanentes. Isto é, a partir da visão de futuro definida no planejamento estratégico, que é o sonho dos empresários, onde a empresa quer chegar, estes objetivos normalmente respondem à pergunta: "o que temos que fazer de forma contínua, para que nosso sonho se torne realidade?" A partir daí, podemos pensar: quais competências serão necessárias para que possamos cumprir com nossos objetivos de longo prazo? Essas serão as estratégias.

Indicadores de Desempenho

É importante que exista, atrelado ao sistema, um conjunto de indicadores que permitam apontar tendências e resultados. Não é preciso inventar, basta aproveitar o que existe no sistema da qualidade, ou utilizar conceitos já conhecidos. Temos utilizado o *balanced scorecard*, pela facilidade, eficácia e disseminação. Apenas invertemos a prioridade, acreditando que o investimento em pessoas, processos é que garante a fidelidade dos clientes, trazendo como conseqüência os resultados financeiros.

Crenças e Valores

Nem todo executivo entende a importância de discutir valores, em contrapartida existem presidentes que se atribuem como principal responsabilidade fazer com que os valores sejam internalizados e praticados. A prática de um valor pode ser também uma competência, e deve ser cobrado e avaliado. Pois um valor quebrado pode criar sérios problemas numa empresa, ou até para um país. Vide o caso recente de uma grande consultoria mundial, ou, aqui no Brasil, quando o partido governante quebrou um valor que defendia com veemência.

O terceiro passo consiste em definir as carreiras. Estas são estudadas a partir de mapeamento de processos (mais uma vez, utilizamos ferramentas já existentes no sistema da qualidade). Processos que para serem executados necessitam de competências similares, as funções podem ser agrupadas na mesma carreira. Exemplo: marketing e vendas necessitam de competências sobre negociação, visão de negócios, orientação para o cliente. Cada carreira terá sua competência fundamental.

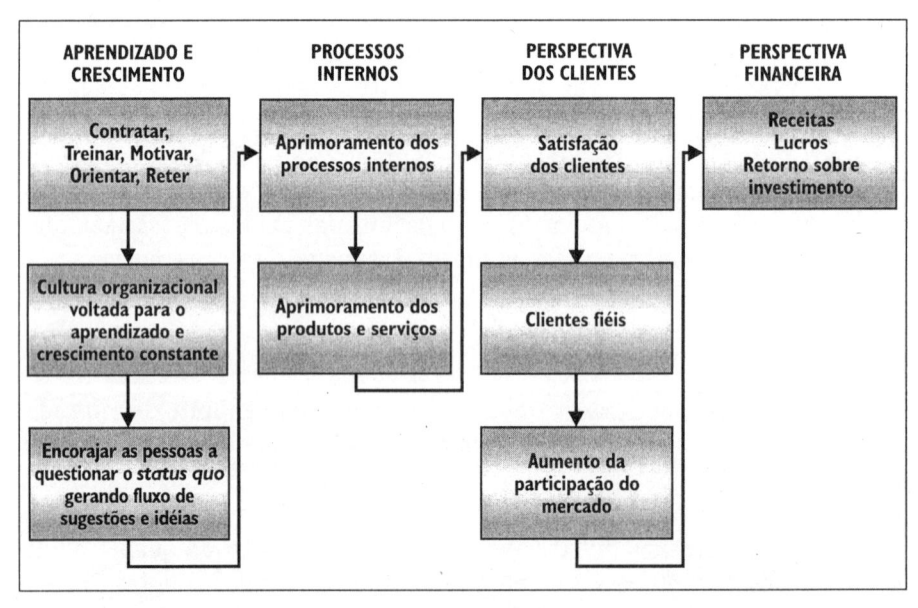

Figura 4: *Balanced Scorecard* **Alinhado à Gestão de Competências**

O Cargo x Função x Competências

Para quem está muito acostumado com cargos, a visão deve ser mudada, pois não deveria existir, num sistema por competências, limitação das tarefas do cargo. Uma pessoa pode absorver outras tarefas dentro dos processos, bastando para isso buscar desenvolver as competências necessárias.

Classificação e Hierarquia das Competências

Um dos erros cometidos por algumas empresas e consultorias é mapear somente competências humanas, ou conceituais, e querer depois avaliar todas as pessoas por estas. É impossível. Como o leitor deve ter observado, começa-se pela competência fundamental da empresa, depois a competência de cada área e carreira, até a função; elas vão-se desdobrando.

Existem diversas formas de classificar as competências, quando chegamos nas funções. Algumas empresas e consultorias adotam as genéricas e as específicas. Outras pelo famoso C.H.A.: conhecimentos, habilidades e atitudes. Preferimos classificar em conceituais, humanas e técnicas, adotando o conceito de Robert Katz.

O que deve ser feito é uma classificação do grau de complexidade ou necessidade de uma determinada competência entre uma função e outra, ex.: competência Orientação para o Cliente: para uma função da área comercial, vendedor, pode-se precisar dela em grau máximo. Para um analista de RH, a mesma competência pode ser necessária, porém em grau médio. Hoje já existem sistemas, como o PRHACOM da QUADRICOM, com o qual trabalhamos, que já possui um banco de dados de competências, agilizando o trabalho de mapeamento e encurtando o tempo de implantação.

Avaliação das Competências

Uma parte importante do trabalho é a avaliação, porém se esta for feita somente com a visão tradicional do superior imediato, fica limitada, deixando a desejar. É importante que exista a auto-avaliação, e a participação de outras pessoas no processo.

Normalmente, quem melhor conhece as competências é um colega, um par da pessoa a ser avaliada. Sugerimos no mínimo uma auto-avaliação e uma pelo par, sendo a palavra final a do superior imediato do avaliado. O ideal é a evolução para um sistema 360 graus, dependendo da cultura de cada empresa.

É muito importante que seja claramente separada avaliação de competências de avaliação de desempenho (resultado, atingimento de metas). Um bom sistema deverá ter uma classificação, que permita clareza para avaliar cada competência para cada função e cada pessoa.

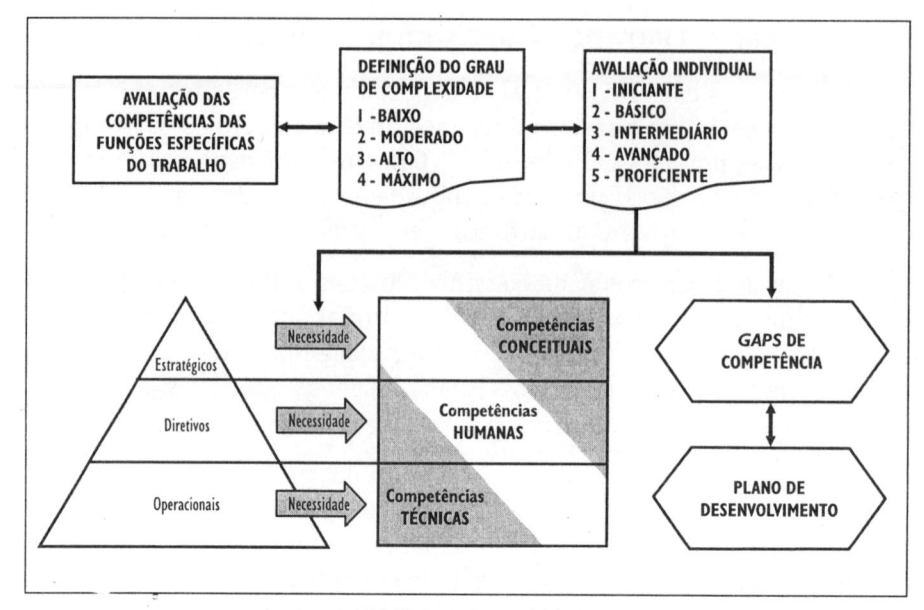

Figura 5: Avaliação de Competências

Treinamento e Desenvolvimento

Mais um conceito importante a ser aplicado: treinamento e desenvolvimento devem ser encarados como investimento, e não como despesa. Se as metas forem atingidas graças ao investimento no desenvolvimento das competências, então o que foi gasto é realmente investimento.

Da mesma forma que atualmente, a necessidade de T&D deve ser elaborada a partir da avaliação de competências. Qualquer avaliador, num sistema 360, pode sugerir ou identificar necessidades de T&D para alguém. O papel do superior é filtrar essas necessidades, conversando com o avaliado para obter consenso sobre o estabelecimento de seu plano de treinamento e desenvolvimento, vinculado ao cumprimento de resultados e à carreira traçada. O programa deve ser documentado e obter comprometimento das partes.

Um aspecto importante é que competências não se desenvolvem somente com treinamento formal. Muitas outras alternativas podem ser elaboradas: leitura orientada, participação em reuniões ou comitês de outras áreas, visita a mercado etc.

Remuneração

Remunerar por competências é um grande desafio. Na nossa visão, pode-se atribuir um valor em reais para uma competência ou um estágio desta, da mesma forma que um sistema de avaliação de cargos pode atribuir pontos e depois reais. Mas também acreditamos que o sistema deve atrelar resultados, podendo utilizar os benefícios da Lei 10.101/2000. Pode-se também pagar competências utilizando este incentivo, se a empresa está com salários altos ou adequados ao mercado. Até aqui, ficou relativamente fácil comparar cargos no mercado. O desafio do futuro será como comparar funções e competências. Hoje remuneramos cargos. Estamos evoluindo para remunerar pessoas.

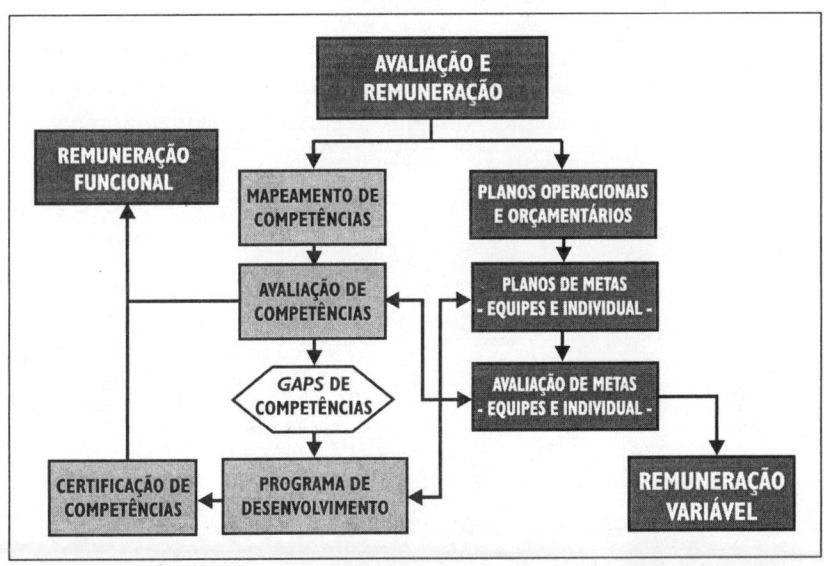

Figura 6: Processo de Remuneração

Seleção por Competências

Imaginando depois de um tempo todos os colaboradores avaliados por competências, um software (já existe no mercado, o PRHACOM) pode armazenar um sem número de dados. Como o planejamento estratégico sempre estará retroalimentando o sistema, em caso de, por exemplo, expansão de negócio, necessidade de profissionais com perfis adequados a uma nova realidade, pode com rapidez e segurança indicar quais profissionais tem quais competências, e em que grau.

Aspectos Legais

Empresas que têm problemas trabalhistas, ou com uma cultura mais autoritária, legalista, terão um grau de dificuldade maior na implantação de um sistema por competências. A questão de paradigmas, desde que se realize um acordo envolvendo sindicato, pode ser resolvida com a avaliação de competências e de desempenho, pois o sistema deve dar os instrumentos adequados para que a empresa se defenda, provando porque um pode ganhar mais do que outro.

Processo de Gestão por Competências

O importante é começar a trabalhar o conceito, e implantar de forma gradativa a partir de uma decisão política dos gestores. A evolução com certeza levará à ampliação do entendimento e conseqüente utilização.

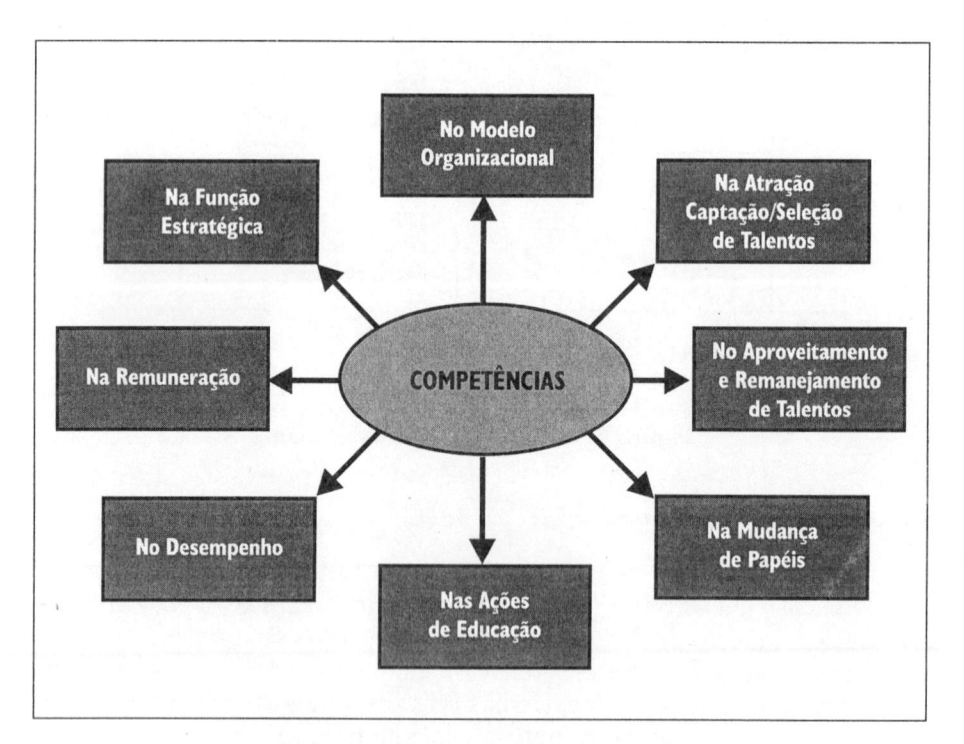

Figura 7: Gestão por Competências

Os caros leitores poderão imaginar que o autor está criando situações aparentemente ideais, mas praticamente impossíveis de se praticar. Podemos afirmar com segurança que já existem empresas praticando o que escrevemos. Recomendamos que nos procurem para conhecer empresas onde já implantamos o sistema, tal qual descrito. O ideal já está sendo praticado.

Romeu Huczok – Teve destacada atuação em Pernambuco, onde viveu por mais de dez anos, em dois períodos, tendo sido gerente de RH da Cia. Souza Cruz e, num segundo período, diretor de RH do Banorte, hoje Unibanco. Ocupou também posições de gestão na Incepa, no PR (RH e Marketing), na Refripar/Climax em SP (hoje Electrolux, nas áreas de RH e Qualidade). É Administrador, com pós-graduação em Marketing, Mestrado em Mídia e Conhecimento. Sempre presente nos movimentos associativos de RH, foi presidente da ABRH-PE, diretor de Marketing da ABRH-PR e diretor de Planejamento Estratégico da ABRH-Nacional, tendo sido membro de Conselhos em outras gestões. Vive hoje em Curitiba, onde, desde 1994, é titular da R. Huczok Consulting (www.huczok.com.br), empresa de consultoria que se dedica a planejamento estratégico e sistemas de gestão voltados a recursos humanos, principalmente remuneração. Leciona em cursos de pós-graduação em instituições da região.
(romeu@huczok.com.br)

As Múltiplas Faces da Liderança na Empresa

Na organização empresarial ocorrem demandas contraditórias sobre a conduta dos seus membros: requer-se que o indivíduo seja combativo e manifeste seu talento, mas também se exige dele que colabore e se integre em equipe; ou seja, pede-se que ele seja, a um só tempo, individualista e cooperativo. Para integrar essas duas expectativas de comportamento é sensato investigar o fenômeno liderança-grupo.

Como se sabe, todo o indivíduo faz parte de vários grupos, desde que nasce, situando-se em uma rede grupal. Em todos os grupos ocorre a partenogênese, isto é, para que eles surjam e persistam, é indispensável um pólo instaurador. Vale dizer, a constituição do grupo se dá quando um certo número de indivíduos coloca um só e um mesmo "objeto" no lugar do seu ideal de ego. Esse objeto é representado pelo líder, que personifica anseios de mudança e se torna o ideal do "eu"dos membros do grupo, os quais, a partir dele, se identificam entre si. Os componentes do grupo abandonam o ideal de ego e o substitui pelo do grupo, tal como é corporificado no líder: "iguais que se identificam uns com os outros, mas todos querendo ser dirigidos por uma só pessoa, superior a todos eles: essa é a situação que vemos realizadas nos grupos capazes de subsistir" (Freud, 1976: 154).

Essa identificação derivada do amor (ou temor) pelo "chefe idealizado" leva os membros do grupo à elaboração de condutas previsíveis e repetitivas que muitas vezes se traduzem em slogans ou palavras de ordem (Enriquez, 1990). O líder, então, é uma referência daquilo que os seus seguidores desejam se tornar: "aquele que opera em virtude de sua semelhança com o pai e por cujo amor a realização é levada a cabo" (Freud, 1975: 140).

Tudo isso faz com que os seguidores desenvolvam uma forte atração por ele e ajam segundo os seus desejos ou de acordo com a missão na qual ele acredita firmemente. Freud, por conseguinte, reserva um lugar de destaque para as idéias e a personalidade das grandes figuras da história na rede casual de importantes acontecimentos da humanidade, ao lado de fatores gerais e impessoais. Mas, com o desaparecimento do líder, diz ele, os laços entre os membros do grupo cessam e o grupo se dissolve.

No entanto, como muitos grupos persistem, mesmo sem o "chefe", neofreudianos substituíram esse núcleo central do argumento por uma "idéia" ou "imagem transcendente" que pode substituí-lo, na suposição de que indivíduos vão à procura de um líder, assim como em busca de sua "causa" ou "mensagem" que um dia pronunciou, o que garante a continuidade do grupo.

Para Weber, há sempre a possibilidade de alguém que convence, seduz, submete a vontade de um grupo. Assim, o líder dotado de traços carismáticos é o núcleo de uma estrutura na qual os outros precisam dele, ao passo que ele necessita de outros enquanto coletividade. O aparecimento de um tempo de solidariedade extraordinária é creditado ao líder e depende do vínculo que se estabelece entre ele e seus seguidores, em torno de um mesmo propósito. No entanto, ao contrário do criador da psicanálise, Weber considera que o grupo não se dissolve com o desaparecimento do líder, uma vez que o seu dom para mobilizar e conduzir pessoas pode ser transferido para um outro, em circunstâncias específicas.

Por sua vez, Alberoni (1991) considera que o "reconhecimento" do líder é um aspecto de um processo mais amplo, cuja origem está na noção de *status nascendi* – expressão utilizada por Weber (1999: 331) para definir a liderança carismática em sua fase inicial. Os indivíduos nesse estado se reconhecem uns aos outros e constituem um grupo extraordinariamente solidário e criativo, que pode ser encontrado em qualquer nível de agregação social. Não há uma antecedência obrigatória do líder em relação ao grupo. O que faz nascer a exigência de um "centro" ou a necessidade de um líder é a impossibilidade do grupo em viver situações de experimentação permanente; é a inevitável intensificação das tensões e conflitos que se verificam em todos os grupos, principalmente nos inovadores, na medida em que "as comunicações criativas são permeadas de expressões de desacordos" (Enriquez, 1990: 316).

Por maior que seja o magnetismo de alguém e da força de suas idéias, ele só consegue sensibilizar, mobilizar e dirigir pessoas se existir um processo de liderança composto de certas estruturas interacionais, em uma dada situação, além de traços de sua personalidade. Dessa forma, num ambiente organizacional, a emergência de um líder empresarial com traços carismáticos decorre de um processo que integra as habilidades e a personalidade do líder, as crenças ou objetivos compartilhados, o vínculo afetivo entre os integrantes da empresa e a interação destes com o líder.

Tendo em vista a realidade do mundo dos negócios, constata-se que a importância da liderança é amiúde exaltada como um fator da maior relevância para um desempenho competitivo, muito embora não se identifique um padrão único para um líder empresarial de sucesso. Cabe aqui atentarmos para os atributos intrínsecos e extrínsecos, inerentes a um líder empresarial. Como atributos intrínsecos estamos considerando aquelas peculiaridades inatas, que o distinguem como personalidade única; e como atributos extrínsecos estamos entendendo aquelas características ou habilitações adquiridas, reveladas e/ou desenvolvidas na vivência da atividade gerencial-administrativa.

Como atributo intrínseco de um líder empresarial poderíamos citar o carisma, já discutido durante este texto. Nesta seção, queremos abordar melhor os atributos extrínsecos. O líder empresarial, para atender às demandas da organização, tem a necessidade de possuir, em maior ou menor escala, certas habilitações, sejam elas instrumentais, sociais e institucionais. O termo habilitação aqui é usado de acordo com o sentido que lhe é dado por Katz (1955), que o conceitua como "capacidade que pode ser desenvolvida e não necessariamente inata, que se manifesta no desempenho e não apenas no potencial". Cabe sustentar que os dois elementos (atributos intrínsecos e extrínsecos), coexistem no indivíduo de maneira interligada e interdependente e que, só em alguns instantes do exercício profissional pode-se vislumbrar a tênue fronteira que os separa. A predominância relativa de um ou de outro, no entanto, manifesta-se especialmente no processo de tomada de decisões que requeira maior ou menor utilização de mecanismos mentais "não-lógicos" (intuitivos) ou "lógicos" (racionais), tendo em vista o grau de conhecimento das relações entre causa e efeito, o de "racionalidade limitada" e a ocorrência de "conseqüências não-pretendidas" da ação perpetrada pelo agente.

A habilitação instrumental está associada à idéia de especialização em determinado campo ou segmento do conhecimento administrativo; a habilitação social ou humana reflete a aptidão do administrador em bem se relacionar com membros da sua equipe ou fora dela; e a habilitação institucional, que consiste na capacidade do administrador em, mesmo estando mais atento a um foco específico, procurar manter uma visão da totalidade organizacional, tanto no que diz respeito às relações intra-organizacionais, como no que concerne à empresa frente ao seu ambiente operacional externo, em um dado contexto cultural.

O exercício da atividade administrativa-gerencial demonstra que as três habilitações básicas coexistem na pessoa do líder empresarial. Numa dada organização, a evidência de uma delas, no entanto, apresenta-se como conseqüência da demanda decorrente de um problema que requeira uma estratégia de ação corretora, com ênfase sobre fatores técnicos, aspectos psicossociais, ou sobre propósitos organizacionais mais amplos.

No processo de resolução de problema cuja repercussão das decisões tomadas restrinja-se ao aspecto predominantemente técnico, como no caso de operacionalização de um novo método de controle de qualidade, através de uma maior precisão no cumprimento de especificações técnicas, espera-se um desempenho mais orientado em função da habilidade instrumental.

No caso de conflito a nível pessoal ou grupal que ponha em risco o indispensável espírito de cooperação reinante em uma dada unidade de trabalho, requer-se uma ação que tenha por base a habilitação social. Tal requisito administrativo, a ser satisfeito pela habilidade no trato com pessoas e grupos, existe em qualquer que seja o tipo de organização considerada, variando apenas a ênfase reclamada.

Quando está em jogo um objetivo organizacional mais abrangente, como o atingimento de uma taxa mínima de rentabilidade, preservando-se a qualidade e mantendo-se um adequado índice de produtividade, faz-se mais necessária a habilidade institucional, no sentido de ser diagnosticada a causa do insatisfatório desempenho, seja esta oriunda do ambiente externo e/ou circunscrita às fronteiras da organização.

Para cada uma das habilitações citadas existem programas de treinamento de reconhecida validade, os quais, juntamente com o aprendizado no trabalho, proporcionam meios para um melhor desempenho na atividade gerencial. Cabe salientar, todavia, que a operacionalização dos conhecimentos obtidos deve, necessariamente, coadunar-se com a personalidade ou refletir as tendências naturais do indivíduo, porquanto a relação homem-organização deve ser biunívoca, sem aflorar predominância permanente de quaisquer das partes. Se um líder possui uma personalidade introvertida (atributo intrínseco), quando sujeito a um programa de capacitação ou aperfeiçoamento em quaisquer das habilitações citadas (atributos extrínsecos), este deverá ser compatível com as suas características pessoais. Ou seja, após o treinamento, não se deve nem se pode exigir de sua parte um comportamento extrovertido, na medida em a empresa não deve agir para modificar valores inatos do indivíduo. Afora esse aspecto ético, suscitar passividade ou conformismo por parte de seus membros pode redundar em sérios prejuízos para a própria organização, porquanto inibiria salutares "desvios" inovadores.

Dessa forma, pode-se manter preservada a personalidade do líder, o qual, com a sua essência pessoal salvaguardada e com as habilitações administrativas básicas adquiridas e adequadamente desenvolvidas, pode maximizar seus resultados, obtendo eficiência e eficácia em sua atividade.

Posto isso, é relevante explicitar a distinção entre um líder empresarial e um administrador de sucesso, tecnicamente qualificado e que ocupa um cargo de direção superior. O líder empresarial é um generalista e visionário que possui traços carismáticos que o distinguem como uma personalidade extraordinariamente persuasiva e capaz de uma interação com seus seguidores baseada em sentimentos com um alto teor de afetividade, admiração e confiança, e estes se identificam entre si e a partir daquele, agindo de acordo com a missão que o líder personifica. Para mudar o *status quo* da organização empresarial, ele tem uma perspectiva mais de longo prazo, focaliza mais as pessoas que a gestão em si, tem a coragem de decidir e audácia de inovar.

Por sua vez, o executivo profissional não apresenta atributos intrínsecos tão marcantes, nem constitui vínculos com os membros do seu grupo de maneira tão intensa, nem tampouco é um paladino de profundas transformações. Ele tem uma visão mais de curto prazo e concentra-se em detalhes do sistema gerencial para manter um desempenho com resultados satisfatórios, isto é, procura otimizar os recursos, organizacionais e viabilizar as metas estabelecidas.

Contudo, para que ambos possam conquistar e preservar uma trajetória de êxitos e para que sua atuação possibilite um melhor desempenho da organização empresarial, é necessário que eles possuam certas qualificações, a saber:

- agir como facilitador da execução de tarefas, assegurando ao grupo os meios indispensáveis para a realização dos objetivos;
- capacitar sua equipe para alcançar os padrões de desempenho desejados;

- operar sobre fatores emocionais, além dos recursos físicos;
- organizar significados, com base nos valores organizacionais;
- definir com clareza o "futuro pretendido" para a empresa;
- interpretar cenários alternativos, procurando minimizar as ameaças e concretizar as oportunidades;
- motivar e incentivar os integrantes do seu grupo para perceberem a sua tarefa como autogratificante;
- suportar a freqüente convivência com a tensão e os riscos;
- construir redes de relacionamentos com pessoas e grupos externos à sua organização;
- promover a interação entre os vários segmentos da empresa;
- formar e consolidar relações interempresariais;
- distinguir e atuar sobre sistemas organizacionais e administrativos conservadores (para manter as condições correntes, quando adequadas), adaptativos (para melhorar a situação vigente, quando necessário) ou transformadores (para materializar novos "futuros", quando viáveis).

Finalmente, há de se reconhecer que tanto um líder empresarial vitorioso, quanto um executivo profissional de sucesso, devem procurar ajudar os membros da empresa a compreenderem a coexistência de componentes burocráticos, tradicionais e afetivos, em diferentes intensidades, para os diversos contextos organizacionais.

Sérgio Alves – Professor do Depto. de Ciências da Administração da UFPE. Mestre em Administração (COPPEAD/UFRJ), doutor em Sociologia das Organizações (PPGS/UFPE). Autor dos livros: *As organizações e a sua administração no Brasil* (EDUFPE, 1990); *Revigorando a cultura da empresa* (Editora Makron Books, 1997); *Racionalidade, carisma e tradição nas organizações empresariais contemporâneas* (EDUFPE, 2003) (sergioalves@dca.ufpe.br)

Paulo R. Gomes – graduando do curso de Administração e voluntário em iniciação à pesquisa do DCA/UFPE.

Referências Bibliográficas

ALBERONI, F. *Gênese*. Rio de Janeiro, RJ: Ed. Rocco, 1991.

ALVES, S. *Racionalidade, Carisma e Tradição nas Organizações Empresariais Contemporâneas*. Recife, PE: Ed. Universitária da UFPE, 2003.

_____. *Tipologias Organizacionais e Atributos Administrativos*. Revista de Administração de Empresas, São Paulo, v. 13, nº 2, 1978.

_____. *Revigorando a Cultura da Empresa*. São Paulo, SP: Ed. Makron Books, 1997.

ENRIQUEZ, E. *Da Horda ao Estado: Psicanálise do Vínculo Social*. Rio de Janeiro, RJ: Ed. Zahar, 1990.

FREUD, S. Psicologia de Grupo e a Análise do Ego. *In: Obras completas de Sigmund Freud*. Rio de Janeiro, RJ: Ed. Imago, 1976. p. 91 – 171. v. XVIII.

_____. Moisés e o Monoteísmo. *In: Obras completas de Sigmund Freud*. v. XXIII. Rio de Janeiro, RJ: Ed. Imago, 1975. p. 91 – 161.

KATZ, R. Skills of Effective Administration. *Harvard Business Review*, jan/feb., 1955.

WEBER, M. *Economia e Sociedade*. Revisão Técnica de Gabriel Cohn. Brasília, DF: Ed. UNB, 1999.

Capítulo 6
Produtividade

"Não se administram pessoas. A tarefa é liderar pessoas. E o objetivo é transformar as energias e os conhecimentos individuais de cada indivíduo em produtividade."

Peter Drucker

"A explosão da produtividade foi, justificadamente, o acontecimento social mais importante dos últimos cem anos, sem precedentes na história. Antes da explosão da produtividade levava-se pelo menos 50 anos para um país se tornar desenvolvido. A Coréia do Sul – que em 1995 era um dos países realmente atrasados do mundo fez isso em vinte anos. Essa inversão radical do que tem sido panorama desde os tempos imemoriais é, em sua totalidade, o resultado da verdadeira produtividade que começou nos EUA por volta de 1870-80. A revolução da produtividade tornou-se vítima do seu próprio sucesso. De agora em diante, o que importa é a produtividade dos trabalhadores não braçais. E isso requer aplicação do conhecimento ao conhecimento", diz Drucker. A produtividade dá-se por meio da atração de recursos e da sua aplicação no trabalho.

Produtividade exige a presença de pessoas, conhecimento, tecnologia, como já discutidos nos capítulos anteriores, acrescida dos recursos financeiros. Mas depende exclusivamente da tarefa de administrar, gerenciar; tornar o trabalho produtivo e o trabalhador mais realizador e feliz. E, antes de tudo, tornar o trabalho atraente aos seres humanos. "Transformar o trabalhador em realizador implica considerar o ser humano um organismo dotado de propriedades, capacidades e limitações fisiológicas e psicológicas", diz Drucker.

Quando o conhecimento mudou o seu significado, ele começou a ser aplicado a ferramentas, a processos e a produtos. Taylor relacionou pela primeira vez o conhecimento ao estudo como "a análise do trabalho e à engenharia do trabalho". "Ele se propôs a tornar os trabalhadores mais produtivos, de modo que eles fossem remunerados dignamente." A partir daí, a tecnologia, as teorias motivacionais, a própria legislação, a globalização conspiraram a favor da produtividade – maior fator da competitividade.

Um estudo da American Management Association constatou que as organizações que aumentaram seus orçamentos de treinamento, sobretudo depois de anunciar demissões, tinham duas vezes mais probabilidade de apresentar melhores lucros e maior produtividade do que as empresas que não aumentaram essa verba. Aquelas que intensificaram o treinamento revelaram resultados impressionantes: 79% aumentaram seus lucros a longo prazo e 70% a produtividade.

"A inteligência, a imaginação, o conhecimento são recursos essenciais, mas somente a eficácia os converte em resultados", enfatiza Drucker. Não somente isso. Mas, também, criatividade, mobilidade, comodidade, praticidade, como é o caso do teletrabalho, que é baseado no slogan de que "A cabeça é diferente do corpo: ela carrega o trabalho para onde quer que vá". Para ser competitiva, globalizada, a nova empresa produtiva deve ser orientada pelo mercado, não pelo produto. Deve ser intelectualizada, criativa e ter a consciência de que as atividades cerebrais predominam sobre as manuais, as virtuais prevalecem sobre a tangibilidade. E que eficiência, eficácia e efetividade estão ligadas à motivação e à paixão. De Masi diz que a sociedade industrial se baseava na razão, a nossa, globalizada, na emotividade.

Entretanto, a nova empresa produtiva tem que ser antes de tudo um sistema humano, um sistema vivo, que nasce, aprende, cresce, muda, amadurece, envelhece e morre. E que esta morte poderá ser retardada através da ação dos ativos mais importantes: homens do conhecimento. Produtivos. Que tocam e fazem o futuro. Apaixonados pelo que aprendem, pelo que sonham, pelo que criam e realizam.

O fator crítico para a produção são as pessoas, diz De Geus. A era do capital acabou. Concentrar-se na atividade puramente econômica de produzir bens e serviços não é a finalidade máxima das organizações, não obstante parecer um paradoxo. Segundo De Geus, "a verdadeira natureza de suas organizações é aquela de uma comunidade de seres humanos. Tecnologia, recursos, planos, conhecimento, gestão, sem pessoas não produzem produtividade. Produtividade está ligada a eficiência, eficácia, efetividade, motivação e paixão. Tecnologia aparece como ferramenta".

Segundo Goleman, os funcionários que se sentem bem dispostos têm maiores chances de se empenhar mais e assim incrementar os resultados. "Há, mesmo, um logaritmo que prevê essa relação: para cada melhoria de 1% no clima dos serviços, ocorre um aumento de 2% na receita." "O estudo" chegou à conclusão de que "quanto mais positivo o ânimo geral dos membros da equipe de gerência, mais cooperariam entre si em seu trabalho – e melhores os resultados da empresa." "No geral", conclui, "o clima, como as pessoas se sentem trabalhando, pode responder por 20% a 30% dos resultados". Se a atmosfera influi nos resultados da empresa, o que poderia influenciar o clima e conseqüentemente a produtividade? "Aproximadamente 50% a 70% de como os funcionários percebem a atmosfera de suas organizações dependem, em última instância, dos atos de um único indivíduo: o líder", enfatiza Goleman.

Deveriam fazer parte deste segmento todos os artigos componentes deste livro, porque produtividade é conseqüência, vem sempre depois. É resultante da produção de equipes capacitadas, apaixonadas. De ferramentas apropriadas. De recursos, conhecimento, visão, tecnologia, gestão. De gente feliz.

Este capítulo é composto por dois artigos, com um enfoque exclusivo na competência do ser humano em se autodeterminar, crescer, buscar o seu significado, envelhecendo e produzindo sempre. Gerando resultados. Recursos especiais, neste novo mundo do trabalho.

Este capítulo é composto pelos seguintes segmentos:

- Aprendizado da Proatividade
  Enildo de Oliveira
- Sempre Produtividade
  Rute Bacelar

Aprendizado da Proatividade
Intencionalidade, Cognição, Motivação

"O sistema vivo não especifica somente as suas mudanças estruturais, especifica também quais são as perturbações do ambiente que podem desencadeá-las. Faz parte dos seres vivos conservar a liberdade de decidir o que perceber e o que aceitar como perturbação."

Fritjof Capra

Introdução

O cérebro humano com seus mais de 100 milhões de neurônios é a forma de matéria mais complexamente organizada no universo. Cada neurônio faz entre mil e 10 mil sinapses com outros neurônios. "Estas podem ligar ou desligar, ser excitatórias ou inibitórias. Isto é, algumas sinapses ligam o fluido para ativar coisas, enquanto outras liberam fluidos para acalmar tudo a frente numa dança contínua de atordoadora complexidade", afirma V. S. Ramachandran, em seu livro *Fantasmas no Cérebro*. Ele calcula que o número de permutações e combinações de atividade teoricamente possíveis ultrapassa o de partículas elementares existentes no universo.

Deste milagre se desenvolve o comportamento humano, uma instância tão intangível quanto a própria natureza daquEle que a criou. É neste contexto de complexidade e unicidade que o ser humano aprendeu a sonhar, realizar, prever, buscar o futuro. Construir, relacionar-se com ele mesmo, com os outros e o universo. Descobriu a capacidade de aprendizagem e exploração das suas potencialidades, porque o "vir a ser" é um processo. Com entidade autopoiética, tem o impulso natural do buscar, aprender, criar e mudar, porque esse homem está ligado ao futuro na busca de um novo sentido para a vida.

Como diz Capra, "o significado é essencial para os seres humanos. Temos a contínua necessidade de captar o sentido dos nossos mundos exterior e interior, de encontrar o significado do ambiente em que estamos e das nossas relações com os outros seres humanos e de agir conforme este significado". Este artigo é conseqüência de uma curiosidade. Vingou pela força do desejo de investigação. Concretizou-se através de um projeto cujo pressuposto é evidenciar que é possível realizar mais utilizando o ambiente como oficina para a criação. Isto graças a uma variável, característica natural do comportamento humano: a "liberdade de escolha".

Como ávido leitor, daqueles que só lêem com lápis à mão, rabiscando aspectos relevantes, eu havia encerrado a leitura do best-seller *Os 7 Hábitos das Pessoas Muito Eficazes*, de Stephen Covey. Aqueles rabiscos me chamaram a atenção, o que me fez partir para a prática.

Começando comigo mesmo, vendo o mundo, o ambiente como um cenário do qual eu deveria ser ator, não expectador, mudando hábitos, inclusive o de ser reativo. Senti-me autor da minha vivência. Assim, comecei a trabalhar a proatividade no meu processo de consultoria e desenvolvimento de liderança.

O livro de Covey falava sobre protividade × reatividade e sua interdependência com variáveis ambientais que estão sob o nosso controle direto, indireto e sem controle. Acrescentei a visão de futuro, dado importante do planejamento e da vida. Pesquisei outros autores como Viktor Frankl, criador da logoterapia. Em Maslow, investiguei a relação entre motivação e proatividade. Em Capra, procurei as relações entre autopoiese e proatividade, analisando o conceito da intencionalidade. Em Goleman, me apropriei do "aprendizado autoconduzido", o conceito-chave do aprimoramento efetivo de capacidade de liderança de aprendizado. Em Damásio, procurei entender a maquinaria cognitiva e neurológica subjacente à razão e tomada de decisões. O processo de aprendizado, em Senge. A teoria sobre a memória de futuro, em De Geus. Em Jaworski, o conceito de liderar em pleno potencial. Em todos os achados, o conceito de proatividade, como busca de significado, desejo, motivação, crença, visão esteve sempre presente.

Aprendizado da Proatividade

O Primeiro Teste

Minha investigação começou quando aproveitei o convite para ministrar uma palestra sobre "maestria pessoal" no Congresso Norte-Nordeste de RH, em Recife, 2000, aplicando um exercício que mensurava o grau de ação/reação dos participantes. O exercício constava da apresentação de 40 itens relacionados ao comportamento humano.

Os dados indicaram uma diferença considerável entre o pré e o pós-teste apontando elevação do nível de proatividade, com conseqüente diminuição da reatividade. O quadro abaixo explicita o grau de mudanças ocorridas durante este rápido processo.

Quadro I:
Dados coletados em uma oficina sobre "maestria pessoal" em 2000, no CONPERH (Congresso Norte-Nordeste de RH) para uma população de 35 pessoas de ambos os Sexos.

Momentos da Oficina	Índice de Proatividade	Índice de Reatividade
Antes da experiência	35.982%	64,02%
Após a experiência	58,75%	41,25%
Variação	>22,83%	<22,77%

Observa-se um ganho de 22,83% nos índices de proatividade dos participantes e conseqüente diminuição da reatividade em torno de 22,77%.

Dois anos após, em outro trabalho sobre empreendedorismo, revendo meus arquivos, resolvi repetir a experiência. Em lugar da oficina realizei uma palestra de 90 minutos sobre o tema "maestria pessoal". Novas mudanças constatadas. Um percentual de 14% em favor da proatividade ficou evidente, estimulando a uma maior investigação.

Quadro 2:
Resultados da participação de 22 participantes em seminário sobre empreendedorismo realizado em 2002.

Momentos da Oficina	Índice de Proatividade	Índice de Reatividade
Antes da experiência	37,17%	62,83%
Após a experiência	51,21%	48,79%
Variação	>14,04%	<14,04%

Observa-se um aumento do índice de proatividade em 14,04%, e mesmo percentual de diminuição da reatividade. Um aspecto a observar: por que estas diferenças de ganhos e diminuições de proatividade/reatividade?

As variáveis apresentadas aqui poderão não indicar, verdadeiramente, uma mudança duradoura pelo fato de ter sido a experiência de pouca profundidade em termos de ensino-aprendizagem. Os dados mensuraram talvez, uma intencionalidade. Capra expressa que o ser humano dedica-se a atividades voluntárias e intencionais e, é nessa ação movida pela intenção e por um objetivo que nós conhecemos a liberdade humana. Como diz Viktor Frankl, o desejo é o pai do pensamento, espero que esse desejo permaneça proativamente vivo. Assim, munido de uma forte motivação defini o tema "aspectos cognitivos e motivacionais da proatividade" como parte da monografia do meu MBA sobre Planejamento e Gestão Organizacional.

Talvez o leitor esteja ansioso ou enfadado com esta introdução. Mas, antes de apressar-se para ler ou reler o livro de Covey, observe os resultados parciais colhidos através da pesquisa sobre o assunto, ainda neste momento, em realização. O estudo foi efetuado através de dois processos:

a) **socializante:** constando de preenchimento de um questionário, participação em uma palestra sobre proatividade e preenchimento de mesmo questionário ao final;

b) **individual:** constando do preenchimento do mesmo questionário, leitura individual de texto referente ao assunto e repetição do preenchimento do questionário.

Era oferecida aos participantes uma lista de 40 variáveis ligadas ao cotidiano para que selecionassem aquelas que exerceriam controle direto, indireto ou não exerceriam qualquer controle, formando dois círculos: um de influência – central, proativo e outro de preocupação – periférico, reativo. O central impulsiona a proatividade. O periférico a reatividade.

Processo Socializante

Observa-se uma maior valorização do sonho, da felicidade e da intenção de proatividade (p) após a experiência, apresentando um percentual mais elevado para o sexo feminino. O aumento do índice de proatividade ficou maior no sexo masculino. Em termos globais houve um aumento de 5,90% em favor da proatividade. O sonho ultrapassou a felicidade em termos de valores.

Um aspecto a refletir: por que em uma simples palestra de 90 minutos, as pessoas apresentaram sinais de intenção de mudança? Não serão duradouras, naturalmente.

Outra reflexão: Será que em um processo mais profundo, conteúdo mais extenso, práticas e maiores reflexões, as pessoas se tornariam mais proativas?

Quadro 3:
Resultados de quatro palestras sobre o assunto para 43 participantes, cujo processo envolveu um pré-teste, palestra sobre o assunto e pós-teste, formando o círculo de influência (central) e outro periférico.

	Antes					Depois					
A: Círculo de influência/preocupação %						B: Círculo de influência/preocupação %					
Part	S*	F*	P*	Proativ.	Reativ.	S*	F*	P*	Proativ.	Reativ.	Var. A/B.
♀	8,75	8,30	7,60	49,71	50,75%	9,45	8,80	8,35	54,37	46,30	>4,66
♂	8,70	6,90	7,80	50,25	50,87%	9,40	7,96	8,00	55,57	46,00	>5,32
♀♂	8,72	7,60	8,07	49,98	50,81%	9,25	8,38	8,17	54,97	46,15	>5,90

*S – sonho; F – felicidade; P – intenção de proatividade. Valor de 1 a 10 pontos.

Processo Individual

Quadro 4:
Resultado das respostas a um questionário (pré-teste), leitura de teto (pós-teste) para 30 participantes

	Antes					Depois					
A: Círculo de influência/preocupação %						B: Círculo de influência/preocupação %					
Part.	S*	F*	P*	Proativ.	Reativ.	S*	F*	P*	Proativ.	Reativ.	Var. A/B.
♀	8,5	8,0	8,7	40,22	59,81%	8,8	8,2	8,5	52,72	47,27	>12,5
♂	8,6	9,0	8,6	43,95	56,94%	9,0	9,4	8,2	55,42	48,33	>11,47
♀♂	8,5	8,5	8,6	42,28	58,37%	8,4	8,8	8,3	54,07	47,80	>13,47

*S – sonho; F – felicidade; P – intenção de proatividade. Valor de 1 a 10 pontos.

Observa-se um ganho médio (M/F) de 13,47% em favor da proatividade com diminuição da reatividade em 8,61%. Em termos isolados a relação foi de 12,50 para 11,47, próximo da média.

No Quadro 5, a seguir, nota-se uma variação positiva de ganho para a proatividade na média dos sexos feminino e masculino de 8,44, bem como nas variáveis sonho, felicidade e intenção de proatividade, destacando-se o processo solo, com maior índice de opção pela proatividade.

Quadro 5:
Comparação das duas experiências: socializante (questionário, palestra, questionário) e solo (questionário, teto, questionário).
Resultado geral.

Momento	Antes A: Círculo de influência/preocupação %					Depois B: Círculo de influência/preocupação %					Var. A/B.
	S*	F*	P*	Proativ.	Reativ.	S*	F*	P*	Proativ.	Reativ.	
Socializ. ♀♂	8,72	7,60	8,10	49,70	50,80	9,42	8,37	8,17	55,60	46,20	>5,90
Solo ♀♂	8,99	8,40	8,40	41,63	58,37	9,00	8,30	8,50	52,60	47,80	>10,97
Média	8,85	8,00	8,25	45,66	54,38	9,21	8,33	8,33	54,10	47,00	>8,44

*S – sonho; F – felicidade; P – intenção de proatividade. Valor de 1 a 10 pontos.

Quadro 6:
Relação das 10 variáveis indicadas pelos participantes, após a experiência, como capazes de expandir seu círculo de influência.
O círculo de influência é responsável pelo fator proatividade.

Variáveis	Prioridade % ♀♂	Prioridade % ♀	Prioridade % ♂
1. Felicidade	80,95	47,61 – 1	33,33 – 2
2. Qualidade de vida	80,95	53,38 – 1	28,17 – 2
3. Amor	76,19	47,61 – 2	28,57 – 2
4. Crescimento	71,42	42,87 – 3	28,57 – 2
5. Relacionamento	71,42	42,85 – 3	23,80 – 3
6. Trabalho	71,42	42,85 – 3	28,57 – 2
7. Aprendizagem	66,66	38,09 – 5	28,57 – 2
8. Lazer	66,66	33,33 – 6	33,33 – 1
9. Conhecimento	61,90	28,57 – 7	33,33 – 1
10. Mudança	61,90	42,28 – 4	19,04 – 4

O percentual mais baixo do sexo feminino deve-se ao fato de a escolha das variáveis ter sido mais difusa entre as 40 opões, ao contrário do sexo masculino que se concentrou em um menor número delas.

Outro fator que chama a atenção é a alta prioridade dada às variáveis esposadas: felicidade, qualidade de vida, amor, crescimento e relacionamento, ao lado do baixo percentual das variáveis mudança e conhecimento.

Variáveis da Proatividade

Intencionalidade, Significado, Cognição, Motivação

Cada indivíduo é ator e autor do ambiente onde vive, trabalha, interage. Cada indivíduo é capaz de definir o que deseja, o que irá realizar, como e quando, porque o homem é o único ser vivo que incorporou às suas práticas a emoção, a visão, o sonho, a intencionalidade, a busca de um sentido para a vida. Frankl na sua logoterapia pergunta: "o que é então um ser humano? É o ser que sempre decide o que ele é". É o ser que determina a si mesmo. Aquilo que ele se torna, dentro dos limites dos seus dons e do meio ambiente, é ele que faz de si mesmo. Esse é o conceito da logoterapia, cujo princípio se baseia na conscientização de que "entre o estímulo e a resposta encontra-se a liberdade de escolha do ser humano".

Senge acrescenta em sua teoria, "que o domínio pessoal vai além da habilidade e da competência, embora seja baseado em habilidade e competência; ele vai além da abertura espiritual, embora requeira crescimento espiritual, significa fazer da vida um trabalho criativo, viver a vida de um ponto de vista criativo, em contraposição ao reativo. Pessoas com alto nível de domínio pessoal vivem num mundo de aprendizagem". Naisbitt acrescenta que acreditar na visão constitui um conceito novo na filosofia. A visão nasce do conhecimento intuitivo; e isso implica aceitar que a lógica não é tudo, que nem tudo são números. A idéia consiste simplesmente em acreditar que se visualizarmos o futuro que pretendemos, somos mais capazes de atingir o nosso objetivo. A visão é o laço entre o sonho e a ação. No aspecto psicossociológico, a proatividade toma por base estes conceitos.

No campo racional a visão de futuro (Ackoff) e a nova conceituação de problemas (Covey) complementam esses pressupostos.

Em termos cognitivos, Capra expressa que: de acordo com a teoria de Santiago, "a cognição envolve todo o processo de vida – inclusive a percepção, as emoções e o comportamento". E conseqüentemente a proatividade.

Problema: "Um Desvio no Deveria Ser" e o Conceito de Proatividade

Problemas, na visão de Covey podem ser concebidos sob três dimensões:
- **Sob controle direto:** situações que dependem exclusivamente de uma atitude ou ação direta do observador. São resolvidos através de uma

ação direta, ou seja, tornando-nos mais proativos, administrando-os. Ex.: fazer ginástica.

- **Sob controle indireto:** problemas que envolvem o comportamento ou ação de outros para serem resolvidos. As pessoas os resolvem modificando os seus métodos de influência. Ex.: educar um filho.
- **Sob controle inexistente:** situações em que não se pode interferir, porém mudar de atitude, aprender a conviver com elas. Ex.: guerra.

Na visão de Covey, a maioria dos problemas está dentro de um "círculo de influência" imaginário, ou seja, o ambiente que cada indivíduo pode influenciar, controlar ou até modificar, eliminar. Ou formando um campo de pressão no qual só se pode atuar indiretamente, a que Covey chama de "círculo de preocupações". O grau da proatividade é relacionado à forma como as pessoas atuam, reagindo ou proagindo diante destes problemas. Atuando sobre as variáveis sob sua influência direta e indireta, ou aprendendo a conviver com o inevitável (variáveis de controle inexistente). Na concepção de Ackoff é o estado de tensão de que é possuído um agente quando este percebe a ocorrência de deficiências, pelas diferenças entre uma situação desejada e uma situação não desejada.

Rejeita-se a idéia de problema como algo objetivo, já que é algo que só existe na mente do sujeito. Na terapia quântica, é uma concepção dinâmica: "um problema tem sempre dois pólos, duas asas. Ou elas brigam uma contra a outra ou juntas elas podem dar um belo vôo sob as estrelas".

Uma resposta proativa dependerá mais da liberdade de escolha e do grau do próprio estímulo. "O propósito é o motor que aciona nossas vidas. O combustível é a paixão", expressa Denis Waitley. "Conhecer os seus atributos, habilidades, interesses, pontos fortes e fracos e traços de personalidade é essencial para que você se torne uma pessoa mais proativa", acrescenta.

Liberdade de Escolha do Ser Humano

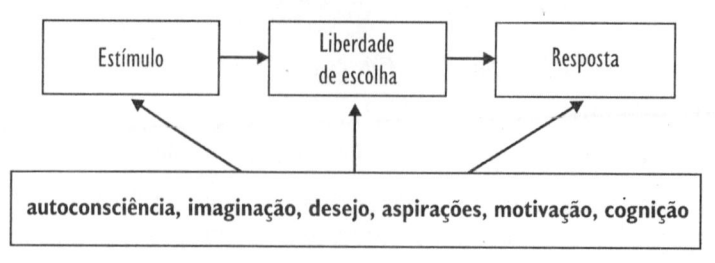

Estímulo → Liberdade de escolha → Resposta

autoconsciência, imaginação, desejo, aspirações, motivação, cognição

Visão do Futuro e Proatividade

Outra abordagem que ajuda na compreensão da aprendizagem da proatividade sãos as metáforas usadas sobre o futuro. Pode-se ver o futuro sob duas concepções metafóricas:

- **Como algo inevitável**, que não se pode controlar. Nesta concepção as pessoas colocam-se frente a ele como algo inevitável, intocável, sentindo-se impotentes na condução do seu destino, projeto e planos.

- **Como algo controlável.** Nesta postura as pessoas admitem que têm capacidade de criar seu próprio destino dentro de um quadro de restrições concretas, porém manejáveis. Nesta concepção o futuro é algo que se faz acontecer como resultado de um conjunto de ações conscientes e propositadamente vividas. A visão estratégica resultante é ver o que há de futuro nas decisões do presente, com a criação de uma novidade qualitativa.

Mas, a verdadeira força é a visão, a habilidade para converter experiências passadas, visualizar um futuro desejado.

Proatividade como termo, não obstante muito empregado na literatura organizacional, elemento básico da autogestão, liderança, maestria pessoal, ainda não é encontrada nos dicionários. Na concepção de Stephen Covey, "ser proativo, implica que nós, como seres humanos, somos responsáveis por nossas próprias vidas. Nosso comportamento resulta de decisões tomadas e não das condições externas. Possuímos iniciativa e responsabilidade para fazer com que as coisas aconteçam". Isto porque "os seres vivos não podem ser comandados, apenas perturbados", diz Capra.

O Ser e o Ter

Uma forma de identificar em que círculo estamos é atentar para a expressão. Ah se...

O círculo de influência está cheio do ser. Se eu fosse mais sábio, fosse mais feliz, mais ativo... O círculo de preocupação está cheio do ter. Se eu tivesse um diploma, mais dinheiro...

O proativo trabalha sobre a única coisa que o homem tem sob seu controle verdadeiro: ele mesmo. A abordagem reativa enfoca a mudança de fora para dentro, dando aos problemas o poder de controle. A proatividade enfoca o poder da ação no EU, de dentro para fora. Eu sou, eu farei. Poderei.

Na verdade, proatividade é um processo. Como redes, está interconectada a outras instâncias do comportamento humano, como a empatia, sinergia, interdependência, mentalidade de abundância, desejo, intencionalidade. Como o homem é um ser em processo, o vir a ser poderá ser causa e efeito. Como as variáveis aqui destacadas.

O estudo, aqui apresentado, está em sua fase final. Os dados são surpreendentes. Confirmam, até esse momento, que a proatividade pode ser aprendida "mestrocentricamente" ou através do aprendizado autoconduzido, ou ainda, por outras formas. Basta um estímulo! Resta às escolas, universidades, organizações, propiciarem sua difusão. Resta a cada um de nós despertar para este potencial aprisionado dentro dos 100 milhões de neurônios do nosso cérebro, esperando ser ativados. Capra diz que o ser humano dedica-se a atividades voluntárias e intencionais e é nessa ação movida pela intenção e por um objetivo que nós conhecemos a liberdade de escolha. O que nos faz singulares. Deuses terrestres. Proativos.

> *"Você pode controlar o que faz durante a maior parte do seu tempo livre e à noite.*
>
> *Você pode controlar a quantidade de energia e esforço que vai dedicar a cada tarefa que empreender.*
>
> *Pode controlar seus pensamentos e imaginação, canalizar seus pensamentos.*
>
> *Pode controlar suas atitudes.*
>
> ....
>
> *Pode controlar quem você escolhe como modelo e quem vai procurar para lhe dar conselhos e servir de inspiração.*
>
> *Você pode controlar seus compromissos, que coisas promete a você mesmo e aos outros. Você pode controlar as causas às quais dedica seu tempo e idéias.*
>
> *Você pode controlar de que associações deseja ser membro.*

O destino, em parte, são as cartas que você recebeu.

Você não pode controlar isso, mas pode controlar a sua maneira de jogar.

Você pode controlar suas preocupações e aborrecimentos,
E se vai fazer alguma coisa a respeito.

Você pode controlar sua reação diante de tempos e pessoas difíceis.

Charles Handy

Enildo de Oliveira – Jornalista e psicólogo, especializado em Comunicação Social pela Universidade de Michigan e Gestão de RH pelo Instituto Internacional de Administração Pública de Paris. Tem MBA pela FCAP/UPE. Autor do livro *Maestria Pessoal*. Presidente da ABRH-PE e diretor da Tecer Qualidade Humana. (tecer@uol.com.br)

Nota: Colaboraram com este trabalho: Salete Câncio, professora da UPE/FCAP, Roberval Andrade, diretor da TDC, Simone Azevedo, diretora do UNIGAP, professores da FIG (Faculdade de Igarassu), José Noberto Rodrigues, consultor, amigo e colaborador da ABRH-PE. E, especialmente, os participantes da pesquisa que nos indicaram um caminho. A todos, meu profundo agradecimento.

Referências Bibliográficas

CAPRA, F. *As Conexões Ocultas*. São Paulo, SP: Ed. Cultrix-Amana Key, 2002. 296 p.

COVEY, S. *Os 7 Hábitos das Pessoas Muito Eficazes*. São Paulo, SP: Ed. Best Seller, 1989, 372 p.

DAMÁSIO, A. *O Mistério da Consciência*. São Paulo, SP: Ed. Cia. da Letras, 2000, 474 p.

FRANKL, V. *Em Busca de Sentido*. Petrópolis, RJ: Ed. Vozes, 1991, 36 p.

GOLEMAN, D. *Mente Meditativa*. São Paulo, SP: Ed. Ática, 1998. 229 p.

_____. *Aprendizado Autoconduzido*. São Paulo, SP: HSM Management-Book Summary.

HANDY, C. *A Era do Paradoxo*. São Paulo, SP: Ed. Makron Books, 1995, 229 p.

MASLOW, A. *Maslow no Gerenciamento*. Rio de Janeiro, RJ: Qualitymark Editora, 2000, 361 p.

MOUTON, B. *Instrumented Team Learning*. Rio de Janeiro, RJ: Ed. Concisa, 1976. 648 p.

OLIVEIRA, E. *Maestria Pessoal*. Recife, PE: Ed. Livro Rápido, 2003, 160p.

SENGE, P. *A Dança das Mudanças*. Rio de Janeiro, RJ: Ed. Campus, 2000, 676 p.

RAMACHANDRAN, V. S. *Fantasmas no Cérebro*. São Paulo, SP: Ed. Record, 416 p.

Sempre Produtividade

O trabalho – o elemento mais significativo na formação da coletividade humana e fator fundamental na estratificação social e sua mobilidade – esteve presente na vida do homem, transformando-se segundo o passar do tempo e assumindo aspectos derivados da cultura. E o esforço para realizar atividades acompanha a história da humanidade. É tão grande a importância do trabalho que o indivíduo impedido de exercê-lo adoece, julga-se um inútil, um excluído e perde a razão de viver.

Nele o homem é produto e produtor na sociedade, com a qual se relaciona em todos os aspectos: político, religioso, econômico, ideológico, histórico, biológico, cultural e psicológico. Segundo Kanaane (1999, p. 22).

Através do trabalho o homem pode modificar seu meio e modificar-se a si mesmo, à medida que pode exercer sua capacidade criativa e atuar como co-partícipe do processo de construção das relações de trabalho e da comunidade na qual se insere. A interdependência entre o homem e seu trabalho é intermediada por vetores administrativos, tecnológicos, sociais, políticos, ideológicos, comportamentais etc. que interferem continuamente na dinâmica estabelecida em tal relação. O processo de transformação da sociedade a partir das ações dos indivíduos e grupos requer um movimento constante entre a ação e a reação dos envolvidos, o que equivale a dizer que todo o movimento humano se propaga em ondas simétricas e não-simétricas. O constante dinamismo das interações sociais denota as respectivas mudanças que dirigem o comportamento humano para contextos específicos.

Visto unanimemente, como meio de sobrevivência, como gerador de riqueza, como instrumento de poder, o trabalho é uma força presente na vida humana. Mesmo assim, para Dejours (1994) ele não deve fazer do organismo do trabalhador um "motor humano", um objeto permanente de excitações, nem transformá-lo em uma "máquina nova", mas torná-lo parte da sua história pessoal, de suas aspirações, desejos, motivações e necessidades que caracterizam cada indivíduo.

O trabalho pode ser forma de realização pessoal, disciplina do intelecto ou meio de sobrevivência. No entanto, produtividade, participação social, realização plena independem de lucro, de poderio econômico; assim, produtividade está presente no indivíduo, independente de situação socioeconômica, de idade, de cultura. A criança apresenta produtividade por meio do brinquedo, da fantasia; o jovem, na busca do desenvolvimento de suas capacidades, de conhecimentos para bem produzir; o adulto, na busca do reconhecimento profissional, familiar e social.

E o idoso? A partir do século XVII, a Revolução Industrial, com a emergência do Capitalismo, levou a situação dele a duas faces: uma, protecionista, e outra, de total desvalia. A primeira se justifica no estabelecimento de leis de "amparo" à velhice, o que, na realidade, se constitui em regras de extermínio do velho; nas aposentadorias (que reduzem os salários) como forma de recompensa pelos anos de trabalho. A segunda face se manifesta na força do interesse do lucro: tudo que não produzisse riqueza seria rejeitado; o velho é improdutivo e até um entrave para o alcance da riqueza.

Nossa cultura, de total emulação à juventude, não percebe os valores da velhice – experiência, sabedoria, discernimento, tranqüilidade e segurança. Então, rejeita a competência do idoso, porque há uma crença de que o jovem apresenta maiores possibilidades de produção.

Implanta-se o regime hipócrita de solicitude e de extinção.

Sem dúvida, o comportamento do idoso diversifica-se, no entanto, apesar das diferenças, a visão negativa cristaliza-se pelos preconceitos e pelas "representações sociais" da velhice. Ao mesmo tempo, porém, no grande interesse dos estudiosos, percebe-se a necessidade de um trabalho mais objetivo no sentido de modificar tal percepção. Convém indicar procedimentos que venham reformular a posição da sociedade, dos poderes públicos e do relacionamento com ele.

Precisa ele mesmo reconhecer seus valores e se conscientizar de que a vida segue um curso muito preciso e a natureza dota cada idade de qualidades próprias. Por isso a fraqueza das crianças, o ímpeto dos jovens, a seriedade dos adultos, a maturidade da velhice são coisas naturais que devemos apreciar cada uma a seu tempo. (Cícero. 103-43 a.C.)

O homem não é uma *estrutura*, mas um processo. Aqueles que envelhecem se distribuem em dois grupos: o dos participativos, produtivos, integrados ao meio social, não se restringindo apenas a interesses puramente pessoais, e o outro grupo, dedicado só a sua casa, sua família. Tais atitudes opostas geram formas diversas de se colocarem no mundo, de percebê-lo sob um ângulo exclusivamente pessoal, fugindo, muitas vezes, à realidade, ou a um ângulo de integração social.

Com o objetivo de constatar essas diferenças, efetuamos uma pesquisa de campo sobre o comportamento dos idosos (cf.: BACELAR, 1999) na cidade de Recife.

Embora a literatura específica se mostre carente de conhecimento da realidade física, psíquica e social do idoso, percebemos que o comportamento deste não se manifesta na sua plenitude – ele é vítima das representações sociais que reprimem sua verdade.

Vale resumir aqui as características de ambos os grupos, resultantes daquela nossa investigação.

1. *Do grupo PRODUTIVO:*

- presença da liderança e cooperação;
- diminuição da importância do fator econômico;
- relevância aos fatores cultural, social e político;
- importância maior à religião segundo a formação do entrevistado;
- importância significativa da família;
- otimismo, criatividade, liderança, idealismo, independência, ajustamento emocional, melhor percepção da realidade e um alto sentimento de realização.

2. *Do grupo NÃO-PRODUTIVO:*

- predominância da dependência, da busca pela ajuda de outrem;
- relevância à religião: expectativa de que Deus resolva os problemas;
- importância significativa da família;
- pessimismo, ausência de objetivos, individualismo, acomodação, dependência, depressão, negação da realidade e frustração.

A atividade, a ocupação, a produtividade despertam o interesse dos estudiosos do envelhecimento, porque aí reside a grande diversidade de comportamento entre os idosos. BOSI (1994) diz que ser ativo "significa a inserção obrigatória do sujeito no sistema de relações econômicas e sociais", mas não se imagine que o rendimento financeiro não seja indispensável para a valorização da atividade deles. Além disso, para ser eficaz na velhice, não basta restringir-se à família, é preciso algo mais, uma ampliação para fora de si e dos seus interesses.

Na nossa investigação, ficou evidente que a produtividade, a participação em atividades, além dos seus interesses individualistas, são fatores decisivos para a realização e reajustamento do idoso com ele mesmo e com os outros. A participação "extrafamiliar" produz um resultado assaz positivo e desenvolve nele uma visão do mundo e da vida plenamente positiva.

Nossas Sugestões

Diante dessas constatações, sugerimos adotar procedimentos no sentido de conscientizar o próprio idoso e a sociedade da realidade do envelhecer.

I. Quanto ao "IDOSO"

- conscientizá-lo de que a atividade é o fator primordial para o seu bem-estar;
- caracterizar essa atividade altruisticamente, visando a uma participação predominante no social;
- promover atividade de lazer com objetivos e responsabilidades definidas, integrada ao meio social;
- criar associações, oficinas, clubes de trabalho onde seja aproveitada a experiência do idoso ou, se possível, ele se dedique a obras sociais específicas;
- promover, por meio de encontros, de seminários e outros meios de comunicação, a conscientização do idoso como integrante ativo do seu meio, substituindo-se a idéia de que é pessoa diferente e incapaz;
- promover encontros culturais com a finalidade de levá-lo a assumir e defender sua posição no meio social;

- conscientizá-lo, visando sempre a um objetivo social, além de sua gratificação pessoal, de que pode assumir um papel independente na sociedade.

2. Quanto ao "MEIO SOCIAL"

Se a sociedade não modificar o seu comportamento, a sua percepção sobre a velhice, tornar-se-á muito difícil reverter a atual situação. Não basta tomar providências, porque se evidencia a proximidade de uma "sociedade de velhos"; é preciso que sejamos esclarecidos sobre a realidade do idoso, que vive uma etapa da vida, do desenvolvimento do homem.

Qualquer processo social, o mais extraordinário ou o mais simples, atingirá o corpo social como um todo: a família, a educação, a religião e as artes.

Para que haja um melhor entendimento das mudanças no comportamento social de pessoas idosas é necessário considerar também as mudanças no comportamento de seus parceiros sociais. Quando as pessoas envelhecem, elas se tornam parte de um grupo estigmatizado, e as interações com os outros parceiros não familiares trazem riscos ao autoconceito e à auto-estima. (CARTENSEN, 1990, p. 127)

3. Quanto à "FAMÍLIA"

Na família, o indivíduo recebe as primeiras informações, os primeiros afetos e é testemunha dos primeiros comportamentos. Por meio da relação com os idosos (uma avó, uma tia ou uma velha empregada), o indivíduo, ao longo do seu desenvolvimento, construirá uma percepção sobre a velhice, quer olhando-os com preconceitos, rejeições, quer dando-lhes uma atenção acolhedora. Será, portanto, na família, a nossa atuação inicial pela informação sistemática e contínua, por todos os meios de comunicação disponíveis a cada caso.

4. Quanto à "EDUCAÇÃO"

Outro importante eliciador de mudanças, a educação, que se processa informalmente ou de forma sistemática, é o maior instrumento para alcançar os objetivos e atingir todos os setores da sociedade. Para a velhice, a atitude inicial será de uma reciclagem ou preparação de todos os professores, desde os de jardins-de-infância aos de universidades, com informações sobre essa fase da vida tão deturpada pelo contágio dos estereótipos sociais. Aí se começaria o processo de reformulação das subjetividades com efeito multiplicativo.

5. Quanto à "RELIGIÃO"

É a religião outro fator bastante significativo na formação das subjetividades, talvez como resultado de uma época em que o sentimento religioso significava tudo para o homem, pois o indivíduo encontrava nela todas as respostas e esclarecia todas as dúvidas. Mas convém adaptar as mentalidades. Como se trata de um assunto delicado, polêmico, o objetivo é só entrever a possibilidade de se reverter uma situação que envolve justiça, respeito e verdade na vida do homem.

6. Quanto à ARTE

A arte tem características especiais que a diferenciam das outras atividades do homem e é um dos grandes estimuladores da formação da subjetividade. A criação artística tem a peculiar característica de ser uma produção subjetiva, diferenciada de todas as demais, pois, apesar de sofrer a influência social, continua a originalidade individual. E, acima de tudo, trata-se de um dos meios mais significativos de afetação do outro – a pintura, a obra literária, a representação teatral podem influenciar muito mais do que um discurso elucidativo.

7. Quanto à ASSISTÊNCIA PSICOLÓGICA

É outro aspecto de suma importância, porquanto a presença de fatores negativos pode levar o idoso à depressão ou a outros comportamentos inadequados. Nesse sentido, a ajuda psicoterápica lhe dará condições de adquirir o equilíbrio necessário ao ajustamento às novas situações.

O Papel da Política

O idoso produtivo assume agora uma posição definida na Constituição Brasileira. Com a Lei nº 10.741, de 1º de outubro de 2003, o Estatuto do Idoso, entre outras medidas está bem clara a questão da sua produtividade. No Capítulo VI, art. 26, lemos: "O idoso tem direito ao exercício de atividade profissional, respeitadas suas condições físicas, intelectuais e psíquicas". No art. 28, há determinações mais amplas:

O Poder Público criará e assimilará programas de:

- *profissionalização especializada para os idosos, aproveitando seus potenciais e habilidades para atividades regulares e remuneradas;*
- *preparação dos trabalhadores para a aposentadoria, com antecedência mínima de 1 (um) ano, por meio de estímulo a novos projetos sociais, conforme seus interesses, e de esclarecimento sobre os direitos sociais e de cidadania;*
- *estímulo às empresas privadas para admissão de idosos no trabalho.*

A tecnologia, as descobertas científicas fazem o homem extrapolar as fronteiras do nosso planeta, mas seria necessário o desenvolvimento tecnológico se estender ao relacionamento entre os homens e reconhecer que todos os seres são interligados e cada forma de vida tem valor, independentemente do uso humano.

Rute Bacelar – Psicóloga, mestra em Psicologia Clínica, psicoterapeuta e pesquisadora do processo de envelhecimento. Professora do Departamento de Psicologia da Universidade Católica de Pernambuco – UNICAP. Participa de encontros e coordena Grupos de Estudo sobre a Velhice. É autora dos livros: *Uma Introdução à Psicologia*. Recife: FASA, 1998. *Envelhecimento e Produtividade – Processos de Subjetivação*. 2ª ed. Recife: FASA, 2002. *O Lugar da Avó*. Recife: FASA, 2002. *O Deficiente e o Assistente Social – Uma experiência de sala de aula* (ensaio). Recife: FASA, 2002 (rutebacelar@uol.com.br).

Referências Bibliográficas

BACELAR, R. *Envelhecimento e Produtividade – processos de subjetivação*. 2ª ed. Recife, PE: FASA, 1999.

BOFF, L. *Ética e Moral – a busca dos fundamentos*. Petrópolis, RJ: Vozes, 2003.

BOSI, E. *Memória e Sociedade – lembranças de velhos*. 3ª ed. São Paulo, SP: Cia. das Letras, 1994.

BRASIL. Lei nº 10.741/2003 – Estatuto do idoso.

CARTENSEN, L. Motivação para o contato social ao longo da vida. Uma teoria de seletividade socioemocional. *In:* NERI, A. L. (org.) *Psicologia do Envelhecimento*. Campinas, SP: Papirus (Viva Idade), 1995.

CICERO, Marco Túlio, 103-43 a.C. *Saber Envelhecer e a Amizade*. Trad. Paulo Neves. Porto Alegre, RS: L & PM, 1997.

DEJOURS, C. *Psicodinâmica do Trabalho: contribuições da escola dejouriana à análise da relação prazer, sofrimento e trabalho*. Trad. Maria Irene Stocco Betral *et al*. São Paulo, SP: Ed. Atlas, 1994.

KANAANE, R. *Comportamento Humano nas Organizações – o homem rumo ao século XXI*. 2ª ed. São Paulo, SP: Ed. Atlas, 1999.

Capítulo 7
Estratégias de Recursos Humanos de Grandes Empresas Exitosas no Brasil:

Características, Influências do Ambiente Empresarial e da Origem do Capital Acionário Controlador na Década de 90.

Resumo

Estratégias são utilizadas por empresas para alcançarem objetivos, os quais, em geral, estão relacionados ao desempenho das mesmas. Ser bem-sucedido está no cerne da questão das estratégias empresariais. Estas podem apresentar diversos níveis, inclusive o funcional. No caso brasileiro, a revista *Exame* tem publicado, desde 1975, as edições especiais Melhores e Maiores, nas quais é analisado setorialmente o desempenho das maiores empresas. Apresentam também entrevistas com os principais executivos com citações sobre as estratégias, assumidas aqui como utilizadas, pela melhor empresa de cada setor econômico.

A consistência, ao longo dos anos, dos critérios adotados na escolha da empresa de excelência em cada setor econômico resulta em maior confiabilidade de sua indicação. Utilizando-se aquela fonte secundária de dados, o artigo evidencia que, na década de 90, as estratégias de recursos humanos das melhores grandes empresas no Brasil se basearam principalmente em treinamento e desenvolvimento e na redução do quadro de funcionários. Ademais, algumas estratégias de recursos humanos aparentemente foram influenciadas pelo ambiente econômico (instabilidade/estabilidade) e pelo tipo de controle acionário da empresa (nacional/multinacional).

Introdução

O desempenho das empresas é ponto central de parcela significativa das pesquisas em administração. Ele interessa aos acadêmicos e executivos, e é multifacetado, variando do uso tradicional de indicadores contábeis para associados, clientes e ao grau de inovação existente nas empresas. Deve-se ressaltar, todavia, que, cada vez mais, a excelência empresarial parece ter caráter efêmero, resultado da enorme complexidade existente na competição dos mercados em que as empresas atuam. Enfim, o sucesso atual não garante o futuro.

Os estudos de estratégia empresarial têm privilegiado a sua associação com o desempenho das empresas. De fato, trabalhos como o de *Chandler*(1962) e de *Rumelt* (1974) são exemplos seminais deste tipo de abordagem. Por sua vez, sob a ótica das escolas prescritivas, as estratégias empresariais, em seus diversos níveis, são meios (ou iniciativas) utilizados pelas empresas para que objetivos sejam alcançados. Elas estão condicionadas aos recursos competitivos possuídos e ao ambiente de negócio. O gerenciamento de todo processo tem sido denominado, em termos contemporâneos, de administração estratégica.

Breve Referencial Teórico do Tema

A tipologia para classificar as estratégias empresariais parece depender da abordagem do autor. *Porter* (1986; p. 53) classifica-as em três abordagens denominadas de genéricas, nominalmente: liderança de custo total, diferenciação e enfoque. Elas são conceituadas em função da dimensão do alvo estratégico (amplo ou segmentado) e do tipo da vantagem estratégica que se deseja estabelecer. Considerações sobre geografia (local, regional, nacional, internacional), procedimento tecnológico (inovação e imitação) e natureza de crescimento (interno, aquisição, fusão e *joint-venture*), entre outras, são utilizadas por *Higgins* e *Vincze* (1989; p. 144) para classificar as estratégias. Por sua vez, *Schendel* e *Hofer* (1979) sugerem três níveis, a saber: corporativas, de negócios e funcionais. Na mesma linha, *Hill* e *Jones* (1998) classificam as estratégias em: funcional, de negócios, global e corporativa; enquanto *Hitt, Ireland* e *Hoskisson* (2002) adotam a tipologia: de negócios, corporativa, internacional e cooperativa.

A literatura clássica de administração estratégica sugere que, independente da classificação adotada, as estratégias devem ser consistentes entre si e em seus diversos níveis. Espera-se assim que, por exemplo, estratégias funcionais sejam inter-relacionadas. Por outro lado, sabe-se que o macroambiente tem forte influência na forma em que a empresa compete (isto é, em sua estratégia). No caso brasileiro, fatores associados à economia sofreram modificações muito importantes ao longo da década de 90. Pode-se destacar o período anterior à implantação do Plano Real (1990-1994), caracterizado por elevadas taxas de inflação, e o posterior (1995-1999), quando a inflação foi mantida sob controle. Ademais, espera-se que o tipo do capital acionário majoritário possibilite vantagens competitivas específicas às empresas. Por exemplo, acredita-se que empresas multinacionais – as quais, em tese, têm mais acesso a tecnologia, capital e capacidade gerencial – utilizem estratégias diferentes das empresas controladas por acionistas nacionais.

Perguntas e Pesquisa

À luz da teoria sobre administração estratégica, que se encontra em franco desenvolvimento, e levando em consideração a necessidade de se aprofundar os conhecimentos da realidade empresarial brasileira, em particular de suas grandes empresas, este artigo procura responder às seguintes perguntas:

- Quais são os principais conjuntos de estratégias de recursos humanos utilizados pelas grandes empresas exitosas no Brasil, na década de 90?

- As estratégias de recursos humanos utilizadas pelas grandes empresas exitosas no Brasil, antes e após o Plano Real, na década de 90, são diferentes?

- As estratégias de recursos humanos de grandes empresas multinacionais e nacionais exitosas no Brasil, na década de 90, são diferentes?

- As estratégias de recursos humanos de grandes empresas multinacionais e de nacionais exitosas no Brasil, antes e após o Plano Real, na década de 90, são diferentes?

Hipóteses de Pesquisa

As hipóteses de pesquisa foram divididas em cinco blocos e versaram sobre as estratégias de recursos humanos encontradas na etapa de levantamento de informações da pesquisa, descrita adiante, e foram assim formuladas:

a) **Da identificação de conjuntos das estratégias de recursos humanos utilizados**

- H0a: Não é possível identificar conjuntos de estratégias de recursos humanos que tenham sido utilizados pelas grandes empresas exitosas no Brasil na década de 90.

- H1a: É possível identificar conjuntos de estratégias de recursos humanos que tenham sido utilizados pelas grandes empresas exitosas no Brasil na década de 90.

b) **Das diferenças entre as estratégias de recursos humanos nos períodos anterior e posterior ao Plano Real**

- H0b: Não há diferença entre as estratégias de recursos humanos utilizadas pelas grandes empresas exitosas no Brasil, antes e após o Plano Real, na década de 90.

- H1b: Há diferença entre as estratégias de recursos humanos utilizadas pelas grandes empresas exitosas no Brasil, antes e após o Plano Real, na década de 90.

c) **Das diferenças entre as estratégias de recursos humanos entre as empresas multinacionais e nacionais**

- H0c: Não há diferença entre as estratégias de recursos humanos utilizadas pelas grandes empresas multinacionais e nacionais exitosas no Brasil na década de 90.

- H1c: Há diferença entre as estratégias de recursos humanos utilizadas pelas grandes empresas multinacionais e nacionais exitosas no Brasil na década de 90.

d) **Das diferenças entre as estratégias de recursos humanos das grandes empresas multinacionais exitosas, nos períodos anterior e posterior ao Plano Real**

- H0d: Não há diferença entre as estratégias de recursos humanos utilizadas pelas grandes empresas multinacionais exitosas no Brasil, nos períodos anterior e posterior ao Plano Real, na década de 90.

- H1d: Há diferença entre as estratégias de recursos humanos utilizadas pelas grandes empresas multinacionais exitosas no Brasil, nos períodos anterior e posterior ao Plano Real, na década de 90.

e) **Das diferenças entre as estratégias de recursos humanos das grandes empresas nacionais exitosas, nos períodos anterior e posterior ao Plano Real**

- H0e: Não há diferença entre as estratégias de recursos humanos utilizadas pelas grandes empresas nacionais exitosas no Brasil, nos períodos anterior e posterior ao Plano Real, na década de 90.

- H1e: Há diferença entre as estratégias de recursos humanos utilizadas pelas grandes empresas nacionais exitosas no Brasil, nos períodos anterior e posterior ao Plano Real, na década de 90.

População Considerada

A população considerada é restrita ao universo das empresas apontadas como de excelência empresarial em seu setor, no período de 1990 a 1999, segundo os critérios da revista *Exame Melhores e Maiores*. Embora haja pequenas diferenças nos critérios adotados ano a ano, a excelência empresarial resulta da ponderação de critérios associados ao marketing e às finanças, destacando-se:

- **Liderança de Mercado** – empresas que detêm as maiores participações de mercado no setor em que atuam.

- **Crescimento das Vendas** – retrata o dinamismo da empresa no ano analisado: se ela aumentou ou diminuiu sua participação no mercado e sua capacidade de gerar novos empregos.

- **Rentabilidade do Patrimônio** – mede a eficiência da empresa, o controle de custos e o aproveitamento das oportunidades que surgem no mundo dos negócios, sendo um dos principais componentes da autogeração de valor para os acionistas.

- **Liquidez Corrente** – revela se a empresa tem boa situação financeira, ou seja, se está operando com segurança no curto prazo ou dentro do seu ciclo operacional.

- **Riqueza Criada por Empregado** – mede quanto a empresa produz de riqueza em relação ao número de empregados.

Deve ser observado que os valores utilizados são padronizados para o mês de dezembro do ano considerado, visando a não prejudicar ou beneficiar empresas que fechem suas demonstrações contábeis em datas anteriores ou posteriores à maioria.

Ao todo, foram analisadas 256 empresas (em algumas situações, repetidas em anos diversos, mas nunca no mesmo ano), que estavam distribuídas por 41 setores econômicos, a maioria dos quais seqüenciada ao longo do período considerado no estudo. Durante a década, essas empresas obtiveram uma receita de US$ 164,64 bilhões, auferiram um lucro de US$ 13,08 bilhões, empregaram, em média, 4.268 funcionários, e cerca de 67,6% tinham o controle acionário dominado por capitais nacionais.

Metodologia

A metodologia fundamenta-se no trabalho de *Creswell* (1994) e incorpora aspectos quantitativos e qualitativos, tanto na coleta, quanto na análise dos dados. De uma maneira geral, após a análise da literatura pertinente disponível, foi realizada a leitura inicial dos textos publicados pela revista *Exame Melhores e Maiores*. Isso foi conduzido de forma conjunta pelos integrantes da equipe de pesquisadores e incluiu a análise dos depoimentos dos executivos, setor a setor, ao longo do período considerado. Nessa ocasião foram identificadas preliminarmente as estratégias funcionais que, na opinião dos executivos, se mostraram importantes para o bom desempenho alcançado.

Visando a dirimir eventuais dúvidas de classificação e a melhorar a consistência dos dados, novas análises complementares foram realizadas pelos integrantes da equipe, a qual, em algumas ocasiões, contou com a colaboração de pesquisadores especialistas nas principais funções administrativas. Seguiram-se então o agrupamento das estratégias funcionais e a tabulação dos resultados alcançados. Referências às estratégias futuras não foram incorporadas ao presente estudo. Deve ser ressaltado que, neste artigo, só estão consideradas as estratégias de recursos humanos. Elas foram as seguintes, com exemplos transcritos *ipsissima verba*:

- **Gestão Participativa (RH01)** – associada ao estilo organizacional que permite participação significativa dos funcionários trabalhadores no planejamento, execução e controle de suas tarefas.

    Exemplos: Formação de grupos nos quais os trabalhadores receberam autonomia para decidir; criação do Clube dos 20 com a finalidade de estimular o espírito participativo dos funcionários nas decisões gerenciais; manutenção de pessoal de alto nível mostrando aos funcionários que precisam participar mais nas decisões e ajudar a acabar com a burocracia interna.

- **Administração da Compensação (RH02)** – atividade da empresa que lida com a recompensa recebida pelos funcionários como retorno pela execução de tarefas organizacionais, podendo ser diretas (salários, bônus, comissões etc.) e indiretas (planos de saúde, férias etc.).

    Exemplos: adotou um programa de participação nos lucros como forma de estimular os empregados; reestruturação do plano de cargos e salários; premiação em dinheiro aos que tiverem sugestões aceitas e carta de agradecimento aos outros que também participaram.

- **Treinamento e Desenvolvimento (RH03)** – iniciativas para a capacitação e aperfeiçoamento dos funcionários, visando a agregar-lhes valor e a torná-los cada vez mais habilitados para a execução das atividades da empresa.

    Exemplos: entre outras ações, ela subsidia 100% da educação de seus funcionários, do ensino fundamental ao doutorado; para implantar a nova cultura, a empresa desenvolve cursos, seminários e palestras; investe permanentemente em mão-de-obra, com programas de desenvolvimento de frentes e de capacitação para tomada de decisões.

- **Motivação (RH04)** – ações que visam a estimular, incentivar e levar funcionários a agir de determinada forma ou a levar a um comportamento específico de comprometimento com a empresa.

    Exemplos: ações como a motivação dos funcionários para que pensem, proponham e ajudem a colocar em execução, alternativas para conter custos; os funcionários receberam folhetos recomendando um esforço permanente para reduzir custos, melhorar o atendimento e criar dispositivos para aumentar a lucratividade dos associados.

- **Avaliação de Desempenho (RH05)** – procedimentos de apreciação sistemática do desempenho de cada funcionário no cargo e o seu potencial de desenvolvimento na empresa.

    Exemplos: mensalmente, gerentes e líderes preenchem formulários de avaliação de seus subordinados para garantir a qualidade no trabalho; os funcionários são avaliados periodicamente, baseados na comparação com outros colegas do mesmo cargo.

- **Células de Negócios (RH06)** – formação de equipes autogeridas com maiores responsabilidades e poder de decisão.

  Exemplos: adotou o sistema "células de negócios" tornando as equipes de vendas especializadas.

- **Contratação (RH07)** – admissão de novos funcionários para compor seu quadro.

  Exemplos: contratação de funcionários. Aumento do quadro de funcionários; abertura de 1.500 novas vagas no quadro de pessoal; admitiu mais de 1.900 empregados; devido ao crescimento, o quadro de pessoal aumentou.

- **Incentivo à Aposentadoria (RH08)** – iniciativas objetivando a aposentadoria de funcionários com benefícios extras, como forma de reduzir o quadro sem o impacto da demissão direta.

  Exemplo: adotou programa de incentivos à aposentadoria.

- **Recrutamento Interno (RH09)** – preferência por funcionários internos para preenchimento de cargos, normalmente com promoção.

  Exemplo: executivos criados na casa assumiram o comando das seis novas diretorias, os antigos diretores viraram consultores dos novatos.

- **Redução do Quadro de Funcionários (RH10)** – demissão direta e/ou incentivos à demissão voluntária.

  Exemplos: o enxugamento atingiu os cargos de alto e médio escalões; reduziu em 25% o número de funcionários; reduziu o quadro de pessoal de cerca de 1.400 para 800 funcionários; de cinco membros do escalão executivo superior passaram a ser apenas três.

- **Responsabilidade Social (RH11)** – ações visando à atuação socialmente responsável dos funcionários.

  Exemplo: atenção a áreas sociais, como parcerias com a Fundação Abrinq e o Instituto Ethos de Responsabilidade Social com participação dos funcionários nas atividades.

Análise de Resultados

Para analisar as informações coletadas, foi utilizado o software estatístico SPSS versão 11.0. A partir de banco de dados com informações sobre as empresas estudadas, foram executadas funções de estatísticas descritivas e testes de hipóteses para duas amostras independentes. Por questão de limitação de espaço, os resultados abaixo apresentados explicitam apenas as estratégias cujas hipóteses nulas de igualdade foram rejeitadas, com as devidas análises.

A título de visão geral, mostra-se no Gráfico 1 que a maioria das 256 grandes empresas exitosas consideradas no trabalho (algumas repetidas) mencionou a utilização de uma ou mais estratégias funcionais ao longo da década de 90. As estratégias funcionais mais utilizadas foram, pela ordem: Marketing, mencionadas por 71,9% das empresas; Operações, com 64,8%; Recursos Humanos, com 54,7% e Finanças, que tiveram apenas 43% das referências.

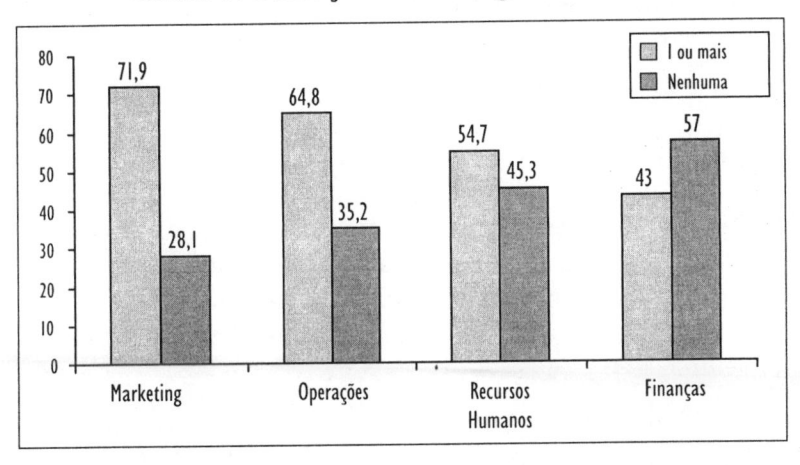

Gráfico 1: Utilização de Estratégias Funcionais

Estratégia	1 ou mais	Nenhuma
Marketing	71,9	28,1
Operações	64,8	35,2
Recursos Humanos	54,7	45,3
Finanças	43	57

a) Da identificação das estratégias de recursos humanos utilizadas

As grandes empresas exitosas pesquisadas mencionaram a utilização de 204 estratégias de recursos humanos. Conforme apresentado no Gráfico 2, destacam-se Treinamento e Desenvolvimento, com 36,3%, Redução do Quadro de Funcionários, com 18,1%, Gestão Participativa, com 14,7%, e Administração da Compensação, com 13,2%. Esses quatro tipos de estratégias concentraram mais de 80% do total, com clara predominância do Treinamento e Desenvolvimento. Estes resultados permitem rejeitar a hipótese nula H0a, sugerindo que é possível identificar conjuntos de estratégias de recursos humanos que tenham sido utilizados pelas grandes empresas exitosas no Brasil na década de 90.

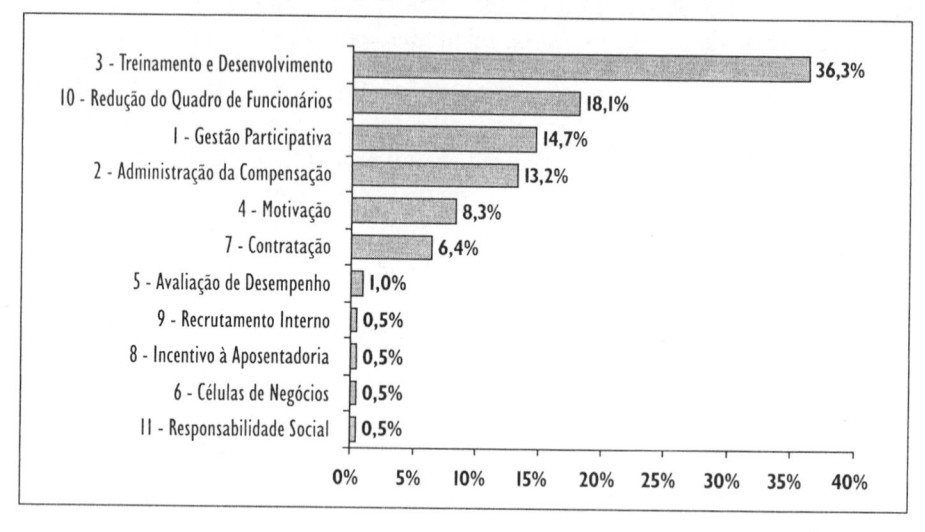

Gráfico 2: Estratégias de Recursos Humanos

Estratégia	%
3 - Treinamento e Desenvolvimento	36,3%
10 - Redução do Quadro de Funcionários	18,1%
1 - Gestão Participativa	14,7%
2 - Administração da Compensação	13,2%
4 - Motivação	8,3%
7 - Contratação	6,4%
5 - Avaliação de Desempenho	1,0%
9 - Recrutamento Interno	0,5%
8 - Incentivo à Aposentadoria	0,5%
6 - Células de Negócios	0,5%
11 - Responsabilidade Social	0,5%

A Tabela 1 apresentada a seguir resume os resultados encontrados após a análise das estratégias de recursos humanos utilizadas pelas 256 grandes empresas exitosas (algumas repetidas) consideradas no estudo. Ao todo foram utilizadas 206 estratégias de recursos humanos conforme categorizadas anteriormente.

A Tabela 1 também resume as ocorrências das estratégias de recursos humanos utilizadas nos dois períodos considerados neste estudo. Há diferenças significativas a serem consideradas. Houve uma redução de 131 ocorrências de estratégias de recursos humanos utilizadas no período de instabilidade econômica (anterior ao Plano Real) para 75 no período de estabilidade (posterior ao Plano Real). Outro fato importante está associado ao decréscimo relativo do uso de Treinamento e Desenvolvimento (de 40,5% para 33,3%) e de Redução do Quadro de Funcionários (de 21,4% para 10,7%). Por outro lado houve o aumento de importância (em se considerando a freqüência de citações) da estratégia de Motivação.

Tabela 1: Ocorrências de Estratégias de Recursos Humanos

Estratégias de Recursos Humanos	1990/1994					
	Ambas		Nacional		Multinacional	
	N	%	N	%	N	%
Gestão Participativa	21	16,0	13	14,6	8	19,0
Administração da Compensação	17	13,0	15	16,8	2	4,8
Treinamento e Desenvolvimento	53	40,5	37	41,6	16	38,1
Motivação	6	4,6	5	5,7	1	2,3
Avaliação de Desempenho						
Células de Negócios						
Contratação	6	4,6	3	3,4	3	7,1
Incentivo à Aposentadoria						
Recrutamento Interno						
Redução do Quadro de Funcionários	28	21,4	16	18,0	12	28,6
Responsabilidade Social						
TOTAL	131	100,0	89	100,0	42	100,0

Estratégias de Recursos Humanos	1995/1999					
	Ambas		Nacional		Multinacional	
	N	%	N	%	N	%
Gestão Participativa	9	12,0	5	11,9	4	12,1
Administração da Compensação	9	12,0	5	11,9	4	12,1
Treinamento e Desenvolvimento	25	33,3	16	38,1	9	27,3
Motivação	10	13,3	5	11,9	5	15,2
Avaliação de Desempenho	2	2,7	1	2,4	1	3,0
Células de Negócios	1	1,3	0	0,0	1	3,0
Contratação	7	9,3	4	9,5	3	9,1
Incentivo à Aposentadoria	1	1,3	0	0,0	1	3,0
Recrutamento Interno	2	2,7	1	2,4	1	3,0
Redução do Quadro de Funcionários	8	10,7	5	11,9	3	9,1
Responsabilidade Social	1	1,3	0	0,0	1	3
TOTAL	75	100,0	42	100,0	33	100,0

b) **Das diferenças entre as estratégias de recursos humanos, nos períodos anterior e posterior ao Plano Real**

A Tabela 2, apresentada a seguir, reproduz os resultados dos testes das estratégias de recursos humanos cujas hipóteses nulas de igualdade foram rejeitadas. Considerando-se as médias de utilização das estratégias de recursos humanos citadas pelas grandes empresas exitosas como importantes para o desempenho no ano em que foram eleitas as melhores de seu setor, nos períodos anterior e posterior ao Plano Real, independente do controle acionário, pode-se afirmar que:

- Rejeita-se a hipótese nula H0b de igualdade no uso das estratégias de recursos humanos de Gestão Participativa (RH01), Treinamento e Desenvolvimento (RH03) e Redução do Quadro de Funcionários (RH10) pelas grandes empresas brasileiras no Brasil nos períodos anterior e posterior ao Plano Real, na década de 90. Assim, há evidências de que estas estratégias foram mais utilizadas no período anterior ao Plano Real do que no posterior.

Tabela 2: Testes de Hipóteses de Duas Médias Independentes
Estratégias de Recursos Humanos
Período Anterior vs. Período Posterior ao Plano Real

		Teste de Levene para igualdade das variâncias		Teste "t" para igualdade das médias						
		F	Sig.	t	df	Sig. (bi-caudal)	Dif. Média	Erro Padrão da Dif.	Interv. de conf. da dif. 95%	
									Inf.	Sup.
RH01	*	4,775	0,042	2,438	18,000	0,025	1,200	0,492	0,166	2,234
	**			2,438	13,814	0,029	1,200	0,492	0,143	2,257
RH03	*	1,411	0,250	2,916	18,000	0,009	2,800	0,960	0,782	4,818
	**			2,916	15,309	0,010	2,800	0,960	0,757	4,843
RH10	*	1,524	0,233	3,642	18,000	0,002	1,900	0,522	0,804	2,996
	**			3,642	16,748	0,002	1,900	0,522	0,798	3,002

* Igualdade da Variância assumida.
** Igualdade da Variância não assumida.

c) Das diferenças das estratégias de recursos humanos das grandes empresas multinacionais e nacionais

A Tabela 3, apresentada a seguir, reproduz os resultados dos testes das estratégias de recursos humanos cujas hipóteses nulas de igualdade foram rejeitadas. Considerando-se as médias de utilização das estratégias de recursos humanos citadas pelas grandes empresas multinacionais e nacionais exitosas como importantes para o desempenho no ano em que foram eleitas as melhores de seu setor, na década de 90, pode-se afirmar que:

- Rejeita-se a hipótese nula H0c de igualdade no uso das estratégias de Recursos Humanos de Treinamento e Desenvolvimento (RH03) pelas grandes empresas multinacionais e nacionais exitosas no Brasil, na década de 90. Assim, há evidências de que esta estratégia foi mais utilizada pelas empresas de controle acionário nacional do que multinacional (o sinal negativo do intervalo de confiança justifica a conclusão).

Tabela 3: Testes de Hipóteses de Duas Médias Independentes
Estratégias de Recursos Humanos
Multinacional vs. Nacional

	Teste de Levene para igualdade das variâncias		Teste "t" para igualdade das médias						
	F	Sig.	t	df	Sig. (bi-caudal)	Dif. Média	Erro Padrão da Dif.	Interv. de conf. da dif. 95%	
								Inf.	Sup.
RH03	* 2,742	0,115	−2,356	18	0,030	−2,40	1,019	−4,540	−0,260
	**		−2,356	12,692	0,035	−2,40	1,019	−4,606	−0,194

* Igualdade da Variância assumida.
** Igualdade da Variância não assumida.

d) Das diferenças entre as estratégias de recursos humanos, nos períodos anterior e posterior ao Plano Real, para grandes empresas cujo controle acionário é multinacional

A Tabela 4, apresentada a seguir, reproduz os resultados dos testes das estratégias de recursos humanos cujas hipóteses nulas de igualdade foram rejeitadas. Considerando-se as médias de utilização das estratégias de recursos humanos citadas pelas grandes empresas multinacionais exitosas como importantes para o desempenho no ano em que foram eleitas as melhores de seu setor, nos períodos anterior e posterior ao Plano Real, pode-se afirmar que:

- Rejeita-se a hipótese nula H0d de igualdade no uso das estratégias de recursos humanos de Redução do Quadro de Funcionários (RH10) pelas grandes empresas exitosas no Brasil de controle acionário multinacional, nos períodos anterior e posterior ao Plano Real, na década de 90. Assim, há evidências de que as empresas multinacionais utilizaram mais esta estratégia de recursos humanos no período anterior ao Plano Real do que no posterior.

Tabela 4: Testes de Hipóteses de Duas Médias Independentes

Estratégias de Recursos Humanos de Empresas Multinacionais
Período Anterior vs. Período Posterior ao Plano Real

	Teste de Levene para igualdade das variâncias		Teste "t" para igualdade das médias						
	F	Sig.	t	df	Sig. (bi-caudal)	Dif. Média	Erro Padrão da Dif.	Interv. de conf. da dif. 95%	
								Inf.	Sup.
RH10	* 8,393	0,020	2,777	8,000	0,024	1,800	0,648	0,306	3,294
	**		2,777	5,297	0,037	1,800	0,648	0,162	3,438

*Igualdade da Variância assumida.
**Igualdade da Variância não assumida.

e) **Das diferenças entre as estratégias de recursos humanos nos períodos anterior e posterior ao Plano Real para empresas cujo controle acionário é nacional:**

A Tabela 5, apresentada a seguir, reproduz os resultados dos testes das estratégias de recursos humanos cujas hipóteses nulas de igualdade foram rejeitadas. Considerando-se as médias de utilização das estratégias de recursos humanos citadas pelas grandes empresas nacionais exitosas como importantes para o desempenho no ano em que foram eleitas as melhores de seu setor, nos períodos anterior e posterior ao Plano Real, pode-se afirmar que:

- Rejeita-se a hipóteses nula H0e de igualdade no uso das estratégias de Recursos Humanos de Gestão Participativa (RH01), Treinamento e Desenvolvimento (RH03) e Redução do Quadro de Funcionários (RH10) pelas grandes empresas brasileiras exitosas no Brasil de controle acionário nacional, nos períodos anterior e posterior ao Plano Real, na década de 90. Assim, há evidências de que as empresas nacionais utilizaram mais estas estratégias de recursos humanos no período anterior ao Plano Real do que no posterior.

Tabela 5: Testes de Hipóteses de Duas Médias Independentes

Estratégias de Recursos Humanos de Empresas Nacionais
Período Anterior vs. Período Posterior ao Plano Real

	Teste de Levene para igualdade das variâncias		Teste "t" para igualdade das médias						
	F	Sig.	t	df	Sig. (bi-caudal)	Dif. Média	Erro Padrão da Dif.	Interv. de conf. da dif. 95%	
								Inf.	Sup.
RH01	*	1,823	0,214	2,667	8,000	0,029	1,600	0,600	0,216	2,984
	**			2,667	6,680	0,034	1,600	0,600	0,167	3,033
RH03	*	0,620	0,454	3,280	8,000	0,011	4,200	1,281	1,247	7,153
	**			3,280	7,832	0,012	4,200	1,281	1,236	7,164
RH10	*	0,036	0,855	2,425	8,000	0,042	2,000	0,825	0,098	3,902
	**			2,425	8,000	0,042	2,000	0,825	0,098	3,902

* Igualdade da Variância assumida.
** Igualdade da Variância não assumida.

Conclusões

Este trabalho objetivou identificar as estratégias de recursos humanos utilizadas pelas grandes empresas brasileiras exitosas ao longo da década de 90. A população foi constituída pelas empresas indicadas como de excelência, em seu setor econômico, pela revista *Exame Melhores e Maiores*.

De maneira geral, os resultados revelados neste estudo corroboram a literatura de estratégia empresarial, no que se refere aos recursos humanos, sugerindo que há conjuntos representativos. Ademais, apresentam-se evidências significativas de que o ambiente econômico (instabilidade/estabilidade) e o tipo de controle acionário da empresa (nacional/multinacional) influenciaram em algumas estratégias de recursos humanos utilizadas por grandes empresas de desempenho superior na década de 90, conforme detalhado a seguir.

As estratégias de Treinamento e Desenvolvimento, Redução do Quadro de Funcionários, Gestão Participativa e Administração da Compensação, nesta ordem, foram as mais citadas como utilizadas pelas grandes empresas exitosas no Brasil, ao longo do período analisado.

Com o advento do Plano Real e a conseqüente estabilidade econômica, o ambiente empresarial mudou, ensejando assim uma mudança estratégica. De fato, as grandes empresas exitosas no Brasil, independente do tipo de controle, passaram a se valer, em média, de mais estratégias de recursos humanos do que no período anterior ao plano. Entre as recorrentes estão: Gestão Participativa; Treinamento e Desenvolvimento; e Redução do Quadro de Funcionários.

Considerando-se as diferenças de origem do controle acionário das empresas, independente do período analisado, os resultados sugerem que as grandes empresas nacionais exitosas, comparadas com as multinacionais, utilizaram mais a estratégia de recursos humanos baseadas em Treinamento e Desenvolvimento.

Sugere-se ainda que as grandes empresas multinacionais exitosas tenderam a utilizar, com mais freqüência, a estratégia de recursos humanos de Redução do Quadro de Funcionários no período anterior ao Plano Real do que no posterior.

Finalmente, no que diz respeito às grandes empresas exitosas de controle nacional, os resultados sugerem que, no período anterior ao Plano Real, houve uso mais intenso de estratégias de recursos humanos baseadas em Gestão Participativa; Treinamento e Desenvolvimento; Redução do Quadro de Funcionários.

Walter Fernando Araújo de Moraes – Professor titular do Departamento de Ciências Administrativas da UFPE. Ph.D. em Administração pela University of Manchester Institute of Science and Technology (wfm@br.inter.net).

Eduardo Tadayoshi Omaki – Bacharel em Administração de Empresas pela UFPE. Mestrando do Programa de Pós-Graduação em Administração da UFPE.

Clarice Neves Florêncio – Bacharel em Administração de Empresas pela UFPE.

Parte dos resultados analisados neste artigo foram apresentados pelos autores nos XXV e XXVII Encontro Anual dos Programas de Pós-Graduação em Administração, realizados em 2001 (Campinas, SP) e 2003 (Atibaia, SP), respectivamente. Pesquisa apoiada pelo CNPq – Conselho Nacional de Desenvolvimento Científico e Tecnológico.

Referências Bibliográficas

CHANDLER, A. *Strategy and Structure*. Cambridge, MA: MIT Press, 1962.

CRESWELL, J. W. *Research Design Qualitative & Quantitative Approaches*. Thousand Oaks, CA: Sage Publications, Inc., 1994.

EXAME, Revista. *Edição Melhores e Maiores*. São Paulo, SP: Ed. Abril, 1991 a 2000.

HIGGINS, J. M., VINCZE, J. W. *Strategic Management: Text and Cases*. New York, NY: The Dryden Press, 1989.

HILL, C. W. L., JONES, G. R. *Strategic Management Theory: An Integrated Approach*. Boston, MA: Houghton Mifflin Company, 1998.

HITT, M., IRELAND, R. D. e HOSKISSON, R. *Administração Estratégica*. São Paulo, SP: Editora Pioneira Thomson, 2002, pp. 312-357.

PORTER, M. E. *Estratégia Competitiva: técnicas para análise de indústrias e da concorrência*. Rio de Janeiro, RJ: Editora Campus, 1986.

RUMELT, R. P. *Strategy, Structure and Economic Performance*. Boston, MA: Harvard Business School. Division of Research, 1974.

SCHENDEL, D., HOFER, C. W. *Strategic Management*. Boston, MA: Little and Brown, 1979.

Uma reflexão final

"No seu famoso diálogo *A República*, o filósofo grego Platão conta o Mito da Caverna, no qual um grupo de habitantes do subterrâneo confunde as sombras que eles vêem na caverna com a realidade. Na história original de Platão, quando uma das pessoas descobre a verdade sobre a origem das sombras e tenta compartilhar sua descoberta com os demais, eles se voltam contra ele e o massacram. A conclusão de Platão para a história é uma conclusão desapontadora: nós todos somos habitantes das cavernas, diz Platão, trabalhando sob percepções incompletas ou distorcidas da realidade... e violentamente resistentes em ter tais percepções desafiadas."

No livro *Sombras de Neandertal*, David Hutchens, o autor do parágrafo acima, faz as seguintes perguntas:

- "Ei! O que há de errado com a forma como eu vejo o mundo?
- Por que tantas pessoas rejeitam a verdade, quando a verdade parece ser tão óbvia?
- O que isso realmente tem a ver comigo, minha organização afinal?"

Esperamos que os autores deste livro tenham ajudado você na busca destas respostas tão cruciais da vida. Aliás, nós também ainda somos um pouco neandertais...

Os organizadores

Presidentes da ABRH

Celso Sterenberg

Cristina Carvalho

Edward Guirelli

Edna Paiva

Enildo de Oliveira

Fernando Gonçalves

Garciano de Souza

José Almeida de Queiroz

Manoel Balbino

Romeu Huczoc

Severino Ferreira

Tereza Nunes

Este livro é uma homenagem da ABRH-PE a todos os presidentes e respectivas diretorias que compartilharam suas competências, tempos e desejos, construindo redes de relações, ajudando a desenvolver pessoas e organizações. A todos esses seres humanos, co-responsáveis pelo futuro das nossas organizações e do Brasil, nossos agradecimentos. À ABRH Nacional e suas seccionais, agradecemos pela integração e pelo apoio.

EDUCAÇÃO CORPORATIVA

Um Avanço na Gestão Integrada do Desenvolvimento Humano

Ana Claudia Athayde da Costa é consultora organizacional e vencedora do Prêmio Ser Humano Oswaldo Checchia, da ABRH 2000.

A autora apresenta uma proposta para implantação do método de educação corporativa em uma organização. Ana Claudia analisa também o conceito de universidade através da história, e faz um breve histórico das universidades corporativas; compara o treinamento tradicional com a universidade corporativa e explica como esta prepara a empresa para a questão da empregabilidade; aborda ainda as características do novo cenário mundial, as cinco competências fundamentais para o século XXI e as competências básicas do ambiente de negócios.

ISBN 85-7303-304-5
80 págs./16 x 23 cm
Cód. 392

REMUNERAÇÃO E CARREIRA BASEADAS EM COMPETÊNCIAS E HABILIDADES

Salário Deixa de Ser Problema para Tornar-se Solução

(2ª Edição)

Enio Resende tem formação em Pedagogia, especialização em Recursos Humanos e mestrado em Desenvolvimento Organizacional. Atua na área de RH há 35 anos, a maior parte deles como gerente e diretor.

O autor apresenta os princípios básicos do modelo de remuneração por capacidades, explicando os conceitos de competências e habilidades, e apontando as mudanças de paradigmas em relação a cargos, salários e carreira. Mostra ainda os benefícios potenciais desse novo modelo, além de alguns relacionados a planos de remuneração por competências e um integrado a remuneração e carreira.

ISBN 85-7303-373-8
108 págs./16 x 23 cm
Cód. 448

Entre em sintonia com o mundo

QualityPhone:

0800-263311

Ligação gratuita

Qualitymark Editora
Rua Teixeira Júnior, 441 – São Cristóvão
20921-400 – Rio de Janeiro – RJ
Tel.: (21) 3860-8422
Fax: (21) 3860-8424

www.qualitymark.com.br
e-mail: quality@qualitymark.com.br

Dados Técnicos:

• **Formato:**	16×23cm
• **Mancha:**	12,2×19cm
• **Fontes Títulos:**	Humanst521 BT
• **Fontes Texto:**	ITC Officina Serif Book
• **Corpo:**	11
• **Entrelinha:**	13,2
• **Total de Páginas:**	528

Impresso por:

Edil
Artes Gráficas
Tel/Fax: (21) 2501-7560
2201-9489
E-mail: grafica.edil@openlink.com.br